MULTIMÈTRE

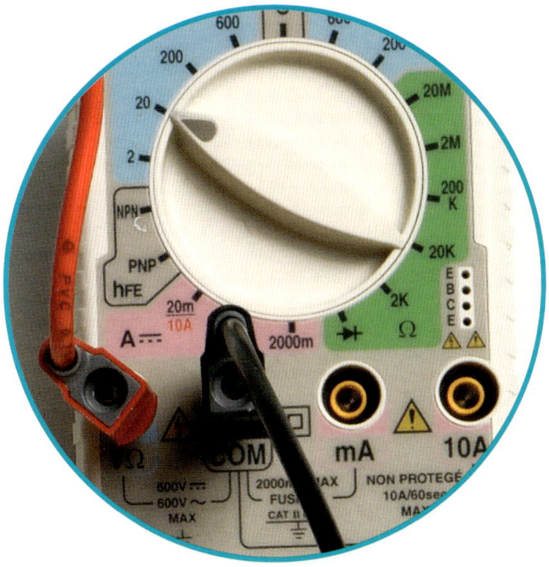

Utilisation en VOLTMÈTRE

Grandeur mesurée

La tension U aux bornes d'un dipôle placé dans un circuit.

Branchement : bornes V et COM

Toujours en dérivation sur le dipôle étudié une fois le circuit réalisé.

Symbole normalisé —(V)—

Règle de branchement des fils

Pour obtenir une valeur positive de la tension, le fil relié à la borne V doit être orienté vers la borne + du générateur ou de la pile.

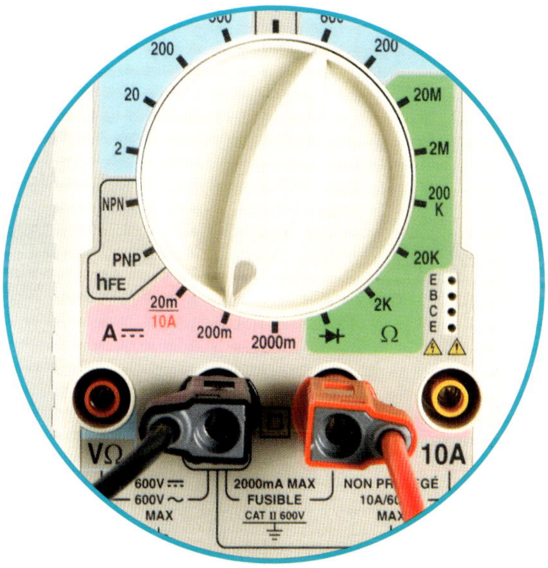

Utilisation en AMPÈREMÈTRE

Grandeur mesurée

L'intensité I du courant traversant un dipôle placé dans un circuit.

Branchement : bornes A (ou mA) et COM

Toujours en série dans la branche du circuit contenant le dipôle étudié.

Symbole normalisé —(A)—

Règle de branchement des fils

Pour obtenir une valeur positive de l'intensité, le courant électrique doit circuler dans l'appareil en entrant par la borne A (ou mA).

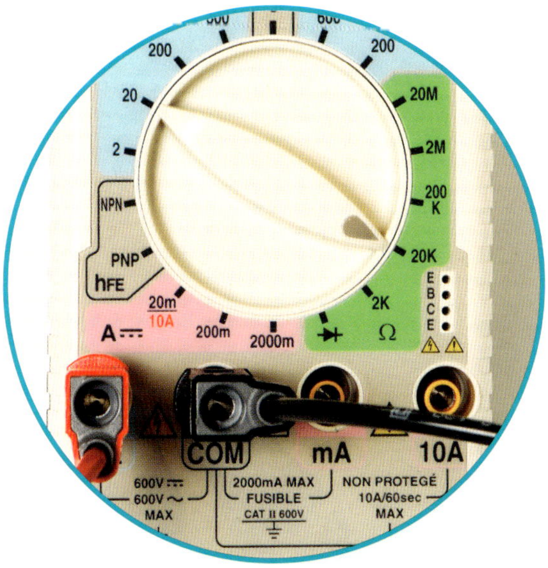

Utilisation en OHMMÈTRE

Grandeur mesurée

La résistance R d'un dipôle.

Branchement : bornes Ω et COM

Aux bornes du dipôle isolé de tout circuit.

Pas de règle de branchement des fils

Tu peux intervertir les fils reliés aux bornes Ω et COM indifféremment, la valeur de la résistance sera toujours positive.

La 4e, au milieu du collège,

Ce qui change le plus cette année c'est toi !

- Tu sais parfaitement comment ça se passe au collège, l'emploi du temps, le nombre de professeurs et de salles n'ont plus de secrets pour toi. Et il n'y a pas vraiment de nouvelle matière à découvrir.

- Et pourtant, tu te souviendras de cette année comme d'un moment important dans ta vie, car le début de l'adolescence est ce moment si particulier où tu n'es plus tout à fait un enfant, et pas encore un adulte.

- Tes professeurs ne te considèrent plus comme un "bébé de 6e", ils attendent de toi que tu t'organises par toi-même. Ils te préparent déjà, avec le passage en 3e, à entrer au lycée ou à t'orienter vers un métier.

- Tes parents ne peuvent plus forcément t'aider dans ta scolarité: Il y a déjà bien des choses qu'ils ont oubliées, et qui sont difficiles à suivre.

- Tes amis deviennent ce qu'il y a de plus précieux (que tu en aies un ou une, ou que tu fasses partie d'une bande...) et le collège devient surtout l'endroit où tu peux les retrouver chaque jour.

- Et toi, tu te transformes, dans ton corps et dans ta tête, ce qui n'est pas tous les jours facile ! Tu deviens très sensible à l'avis des autres, tu peux te vexer très facilement, te sentir extraordinairement heureux ou malheureux, sans toujours savoir pourquoi. Mais chacun de ces moments te marque très fort, et ce sont eux qui te font mûrir peu à peu.

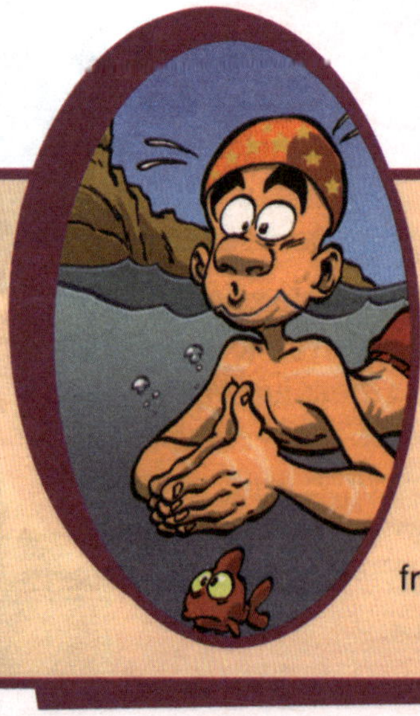

Le complexe du homard

Françoise DOLTO* a trouvé une image pour décrire l'adolescent : elle le compare à un de ces crustacés au moment où ils muent. Ils sont alors obligés d'abandonner leur carapace devenue trop petite, et le temps qu'une nouvelle carapace durcisse, ils se retrouvent comme "tout nus", et particulièrement fragiles...

Françoise DOLTO, spécialiste des enfants et des adolescents

Quelques conseils de la part de ceux qui sont en 3e !

Manon : C'est l'année dernière que je me suis vraiment sentie bien au collège. Je connaissais déjà la plupart des profs, et j'étais contente d'en retrouver certains, je savais ce qu'ils attendaient de nous.

Tom : C'est vrai qu'on s'angoisse moins de comprendre comment travailler. Mais d'un autre côté, ça peut te piéger, on a tendance à se relâcher, à croire que la 4e, c'est juste un "pilotage automatique" dans la suite de la 5e. Du coup, j'ai fait un 1er trimestre catastrophique, et il m'a fallu tout le 2e trimestre pour remonter et faire un 3e suffisant pour passer...

Xian : Oui, mais moi j'ai compris quelque chose : si en cours tu écoutes vraiment, en te concentrant pour bien comprendre, tu n'as presque pas besoin d'apprendre le soir : tout te revient facilement.

Lisa : Moi, je gardais mon samedi matin pour travailler. Comme ça, j'avais le reste du week-end à moi... et la conscience tranquille !

Manon : L'an dernier, mon problème, c'est que j'étais tout le temps fatiguée. Je n'arrivais plus à me coucher aussi tôt qu'avant, alors me lever à 7 heures et faire attention en cours, c'était dur !

Tom : Pour se sentir reposé, il ne s'agit pas forcément de dormir autant qu'un bébé, mais de dormir un nombre complet de cycles.

Lisa : Moi, j'ai surtout eu des problèmes de santé : je me suis trouvée trop grosse, et je me suis quasiment arrêtée de manger. Heureusement, l'infirmière scolaire m'a expliqué que je risquais l'anorexie, et m'a envoyée consulter un médecin qui m'a aidée pendant plusieurs semaines jusqu'à ce que je mange normalement... et que je m'accepte comme je suis !

Xian : En fait, c'est tout le secret pour faire une bonne 4e : trouver ton rythme entre ta vie à toi et ton boulot. Finalement, chercher le bon équilibre, c'est sûrement comme ça pour toute la vie, après !

Trois règles d'or de la 4e

Organisation :

un emploi du temps béton

- Au début de l'année scolaire, tout à la joie de retrouver les copains, on a l'impression d'avoir le temps devant soi et on a tendance à se laisser vivre ! Mais c'est dès septembre qu'il faut prendre le rythme.
- 26 heures de cours c'est beaucoup, surtout qu'il faut caser, en plus du temps passé au collège, le sport, le temps de travail personnel et les sorties avec les parents ou les amis... Un bon truc : chaque vendredi tu notes sur un calendrier, d'un côté les moments forts de la semaine qui vient (contrôles prévus, devoirs à rendre, fiches à faire, etc.), puis tu balises le temps nécessaire pour préparer les devoirs, les exposés, les contrôles, etc.
- En 4e il faut compter environ deux heures de travail chaque jour pour apprendre, réviser ou tout simplement relire ton cours.

Obstination :

ne pas se décourager !

- En 4e c'est dur ! Plus le temps passe, plus on te demande de ne pas simplement " recracher " la leçon. Il ne s'agit plus seulement d'apprendre ou de trouver la bonne réponse mais aussi de montrer qu'on a compris un raisonnement. Accroche-toi et n'hésite pas à demander de l'aide. C'est normal de ne pas y arriver du premier coup.
- Une mauvaise note ? Lis soigneusement la correction, relis ta copie et essaye de comprendre pourquoi. Tu peux en parler au professeur si tu as un doute !
- Tu ne sais pas comment faire ? Travaille en groupe. Les autres peuvent te montrer comment ils s'y prennent. Tu as l'impression de ne rien comprendre ? Lis ton manuel ou cherche une explication différente (encyclopédie sur internet, CDI, bibliothèque) et demande à un adulte de t'aider (parent, enseignant, frère ou sœur, etc.).

Occupation active :

une heure d'écoute c'est une heure de gagnée

- Être attentif en classe c'est se donner tous les moyens pour mieux retenir le cours ! Si tu écoutes pour comprendre, tu fais bien autre chose que te taire passivement : tu te concentres sur ce que le professeur explique, tu tentes de répondre aux questions même si elles ne te sont pas directement adressées, tu es attentif à ce que les autres élèves disent. Ne pas se laisser distraire n'est pas toujours facile... mais ça vaut le coup : les leçons sont plus faciles à retenir.

Réussir en physique-chimie

Comment se motiver ?

- La physique et la chimie ne sont pas seulement des disciplines scolaires imposées au collège.
Elles t'apportent de nombreux outils pour comprendre certains phénomènes du monde qui t'entoure : Comment les nuages se forment-ils ? Pourquoi met-on du sel sur les routes en hiver ? Pourquoi les canalisations explosent-elles quand il fait très froid ? Pourquoi la Lune change-t-elle de forme tous les soirs ?...

- Quelquefois ça a l'air très abstrait... c'est parce que, avant de comprendre le sens de l'ensemble, il faut d'abord maîtriser de nombreux petits morceaux. C'est un peu comme un puzzle : les pièces ne trouvent leur signification que lorsqu'elles s'assemblent avec d'autres.

Je ne me souviens plus du tout de la 5e, est-ce ennuyeux ?

- Oui et non. La classe de 4e aborde des sujets nouveaux mais pour suivre sans difficulté, certaines des notions de la classe précédente sont utiles : c'est pour cela que dans ton manuel tu trouveras en début de partie un petit rappel des points que tu dois avoir présents à l'esprit.

? Je suis mauvais en maths, est-ce que je vais être nul en physique-chimie ?

- La physique chimie a parfois recours à des outils mathématiques, comme par exemple les conversions d'unité, l'utilisation des puissances, la règle de trois. Il vaut mieux savoir les utiliser (dans le livre il y a un rappel des outils mathématiques)...
- Mais le but de la physique-chimie n'est pas de faire des mathématiques et l'esprit n'est pas le même... Comme dans toutes les sciences expérimentales, ici on fait appel à ton esprit d'observation et de déduction.

? Comment faire pour apprendre une leçon ?

- Une nouvelle leçon veut dire obligatoirement de nouvelles notions à comprendre et à intégrer. Il est important de relier les nouveautés à ce qui est déjà connu.

- Fais attention, souvent en physique-chimie on peut utiliser un nom, une formule, un schéma pour parler de la même chose. Entraîne-toi à associer entre elles les différentes représentations.

- Tu peux apprendre en relisant ce que tu as noté en classe. Tu peux aussi te servir de ton manuel : il a été rédigé par des profs !

LE COIN DES PARENTS

AIDER VOTRE ENFANT ?

- La physique-chimie est une discipline que votre enfant a découverte en 5e et qu'il étudie de 1h30 à 2h par semaine.
- Le but de cet enseignement n'est pas nécessairement d'en faire un petit physicien ou un apprenti chimiste, mais de lui apporter des éléments de culture scientifique et de réflexion indispensables pour sa vie d'adulte.
- Il se base essentiellement sur des expériences réalisées en classe : la démarche expérimentale, en amenant les élèves à formuler des hypothèses et à les confronter aux faits, développe la pensée logique.
- Vous ne pouvez pas vous substituer au professeur, mais en vous intéressant à ce que votre enfant a appris et, parfois, en le faisant réviser, vous pouvez l'aider.

Comment se servir du manuel à la maison ?

→ Le manuel est conçu pour la classe, c'est-à-dire qu'il sert d'abord au professeur et à ses élèves pendant le cours. C'est pourquoi vous le trouverez peut-être difficile à suivre : c'est avant tout un outil pédagogique conforme aux instructions officielles, et les programmes ont changé depuis votre propre scolarité ! Mais il est aussi pensé au niveau des élèves : si certaines notions n'y sont pas expliquées, c'est qu'elles sont censées avoir été assimilées dans les classes précédentes.

→ Vous pouvez quand même vous en servir pour aider votre enfant à la maison. Commencez par repérer dans le sommaire ou dans l'index le chapitre qui correspond à la notion actuellement en cours d'étude. Assurez-vous que votre enfant a appris son cours, dans son cahier ou son classeur, puis posez-lui des questions à partir du cours du manuel, et des définitions qui y sont données. Si vous avez un peu de temps, faites-lui faire des tests qui sont corrigés avant les exercices : cela vous permettra de vérifier si votre enfant a préparé son contrôle.

→ La plupart des élèves ne pensent pas assez à utiliser leur livre, et se cantonnent à leurs notes écrites en classe. La comparaison de leurs notes et des explications données dans le livre est un bon moyen de faire le tour d'une notion et de progresser.

Physique Chimie

Collection Incandesciences
Programme 2007

4e

Physique Chimie

Collection dirigée par **Nicolas Cheymol** et **Michaël Hoff**

Cécile Bochard-Oczkowski
Académie de Lyon

Valérie Lambert
Académie de Paris

Anne Puechberty-Leblanc
Académie de Créteil

Marc Montarnal
Académie de Lyon

Julien Nadeau
Académie de Lyon

Bérengère Villard
Coordinatrice
Académie de Paris

Vincent Mas
Conseiller pédagogique
Académie de Montpellier

Thierry Finot
Coordinateur
Académie de Paris

ISBN : 978-2-210-01303-2

MAGNARD
www.magnard.fr

Sommaire

CHIMIE

DU MACROSCOPIQUE AU MICROSCOPIQUE

ÉLECTRICITÉ

GRANDEURS ET LOIS

Sciences Mag EN COLLABORATION AVEC SCIENCE&VIE JUNIOR

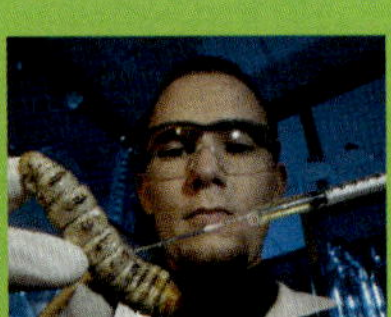

OPTIQUE

DE LA LUMIÈRE AUX IMAGES

LES DOSSIERS

MÉTIERS

DES OUTILS

→ POUR BIEN UTILISER TON MANUEL

La physique et la chimie tiennent une place essentielle dans la vie de tous les jours. Grâce à l'électricité, tu peux t'éclairer ou faire fonctionner des appareils. La chimie est partout autour de toi : loisirs, hygiène, alimentation, protection de l'environnement… La lumière, les couleurs sont régies par les lois de la physique…

Faire de la physique-chimie, c'est donc comprendre le monde qui t'entoure et devenir un citoyen responsable, en matière de santé et d'environnement notamment.

Ton manuel pourra te servir en différentes occasions. Prends le temps de regarder comment il est fait pour pouvoir en tirer le meilleur parti.

Pour réviser une leçon

- Reprends les choses à leur début et observe les documents présentés en **ouverture de chapitre** : ils te mettent sur la piste de ce qui est important. ▶

- Bien sûr, lis la page **Bilan** : tu y trouveras tous les éléments importants du chapitre.

◀ - Mais rien ne vaut l'expérience ! Si tu désires comprendre comment on est arrivé à ce bilan, reporte-toi à l'**activité** concernée pour **mener l'enquête**.

Pour préparer un contrôle

- Relis bien la page **L'essentiel** du manuel, elle résume sous forme de **texte** et **d'image**, tous les points du chapitre. ▶

- Apprends la définition des **mots importants**.

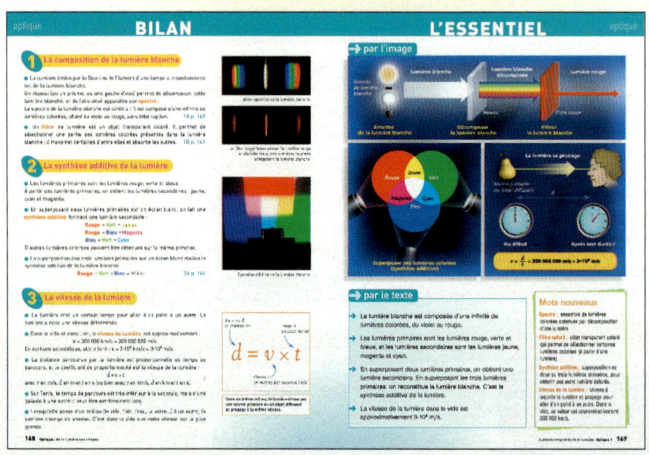

Pour t'aider à résoudre un exercice

- N'hésite pas à consulter le **lexique** ou l'index si tu ne comprends pas tous les mots de l'énoncé !
- Lis bien les **coups de pouce**, s'il y en a.
- Assure-toi que tu as bien compris la leçon en faisant le **Test**, au début des exercices. ▼

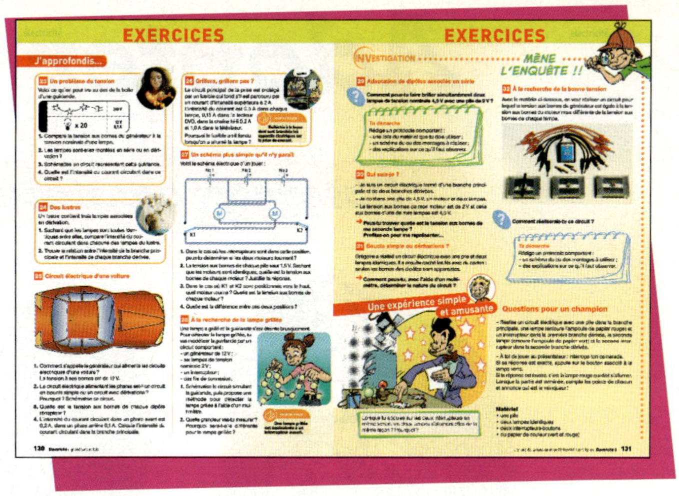

- N'oublie pas les autres outils que t'offre ce manuel : des **outils mathématiques** en fin de manuel, des fiches **méthodes** répertoriées dans le sommaire.

Pour te distraire en t'instruisant !

Ton manuel est riche en documents de tous types : photographies, schémas, articles... étranges, étonnants, amusants.
N'oublie pas que tu peux le parcourir seul !

- Dans les pages **Dossiers**, tu trouveras de multiples pistes pour des recherches documentaires, sur Internet ou ailleurs. ▶

◀ - Avec la rubrique **Sciences Mag**, réalisée avec la rédaction de Science et Vie Junior, découvre à quel point la science est vivante et variée.

Les logos

B2i : Ce logo indique l'utilisation d'Internet ou d'un logiciel.

THÈME DE CONVERGENCE : Ce logo indique que l'on traite d'un **thème de convergence** : santé, sécurité, météo, statistiques, énergie ou environnement et développement durable.

Adopter une démarche

1 Observer, constater et dégager un problème

En observant les phénomènes qui t'entourent, tu peux souvent être amené à dégager un problème scientifique ou technique. Pour résoudre ce problème, il faut travailler avec méthode.

2 Élaborer des hypothèses

Imagine d'abord quelle solution pourrait convenir : fais une hypothèse et imagine la marche à suivre pour la tester.

3 Expérimenter, étudier, observer et interpréter

Pour tester si ton hypothèse est valable, tu peux réaliser des expériences, mener des observations ou étudier des documents. N'oublie pas que de nombreuses informations sont disponibles sur Internet.

Dis-toi bien aussi que ce n'est pas pour rien que les scientifiques travaillent en équipe, alors fais comme eux !

4 Conclure

Toutes ces recherches te permettent de dire si ton hypothèse de départ est validée. Attention, ton hypothèse de départ n'est pas forcément juste…

Il arrive même couramment qu'une hypothèse soit réfutée par un raisonnement ou une expérience !

Dans ce cas, il faut alors trouver une autre hypothèse et recommencer…

Ce que tu vas apprendre en 4e

Extraits du programme officiel paru au B. O. du 25 août 2005

De l'air qui nous entoure à la molécule

- Composition de l'air.
- Volume et masse de l'air.
- Une description moléculaire pour comprendre.
- Les combustions, un exemple de transformation chimique.
- Les atomes pour comprendre la transformation chimique.

Les lois du courant continu

- Intensité et tension, deux grandeurs électriques issues de la mesure.
- Lois d'unicité de l'intensité en courant continu dans un circuit en série et d'additivité dans un circuit comportant des dérivations.
- Loi d'additivité vérifiée par la tension.
- Le comportement d'un circuit en boucle simple est indépendant de l'ordre des dipôles associés en série qui le constitue.
- Adaptation d'un dipôle à un générateur donné.
- La « résistance ».
- La loi d'Ohm.

La lumière : couleurs et images

- Lumières colorées et couleurs des objets.
- Lentilles : foyers et images.
- Étude de l'œil.
- Vitesse de la lumière dans le vide.

Chimie : du macrosco

Qu'est-ce qui permet à une fusée de décoller ? Jules César a-t-il respiré le même air que nous ? Pourquoi fait-il plus froid en montagne, alors qu'on se rapproche du Soleil ? Les vaches menacent-elles le climat ?

Grâce à la chimie, toutes ces questions, en apparence bien différentes, ont une réponse. Mais ces réponses sont parfois cachées à nos yeux et demandent d'explorer la matière au niveau microscopique.

Décollage de la navette spatiale Discovery, au centre spatial Kennedy (Floride).

pique au microscopique

Avant de commencer...

Interroge-toi sur ce que tu as vu en 5e...

1. Je suis dans tous mes états...

Peux-tu identifier sur cette photographie les différents états de l'eau ?

2. Un peu d'aide ?

Audrey souhaiterait connaître la masse d'un demi-litre d'eau. Elle dispose d'une balance et d'une éprouvette graduée de 1 L. Elle ne se rappelle plus comment faire.

Peux-tu lui proposer un protocole expérimental ?

3. Fais un choix...

Pour mettre en évidence le dioxyde de carbone contenu dans cette boisson, j'utilise :

a) le test du sulfate de cuivre anhydre ;

b) le test de l'eau de chaux ;

c) la poudre magique d'Harry Potter.

4. Mélange homogène et hétérogène.

Voici le résultat de deux mélanges.

Lequel est un mélange hétérogène ?

Lequel est un mélange homogène ?

… et sur ce que tu vas voir en 4e

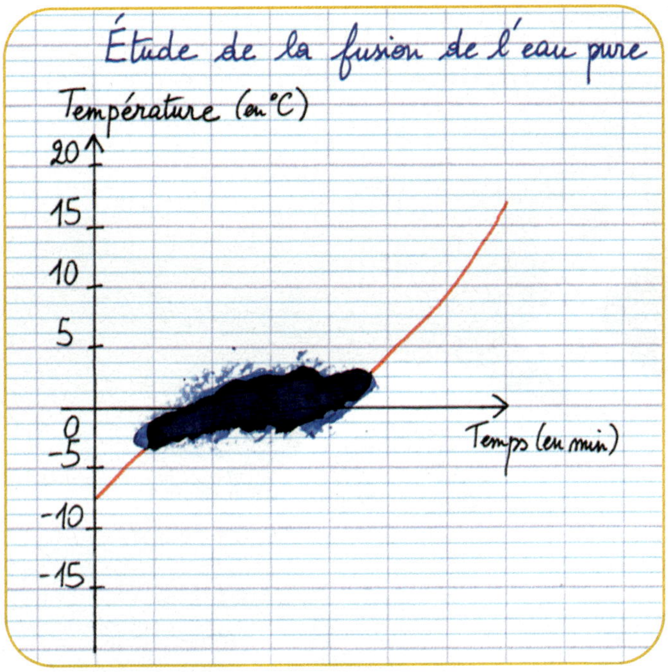

5. Une tache bien malvenue.
Te rappelles-tu l'allure du graphe sous la tache ? Cette allure serait-elle identique dans le cas de l'eau salée ? Explique ta réponse.

S'évaluer
Choisis le bon mot pour que la phrase soit correcte.

a. Au laboratoire, pour mesurer un(e) *volume/masse*, j'utilise une verrerie graduée.

b. Avant de mesurer la masse d'une substance, je ne dois pas oublier de faire *le vide/la tare* de la balance.

c. Le gaz dioxyde de carbone peut être mis en évidence par un trouble *bleu/blanc* de l'eau de chaux.

d. Un mélange dont on peut voir les constituants à l'œil nu est un mélange *homogène/hétérogène*.

e. Au cours d'un changement d'état, le palier de température observé traduit la présence d'un *mélange/corps pur*.

Réponses : a. volume. b. la tare. c. blanc. d. hétérogène. e. corps pur.

1. Ce dragster décolle grâce à une combustion.
Sais-tu ce qu'est une combustion ?

2. À ton avis, que fait le professeur ?

3. As-tu déjà vu ce type de boîte ?
Sais-tu quel usage en fait le chimiste ?

4. Selon toi, qu'est-ce qui te permet de respirer dans l'air ? ▶ Air

De l'air aux

La Terre est entourée d'une couche de gaz qu'on appelle l'atmosphère. Sans l'air qui la compose, la vie ne serait pas possible sur Terre. Lorsque le spationaute sort dans l'espace, il emporte donc avec lui sa réserve d'air…

Dans ce chapitre tu vas…

- **étudier** la composition de l'air ;
- **découvrir** que la matière est constituée de particules appelées molécules ;
- **interpréter** les états de la matière grâce aux molécules.

molécules

Peux-tu expliquer pourquoi la bouteille ne s'écrase pas ?

Sur les dépliants touristiques, on dit souvent qu'il est bon de prendre un « bol d'air pur » en montagne.

Qu'est-ce que l'air pur ?

Vues de loin, ces dunes semblent lisses. Pourtant, en s'approchant, on peut distinguer des grains de sable.

À ton avis, de quoi est constituée la matière ?

chimie

ACTIVITÉ 1 Étudier l'air qui nous entoure

DOCUMENT A L'air, c'est toute une histoire !

Objectif : La Terre est entourée d'une enveloppe de gaz, l'atmosphère.
Tu vas découvrir la nature de l'air, ce mélange de gaz qui constitue l'atmosphère.

J'étudie des documents

La première atmosphère terrestre était formée de gaz expulsés par les roches : du méthane, du diazote, de la vapeur d'eau et du dioxyde de carbone. Cette atmosphère, agissant comme une serre, a permis de maintenir à la surface de la Terre une température de l'ordre de 15 à 30 °C nécessaire à la vie.

Ensuite, la vapeur d'eau s'est liquéfiée pour former les océans. Une partie du dioxyde de carbone présent dans l'atmosphère s'est alors dissoute dans les océans.

Il y a 3 milliards d'années, des transformations chimiques ont donné naissance à une couche d'ozone, qui a permis l'apparition de la vie, en protégeant la Terre des rayons solaires ultraviolets dangereux pour la vie.

Depuis l'apparition des plantes, il y a 2 milliards d'années, une partie du dioxyde de carbone gazeux a été transformée en dioxygène, gaz indispensable pour la respiration : c'est la *photosynthèse*.

L'atmosphère a atteint sa composition actuelle il y a environ 400 millions d'années. D'une épaisseur de 100 km, elle nous protège aussi des météorites (souviens-toi de l'aspect de la surface de la Lune qui n'en a pas !).

▲ **a. La formation de l'atmosphère terrestre.**

► **b. Composition de l'atmosphère aujourd'hui.** En 1775, le chimiste français Lavoisier montra que l'air était un mélange de plusieurs gaz. Vers 1950, des mesures plus précises donnèrent la composition de l'air sec (c'est-à-dire dont on a éliminé la vapeur d'eau).

Gaz présents dans l'air sec	Pourcentage
Diazote	78,09 %
Dioxygène	20,95 %
Argon	0,93 %
Dioxyde de carbone	0,03 %

J'exploite les documents

Analyse

1. Pourquoi l'atmosphère est-elle indispensable à la vie ?

2. Quel gaz est apparu sur Terre en quantité notable il y a 2 milliards d'années ? Grâce à quel phénomène ?

3. Quels sont les deux principaux constituants de l'air ? Donne le pourcentage de chacun en arrondissant à l'unité.

Interprète

4. L'air est-il un corps pur* ? Argumente ta réponse.

B2i **Conclus**

5. Utilise un tableur-grapheur pour représenter la composition de l'air par un diagramme circulaire.

DOCUMENT B Comprendre l'importance du dioxygène

Objectif : Le dioxygène est un gaz essentiel à la vie et possède des propriétés remarquables. Tu vas étudier cette substance un peu plus en détail...

J'étudie un document

Ma découverte
Les premiers à m'avoir découvert sont **Priestley** et **Scheele**, en 1771. C'est le chimiste français Antoine Laurent de **Lavoisier** qui m'a appelé dioxygène dans les années 1770.

Mes caractéristiques
Je suis **incolore** et **inodore**. À température ambiante, je suis **gazeux**, mais je deviens **liquide** à la température très basse de – 183 °C.

Ma fabrication industrielle
Dans l'air, je suis mélangé à d'autres gaz, mais on peut m'isoler industriellement. Il faut d'abord procéder à la liquéfaction* de l'air. L'air liquide est un liquide limpide, légèrement bleuté, qui coule comme l'eau. On m'obtient ensuite par distillation de l'air liquide : le diazote est isolé à – 192 °C et le dioxygène à – 183 °C.

À quoi je sers ?
Je suis indispensable à la vie de la plupart des organismes vivants : les animaux, les végétaux et les champignons respirent en prélevant du dioxygène dans leur milieu de vie.

Mais je sers aussi à bien d'autres choses :
a. **En aéronautique**, je sers à la propulsion des fusées dans l'espace.
b. **En médecine**, on se sert de moi lorsqu'une personne souffre d'anoxémie* et lorsque les patients ont des problèmes respiratoires.
c. **Dans l'industrie**, je suis utilisé dans les chalumeaux pour la soudure.

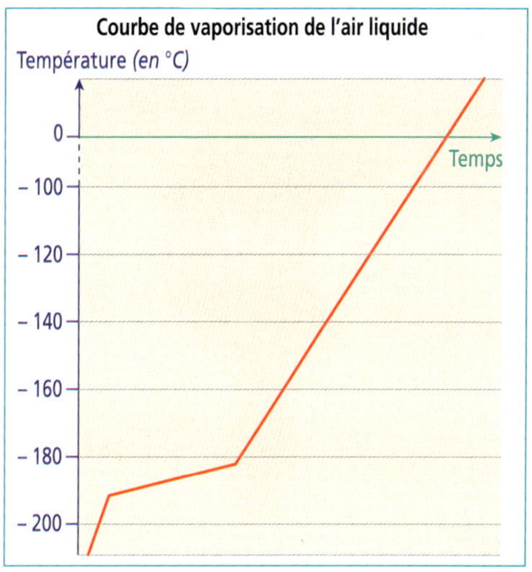

J'exploite le document

Analyse
1. Établis la carte d'identité du dioxygène, en t'inspirant de la carte d'identité spécifique à un individu.
2. Quel est le nom de l'opération qui permet de séparer le dioxygène des autres constituants de l'air liquide ?
3. Cite quelques utilisations du dioxygène.

Interprète
4. Pourquoi n'observes-tu pas un palier de température lors de la vaporisation de l'air liquide ?

Conclus
5. Pourquoi le dioxygène est-il important pour les êtres vivants et pour les activités humaines ?

Mini-dico
Liquéfaction : opération au cours de laquelle on transforme un gaz en liquide.
Anoxémie : diminution importante de la quantité de dioxygène dans le sang.
Corps pur : corps formé d'une seule substance, par opposition à **mélange**.

Vers le bilan... L'expression « prendre un bol d'air pur » a-t-elle un sens en chimie ?

chimie

ACTIVITÉ 2 Découvrir les constituants de

! Un peu d'Histoire

Pour comprendre les phénomènes physiques qui nous entourent, le philosophe latin Lucrèce (98-55 av. J.-C.), inspiré par d'autres, a supposé qu'il existait des particules* invisibles, que l'on appelle aujourd'hui « molécules* ».

Que penses-tu de l'explication de Lucrèce concernant l'usure des objets ?

« À mesure que se succèdent les révolutions du Soleil, la chute de la goutte d'eau creuse le rocher ; sous les pieds de la foule nous voyons que se sont usées les dalles de pierre des routes. Ces objets diminuent donc, nous le voyons bien, mais les particules qui s'en échappent à tout moment, la nature jalouse nous en a dérobé le spectacle.
C'est donc au moyen de corps invisibles que la nature fait sa besogne. »

Lucrèce, *De Natura Rerum*.

Comme les routes, les marches des escaliers s'usent sous nos pieds. ▲

INVESTIGATION A Observer un phénomène : la diffusion

Le flacon du haut contient du dioxyde d'azote, un gaz de couleur orange, le second contient de l'air.

? Que va-t-il se passer si on retire le morceau de carton qui sépare les deux flacons ?

! Le dioxyde d'azote est un gaz toxique. Ne le respire pas et manipule-le sous une hotte. Pense aussi à porter une blouse et des lunettes.

Ta démarche

- **Propose une hypothèse :** Tu peux t'inspirer de ce qui se passe quand on ajoute un colorant à de l'eau.
- **Réalise une expérience :** Retire la séparation de carton et vérifie si ton hypothèse est validée ou non.
- **Conclus :** Comment le modèle de Lucrèce peut-il t'aider à comprendre ce qui se passe ?

EXPÉRIENCE B Interpréter un phénomène à l'aide des molécules

Objectif : Si tu déposes une goutte d'encre dans de l'eau ou si tu vaporises un peu de parfum dans une pièce, très vite l'eau prend la couleur de l'encre et l'odeur du parfum se répand dans la pièce : c'est le phénomène de diffusion. Tu vas interpréter ce phénomène au niveau des molécules grâce à une analogie.

Je réalise une expérience

- Verse dans un bocal du sable bleu, puis ajoute du sable jaune. Tu dois avoir deux couches de couleurs différentes. Le choix des couleurs n'a pas d'importance.
- Ferme le couvercle du bocal, puis agite. Observe ce qui se passe.

Matériel
- Bocal avec son bouchon
- Sable coloré bleu
- Sable coloré jaune

Les deux couches de sable avant agitation.

J'exploite les résultats

Observe 1. Qu'as-tu observé quand tu as agité le bocal ?

Interprète 2. D'après toi, le nombre de grains de sable a-t-il changé au cours de l'agitation ?
3. Schématise les deux tas de sable en dessinant 10 ronds bleus et 10 ronds jaunes. Représente le contenu du bocal avant et après l'agitation à l'aide de ces ronds colorés.

Conclus 4. En t'inspirant de ce que tu viens de faire, interprète le phénomène de diffusion à l'aide des molécules.

Mini-dico
Particule : très petite partie d'un corps.
Molécule : particule invisible à l'œil nu, qui compose la matière.

Vers le bilan... Pourrait-on interpréter le phénomène de diffusion sans le modèle des molécules* ?

chimie

ACTIVITÉ 3 Utiliser le modèle des mol

DOCUMENT A Interpréter les différences entre les états de la matière

Objectif : Les corps (eau, air...) peuvent exister sous trois états : solide, liquide et gaz. Tu vas utiliser le modèle des molécules pour interpréter les propriétés macroscopiques* de l'eau dans ces trois états, en utilisant une analogie avec un match de rugby.

J'étudie des documents

▲ **a. Représentations microscopiques* des molécules d'eau dans les trois états.**

▲ **b. Différents moments d'un match de rugby.**

J'exploite un document

Analyse **1.** Quels mouvements les joueurs peuvent-ils effectuer durant une ouverture de match ? durant une mêlée fermée ? durant une mêlée ouverte ?

Interprète **2.** Associe chaque photographie du doc. **b** à un état de la matière (doc. **a**), en justifiant ton choix.

3. L'eau a-t-elle une forme propre dans chacun des trois états ? Justifie tes réponses.

4. Pour chacun des trois états, explique si les molécules d'eau occupent tout l'espace libre. Dans quel état l'eau est-elle le plus compressible* ?

Conclus **5.** Résume dans un tableau les propriétés des gaz, des liquides et des solides que tu as mises en évidence.

INVESTIGATION B Interpréter des changements d'état

Vincent, Delphine et Sandra ont voulu dessiner des représentations microscopiques* pour interpréter ce qui se passe lors de la fusion d'un corps pur.
Le professeur leur dit qu'aucune de ces représentations n'est correcte.

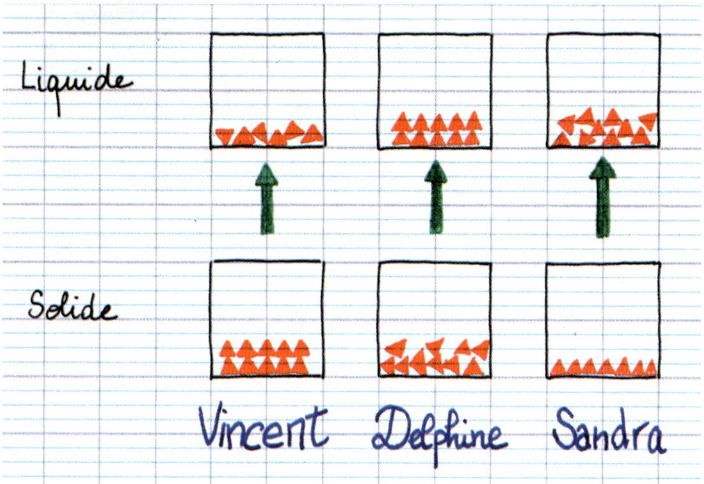

? Comment peux-tu les aider à corriger leurs dessins ?

Ta démarche

- **Propose une hypothèse :** Identifie les erreurs commises sur chaque dessin.
- **Interprète :** Fais un schéma correct de la situation.
- **Conclus :** Comment évolue la masse lors d'un changement d'état ? Argumente ta réponse.

INVESTIGATION C Interpréter ce qui se passe lors d'un mélange

On a pesé du sirop de menthe et de l'eau. On a ensuite mélangé les deux liquides et on a pesé le mélange.

? Propose des représentations microscopiques pour justifier les résultats affichés par la balance.

Avant le mélange

Après le mélange

Ta démarche

- **Propose une hypothèse :** Essaie de bien comprendre les résultats affichés par la balance.
- **Interprète :** Propose des dessins en utilisant les molécules pour rendre compte des masses affichées avant et après la réalisation du mélange.
- **Conclus :** Comment évolue la masse* d'un mélange ?

Mini-dico

Microscopique : infiniment petit et invisible à l'œil nu, par opposition à **macroscopique**.

Représentation microscopique : manière de représenter ce qui se passe à l'échelle microscopique.

Compressible : dont le volume peut diminuer.

Masse : propriété physique qui mesure la quantité de matière d'une substance. L'unité associée à cette grandeur est le kilogramme (kg).

Vers le bilan... Pourquoi le volume n'est-il pas conservé au cours de ces phénomènes ?

BILAN

1 La composition de l'air

● L'atmosphère terrestre est constituée d'un mélange de gaz appelé **l'air**. Sa composition est la même à la surface de la Terre, mais varie avec l'altitude. Il contient principalement 78 % de diazote et 21 % de dioxygène. 1A p. 14

● L'air contient aussi :
– d'autres gaz, comme l'argon ou le dioxyde de carbone qui provient de l'activité humaine et de la respiration des végétaux et animaux ;
– de petites particules solides, les poussières. Elles ont des origines variées : débris de roches, fumées produites par l'activité humaine.
Parler d'air pur n'a donc pas de sens en chimie, car l'air n'est pas un corps pur mais un mélange.

● Le **dioxygène** est indispensable à la vie : grâce à la respiration, il est conduit dans les cellules où il permet leur bon fonctionnement. 1B p. 15

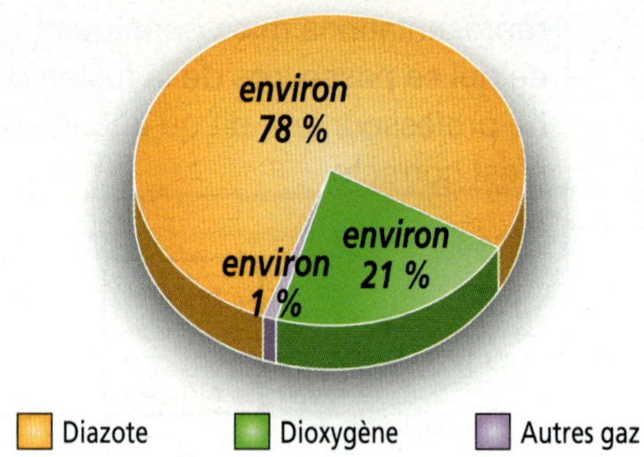

Composition de l'air.

2 Le modèle des molécules

● La matière est composée de particules, appelées **molécules**, invisibles à l'œil nu et même au microscope optique.

● Un corps pur est constitué d'une seule sorte de molécule : par exemple, l'eau pure, obtenue par distillation, ne contient que des molécules d'eau.

● Un mélange est constitué de plusieurs sortes de molécules : par exemple, l'air contient principalement des molécules de diazote et de dioxygène.

● Les molécules permettent d'expliquer de nombreux phénomènes, dont la diffusion. Lorsqu'on enlève la séparation entre de l'air et du dioxyde d'azote contenus dans deux flacons :
– à l'**échelle macroscopique**, on observe que la couleur devient la même dans les deux récipients ; 2A p. 16
– à l'**échelle microscopique**, les molécules des différents gaz se mélangent. À la fin, les gaz contenus dans les deux flacons ont la même composition. 2B p. 17

Eau pure

Air

À gauche, représentations miscroscopiques de l'eau et de l'air. À droite, diffusion du dioxyde d'azote dans l'air.

3 Comprendre à l'aide des molécules...

a. ... les états de la matière

● On peut représenter les différents états de la matière à l'échelle microscopique. Cela permet de comprendre les propriétés des états de la matière. 3A p. 18

b. ... les changements d'état de la matière

● Lors de la fusion, les molécules s'agitent, s'éloignent légèrement et se déplacent les unes par rapport aux autres.
Lors de la vaporisation, l'agitation des molécules augmente beaucoup, les molécules s'éloignent fortement et peuvent se déplacer librement. 3B p. 19

c. ... la conservation de la masse

● Lors d'un changement d'état ou de la réalisation d'un mélange, la nature et le nombre de molécules ne varient pas. La masse ne varie pas non plus : on dit qu'il y a **conservation de la masse**. 3C p. 19

	Solide	Liquide	Gaz
Schéma à l'échelle microscopique			
Observations à l'échelle microscopique	Molécules très rapprochées, immobiles	Molécules rapprochées mais mobiles les unes par rapport aux autres	Molécules très éloignées et très mobiles les unes par rapport aux autres
Conséquences macroscopiques	– Forme propre – Incompressible	– Pas de forme propre – Une surface de séparation plane avec un gaz – Incompressible	– Pas de forme propre – Occupe toute le volume qui lui est offert – Compressible

L'ESSENTIEL

par l'image

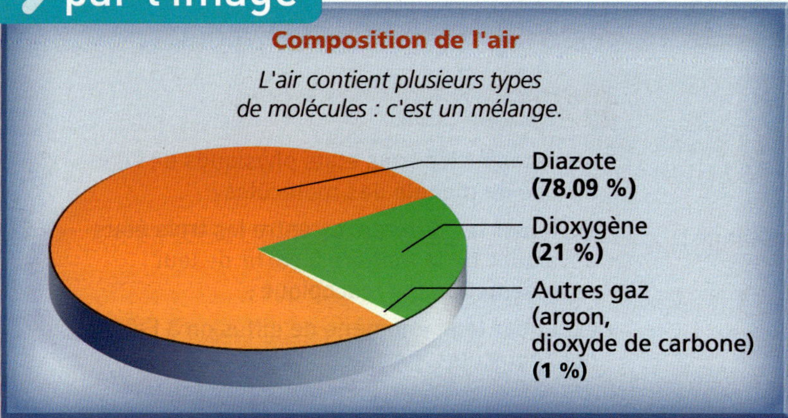

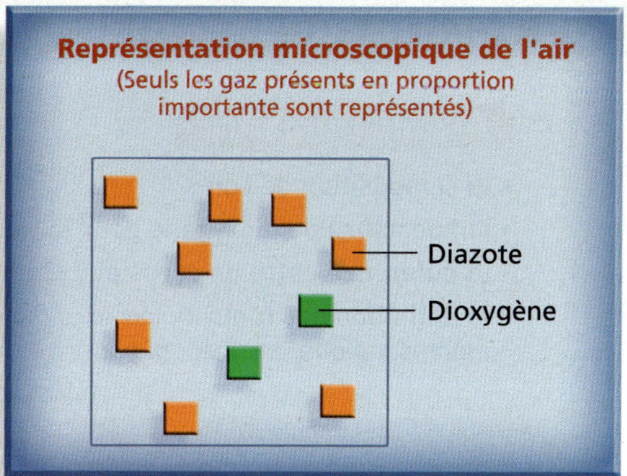

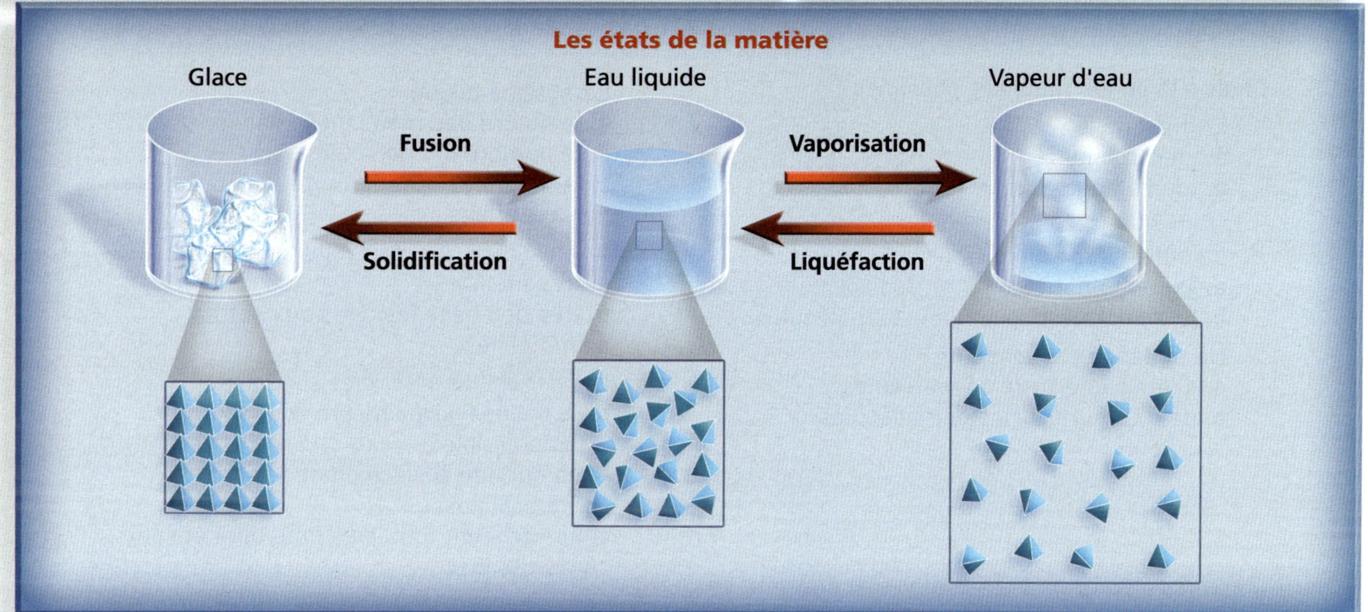

par le texte

- L'air est un mélange de gaz qui contient environ 78 % de diazote, 21 % de dioxygène et 1 % d'autres gaz. Le dioxygène est essentiel à la vie.
- La matière est constituée de particules microscopiques appelées molécules.
- Un corps pur est constitué d'une seule sorte de molécule, alors qu'un mélange est constitué de plusieurs sortes de molécules.
- Les molécules permettent d'expliquer de nombreux phénomènes comme la diffusion.
- Au cours d'un changement d'état et d'un mélange, le nombre de molécules est conservé. La masse est donc conservée.

Mots nouveaux

Air : mélange de gaz qui constitue l'atmosphère.

Diffusion : en chimie, phénomène par lequel une substance, principalement liquide ou gazeuse, se répand. Par exemple, un parfum diffuse dans une pièce.

Molécule : particule infiniment petite, invisible à l'œil nu, qui compose la matière.

Microscopique : infiniment petit et invisible à l'œil nu par opposition à **macroscopique**.

EXERCICES

Je vérifie mes connaissances

Je dois connaître

- la composition de l'air ;
- l'importance du dioxygène pour la vie ;
- la différence entre un corps pur et un mélange ;
- la définition des mots *molécule, diffusion, macroscopique, microscopique*.

Je dois être capable de

- représenter les trois états physiques de l'eau à l'aide du modèle des molécules ;
- expliquer les différences entre les trois états physiques de la matière à partir de leur représentation microscopique ;
- expliquer le phénomène de diffusion à l'aide des molécules.

Test

Choisis la ou les réponses possibles.

1. L'air est :
   a. un corps pur.
   b. un mélange.
   c. un gaz.
2. La diffusion s'explique par le fait que :
   a. l'air est un mélange.
   b. la matière est constituée de molécules.
3. Un mélange est constitué :
   a. d'une seule sorte de molécules.
   b. de plusieurs sortes de molécules.
4. Lors d'une fusion :
   a. la nature des molécules change.
   b. le nombre de molécules varie.
   c. la nature et le nombre de molécules ne varient pas.
5. À l'état solide, les molécules sont :
   a. très mobiles.
   b. très peu liées les unes aux autres.
   c. immobiles.
6. Les gaz ont les propriétés suivantes :
   a. ils ont une forme propre et sont incompressibles.
   b. ils ont une surface plane et sont compressibles.
   c. ils occupent tout le volume libre et sont compressibles.

Corrections p. 222

1 Légender un schéma

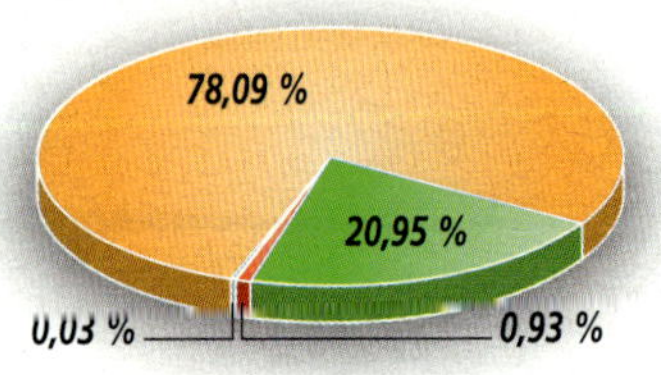

Recopie et légende le diagramme circulaire ci-contre présentant la composition de l'air.

2 Décrire le dioxygène

1. Sous quel état se trouve le dioxygène à température ambiante ?
2. Grâce à quel phénomène trouve-t-on du dioxygène dans la nature ?
3. Comment le dioxygène est-il obtenu dans l'industrie ?
4. Cite quelques applications du dioxygène.

3 Décrire les états de l'eau

1. Représente les trois états de l'eau.
2. Parmi les mots ci-dessous, indique ceux qui caractérisent les molécules dans les trois états de l'eau :

Ordonnées – désordonnées – rapprochées – espacées – très agitées – non liées – peu liées

4 Compléter des phrases

Recopie et complète les phrases ci-dessous.

a. Les corps sont constitués de petites particules invisibles à l'œil nu, les .... L'étude de ces petites particules permet de comprendre les .... macroscopiques des corps.

b. Un corps pur est constitué à l'échelle microscopique d'une seule sorte de ...., alors qu'un mélange est constitué de .... sortes de ....

c. L'air est constitué de .... types de ...., alors que l'eau pure ne contient qu'un seul type de ....

5 Étudier un changement d'état

Lors d'une vaporisation :

1. le nombre de molécules reste-t-il constant ?
2. la masse reste-t-elle constante ?
3. le volume occupé par les molécules reste-t-il constant ?

Justifie toutes tes réponses.

6 Être rigoureux

Est-il juste de parler de molécule d'air ?

7 Retrouver les bonnes légendes

En justifiant ta réponse, associe chacun de ces schémas à une des représentations microscopiques ci-dessous.

1. Corps pur solide
2. Corps pur liquide
3. Corps pur gazeux
4. Mélange liquide
5. Mélange gazeux
6. Mélange solide

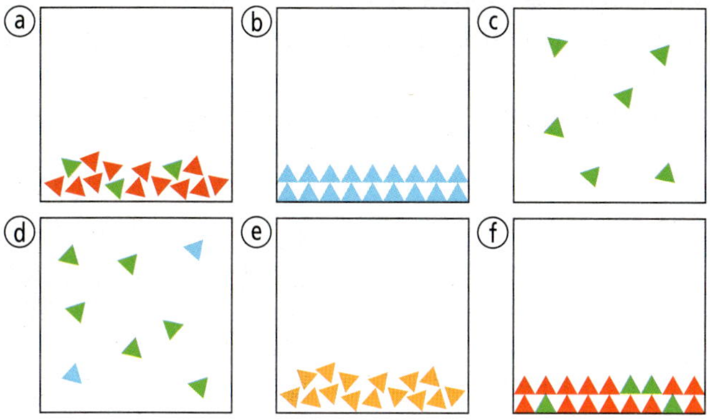

Français

8 À toi d'expliquer !

Qui a raison ?

Explique bien tes arguments : pour cela, utilise des liens logiques (**si** ... **alors** ..., **donc, car, or,** etc.).

J'applique...

9 Molécules et propriétés de l'eau

Exercice corrigé

→ Énoncé

Dans cet exercice, on s'intéresse à de l'eau pure, qu'on utilise en chimie.

1. De quoi est composée l'eau liquide ?
2. L'eau est-elle un mélange ou un corps pur ?
3. Représente l'eau liquide à l'échelle microscopique.
4. Déduis-en si l'eau liquide est compressible.
5. L'eau liquide a-t-elle une forme propre ?

→ Correction

1. L'eau liquide est composée de molécules d'eau.
2. L'eau est un corps pur puisqu'elle n'est composée que d'un seul type de molécules.
3. Voir le schéma du bilan p. 20.
4. Dans l'eau liquide, les molécules sont rapprochées : on ne pourra quasiment pas réduire l'espace qui les sépare. Le volume occupé par l'eau ne variera quasiment pas quand on comprime de l'eau liquide. L'eau liquide n'est pas compressible.
5. À l'état liquide, les molécules d'eau sont mobiles. Elles vont donc s'arranger les unes par rapport aux autres pour prendre la forme du récipient où l'eau liquide est placée. L'eau liquide n'a donc pas de forme propre.

Remarque : Comme les molécules sont rapprochées, l'eau liquide n'occupe pas toute la place dans le récipient.

10 À toi de jouer !

voir exercice 9

Le dioxyde d'azote est un corps pur. Dans les conditions habituelles, c'est un gaz.

1. De quoi est composé ce gaz ?
2. Représente-le à l'échelle microscopique.
3. Déduis-en si le dioxyde d'azote gazeux est compressible ou non.
4. Le dioxyde d'azote a-t-il une forme propre ?
5. Occupe-t-il tout l'espace dans le récipient où il est placé ?

11 Utiliser les molécules

L'eau et l'huile forment un mélange hétérogène. Donne une représentation microscopique de ce mélange.

12 Quelle est la quantité d'air dans une pièce ?

1. Quelle est la composition de l'air ?
2. Dans une pièce de largeur 4 m, de longueur 6 m et de hauteur 2,5 m, quel est le volume de dioxygène exprimé en m^3 ?

COUP DE POUCE

Tu peux commencer par calculer le volume d'air.

EXERCICES

13 Des gaz qui se mélangent

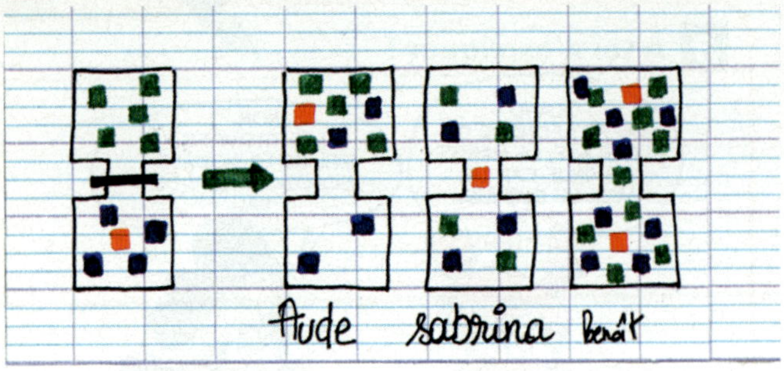

1. Aude, Sabrina et Benoît ont proposé une modélisation microscopique du phénomène de diffusion de l'air et du dioxyde d'azote. Explique ce qui est faux dans leurs schémas.
2. Propose un schéma correct pour décrire le mélange final à l'échelle microscopique.

14 Deux liquides qui se mélangent

1. Nomme le phénomène que l'on observe quand on verse une goutte d'encre bleue dans un bécher contenant de l'eau.
2. Explique à l'échelle microscopique cette expérience.
3. Ce phénomène est-il observable aussi pour des solides ?

15 Un changement d'état de l'eau

Ce dessin représente-t-il une vaporisation ou une fusion ?

16 La fusion de la glace

Au cours de la fusion de la glace :

1. Le nombre de molécules est-il conservé ?
2. La nature des molécules est-elle modifiée ?
3. Comment interprètes-tu, à l'échelle microscopique, ce changement d'état ?
4. Représente la glace et l'eau liquide obtenue à l'échelle microscopique.

17 Miscibles ou non ?

1. Décris l'aspect des deux tubes à essai.
2. Les deux peintures sont-elles miscibles à l'eau ?
3. Fais un schéma de ces deux mélanges en te plaçant au niveau microscopique.

J'approfondis...

18 Des volumes de gaz

Voici les propriétés de différentes substances gazeuses dans les conditions habituelles et pour un volume donné (10,0 L).

	Volume	Masse	Nombre de molécules
Dioxygène	10,0 L	14,4 g	$2{,}7\cdot10^{23}$
Diazote	10,0 L	12,6 g	$2{,}7\cdot10^{23}$
Air	10,0 L	13,0 g	$2{,}7\cdot10^{23}$

1. Compare le volume et le nombre de molécules des divers gaz. Que constates-tu ? Cette loi très importante pour le chimiste est appelée loi d'Avogadro - Ampère.
2. Toutes les molécules possèdent-elles la même masse ?
3. En considérant (pour simplifier) que l'air est constitué de 80 % de diazote et de 20 % de dioxygène, retrouve la masse de 10,0 L d'air.

19 Pourquoi sent-on les parfums ?

1. Si on débouche une bouteille de parfum dans une salle fermée, son odeur se répand partout.
Comment s'appelle le phénomène mis en jeu ?
2. Représente par un schéma ce qui s'est passé à l'échelle microscopique quand le flacon est resté ouvert un certain temps.

20 Laissez-moi respirer !

1. Comment varie, au cours du temps, la composition de l'air d'une salle fermée contenant de nombreux élèves ?
2. Pourquoi est-il nécessaire d'aérer lorsqu'on est nombreux dans une pièce fermée ?

21 Respirez à plein régime

La respiration est l'une des rares fonctions vitales sur laquelle nous pouvons agir directement. En apprenant à la réguler selon nos besoins, nous pouvons rendre notre organisme plus performant et diminuer les effets du stress : troubles digestifs, fatigue, maux de tête…
En général, notre mode de vie ne favorise pas une bonne oxygénation du corps. Les tensions musculaires réduisent l'élasticité de la cage thoracique, une mauvaise posture (dos voûté ou cambré) limite la mobilité des côtes. La respiration fonctionne alors à son minimum et l'organisme se fatigue plus vite.
Une pratique régulière du sport et d'exercices respiratoires augmente la capacité respiratoire et l'on retrouve tonus et vitalité. Certains sports sont plus recommandés que d'autres, comme ceux d'endurance (ski de fond, natation, course à pied).

D'après **Le journal de Carrefour**, Stéphanie O'Brien, mars 2001

1. Quelle est la substance de l'air qui joue un rôle fondamental dans l'organisme ?
2. Quels sont les aspects bénéfiques d'une bonne oxygénation du corps ?
3. Quels sont les obstacles à une bonne oxygénation ? Comment peut-on y remédier ?

EXERCICES

INVESTIGATION ••••••••••••••••••••• MÈNE L'ENQUÊTE !!

22 Une tenue pour l'espace

➜ **Pourquoi le spationaute qui fait une sortie dans l'espace (p. 12) est-il obligé de porter un scaphandre ?**

23 La respiration des végétaux

Pour mettre en évidence la respiration des végétaux en utilisant une tranche de carotte cuite (morte) et une tranche de carotte crue (vivante), tu as à ta disposition :
- deux flacons et deux couvercles ;
- deux tubes à essai ;
- de l'eau de chaux.

? **Comment mettrais-tu en évidence la respiration des végétaux ?**

Ta démarche
1. Propose un protocole expérimental. Tu peux demander de l'aide à ton professeur de SVT.
2. Indique les résultats que tu attends pour pouvoir répondre à la question.

24 Mène l'enquête au CDI

➜ **À ton avis, Jules César a-t-il respiré le même air que toi ? Argumente ta réponse.**

Pour t'aider : *Science et Vie Junior*, hors-série n°67, janvier 2007, p. 84.

25 Plus rien ?

➜ **Propose une expérience prouvant qu'Aurélie a raison. Tu pourras utiliser un bol rempli d'eau.**

26 Un équilibre vital

Les êtres vivants sur Terre consomment environ 10 % de tout le dioxygène de l'air en un an.
Pourtant, la composition de l'air varie peu malgré tout !

➜ **À partir de tes connaissances, comment expliquerais-tu ce constat ?**

Une expérience simple et amusante

Ah ! ces fuites d'eau !

Le plus souvent, ce sont les robinets d'eau chaude qui fuient.
Pour le prouver :
- perce un petit trou à l'aide de l'épingle au fond des deux gobelets ;
- remplis à moitié un gobelet d'eau glacée, l'autre d'eau chaude ;
- observe ce qui se passe.

Matériel
- deux gobelets en plastique
- une aiguille
- de l'eau chaude
- de l'eau glacée

1. Est-ce l'eau chaude ou l'eau froide qui s'écoule plus rapidement ?
2. Sachant que plus un corps est chaud, plus les molécules qui le composent se déplacent vite, propose une explication de ce que tu as observé.

Protéger notre planète

THÈME DE CONVERGENCE

Notre planète est en péril. Certains rejets dans l'atmosphère, naturels ou non, en sont la cause. Mais les chimistes réagissent pour limiter ces rejets.

Environnement — *Pollution : conséquences directes et indirectes*

Les polluants sont des substances produites par l'homme ou par la nature (volcans…) qui ont des effets nocifs sur la santé humaine ou sur l'environnement.
Les principaux polluants atmosphériques se classent dans deux grandes familles :
– les **polluants primaires** sont directement issus des sources de pollution, qu'elles soient industrielles ou automobiles. C'est le cas par exemple de gaz tels que les oxydes de carbone, les oxydes de soufre, les oxydes d'azote ou les hydrocarbures légers, ainsi que des particules pouvant contenir des composés métalliques (plomb, mercure, cadmium…) ;
– les **polluants secondaires**, comme l'ozone, proviennent de la transformation des polluants primaires sous l'action des rayons solaires et de la chaleur. Ces composés donnent naissance à ce nuage brunâtre qui stagne parfois au-dessus des grandes villes, comme Paris ou Londres.

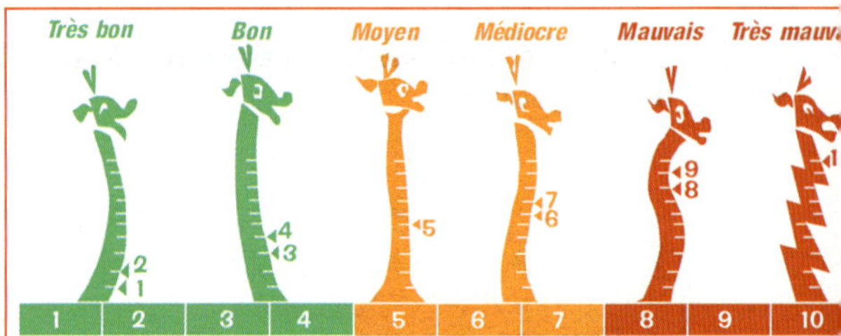

L'indice Atmo, symbolisé par une girafe, représente en un chiffre sy
thétique la qualité moyenne de l'air d'une agglomération. L'attitu
d'Atmo varie quotidiennement selon la qualité de l'air, notée
1 (qualité de l'air très bonne) à 10 (qualité de l'air très mauvaise).

Questions

1. Cite quelques exemples de polluants qu'on trouve dans les villes.
2. Quelle est leur origine ?
3. Comment peux-tu savoir si l'air d'une ville est pollué ?

Écologie — *Les pluies acides*

Les « pluies acides » sont des formes de précipitations qui dégradent notre environnement naturel (forêts, lacs) ou artificiel (monuments, statues).

L'eau de pluie a naturellement une légère acidité, mais celle-ci est augmentée par la présence dans l'atmosphère de gaz et de fumées rejetés par les automobiles ou les industries. Ces gaz et ces fumées contiennent des substances polluantes qui peuvent se dissoudre dans les gouttelettes d'eau constituant les nuages, et donner ainsi des pluies acides.
Les scientifiques cherchent donc des moyens de limiter les polluants à l'origine de ces pluies. Par exemple, le pot catalytique des voitures transforme certaines substances polluantes des gaz d'échappement en diazote et en dioxyde de carbone (qui ne donnent pas de pluies acides).

Questions

1. Comment se forment les pluies acides ?
2. Cherche dans un dictionnaire la différence entre un gaz et une fumée.
3. Cherche sur Internet des exemples d'effets de ces pluies acides sur les lacs et les forêts.
4. Comment les scientifiques luttent-ils contre ces pluies ?

état d'urgence !

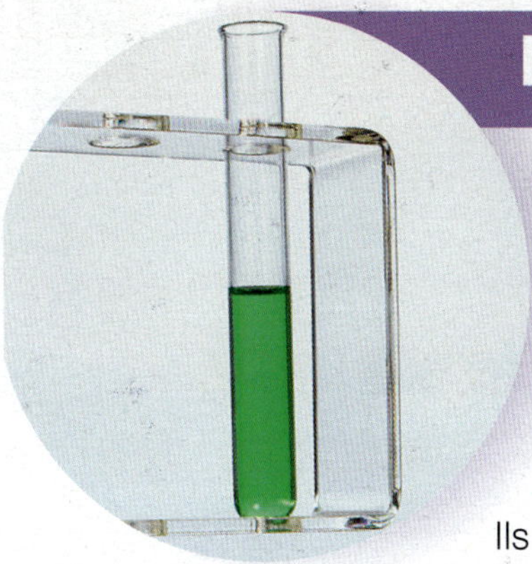

Développement durable — La chimie se met au vert

Scientifiques et industriels ont pris conscience des phénomènes qui mettent en danger notre santé et notre planète. Ils s'orientent vers une chimie « verte » qui cherche à réduire l'utilisation du pétrole et la formation des gaz à effet de serre.

Ils ont ainsi mis au point des filtres pour éliminer les fumées dangereuses rejetées par les usines et des dispositifs pour purifier les eaux usées industrielles.

Les chimistes cherchent aussi de nouvelles méthodes pour fabriquer les molécules dont nous avons besoin, notamment sans utiliser le pétrole. Elles sont plus efficaces et créent moins de déchets. Par exemple, une molécule *analgésique*, l'ibuprofène, est fabriquée depuis environ dix ans grâce à un procédé « vert » : le principal déchet obtenu est l'acide éthanoïque, qui est désormais réutilisé pour fabriquer des peintures.

On cherche à utiliser des substances naturelles issues de l'agriculture. Mais nous n'en sommes qu'au début : il reste encore beaucoup de chemin à parcourir...

Questions

1. Qu'est-ce qui a amené les chimistes à revoir leurs méthodes de travail ?
2. Cite quelques applications de la chimie verte. Quels sont ses avantages pour l'environnement ?
3. Qu'est-ce qu'un « analgésique » ?
4. Quel est l'avantage de la préparation de l'ibuprofène respectant les principes de la chimie verte ?

MÉTIER Écotoxicologue

Sophie (29 ans)
- Enseignant-chercheur
- IUT de Thionville
- Doctorat en toxicologie de l'environnement

AUX PETITS SOINS POUR L'ENVIRONNEMENT

« C'est un métier très polyvalent, où l'on est à la fois chimiste, biologiste et écologue. Je recherche les effets toxiques des polluants sur l'environnement. J'étudie, en particulier, les réponses moléculaires et cellulaires des organismes aux perturbations liées à la pollution chimique. En fonction du problème à traiter, je réalise des tests de toxicité en laboratoire ou sur le terrain, par exemple sur des friches industrielles. Ce métier me donne la satisfaction d'apporter une petite pierre à l'édifice du monde de la recherche, mais surtout à l'environnement. »

> « Je recherche les effets toxiques des polluants sur l'être humain et l'environnement. »

Propos recueillis par Sabah B. ■

L'air et

Lorsque les dauphins respirent sous l'eau, ils expirent des bulles de gaz. Ces bulles deviennent de plus en plus grosses en remontant à la surface.

Dans ce chapitre tu vas...

- **étudier** quelques propriétés des gaz ;
- **apprendre** à mesurer la pression d'un gaz ;
- **apprendre** à mesurer la masse d'un litre d'air.

ses propriétés

À ton avis, que contient une bouteille de plongée ?

Peux-tu expliquer pourquoi le ballon éclate ?

D'après toi, l'air a-t-il une masse ?

chimie

ACTIVITÉ 1 Observer et interpréter que

! Une histoire de pompe à vélo

Gonfler un ballon ou un pneu, ce n'est pas toujours facile.
À ton avis, pourquoi Diego n'arrive-t-il plus à gonfler davantage le pneu de son vélo ?

EXPÉRIENCE A Étudier de l'air enfermé dans une seringue

Objectif : Une pompe à vélo fonctionne de la même manière qu'une seringue : elle contient de l'air que l'on fait entrer ou sortir en actionnant un piston. Tu vas étudier quelques propriétés de ce gaz en observant une seringue bouchée.

Je réalise une expérience

- Déplace le piston de la seringue pour faire entrer un volume d'air de 30 mL.
- Bouche la seringue avec le doigt afin que l'air ne s'échappe pas.
- Réponds aux questions posées en pensant à maintenir la seringue bouchée à l'aide de ton doigt.

Matériel
- une seringue de 60 mL

J'exploite les résultats

Observe

1. Quand tu pousses sur le piston, le volume d'air dans la seringue augmente-t-il ou diminue-t-il ? Et quand tu tires sur le piston ?

2. Que ressens-tu au niveau de ton doigt dans les deux cas ?

3. Peux-tu pousser le piston jusqu'au bout de la seringue ?

Interprète et conclus

4. Donne une définition de la compressibilité de l'air. Fais la même chose pour l'expansibilité.

ques propriétés de l'air

INVESTIGATION B Utiliser le modèle microscopique pour comprendre

Diego, intrigué par les propriétés de compressibilité et d'expansibilité de l'air, a trouvé sur Internet ces dessins d'expériences réalisées avec des seringues... Mais son professeur lui dit qu'ils ne sont pas tous corrects.

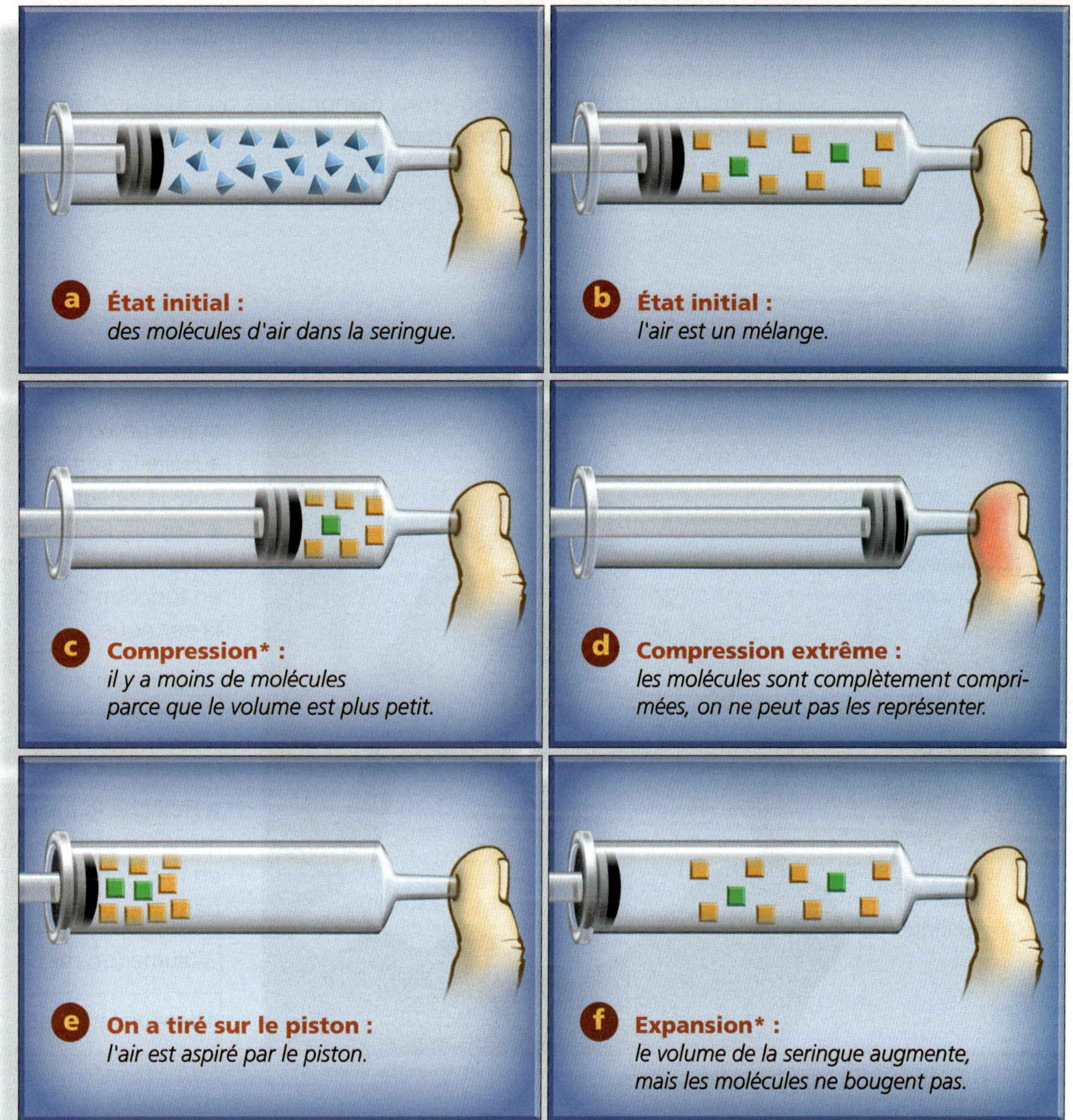

a État initial : *des molécules d'air dans la seringue.*

b État initial : *l'air est un mélange.*

c Compression* : *il y a moins de molécules parce que le volume est plus petit.*

d Compression extrême : *les molécules sont complètement comprimées, on ne peut pas les représenter.*

e On a tiré sur le piston : *l'air est aspiré par le piston.*

f Expansion* : *le volume de la seringue augmente, mais les molécules ne bougent pas.*

? Sauras-tu aider Diego à identifier les erreurs dans ces dessins et à les corriger ?

Ta démarche

- **Formule une hypothèse :** Indique les représentations qui te semblent fausses en expliquant pourquoi.
- **Réalise des dessins :** Corrige ces représentations.
- **Interprète les résultats :** Pourquoi ne peut-on pas pousser le piston jusqu'au bout ?
- **Conclus :** Explique, au niveau microscopique, pourquoi l'air est compressible.

Mini-dico

Compression : action exercée sur quelque chose pour en diminuer le volume.

Expansion : accroissement de volume.

Vers le bilan... Explique pourquoi Diego ne peut pas appuyer sur sa pompe jusqu'au bout.

chimie

ACTIVITÉ 2 Découvrir et étudier la pres

EXPÉRIENCE A Mesurer une pression

Objectif : Lorsqu'on souffle dans un ballon, on augmente la quantité d'air qu'il contient et sa surface se déforme.
Différents instruments, baromètres, manomètres ou capteurs* électroniques, utilisent ce principe pour déterminer la pression* d'un gaz sur une surface : ils mesurent la déformation de cette surface.
Tu vas apprendre à mesurer la pression d'un gaz avec un capteur de pression.

Je réalise une expérience

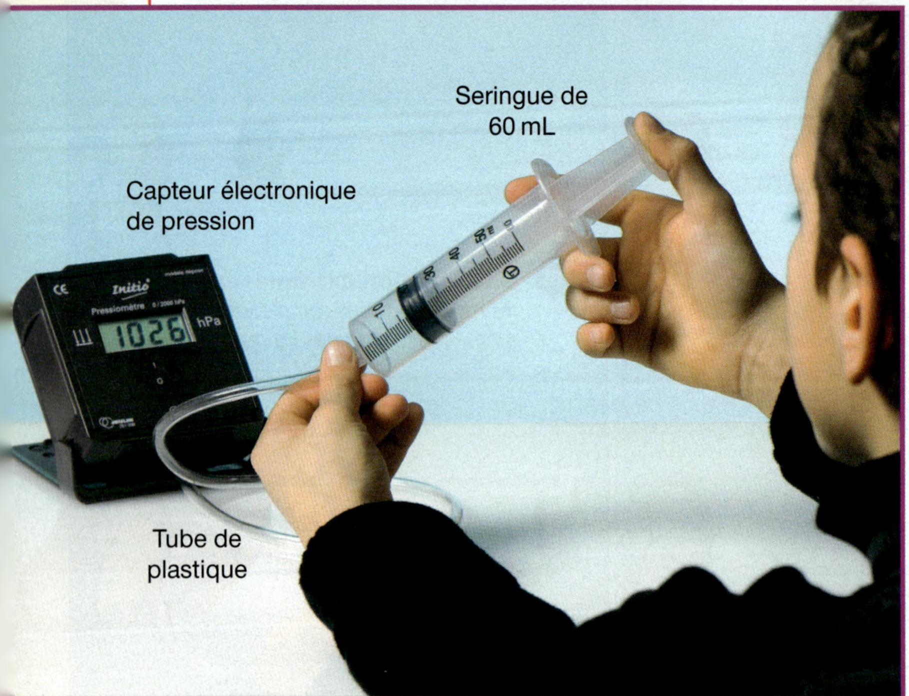

▲ **Dispositif expérimental.**

- Déplace le piston de la seringue pour faire entrer un volume d'air de 30 mL.
- Relie la seringue au capteur de pression et note la valeur de la pression.
- Appuie lentement sur le piston et note dans un tableau l'évolution de la pression en fonction du volume d'air contenu dans la seringue.

Volume (en mL)	30	25	20	15
Pression (en hPa)				

- Relâche le piston et maintenant tire lentement sur celui-ci. Note alors la pression en fonction du volume occupé par l'air dans la seringue.

Volume (en mL)	30	35	40	45
Pression (en hPa)				

J'exploite les résultats

Observe

1. En quelle unité le capteur mesure-t-il la pression ?
2. Quelle pression as-tu mesurée dans la seringue avant d'actionner le piston ?

Interprète

3. Déduis-en la pression atmosphérique dans la salle.
4. Décris brièvement comment évolue la pression de l'air dans la seringue quand tu appuies ou quand tu tires sur le piston.

Conclus

5. Quel est le lien entre la pression que tu mesures et le volume occupé par l'air ?

INVESTIGATION B Interpréter la pression à l'échelle microscopique

B2i

Tu disposes d'un logiciel de simulation* pour comprendre ce qui se passe à l'échelle des molécules.
Le logiciel « Atelier Cinétique » est téléchargeable gratuitement à l'adresse :
http://semm.univ-lille1.fr/atelier_cinetique/

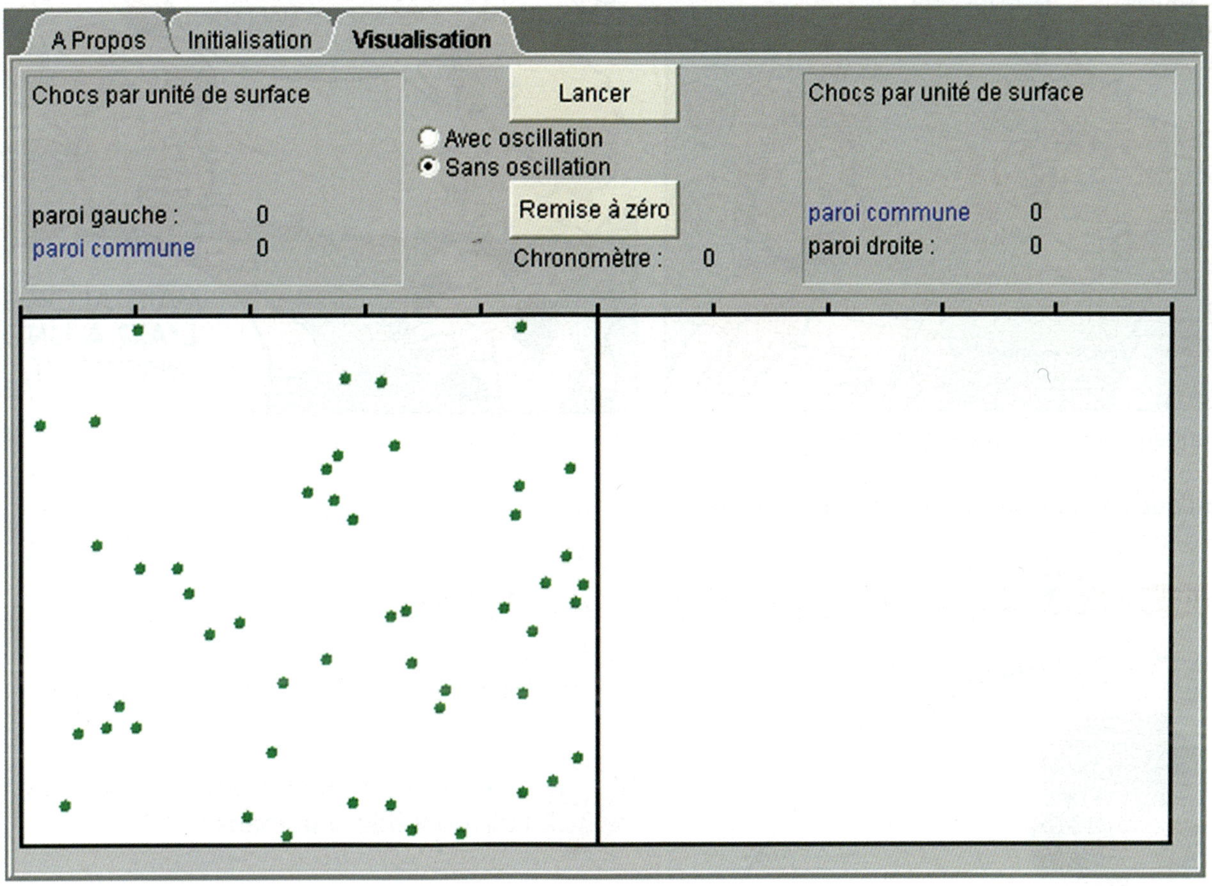

▲ **a. L'écran du logiciel au début de l'expérience.**

Un gaz est placé dans le compartiment de gauche ; le compartiment de droite est vide. Ces deux compartiments sont séparés par une paroi commune qui peut se déplacer librement.

? À ton avis, dans quel sens va se déplacer la paroi mobile ?

Ta démarche

- **Formule une hypothèse :** Prévois le sens de déplacement de la paroi et explique bien ton raisonnement.
- **Expérimente :** Clique sur « Lancer » et observe ce qui se passe.
- **Conclus :** Comment expliques-tu rigoureusement le sens de déplacement de la paroi ? Déduis-en une interprétation microscopique de la pression d'un gaz.

Mini-dico

Capteur : dispositif qui permet de mesurer une grandeur, par exemple une pression.

Pression : force exercée par un gaz sur tout ce qui l'entoure. L'unité légale de la pression est le pascal (Pa).
1 hPa = 100 Pa.

Simulation : reproduction artificielle d'un phénomène.

Vers le bilan... Pourquoi la pression de l'air augmente-t-elle lorsque l'air est comprimé ?

ACTIVITÉ 3 Comprendre que l'air a une

! De l'air lourd ?

Dans le langage courant, notamment en météorologie, certaines expressions font penser que l'air a une masse.

Penses-tu que l'on puisse dire que l'air a une masse* ?

INVESTIGATION A Découvrir que l'air a une masse

Tu disposes d'une pompe à vélo, d'un ballon et d'une balance.

? Comment ferais-tu pour montrer que l'air possède une masse ?

Ta démarche

- **Formule une hypothèse :** Décris l'expérience que tu proposes et les résultats que tu penses observer.
- **Interprète les résultats :** Ton expérience valide-t-elle tes prévisions ?
- **Conclus :** L'air possède-t-il une masse ? Argumente ta réponse.

masse

EXPÉRIENCE B Mesurer la masse d'un volume d'air

Objectif : L'air qui nous entoure a une masse. Tu vas déterminer la masse d'un litre d'air dans les conditions de température et de pression de la classe. Pour cela, tu vas utiliser la technique du déplacement d'eau*.

Je réalise une expérience

- Note la masse du ballon gonflé. Attention, n'oublie pas de tarer la balance.
- Remplis le cristallisoir avec de l'eau.
- Retourne une bouteille remplie d'eau à ras bord dans ce cristallisoir, en faisant attention de ne pas la vider.
- Fixe un bout du tuyau sur le ballon et l'autre bout à l'intérieur de la bouteille.
- Remplis la bouteille d'air en dégonflant le ballon.
- Mesure alors la nouvelle masse du ballon.

▲ **Dispositif expérimental.**

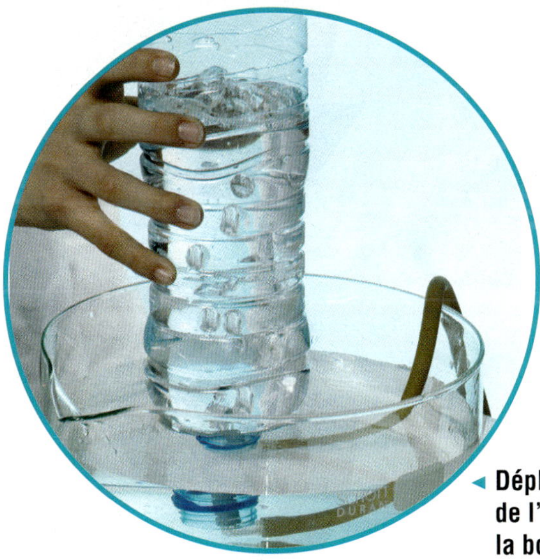

◄ **Déplacement de l'eau dans la bouteille.**

Matériel
- une bouteille vide de 1,5 L
- un ballon gonflé
- une balance électronique
- un cristallisoir
- un tuyau avec un embout adapté au ballon
- de l'eau

J'exploite les résultats

Observe
1. Comment a évolué la masse du ballon lorsque tu en as enlevé le volume d'air ?
2. Où est passé l'air qui était dans le ballon ?

Interprète
3. Comment peux-tu trouver la masse de 1,5 L d'air ?
4. Explique pourquoi il faut que la bouteille soit pleine d'eau avant de la remplir d'air.

Conclus
5. Quelle est la masse de 1 L d'air dans les conditions de température et de pression de la classe ?

Voir fin de manuel

Mini-dico

Déplacement d'eau : remplacement de l'eau contenue dans une bouteille par les bulles de gaz chassées d'un autre récipient.

Masse : propriété physique qui mesure la quantité de matière d'une substance. L'unité associée à cette grandeur est le kilogramme (kg).

Vers le bilan... L'expression « une masse d'air » est-elle scientifiquement correcte ?

BILAN

1 Quelques propriétés de l'air

- L'air est un **gaz** : il est **compressible** et **expansible**.

- Lorsqu'on comprime l'air, l'espace vide entre les molécules diminue, donc le volume occupé par l'air diminue aussi : c'est ce qui explique que l'air est compressible.

Il arrive un moment où le volume ne peut plus diminuer car l'espace vide entre les molécules a été diminué au maximum. C'est ce qui explique que la compressibilité de l'air est limitée.

- Lorsqu'on tire sur le piston, l'espace vide entre les molécules augmente, et donc le volume occupé par l'air augmente aussi : c'est ce qui explique que l'air est expansible. 1 p. 30-31

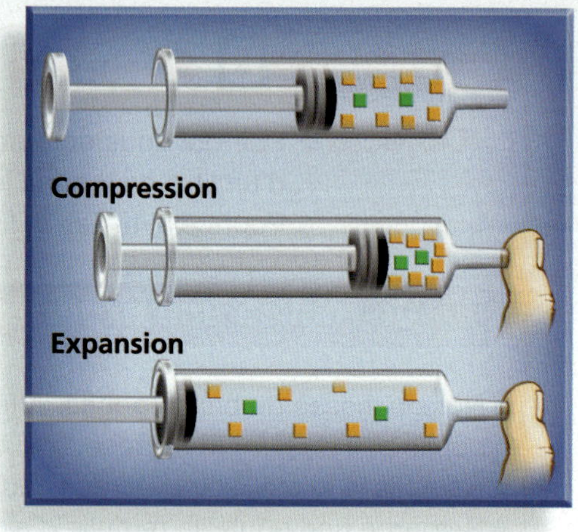

Interprétation à l'aide des molécules de la compressibilité et de l'expansibilité de l'air.

2 La pression de l'air

- Si on observe l'air à l'échelle microscopique, on constate que les molécules qui le constituent sont toujours en mouvement. Il y a des chocs entre les molécules et tous les objets qu'elles rencontrent : on dit que l'air exerce une **pression** sur ces objets (par exemple, les parois). 2B p. 33

- Pour mesurer la pression de l'air, on peut utiliser différents appareils comme les manomètres ou les capteurs électroniques de pression. L'unité légale de la pression est le pascal, noté Pa.
On utilise aussi en météorologie l'hectopascal (hPa) : 1 hPa = 100 Pa ; et dans la vie quotidienne le bar (bar).

- Les baromètres mesurent uniquement la pression de l'air ambiant, qu'on appelle la **pression atmosphérique**. Au niveau de la mer, la pression atmosphérique vaut 1 013 hPa, dans les conditions habituelles de température.

- Si on diminue le volume occupé par un gaz, sa pression augmente. À l'inverse, la pression diminue si on augmente le volume qu'il occupe. 2A p. 32

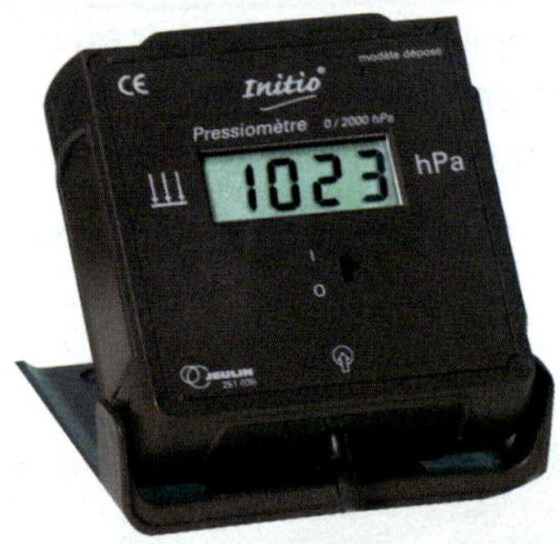

Capteur électronique de pression.

Baromètre.

3 La masse de l'air

- Tous les gaz ont une **masse**, comme les liquides et les solides. L'air a donc une masse. 3A p. 34

- Expérimentalement, pour déterminer la masse d'un certain volume d'air, on dégonfle un ballon. Pour connaître le volume d'air retiré, on remplit une bouteille de volume connu par déplacement d'eau. En étudiant la variation de la masse du ballon, on peut ainsi calculer la masse de 1 L d'air.

- Dans les conditions habituelles de pression et de température (celles du laboratoire), la masse de 1 L d'air est 1,3 g. 3B p. 35

Technique de déplacement d'eau, utilisée pour déterminer la masse de l'air.

L'ESSENTIEL

par l'image

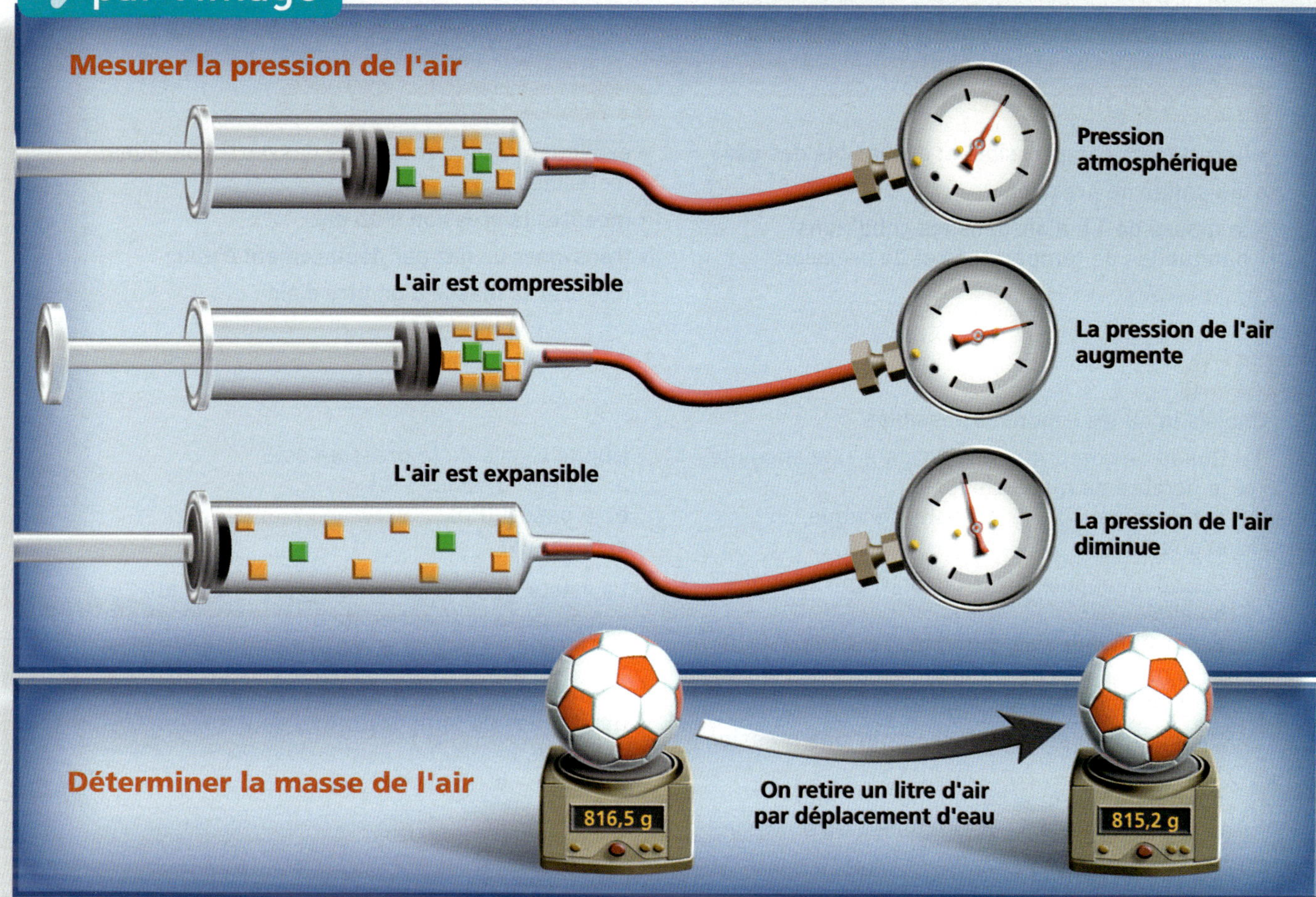

par le texte

- L'air est un gaz : il est compressible et expansible. L'espace vide entre les molécules du gaz peut en effet augmenter ou diminuer.
- L'air exerce une pression sur tout ce qui l'entoure. L'unité légale de la pression est le pascal, noté Pa.
- On mesure la pression d'un gaz à l'aide d'un manomètre ou d'un capteur électronique de pression.
- Dans les conditions habituelles, la pression atmosphérique au niveau de la mer, mesurée avec un baromètre, est de 1 013 hPa.
- La pression de l'air diminue quand le volume qu'il occupe augmente, et augmente quand le volume diminue.
- La masse de 1 L d'air est 1,3 g dans les conditions habituelles de température et de pression.

Mots nouveaux

Compressible : dont le volume peut diminuer.

Expansible : dont le volume peut augmenter.

Pression : force exercée par un gaz sur tout ce qui l'entoure. L'unité légale de la pression est le pascal (Pa).
1 hPa = 100 Pa.

Masse : propriété physique qui mesure la quantité de matière d'une substance. L'unité associée à cette grandeur est le kilogramme (kg).

EXERCICES

Je vérifie mes connaissances

Je dois connaître

- le caractère compressible et expansible des gaz ;
- les unités de pression ;
- la masse de 1 L d'air dans les conditions habituelles de température et de pression.

Je dois être capable de

- expliquer la compressibilité des gaz à l'aide des molécules ;
- mesurer la pression d'un gaz ;
- transvaser un gaz par déplacement d'eau ;
- mesurer la masse d'un litre d'air.

Test

Choisis la ou les réponses possibles.

1. Quand on comprime de l'air dans une enceinte, le nombre de molécules :
a. diminue. **b.** reste identique.
c. augmente.

2. Quand on appuie sur le piston d'une seringue bouchée :
a. le volume de l'air diminue.
b. la masse de l'air diminue.
c. la pression de l'air diminue.

3. L'appareil qui permet de mesurer une pression s'appelle :
a. un baromètre. **b.** un thermomètre.
c. un multimètre. **d.** un manomètre.

4. L'unité légale de la pression est :
a. le degré Celsius (°C).
b. le pascal (Pa).
c. le volt (V).

5. La valeur de la pression atmosphérique au niveau de la mer est égale à :
a. 100 000 Pa. **b.** 1 013 hPa. **c.** 25 °C.

6. La masse de 1 L d'air dans les conditions habituelles de température et de pression est égale à :
a. 1,3 kg. **b.** 13 g. **c.** 1,3 g.

Corrections p. 222

1 Reconnaître une substance compressible

Parmi ces substances, indique celles qui sont compressibles et explique pourquoi :
glace – vapeur d'eau – barreau de fer – huile – air

2 Compléter un schéma

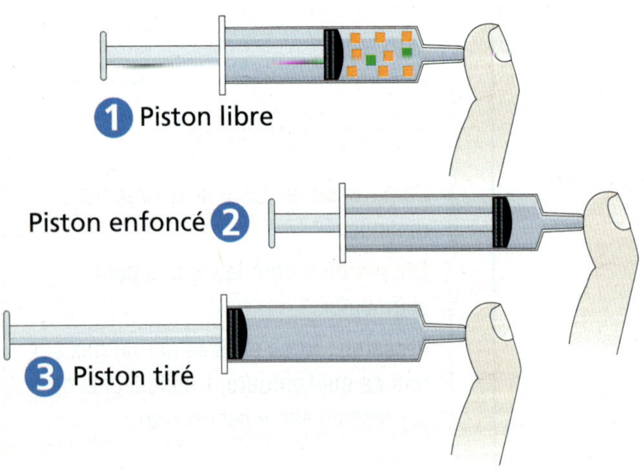

Reproduis les dessins 2 et 3 et complète-les en représentant les molécules comme sur le dessin 1.

3 Vrai ou faux

On comprime du dioxyde d'azote pur, un gaz de couleur rousse, dans une seringue bouchée.
Parmi les affirmations ci-dessous, quelles sont celles qui sont vraies ? Justifie tes réponses.

a. Le nombre de molécules ne varie pas parce qu'on n'a pas vu de gaz sortir de la seringue.
b. La seringue contient toujours la même masse de gaz.
c. Il y a de l'air entre les molécules du gaz roux.
d. Il n'y a rien entre les molécules de gaz roux.

4 Compléter un schéma

1. Légende le schéma.

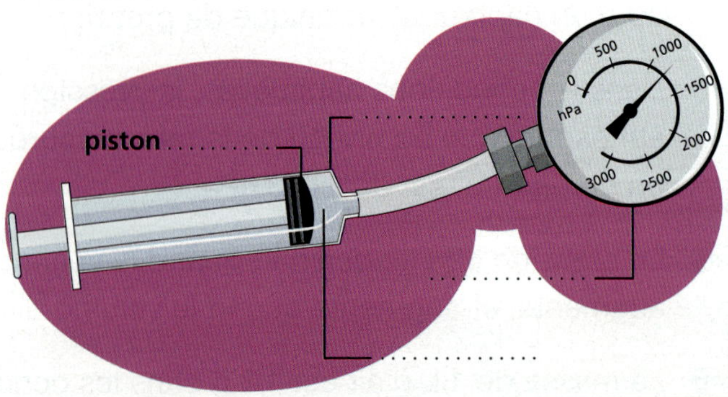

2. Que signifie le « h » placé devant « Pa » ?
3. Quelle pression lis-tu sur l'appareil de mesure ?

EXERCICES

5 Vrai ou faux

Précise si les affirmations suivantes sont vraies ou fausses. Justifie tes réponses.

a. Lorsque l'on comprime de l'air contenu dans une seringue bouchée, le volume de gaz augmente.

b. Lors de l'expansion de l'air contenu dans une seringue bouchée, sa pression augmente.

c. La pression de l'air contenu dans une seringue bouchée dont le piston est libre est égale à la pression atmosphérique.

d. Lorsque l'on comprime de l'air contenu dans une seringue bouchée, la masse du gaz augmente.

6 Trouver les bons mots

Recopie et complète les phrases avec les mots suivants : *manomètres – baromètres – surface – chocs – déformation.*

Différents appareils sont utilisés pour mesurer la pression d'un gaz. Les ...., que l'on trouve dans les maisons, permettent de mesurer la pression atmosphérique.
Les .... permettent de mesurer la pression d'un gaz à l'intérieur d'un espace généralement fermé (bouteille de plongée, pneu...). Ces instruments mesurent la .... d'une surface sous l'effet du gaz. À l'échelle microscopique, cette .... s'explique par les .... des molécules du gaz sur la ....

7 Comprendre par le dessin

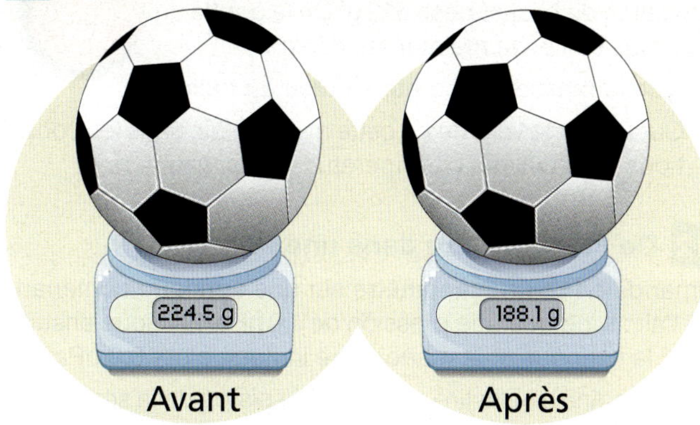

A-t-on gonflé ou dégonflé le ballon ? Justifie ta réponse.

8 Technique du déplacement d'eau

Dessine les trois étapes essentielles permettant de recueillir de l'air dans une bouteille par la technique du déplacement d'eau. Légende tes dessins.

9 Connaître l'air que l'on respire

1. Dans quel état trouve-t-on l'air dans la nature ?

2. Quelle est sa composition ?

3. Quelle est sa pression dans les conditions habituelles ?

4. Quelle est sa masse pour un litre dans les conditions habituelles de pression et de température ?

J'applique...

10 Calcul d'une masse et d'un volume d'air — Exercice corrigé

Énoncé

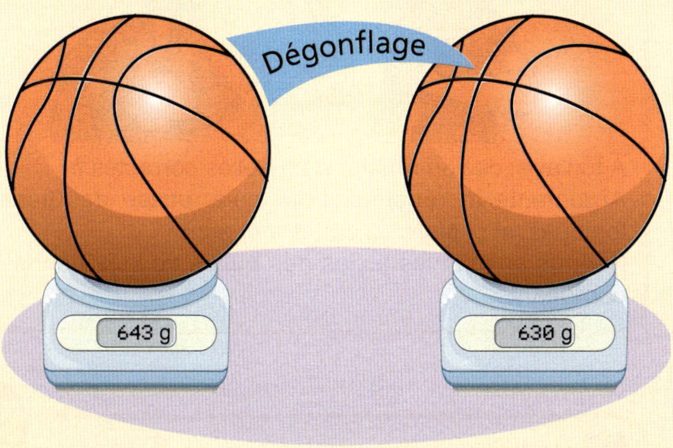

1. Quelle est la masse d'air perdue par le ballon ?

2. Quel est le volume d'air échappé du ballon lors du dégonflage ?

Correction

1. 643 – 630 = 13. Donc, lors du dégonflage, 13 g d'air se sont échappés du ballon.

2. Dans les conditions habituelles de température et de pression, la masse de 1 L d'air est 1,3 g.

On effectue une « règle de 3 » (voir fin du manuel).

Masse	Volume
1,3 g	1 L
13 g	?

$\times \frac{1}{1,3}$

Si 1,3 g correspond à la masse d'un volume d'air de 1 L, alors 13 g correspond à la masse d'un volume de $13 \times \frac{1}{1,3}$, soit $\frac{13}{1,3} = 10$ L.

En conclusion, le volume d'air échappé du ballon lors de son dégonflage est égal à 10 L.

11 À toi de jouer !

Voir exercice 10 p. 39

Un ballon de basket pèse 612 g. On le gonfle un peu plus et il pèse maintenant 675 g.

1. Quelle masse d'air a été ajoutée au ballon ?
2. Quel serait le volume de cette masse d'air, dans les conditions habituelles de température et de pression ?

12 De l'air contenu dans une seringue

Amandine fixe un manomètre sur une seringue contenant de l'air : il indique une pression de 1,0 hPa. Elle joue ensuite avec la seringue et le manomètre indique alors 0,9 hPa.

1. Amandine a-t-elle tiré ou poussé le piston de la seringue ? Justifie ta réponse.
2. Quelle propriété de l'air, et des gaz en général, permet d'expliquer que l'on puisse tirer ou pousser le piston ?

13 Variation de volume et de masse ?

On enferme un volume d'air de 10 mL dans une seringue bouchée. On enfonce le piston : le volume d'air n'est plus alors que de 4 mL.

1. A-t-on provoqué une diminution ou une augmentation de pression en enfonçant le piston ? Justifie ta réponse.
2. La masse d'air enfermée dans la seringue varie-t-elle au cours de la manipulation ? Justifie ta réponse.

14 Les molécules mettent la pression

On met de l'air dans trois ballons représentés ci-dessous.

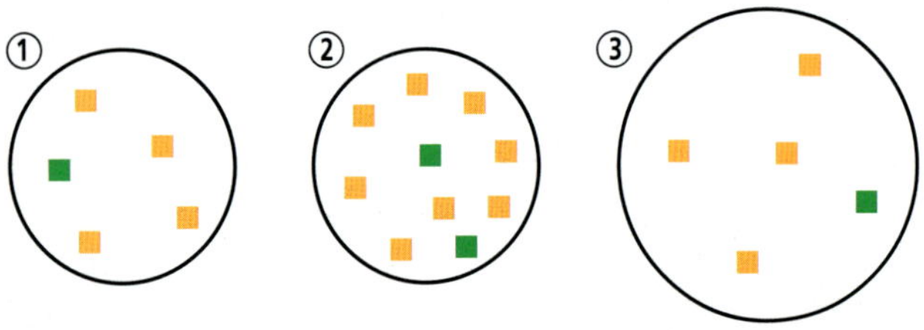

Tu dois justifier toutes tes réponses.

1. Dans quel ballon la pression est-elle la plus faible ?
2. Dans quel ballon la pression est-elle la plus forte ?
3. Dans quel ballon la masse d'air enfermée est-elle la plus grande ?

15 Une paroi mobile

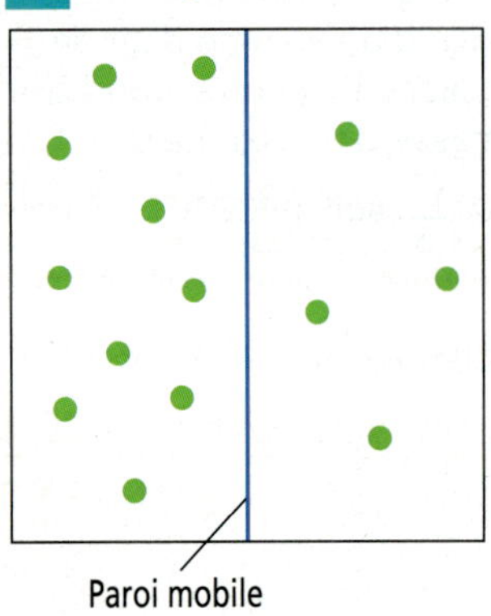

La paroi qui sépare les deux compartiments peut se déplacer librement.

À ton avis, dans quel sens la paroi va-t-elle se déplacer ? Justifie ta réponse.

16 L'air, un mélange de molécules

Nora représente les molécules d'air contenues dans une seringue bouchée.

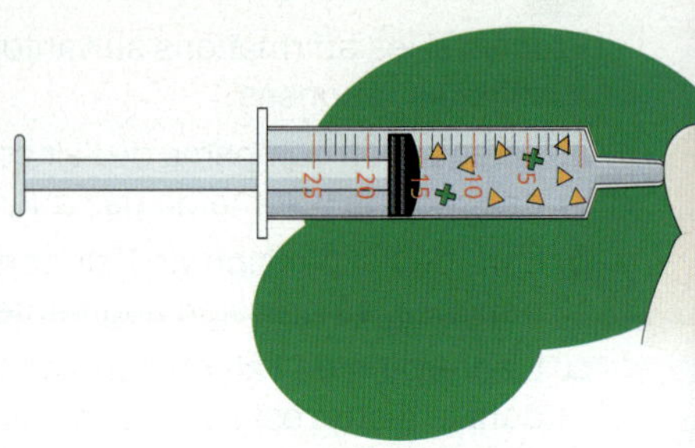

1. Comment Nora a-t-elle représenté les molécules de dioxygène et de diazote ?
2. La composition de l'air est-elle respectée ?
3. Nora comprime la seringue. Quel est le bon schéma ?

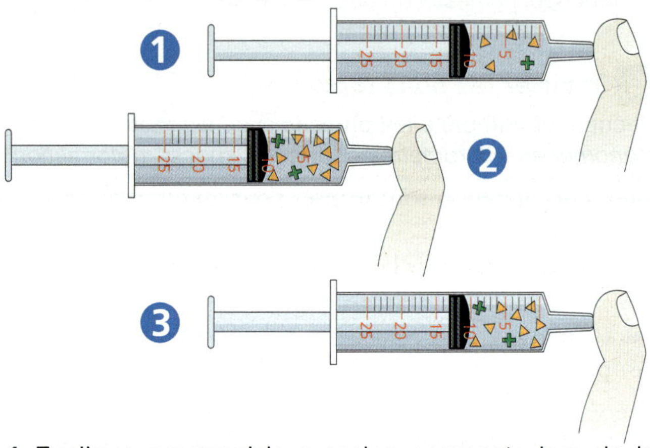

4. Explique pourquoi la pression augmente lors de la compression.

17 À toi d'expliquer !

Français

À ton avis, ces affirmations sont-elles correctes ? Argumente ta réponse. Pour cela, utilise des liens logiques (**si ... alors ..., car, donc,** etc.).
Réécris ensuite les textes des bulles de la BD en les corrigeant.

18 De l'air en vol

B2i

1. Qu'appelle-t-on *air pressurisé* dans la cabine d'un avion ?
2. Cherche à quelle altitude correspond la pression de l'air que tu respires dans un avion.

B2i

19 Baromètres et manomètres...

Recherche sur Internet les différents types de baromètres et de manomètres qui existent.

Explique en particulier :
- le fonctionnement du baromètre de Torricelli, en précisant à quoi correspond la hauteur de 760 mm de mercure dans celui-ci ;
- le principe de fonctionnement d'un baromètre à eau ;
- le principe de fonctionnement d'un manomètre.

20 L'air, mais c'est lourd !

1. Rappelle la valeur de la masse de 1 L d'air dans les conditions habituelles de température et de pression.
2. Calcule la masse d'air contenue dans une salle de classe de 10 m de longueur, de 7 m de largeur et de 3 m de hauteur. (Aide : 1 m^3 = 1 000 L.)

21 Masse d'un volume d'air

Pour déterminer la masse de 1 L d'air, on a fait sortir de l'air d'un ballon. On a mesuré la masse du ballon avant et après cette opération. En dégonflant ce ballon, on a récupéré 2 L d'air par déplacement d'eau.

1. Précise le matériel et les étapes expérimentales permettant de réaliser le déplacement d'eau.
2. Indique ton raisonnement pour déduire facilement la valeur de la masse de 1 L d'air.

J'approfondis...

22 Pression et altitude

Au rez-de-chaussée d'un immeuble, la pression est de 1 013 hPa. Lorsque l'on monte de 8 m, la pression diminue de 100 hPa.

1. En indiquant ton raisonnement, trouve la valeur de la pression au 8e étage de cet immeuble. (Chaque étage a une hauteur de 3 m.)
2. Comment pourrais-tu faire pour transformer ton baromètre en altimètre ?
3. Que penses-tu de la précision de la mesure ainsi effectuée ?

23 Gonflage... d'une bouteille

On fixe un couvercle muni d'une valve de chambre à air sur une bouteille en verre de 2 L.

1. Quel volume d'air la bouteille contient-elle ?
2. Quelle masse d'air la bouteille contient-elle ?
3. Avec une pompe à bicyclette, on introduit 1 L d'air ambiant dans la bouteille.
Quel volume d'air la bouteille contient-elle maintenant ?
4. Quelle est la masse totale d'air contenu dans la bouteille ?

24 Bouteille de plongée

Une bouteille de plongée sous-marine possède initialement masse de 13 kg. Après la plongée, elle ne pèse plus que 11,5 kg.

1. Quelle masse d'air a été utilisée ?
2. À quoi a servi cette masse d'air ?
3. Dans les conditions habituelles, quelle serait son volume ?

25 Composition et masse de l'air

Dans les conditions habituelles de température et de pression, 1 m^3 de diazote pèse 1,25 kg et 1 m^3 de dioxygène pèse 1,43 kg.

1. Quelle est la masse de 1 m^3 d'air contenant respectivement 4/5 et 1/5 de ces deux gaz ?
2. Déduis-en alors la masse de 1 L d'air. (Aide : 1 m^3 = 1 000 L.)

26 Une analogie pour la pression

Un manomètre mesure la déformation d'une membrane sous l'action d'un gaz, par exemple l'air.
Dans l'analogie suivante, on fait tomber sur une membrane des grains de sable qui simulent les molécules de l'air. La pression indiquée par le manomètre à eau augmente lorsque les grains de sable tombent sur la membrane de la capsule manométrique.

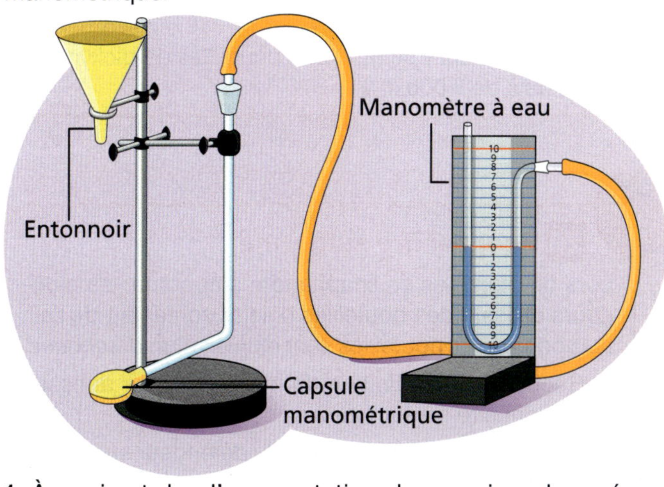

1. À quoi est due l'augmentation de pression observée lorsque les grains de sable tombent sur la membrane ?
2. En comparant les molécules de l'air à des grains de sable, explique à quoi est due la pression de l'air sur la membrane d'un manomètre.

EXERCICES

27 Masse de 1 L de gaz butane

Le butane est le combustible utilisé dans les briquets.

1. Sous quel état le butane se trouve-t-il dans le briquet ? Et quand il sort du briquet ?
2. Par déplacement d'eau, on remplit une bouteille vide de 1,5 L avec le butane d'un briquet. Initialement, la masse du briquet est de 21,5 g. Après l'expérience, sa masse est de 17,9 g.

   Calcule la valeur de la masse de 1 L de butane. Précise ton raisonnement.
3. Comment savoir si le gaz butane est plus lourd ou moins lourd que l'air ?

B2i

THÈME DE CONVERGENCE

28 Presque sur le Toit du Monde !

Les sommets de l'Himalaya culminent à des altitudes dépassant souvent 8 000 m. Le 3 juin 1950, Maurice Herzog et ses coéquipiers atteignent le sommet de l'Annapurna, à 8 078 m. À de telles altitudes, il est nécessaire de se munir de bouteilles de dioxygène pour pouvoir fournir l'effort musculaire nécessaire à l'escalade.

1. Recherche sur Internet qui était Maurice Herzog.
2. La proportion de dioxygène et de diazote est-elle modifiée avec l'altitude ?
3. Qu'appelle-t-on *anoxémie* ?
4. Pourquoi faut-il se munir de bouteilles de dioxygène au-delà de 8 000 m ?

B2i

29 Scaphandre autonome

Lors de plongées en scaphandre autonome, les plongeurs utilisent des bouteilles d'acier contenant de l'air comprimé. Ces bouteilles sont munies d'un *détendeur*.

1. Recherche la définition du mot *détendeur* dans un dictionnaire ou sur Internet.
2. Précise l'utilité et la fonction du détendeur en termes de pression.
3. Sous quel état se trouve l'air dans une bouteille pleine ?
4. Pourquoi la bouteille pleine possède-t-elle une masse plus grande que la bouteille vide ?

THÈME DE CONVERGENCE

30 Accident de plongée...

« Le nombre d'accidents de plongée est chaque année en augmentation : on en avait recensé 365 en France durant l'année 2003. Ces accidents sont essentiellement barotraumatiques, c'est-à-dire dus à la pression. Ainsi, un des accidents les plus graves arrive quand on remonte trop vite à la surface. Le plongeur respire l'air qui sort de sa bouteille à une pression constante, mais l'air présent dans les poumons et dans le sang se dilate lors de la remontée, provoquant ainsi une embolie gazeuse dans les vaisseaux sanguins. Comme les poumons ne peuvent pas se dilater exagérément, il peut aussi se produire une rupture du tissu pulmonaire. La victime peut alors ressentir une simple gêne respiratoire, cracher du sang, voire devenir inconsciente ou mourir. Une évacuation de la victime vers un hôpital muni d'un caisson hyperbare est nécessaire. »

1. Quelle est la principale cause des accidents de plongée ? Comment appelle-t-on ces accidents ?
2. Que fait l'air présent dans les poumons quand le plongeur monte trop vite ?
3. Quelles conséquences cela a-t-il sur l'organisme ?
4. Comment traiter une personne ayant subi un tel accident ?
5. Documente-toi pour connaître la signification des termes *hyperbare* et *embolie gazeuse*.

31 Les bulles des dauphins

Retourne un verre et enfonce-le dans un seau rempli d'eau, le plus profond possible.

1. Comment varie le niveau d'eau dans le verre ?
2. L'air contenu dans le verre subit-il une expansion ou une compression au cours de la descente ?
3. Comment varie sa pression ?
4. Par analogie, explique l'évolution de la taille des bulles d'air qui s'échappent de l'évent du dauphin au cours de leur remontée (voir photographie p. 28).

EXERCICES

INVESTIGATION ••• MÈNE L'ENQUÊTE !!

32 Ballons sondes

Lorsqu'un ballon gonflé s'élève dans l'atmosphère, il commence par augmenter de volume, puis, à partir d'une certaine altitude, il éclate.

Ce principe est utilisé dans les ballons sondes que les météorologues lâchent dans l'atmosphère pour effectuer des mesures.

→ **Comment expliquerais-tu au niveau microscopique l'augmentation du volume et l'explosion du ballon lors de sa montée dans l'atmosphère ?**

33 Pourquoi ça « colle » ?

→ **Saurais-tu expliquer le principe d'une ventouse ?**
(Aide : le phénomène est lié à la pression de l'air.)

34 Et « POUF !!! »

→ **À ton avis, pourquoi le ballon éclate-t-il ?**

(Aide : étudie comment varie la pression de l'air dans un ballon que l'on gonfle.)

35 Pousse-toi, j'ai besoin de place !!!

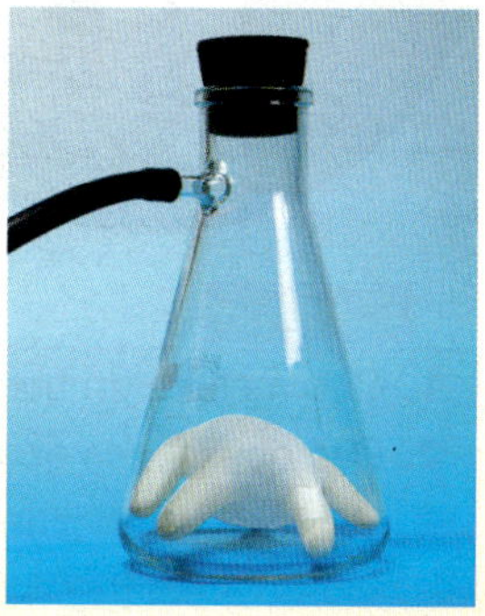

Un gant en plastique à moitié gonflé (l'air ne peut pas s'échapper) est placé sous une cloche à vide. On fait « le vide » à l'intérieur de la cloche. Le gant gonfle de façon spectaculaire !

? **À ton avis, comment expliquer ce gonflement ? Argumente ta réponse.**

Ta démarche
– Propose une explication au niveau microscopique en termes de chocs sur les parois avant et après avoir fait le vide.
– Donne une explication au niveau macroscopique en termes de pression s'exerçant sur les parois du gant.

Une expérience simple et amusante

Fabrique ton propre baromètre

– Ferme la boîte avec le morceau de ballon fixé par l'élastique.
– Colle une paille sur la membrane de plastique (ballon).
– Place la règle au bout de l'extrémité libre de la paille.
– Note les tendances de la journée.

Matériel
- boîte de conserve
- morceau de ballon en caoutchouc
- élastique
- paille
- règle (ou tige en bois)
- colle

1. Qu'y a-t-il dans la boîte de conserve vide ? Sa pression peut-elle varier ?
2. Sachant que l'air appuie sur la membrane d'autant plus fort que la pression est élevée, déduis-en le fonctionnement de ce baromètre.

Pression et météorologie

Les hommes n'ont pas attendu l'invention du baromètre pour comprendre l'influence de la pression atmosphérique sur certains phénomènes. À la Renaissance, les puisatiers l'utilisaient pour pomper l'eau à une grande profondeur. De nos jours, on l'utilise pour prévoir le temps.

Histoire — *L'invention du baromètre*

En 1643, le physicien italien Evangelista Torricelli chercha à mettre en évidence la pression atmosphérique. Pour cela, il renversa sur une cuve contenant du mercure un tube fin long de 1 m qui était lui aussi rempli de mercure. Il constata que le niveau du mercure baissait dans le tube et se stabilisait lorsque le poids de la colonne de mercure était compensé par la pression atmosphérique. Torricelli venait d'inventer le premier baromètre à mercure !

De nos jours, on utilise peu les baromètres à mercure car cette substance est dangereuse. On préfère utiliser des baromètres *anéroïdes* inventés par Lucien Vidie en 1844. Dans ces baromètres, le capteur est une boîte métallique vidée de son air. On mesure alors la déformation de cette boîte en fonction de la pression atmosphérique.

Questions

1. Que mesure un baromètre ?
2. Cite deux types de baromètres.
3. Explique le fonctionnement du baromètre à mercure.
4. Cherche sur Internet à quelle hauteur de mercure correspond la pression atmosphérique (en mm).
5. Quelle est la surface déformable dans chacun de ces baromètres ?

Vie quotidienne — *La météo à la maison*

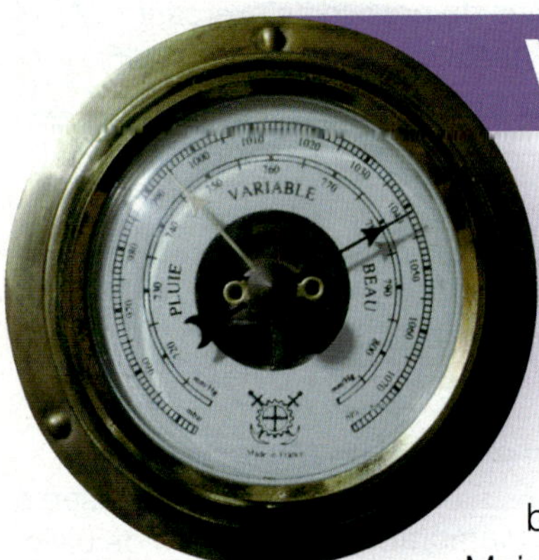

La pression atmosphérique varie plus ou moins rapidement. Le sens, la rapidité et l'amplitude de ces variations sont liés aux perturbations météorologiques, d'où la présence d'indications telles que « beau temps » ou « variable » sur les cadrans des baromètres d'appartement.

Mais impossible de faire des prévisions fiables à l'aide de ces indications ! Le temps en un lieu donné dépend des conditions météorologiques qui ont régné à une date précédente, dans d'autres endroits. C'est pourquoi on a implanté sur Terre un réseau de stations météorologiques.

Questions

1. Les baromètres n'indiquent-ils que la pression ?
2. Si le temps s'améliore, comment varie la pression ?
3. Peux-tu vraiment prévoir le temps avec un baromètre ?
4. Comment peut-on faire de meilleures prévisions ?

Météo — Des cartes pour prévoir le temps

THÈME DE CONVERGENCE

La pression atmosphérique n'est pas la même suivant l'endroit où on se situe. On réalise donc des cartes météo à partir des valeurs de la pression atmosphérique mesurées par les stations météo du monde entier.

Les météorologues tracent aussi sur ces cartes météo des courbes *isobares*, qui joignent les lieux où la pression atmosphérique est la même. On distingue alors sur la carte :

– des régions où la pression atmosphérique est minimale : ce sont les **dépressions**.

– des régions où la pression atmosphérique est maximale : ce sont les **anticyclones**.

Leur lecture permet de prévoir la direction et la vitesse des vents, nom donné aux masses d'air en mouvement. Ces dernières se déplacent en effet des régions où la pression est élevée vers celles où la pression est basse.

De plus, la comparaison de cartes successives montre l'apparition, le cheminement et la disparition des anticyclones et des dépressions. Cela constitue un des éléments de base des prévisions météorologiques.

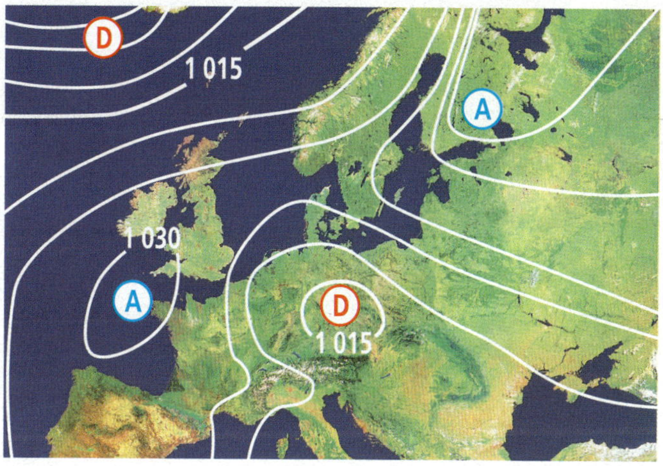

Questions

1. Comment réalise-t-on une carte météo ?
2. Qu'appelle-t-on un anticyclone et une dépression ?
3. Localise sur la carte une dépression et un anticyclone.
4. En quoi cela nous renseigne-t-il sur le sens du vent ?

MÉTIER Météorologue

Franck (40 ans)
- Prévisionniste
- Météo France
- Technicien supérieur

TÊTE EN L'AIR

« Je suis prévisionniste à Météo France depuis quinze ans. J'utilise les données météorologiques mesurées par mes collègues et calculés par des appareillages pour établir des prévisions. Mon objectif ? Assurer la sécurité des biens et des personnes en éditant bulletins météo et alertes vigilance. Les professionnels, du peintre en bâtiment à l'agriculteur, utilisent mes informations. L'aéronautique aussi est concernée, pour assurer des vols sans encombre. Il y a toujours un prévisionniste au travail, même la nuit. Nos prévisions servent au plus grand nombre. En plus, je ne ramène aucun dossier à la maison. À chaque fois, la situation est totalement nouvelle. »

> « Mon objectif ? Assurer la sécurité des biens et des personnes. »

Propos recueillis par Audrey A. ■

Des combustions

En 2000, pour les jeux Olympiques de Sydney (Australie), la flamme olympique a brûlé sous l'eau pendant trois minutes…

Dans ce chapitre tu vas…

- **découvrir** les constituants des molécules ;
- **comprendre** ce qui se passe quand quelque chose brûle.

aux atomes

Pour éviter les incendies, on trouve ce genre de panneau de prévention dans les forêts.

D'après toi, qu'est-ce qui peut causer un feu de forêt ?

Pour éteindre des bougies, on souffle dessus…

À ton avis, pourquoi la flamme s'éteint-elle lorsque l'on souffle dessus ?

L'eau du robinet est principalement constituée de molécules d'eau, représentées ici par des triangles.

Existe-t-il quelque chose de plus petit que les molécules pour décrire la matière ?

ACTIVITÉ 1 Découvrir les combustions

! Une question de survie

Le réchauffement climatique est au cœur de nos préoccupations.
Les scientifiques estiment que celui-ci est dû à l'augmentation des rejets de gaz à effet de serre. Ces gaz proviennent principalement des combustions, qu'elles soient naturelles ou liées à l'activité humaine.

DOCUMENT A Découvrir l'effet de serre

J'étudie un document

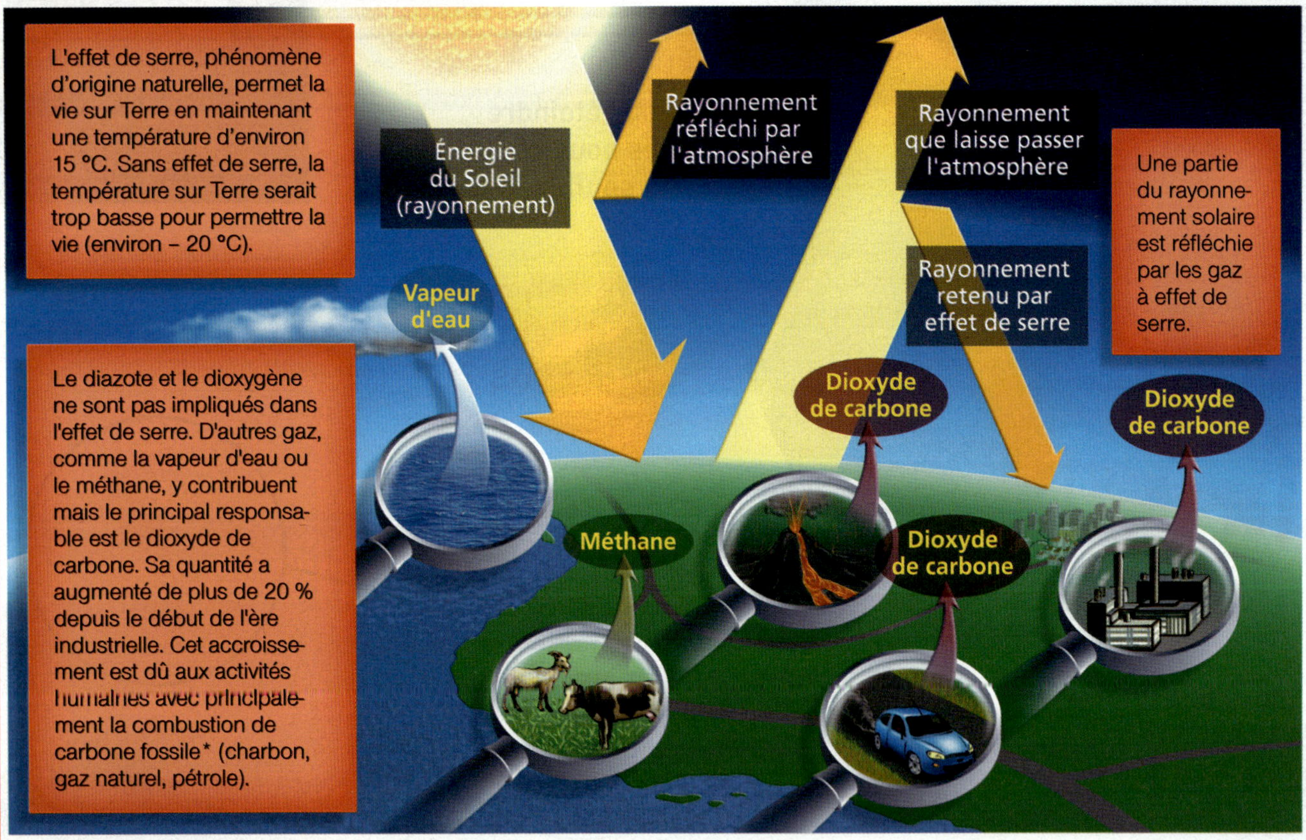

J'exploite un document

Analyse

1. Comment l'effet de serre permet-il la vie sur Terre ?
2. Pourquoi l'effet de serre est-il souvent présenté comme dangereux depuis quelques années ?
3. Classe par ordre d'importance les différents gaz à l'origine de l'effet de serre. Comment sont-ils formés ?

Conclus

4. Quelle est la cause la plus importante de l'émission du dioxyde de carbone ?

INVESTIGATION B Réaliser une combustion

On parle de combustion lorsque quelque chose brûle.
Pour réaliser une combustion, trois éléments sont nécessaires : un combustible*, un comburant* et un apport suffisant de chaleur.
On peut agir pour que la combustion soit plus ou moins vive en fonction de la quantité de comburant.

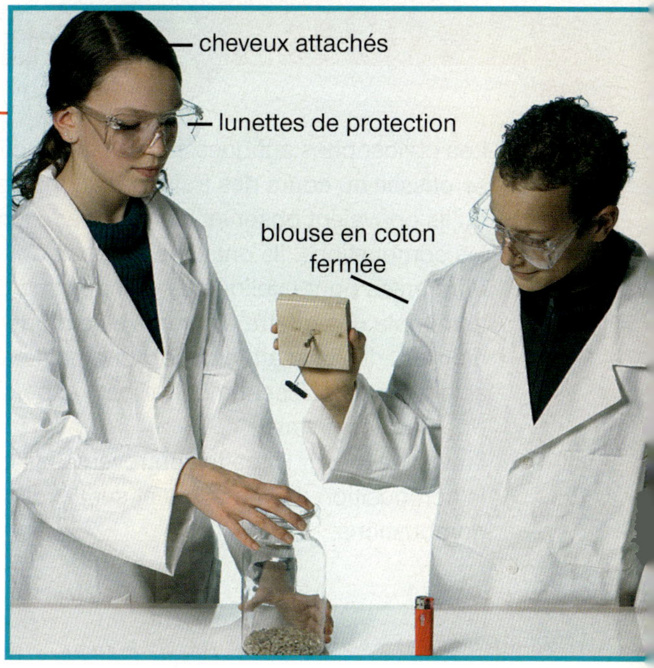

? À partir du matériel proposé, comment peux-tu réaliser une combustion vive d'un morceau de fusain ?

Ta démarche

- **Propose un protocole :** Utilise le matériel ci-contre.
- **Réalise une expérience :** Respecte les règles de sécurité.
- **Conclus :** Dans cette expérience, quels sont le combustible, le comburant et la source de chaleur ? Pourquoi reste-t-il du fusain ?

Matériel

- un morceau de fusain
- un bocal et son bouchon avec un tortillon
- une bouteille de dioxygène
- un briquet, une bougie
- du sable

INVESTIGATION C Identifier le gaz formé au cours des combustions

Le principal gaz à effet de serre est le dioxyde de carbone, provenant, pour l'essentiel, des combustions.

? Comment vérifier par une expérience qu'il s'est formé du dioxyde de carbone lors de la combustion d'un morceau de fusain ?

Ta démarche

- **Propose une hypothèse :** Propose un test permettant d'identifier le gaz qui s'est formé pendant la combustion dans ton bocal fermé.
- **Réalise une expérience :** Réalise le test que tu as choisi : utilise une seringue pour prélever le gaz à tester.
- **Observe :** Décris ce que tu observes pendant le test d'identification.
- **Conclus :** Le gaz formé est-il bien du dioxyde de carbone ? Argumente ta réponse.

Mini-dico

Carbone fossile : carbone présent dans la croûte terrestre.

Comburant : substance qui permet de faire brûler le combustible. C'est généralement le dioxygène.

Combustible : substance qui peut brûler.

Vers le bilan... Qu'est-ce que brûler ?

chimie

ACTIVITÉ 2 Étudier l'évolution du modèle

Les philosophes antiques se demandaient déjà ce qui se passait au cours des transformations chimiques* qu'ils pouvaient observer, comme par exemple les combustions. Ils ont alors proposé deux théories différentes pour expliquer la composition de la matière : le modèle des quatre éléments et le modèle des atomes... Il a fallu attendre le XVIIIe siècle pour que des scientifiques puissent montrer par l'expérience laquelle des deux était vraie.
Tu vas découvrir ici cette controverse historique sur la composition de la matière et sur l'explication des combustions.

***L'École d'Athènes*, Raphaël (1511)** ►

J'étudie des documents

Antiquité	Moyen Âge	Temps modernes
	FIN Ve SIÈCLE	FIN XVe SIÈCLE
Théorie de Démocrite et Lucrèce ; Théorie des quatre éléments	**Utilisation de la théorie des quatre éléments** — C'est le règne des alchimistes qui développent de nouvelles techniques (distillation, métallurgie) en se fondant sur la théorie d'Aristote.	

En observant l'usure des objets, les philosophes Démocrite et Lucrèce pensaient que la matière était constituée de petites particules (les molécules). Pour expliquer les transformations chimiques, ils ont dû introduire des particules encore plus petites : les atomes, qui constituent les molécules. Leur nom vient du grec a-tomos, « que l'on ne peut couper », car ce sont, pour Démocrite et Lucrèce, les plus petits morceaux de matière qui existent.

> *« Les corps, ce sont d'une part les principes simples des choses, les atomes, et d'autre part les composés formés par les éléments premiers. Pour ceux-ci, il n'est aucune force qui puisse les détruire ; à toute atteinte leur solidité résiste. »*
>
> Lucrèce, *De Natura Rerum*

Aristote, lui, ne croyait pas à l'existence de ces particules parce qu'il ne pouvait pas les voir. Il pensait que la matière était composée de quatre éléments essentiels : **le feu, l'air, l'eau et la terre.**

Il expliquait les transformations chimiques que subit la matière par le passage d'un élément essentiel à un autre.

Interprétation de la combustion avec cette théorie

Un morceau de bois qui brûle correspond au passage de la terre au feu. La fumée correspond au passage du feu à l'air.

de la matière au fil des siècles…

À la fin du XVIIIe siècle, les expériences du chimiste français Lavoisier montrent que l'air est un mélange de particules invisibles à l'œil nu, les molécules. La théorie des quatre éléments d'Aristote est morte. Les savants de l'époque choisissent alors la théorie de Démocrite.

C'est le physicien anglais Dalton qui développe la théorie des **atomes**.
- *La matière est composée de petites particules indivisibles* appelées atomes.*
- *Ces atomes s'assemblent selon des règles précises pour former les* **molécules**.
- *Lors d'une transformation chimique, des molécules réagissent entre elles. Les atomes qui constituent ces molécules* **se séparent et se recombinent** *pour former de nouvelles molécules.*

Il faudra attendre les progrès technologiques de la fin du XXe siècle pour réussir à observer des atomes avec des microscopes très puissants.

Interprétation de la combustion avec cette théorie

Lors d'une combustion, les atomes constituant le combustible et le comburant se réarrangent pour former de nouvelles molécules.

▲ Portrait du chimiste Antoine Laurent de Lavoisier (1743-1794).

FIN XVIIIe SIÈCLE

Époque contemporaine

Expériences rejetant la théorie des quatre éléments et nécessité de l'atome

Aujourd'hui

Il existe plus d'une centaine d'atomes, comme l'oxygène, l'hydrogène, le carbone, l'azote ou le fer… et on en découvre encore de nouveaux ! À chaque atome on associe un symbole et on peut aussi le représenter par une sphère de couleur.

Le symbole
C'est souvent la ou les deux première(s) lettre(s) du nom : C pour l'atome de carbone, Fe pour l'atome de fer. (Attention : certains atomes ont un symbole bien différent des premières lettres de leur nom français…).

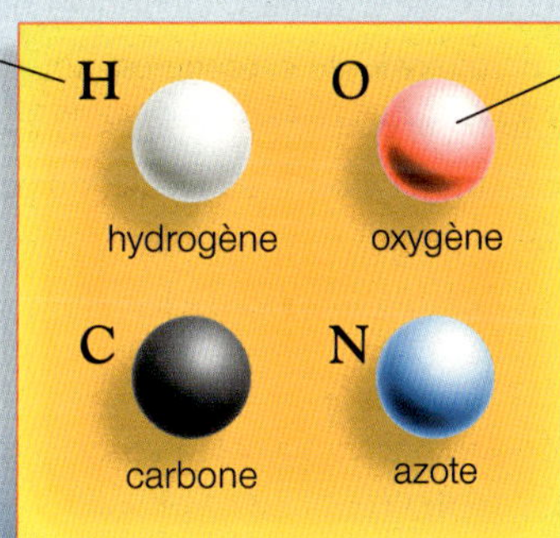

La sphère
Sa couleur indique la nature de l'atome : blanc pour l'hydrogène, rouge pour l'oxygène, noir pour le carbone, bleu pour l'azote.

J'exploite des documents

Analyse

1. Décris les deux théories qui existaient dans l'Antiquité pour décrire la matière.
2. Quel scientifique a permis de rejeter le modèle des quatre éléments ?
3. Cite les trois points essentiels de la théorie de l'atome de Dalton.
4. Tous les atomes sont-ils identiques ?

Conclus

5. Qu'utilise-t-on en chimie pour symboliser les atomes ? Comment les atomes sont-ils représentés ?

Mini-dico

Indivisible : qui ne peut pas être coupé.
Transformation chimique : mise en présence de différentes substances qui réagissent entre elles pour en former de nouvelles.

Vers le bilan… Pourquoi a-t-on introduit une particule plus petite que la molécule ?

chimie

ACTIVITÉ 3 Utiliser les atomes pour com

! Le déroulement d'une combustion

Le modèle des atomes permet-il d'expliquer cette transformation chimique*?

DOCUMENT A Décrire la composition des molécules

J'étudie des documents

Une molécule est composée d'atomes, identiques ou différents. La molécule de dioxyde de carbone est ainsi constituée d'un atome de carbone et de deux atomes d'oxygène. Pour décrire la composition de cette molécule, on peut :
– écrire sa ***formule chimique*** à l'aide des symboles des atomes, C et O, et en indiquant en indice leur nombre :

$$CO_2$$

– la représenter par deux sphères rouges (atomes d'oxygène) associées à une sphère noire (atome de carbone).

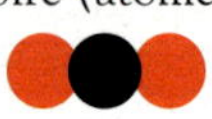

Le nom de la molécule indique parfois sa composition : c'est le cas pour le dioxyde de carbone mais aussi pour le dioxygène ou le diazote.

▲ **a. La molécule de dioyde de carbone.**

L'alphabet occidental	La chimie
• 26 **lettres**	• une centaine de types d'**atomes**
• l'**assemblage** des différentes **lettres** donne des **mots**	• l'**assemblage** des différents **atomes** donne des **molécules**
• on ne peut pas assembler n'importe quelles lettres ensemble	• on ne peut pas assembler n'importe quels atomes ensemble
• une lettre peut se suffire à elle-même pour former un « mot » (ex. : « a »)	• un atome peut se suffire à lui-même (ex. : le carbone C)

▲ **b. Une analogie pour comprendre.** Les atomes peuvent être comparés aux lettres de l'alphabet et les molécules aux mots.

J'exploite des documents

Analyse
1. De quoi sont constituées les molécules?
2. Quelles sont les deux manières de représenter les molécules ?

Interprète
3. Donne les formules chimiques du dioxygène et du diazote.
4. Représente avec des sphères la molécule d'eau dont la formule chimique est H_2O.

Conclus
5. Quelle information dois-tu avoir pour connaître les atomes qui constituent une molécule ?

EXPÉRIENCE B Expliquer la combustion du carbone à l'aide des atomes

Objectif : Pour modéliser la formation de dioxyde de carbone lors de la combustion du fusain dans le dioxygène, tu vas utiliser une boîte de modèles moléculaires afin de comprendre ce qui se passe au niveau des atomes.

Je réalise une expérience

- Écris les formules chimiques de toutes les substances qui interviennent dans la combustion du carbone.
- À l'aide de la boîte de modèles moléculaires, construis le carbone et le dioxygène.
- À partir du carbone et du dioxygène que tu as construits, essaie de fabriquer une molécule de dioxyde de carbone.

J'exploite les résultats

Observe

1. Dessine sur ta feuille le carbone, le dioxygène et le dioxyde de carbone que tu as construits.

2. Comment as-tu fait pour construire du dioxyde de carbone à partir du carbone et du dioxygène ?

Interprète

3. Indique les réactifs* et les produits* dans la combustion du carbone.

4. Écris la réaction* de cette combustion selon le modèle ci-dessous :

.... + ... → ....

5. Écris l'équation de réaction* en utilisant les formules chimiques, puis en représentant les atomes et les molécules.

Conclus

6. Le nombre d'atomes de carbone et d'oxygène est-il le même au début et à la fin de la combustion ?

Mini-dico

Transformation chimique : mise en présence de différentes substances qui réagissent entre elles pour en former de nouvelles.

Réaction : modélisation de la transformation chimique faisant uniquement apparaître les réactifs et les produits. Les réactifs sont à gauche d'une flèche et les produits à droite de la flèche.

Réactifs : substances consommées au cours d'une transformation chimique.

Produits : substances formées au cours d'une transformation chimique.

Équation de réaction : écriture décrivant une réaction en langage chimique.

Vers le bilan... Pourquoi parle-t-on de transformation chimique* pour la combustion du carbone ?

BILAN

L'effet de serre est un phénomène nécessaire à la vie car il maintient une température permettant la vie sur Terre. Les rejets gazeux dans l'atmosphère sont en partie constitués du gaz dioxyde de carbone qui augmente cet effet de serre : il s'ensuit un réchauffement « anormal » de notre planète.

1 Découvrir les combustions

- On parle de **combustion** lorsqu'une substance brûle. Une combustion met en jeu un **combustible** (carbone, essence, gaz naturel...) et un **comburant** (généralement le dioxygène).
- Une combustion ne peut avoir lieu que si l'on associe une source suffisante d'énergie (étincelle par exemple) à un combustible et à un comburant : c'est le triangle du feu. La suppression d'un de ces trois éléments permet d'arrêter la combustion (voir dossier p. 62).
- Dans l'air, qui ne contient que 20 % de dioxygène, le carbone brûle lentement avec incandescence. Dans le dioxygène pur, le carbone brûle vivement.
- La combustion s'arrête quand un des réactifs (le carbone ou le dioxygène) est entièrement consommé. 1B p. 49
- Le test à l'eau de chaux met en évidence qu'il s'est formé du dioxyde de carbone. 1C p. 49

Combustion lente du carbone dans l'air.

Combustion vive dans le dioxygène.

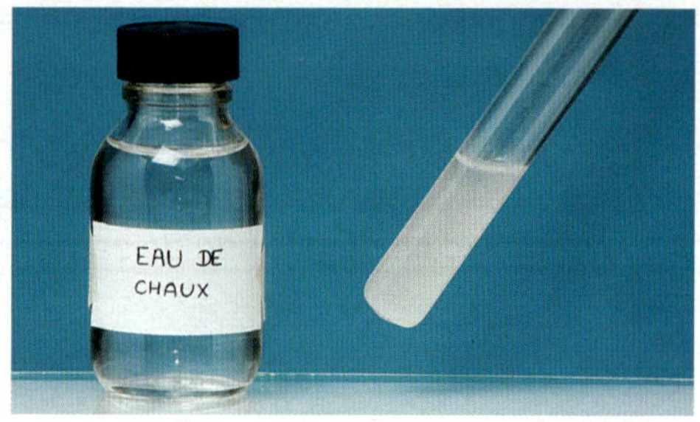

L'eau de chaux donne un précipité blanc en présence de dioxyde de carbone.

2 Représenter des atomes et des molécules

- La matière est composée de molécules, elles-mêmes constituées d'atomes invisibles à l'œil nu. Il existe une centaine de types d'atomes dans la nature.
- À chaque atome est associé un **symbole chimique**. Un atome peut être représenté par une sphère de couleur. 2 p. 50-51
- À chaque molécule est associée une formule chimique. Dans une **formule chimique**, on écrit les symboles des atomes contenus dans la molécule et on indique leur nombre en indice. Une molécule peut être représentée par l'association de sphères représentant les atomes. 3A p. 52

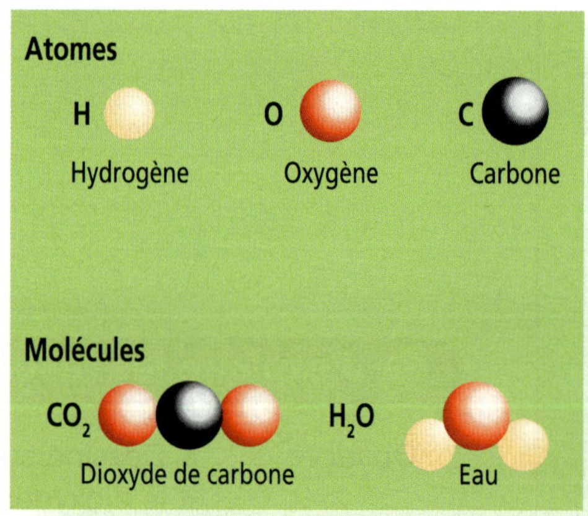

3 Comprendre une combustion au niveau atomique

- Au cours de la combustion du carbone dans le dioxygène, les atomes d'oxygène et de carbone se réarrangent pour former une molécule de dioxyde de carbone. On dit que c'est une **transformation chimique**.
- Au cours d'une transformation chimique, des substances disparaissent (les **réactifs**) et d'autres apparaissent (les **produits**). On modélise la transformation chimique par une **réaction**, où les réactifs sont écrits à gauche d'une flèche et les produits à droite de la flèche. Pour avoir l'**équation de réaction**, on remplace le nom des réactifs et des produits par leur formule chimique. 3B p. 52

réactifs → produits

- **Réaction de la combustion du carbone :**

carbone + dioxygène → dioxyde de carbone

- **Équation de réaction :**
  - Avec les formules chimiques :

$C + O_2$ CO_2

  - Avec les représentations des molécules :

Les différentes manières d'écrire la combustion du carbone.

! Un changement d'état n'est pas une transformation chimique !

L'ESSENTIEL

par l'image

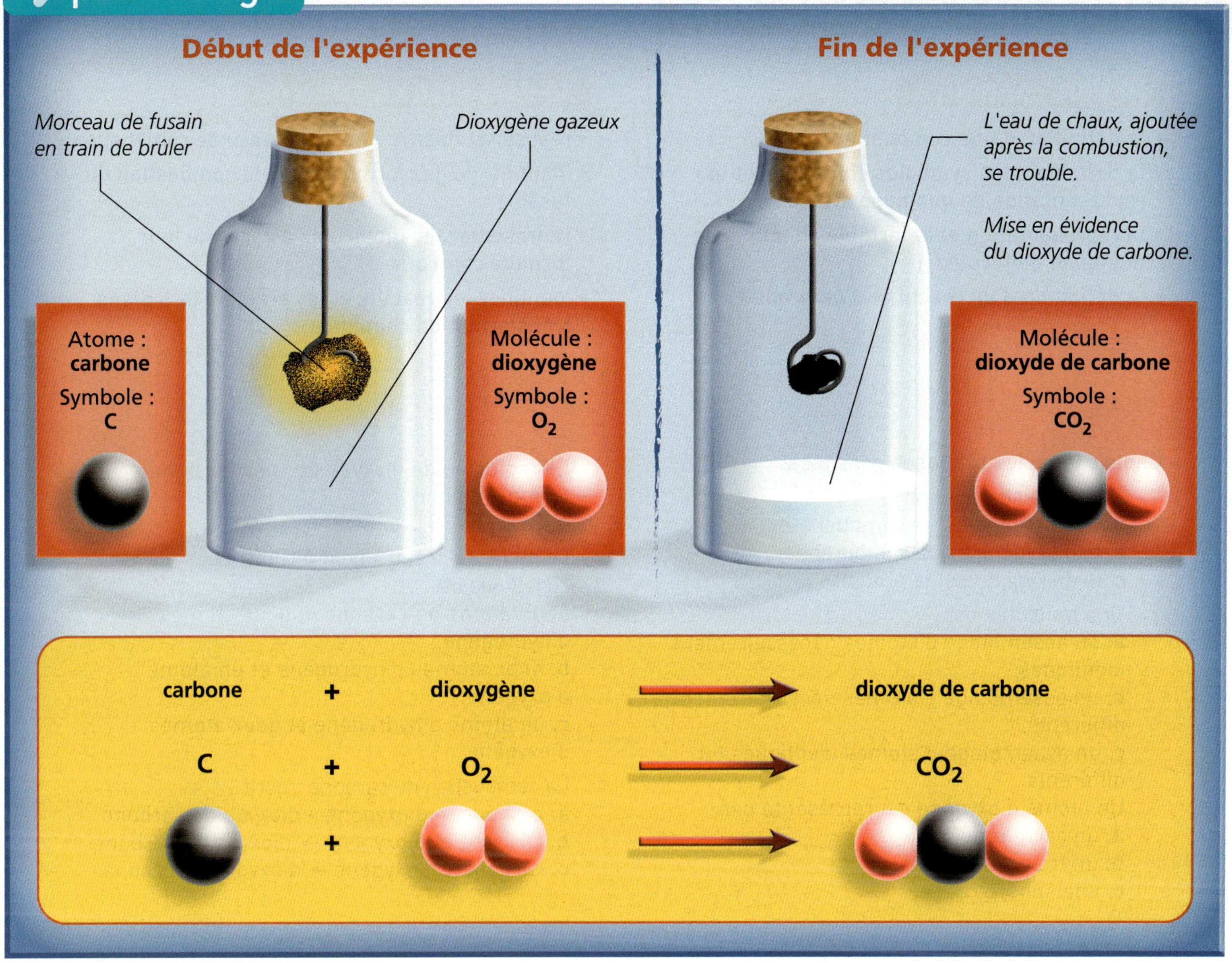

par le texte

- La matière est constituée de molécules, elles-mêmes constituées d'atomes.
- Au cours d'une transformation chimique, des réactifs disparaissent et des produits apparaissent.
  La réaction s'écrit :
  réactifs → produits
- Les atomes des réactifs se réarrangent pour former les produits.
- La combustion du carbone est une transformation chimique au cours de laquelle le carbone et le dioxygène (les réactifs) réagissent ensemble pour former du dioxyde de carbone (le produit) :
  carbone + dioxygène → dioxyde de carbone

Mots nouveaux

Atome : petite particule invisible à l'œil nu qui constitue la matière.

Transformation chimique : mise en présence de différentes substances, les **réactifs**, qui réagissent entre elles pour en former d'autres, les **produits**.

Combustion : transformation chimique mettant en jeu un combustible et un comburant.

Réaction : modélisation de la transformation chimique faisant uniquement apparaître les réactifs et les produits.

Équation de réaction : écriture décrivant une réaction en langage chimique, notamment avec des formules chimiques.

EXERCICES

Je vérifie mes connaissances

Je dois connaître

- la définition d'une combustion ;
- la définition, les symboles chimiques et la représentation de quelques atomes ;
- la représentation et la formule chimique de quelques molécules ;
- la définition d'un réactif et d'un produit.

Je dois être capable de

- réaliser et décrire une expérience de combustion ;
- identifier le gaz formé lors de la combustion du fusain ;
- représenter les molécules à partir de leur formule chimique ;
- identifier les réactifs et les produits lors d'une transformation chimique.

Test

Choisis la ou les réponses possibles.

1. Dans une combustion :
   a. le dioxygène est le combustible.
   b. le dioxygène est le comburant.
   c. le dioxygène est le produit.
2. Une molécule est :
   a. un assemblage d'atomes nécessairement identiques.
   b. un assemblage d'atomes nécessairement différents.
   c. un assemblage d'atomes identiques ou différents.
3. Un atome d'oxygène est représenté par :
   a. un carré rouge.
   b. un triangle blanc.
   c. une sphère rouge.
4. La molécule de dioxyde de carbone a pour formule chimique :
   a. C2O. **b.** CO_2. **c.** CO2.
5. La molécule d'eau a pour formule H_2O, elle est constituée de :
   a. un atome de carbone et deux atomes d'hydrogène.
   b. deux atomes d'hydrogène et un atome d'oxygène.
   c. un atome d'hydrogène et deux atomes d'oxygène.
6. La combustion du carbone s'écrit :
   a. carbone → dioxygène + dioxyde de carbone.
   b. carbone et dioxygène → dioxyde de carbone.
   c. carbone + dioxygène → dioxyde de carbone.

Corrections p. 222

1 Observer et conclure

1. Les photographies ci-dessous représentent la combustion d'un morceau de fusain dans du dioxygène pur et dans l'air.

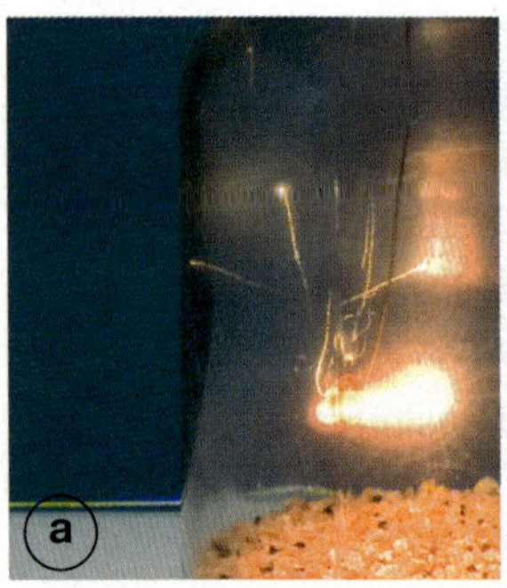

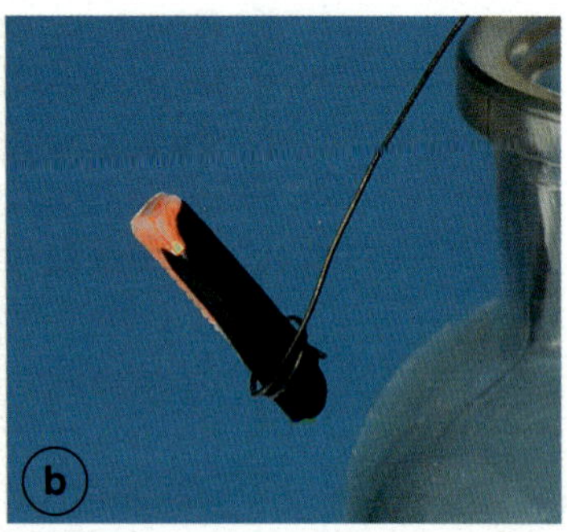

Attribue chacune de ces combustions à la photo correspondante. Explique ton choix.

2. Fais la liste du matériel dont tu aurais besoin pour réaliser ces combustions.

2 Connaître une définition

1. Cite les trois éléments du triangle de feu.
2. Donne un exemple pour chacun de ces éléments.

3 Prévoir un résultat

On fait brûler un morceau de fusain dans un bocal plein d'air. Que se passe-t-il quand il n'y a plus de dioxygène dans le bocal ?

Français

4 À toi d'expliquer !

Qui a raison ? Explique bien tes arguments : pour cela, utilise des liens logiques (**si** ... **alors** ..., **donc, car, or,** etc.).

5 Choisir le bon mot

Associe à chaque phrase le mot qui la complète : *atomes – symboles – formules – molécules – sphères.*

a. La matière est constituée de particules appelées ....

b. Les molécules sont constituées par des .... reliés entre eux.

c. Les atomes sont représentés par des .... de couleur et de taille différentes.

d. Les atomes s'écrivent avec des .... chimiques.

e. Les molécules s'écrivent avec des .... chimiques.

6 Choisir le terme approprié

Recopie les phrases suivantes en choisissant la bonne proposition.

a. Lors de la combustion du carbone dans le dioxygène :
- le carbone est un *réactif / produit*.
- le dioxygène est un *réactif / produit*.
- le dioxyde de carbone est un *réactif / produit*.

b. Lors d'une transformation chimique, les substances qui sont consommées sont appelées les *réactifs / produits*.

c. La combustion du carbone est une transformation *chimique / physique*.

7 Choisir la bonne proposition

Recopie les phrases suivantes en choisissant le bon mot.

a. O est *le symbole / la formule* chimique de l'atome d'oxygène.

b. H_2O est *le symbole / la formule* chimique de l'eau.

c. La formule de la molécule de dihydrogène est : *H / 2H / H_2*.

d. La lettre C représente *l'atome de carbone / la molécule de dioxyde de carbone*.

8 Connaître les symboles et formules

a. Quel est le symbole des atomes de carbone ? d'oxygène ? d'hydrogène ?

b. Donne le nom et la formule chimique des molécules représentées par les modèles moléculaires ci-dessous.

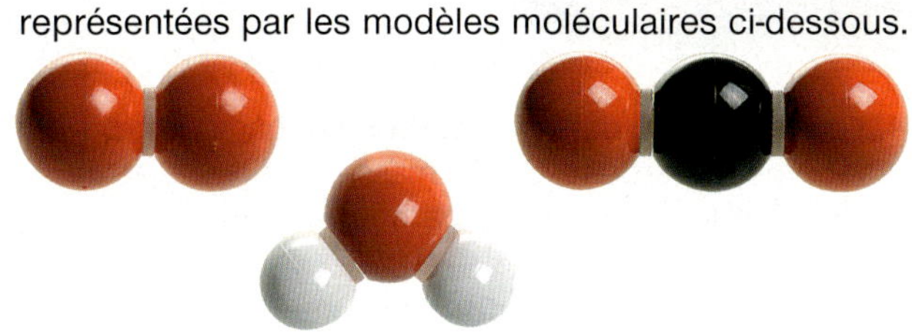

9 Des molécules !

Parmi les molécules suivantes, indique celles qui contiennent des atomes d'oxygène et combien elles en contiennent.

CO_2 H_2 H_2O SO_3 O_2 N_2 CH_4 CO

J'applique...

10 Étudier une combustion — Exercice corrigé

Voir «règle de 3» en fin de manuel

Énoncé

Il faut 8 g de dioxygène pour brûler complètement 3 g de carbone.
8 g de dioxygène sont contenus dans un volume de 6 L.

1. Identifie le combustible et le comburant dans la combustion du carbone.
2. Quels sont les réactifs ? Quels sont les produits ?
3. Écris la réaction de cette combustion.
4. Quelle masse de dioxygène faut-il pour brûler complètement 12 g de carbone ?
5. Quel volume de dioxygène cela représente-t-il ?

Correction

1. Le combustible est la substance qui brûle : c'est le carbone. Le comburant est la substance qui permet à la combustion d'avoir lieu : c'est le dioxygène.
2. Les réactifs sont les substances qui sont consommées au cours de la transformation chimique : ici, les réactifs sont donc le carbone et le dioxygène.
   Les produits sont les substances qui sont formées lors d'une transformation chimique. Ici, il n'y a qu'un produit : c'est le dioxyde de carbone.
3. Lors de la combustion du carbone dans le dioxygène, le carbone réagit avec le dioxygène pour former du dioxyde de carbone.
   carbone + dioxygène → dioxyde de carbone
4. On sait que 8 g de dioxygène brûlent 3 g de carbone.
   8 g de dioxygène → 3 g de carbone
   ? g de dioxygène → 12 g de carbone
   Pour trouver la masse de dioxygène nécessaire pour faire brûler 12 g de carbone, on fait le calcul suivant :
   $$\frac{(8 \times 12)}{3} = 32$$
   Il faut donc 32 g de dioxygène pour faire brûler 12 g de carbone.
5. On sait que 8 g de dioxygène représentent 6 L.
   8 g de dioxygène → 6 L
   32 g de dioxygène → ? L
   Pour trouver le volume de dioxygène qui correspond à 32 g, on fait le calcul suivant :
   $$\frac{(32 \times 6)}{8} = 24$$
   32 g de dioxygène sont contenus dans un volume de 24 L.

EXERCICES

11 À toi de jouer !

Voir exercice 10

Lors d'un barbecue, Pierre utilise 2 kg de charbon de bois. Le charbon de bois contient 80 % de carbone.

1. Écris la réaction de la combustion du carbone dans le dioxygène.
2. Que veut dire la phrase « le charbon de bois contient 80 % de carbone » ?
3. Quelle est la masse de carbone contenue dans les 2 kg de charbon de bois utilisés par Pierre ?
4. La combustion de 1 g de carbone dégage environ 4 g de dioxyde de carbone. Quelle masse de dioxyde de carbone s'est formée au cours du barbecue de Pierre ?

12 Utilisons le triangle du feu

1. De quoi est composé le triangle du feu ?
2. Dans les stations-service, on trouve très souvent du sable à côté de chaque pompe. Pourquoi ? Quel élément du triangle du feu arrive-t-on ainsi à supprimer ?

13 Le butane

1. La molécule de butane contient 10 atomes d'hydrogène et 4 atomes de carbone.
   Écris sa formule en commençant par le carbone.
2. Le butane se présente généralement sous forme de gaz. Cherche à quoi peut servir ce gaz.

14 Représentation de molécules

Des molécules de méthane et de monoxyde de carbone sont représentées ci-contre.

1. Que représentent :
   - les sphères noires ?
   - les sphères blanches ?
   - la sphère rouge ?
2. Quelles sont les formules chimiques de ces deux molécules ?

15 Un peu d'histoire

Voir p. 32-33

1. Quelle théorie Lucrèce défendait-il dans l'Antiquité ?
2. Quelle théorie était défendue par Aristote ?
3. Pour Dalton, la matière est constituée d'atomes, petites particules qui se comporteraient comme des petites « billes ».
   Comment représente-t-on les atomes ?
4. Selon Dalton, qu'est-ce qu'une molécule ?

16 Combustion du fusain

On réalise la combustion d'un morceau de fusain (carbone) dans un bocal contenant du dioxygène. Lorsque la combustion s'arrête, il reste du fusain dans le bocal.

1. Le morceau de fusain restant est-il plus petit ou plus gros ?
2. Pourquoi reste-t-il du fusain dans le bocal ?
3. Au cours de la combustion du fusain, il se forme du dioxyde de carbone. Comment pourrais-tu le prouver ?
4. Cite les trois pointes du triangle du feu.
   À quoi correspondent- elles dans cette expérience ?

17 L'éthanol

Voici le modèle de la molécule d'éthanol qu'on trouve dans les flacons d'alcool à 90 % utilisés pour désinfecter les thermomètres.

1. Le nom de cette molécule te permet-il de connaître sa composition en atomes ?
2. Donne la formule chimique de l'éthanol.
3. À ton avis, où trouve-t-on cette molécule autour de nous ?

COUP DE POUCE
Utilise la photographie ci-dessus.

18 De petites molécules

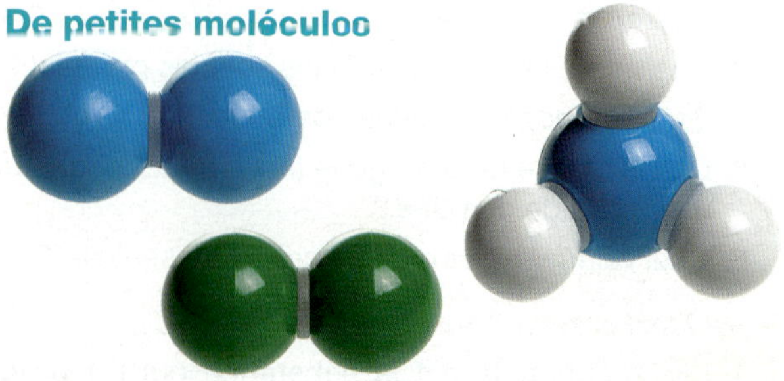

L'atome d'azote, de symbole N, est représenté par une sphère bleue. L'atome de chlore, de symbole Cl, est représenté par une sphère verte.

1. Pour chaque modèle moléculaire, donne le nom et le nombre des atomes qui sont représentés.
2. Donne la formule de chaque molécule représentée.
3. Associe à chaque molécule les noms : diazote, dichlore, ammoniac.

J'approfondis...

19 Un barbecue !

Lorsque l'on fait des grillades au barbecue, on utilise du charbon de bois (carbone).
Pour attiser le feu, on utilise un soufflet : le charbon de bois devient incandescent puis s'enflamme.

1. Que signifie *incandescent* ?
2. Quel rôle joue le soufflet ?
3. Quel rôle joue le charbon de bois ?
4. Quel gaz se forme au cours de cette combustion ?
5. La combustion du charbon de bois est-elle une transformation chimique ? Si oui, écris sa réaction.

20 L'effet de serre

1. Qu'appelle-t-on effet de serre dans l'atmosphère terrestre ? Pourquoi est-il indispensable à la vie ?
2. À quoi sert une serre dans un jardin ?
3. En regardant les deux photographies, explique pourquoi on parle d'effet de « serre ».

B2i

21 Un peu de géologie

En géologie, on parle de l'ère *carbonifère*.

1. Qu'est-ce que l'ère carbonifère ?
2. D'où vient ce mot ?

22 Combustibles et dioxyde de carbone

De nombreuses substances peuvent brûler dans le dioxygène :
- le méthane (CH_4) ;
- le butane (C_4H_{10}) ;
- le soufre (S) ;
- l'ammoniac (NH_3) ;
- le carbone (C) ;
- le fer (Fe).

Quels sont les substances qui peuvent donner du dioxyde de carbone lors de leur combustion ?

Pourquoi ?

23 Combustion du soufre

Le soufre (symbole S) est un solide jaune qui brûle dans l'air avec une flamme bleue et dégage un gaz suffocant : le dioxyde de soufre, de formule chimique SO_2.

1. La combustion du soufre est-elle une transformation chimique ? Pourquoi ?
2. Quels sont les réactifs ? Quels sont les produits ? Déduis-en la réaction de la combustion du soufre.
3. Décris le protocole à suivre pour réaliser cette combustion ainsi que les précautions à prendre.

24 Combustion du fer

1

2

3

Le fer brûle dans le dioxygène pur pour donner des petites billes d'oxyde magnétique de fer.

1. Quels sont les réactifs et les produits ?
2. Écris la réaction de cette transformation chimique.
3. L'oxyde de fer formé contient trois atomes de fer et quatre atomes d'oxygène.
   Écris sa formule chimique, sachant que le symbole d'un atome de fer est Fe.

THÈME DE CONVERGENCE

B2i

25 Énergie et développement durable

Face à la pénurie de pétrole qui menace, il faut trouver d'autres sources d'énergie.
Va sur le site www.cea.fr et trouve la page qui te permet de répondre aux questions suivantes.

1. Quelles sont les sources d'énergie qui proposent une alternative au pétrole ?
2. Quelles sont les réserves prévues pour ces différentes sources d'énergie ?
3. Quel est l'inconvénient de se servir du charbon comme combustible ?
4. Qu'appelle-t-on *énergie renouvelable* ? Quel est son intérêt ?

EXERCICES

26 Une combustion sans dioxygène

On peut réaliser une combustion entre du fer (symbole Fe) et du soufre (symbole S). À la fin de cette combustion, on récupère un solide gris : le sulfure de fer.
Cette combustion s'écrit :

fer + soufre → sulfure de fer

1. Sous quel état physique trouve-t-on le fer et le soufre ?
2. Jusqu'à présent, le comburant utilisé était du dioxygène. Est-ce le cas ici ?
3. Le sulfure de fer contient un atome de fer et un atome de soufre. Écris sa formule.

B2i

27 Incendies et Internet

Recherche sur Internet les différents types de feux qui existent et les méthodes employées pour les arrêter.

Peut-on utiliser un extincteur à neige carbonique sur n'importe quel type de feu ? Que risque-t-on ?

28 Pictogrammes et sécurité

THÈME DE CONVERGENCE

Les pictogrammes sont des dessins faciles à comprendre : ils nous renseignent rapidement sur la nature des produits que l'on utilise et les dangers auxquels on peut être exposé. Voici deux exemples :

Combustible

Comburant

1. Selon toi, que peut contenir ce camion-citerne ?
2. À ton avis, que représente le cercle sous la flamme du pictogramme signifiant comburant ?
3. La formule du nitrate de potassium est KNO_3. Essaie d'expliquer pourquoi c'est un comburant.

29 Une allumette !

Le bout d'une allumette est recouvert de phosphore rouge. Le fait de la gratter sur une surface rugueuse va apporter suffisamment d'énergie au phosphore pour qu'il réagisse avec l'air et s'enflamme.

1. Qui joue le rôle de combustible ? De comburant ?
2. Quelle est la source de chaleur qui permet d'initier la combustion ?
3. Dessine le triangle du feu correspondant.
4. Quel élément supprime-t-on en soufflant sur une allumette enflammée ?

30 Histoire de noms et de symboles...

Certains symboles d'atomes n'ont rien à voir avec le nom français de l'atome correspondant ! Par exemple, Na pour l'atome de sodium, W pour l'atome de tungstène, Au pour l'atome d'or...

Dimitri Mendeleïev (1834-1907).

1. Fais une recherche dans un dictionnaire ou sur Internet pour savoir d'où viennent ces symboles et pourquoi ils ont été choisis.
2. Un atome porte de nom de mendélévium (Md) pour rendre hommage à Dimitri Mendeleïev. Fais une recherche pour savoir qui il était et quelle a été sa contribution à la chimie.

THÈME DE CONVERGENCE

B2i

31 Calcule ta consommation en CO_2 !

Le site www.climatmundi.fr propose de lutter contre l'effet de serre.

1. Va dans la rubrique « réchauffement climatique » et trouve trois effets concrets de ce réchauffement en France.
2. Toi aussi, tu produis du dioxyde de carbone : va sur le calculateur de CO_2. Remplis le tableau suivant.

Activité	Une maison	Une voiture	Un aller-retour à Rome en avion pour trois personnes
Quantité de CO_2 émise par an (en tonnes)			

3. Comment peux-tu contribuer à la réduction des gaz à effet de serre ?
4. De nombreux pays ont signé le protocole de Kyoto en 1997 : recherche sur un moteur de recherche ce qui a été décidé à Kyoto.

EXERCICES

INVESTIGATION ····· MÈNE L'ENQUÊTE !!

32 Souffler n'est pas jouer

➜ **À ton avis, que va-t-il se passer lorsque l'on va mettre le verre sur la bougie ?**

Argumente ta réponse à partir de tes connaissances.

33 Deux gaz qui se ressemblent

Benoît a devant lui deux récipients remplis de deux gaz incolores et inodores : l'un contient de l'air et l'autre du dioxygène. Pour savoir lequel contient du dioxygène pur, il veut réaliser une expérience avec une bûchette en bois et des allumettes.

? **À ton avis, à quelle expérience a pensé Benoît ?**

Ta démarche
1. Dessine l'expérience que Benoît va réaliser.
2. Imagine ce qu'il doit obtenir pour pouvoir conclure.

34 Des combustions dans le corps

Mon professeur de biologie m'a dit qu'il se produisait de nombreuses combustions dans le corps humain.

? **À ton avis, quelle(s) expérience(s) pourrai(en)t valider cette affirmation ?**

Ta démarche
1. En faisant le lien avec ton cours de SVT de 5e, propose plusieurs expériences.
2. Explique en quoi les résultats de ces expériences permettent d'aller dans le sens de cette affirmation.

35 Un étrange panneau

➜ **Après avoir décrypté le panneau, explique ce qu'il peut signifier et justifie ta réponse.**

Une expérience simple et amusante

Reproduis l'effet de serre !

– Dépose deux verres au soleil : nomme-les « verre 1 » et « verre 2 ».
– Verse la même quantité d'eau dans chacun des verres et pose un saladier sur le verre 2.
– Laisse le soleil faire son travail pendant une heure environ...
– Note la température de l'eau contenue dans chacun des verres.

Matériel
- un saladier
- un thermomètre
- de l'eau
- deux verres

1. Compare les deux températures que tu obtiens. Que peux-tu en déduire ?
2. À ton avis, qu'est-ce que le saladier a réussi à faire ?
3. D'après toi, quel est le gaz qui a permis ce phénomène ?

La combustion : la com

La découverte du secret de fabrication du feu a marqué l'histoire de l'homme. Depuis, ce dernier n'a cessé de découvrir de nouvelles combustions, pour se chauffer ou pour propulser des véhicules. Mais ce n'est pas toujours sans danger...

THÈME DE CONVERGENCE

Sécurité — Le triangle du feu

Trois éléments sont nécessaires pour réaliser une combustion :
- un **combustible** : c'est la matière qui brûle (ex. : du bois, du tissu, de l'essence...) ;
- un **comburant** : c'est ce qui apporte de l'oxygène (ex. : le dioxygène de l'air) ;
- de l'**énergie**, que l'on trouve généralement sous forme de chaleur, d'étincelles...

Questions

1. Qu'est-ce qu'un combustible ? Un comburant ?
2. Quelles précautions doit-on prendre quand on travaille avec des substances qui sont combustibles ?

Citoyenneté — Combattre les incendies

Lorsque les pompiers interviennent sur un incendie, il leur suffit de supprimer un des trois éléments du triangle de feu.

• ***Suppression de l'énergie***

La combustion a lieu à la base des flammes (le *foyer*). Pour faire baisser la température, on arrose le foyer avec de l'eau. L'évaporation de l'eau nécessite de la chaleur (qu'elle va puiser dans le foyer) et diminue ainsi la température.

• ***Suppression du comburant***

Pour éliminer le dioxygène, on « étouffe » la flamme. On utilise du sable, des couvertures ou de la neige carbonique (dioxyde de carbone solide) que l'on trouve dans certains extincteurs muraux.

• ***Suppression du combustible***

Cette technique, appelée *contre-feu*, est utilisée par les pompiers lors des incendies de forêt. Ils brûlent une bande d'arbres (situés en avant du front de l'incendie) qui devient une *zone morte* dans laquelle le feu s'arrêtera.

Questions

1. Pour éteindre un feu, où doit-on diriger le jet d'eau : sur la flamme ou à la base de la flamme ?
2. Pourquoi doit-on fermer les fenêtres avant de sortir d'une pièce où un incendie s'est déclaré ?
3. Quel élément du triangle du feu est supprimé lors d'un contre-feu ?
4. Comment peut-on rapidement éteindre le feu sur une personne enflammée ?

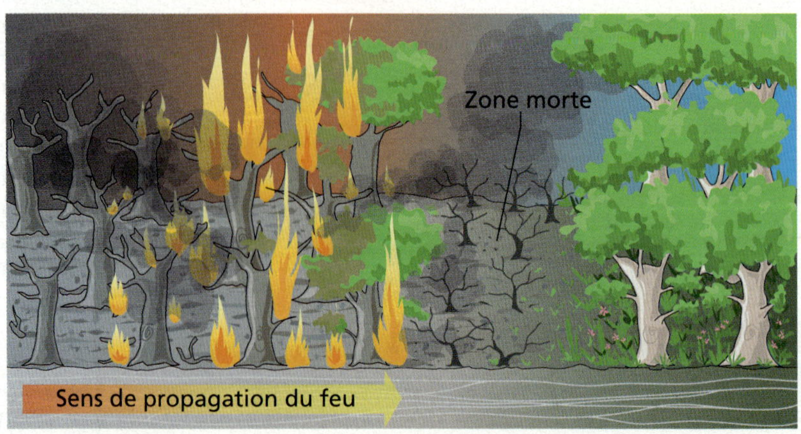

battre ou l'utiliser...

Technologie — *Les fusées*

Grâce aux fusées, l'homme peut aller dans l'espace, placer des satellites en orbite autour de la Terre ou encore envoyer des sondes... La propulsion est réalisée grâce à une combustion ! Le carburant utilisé peut être solide ou liquide.

Sur Ariane 5, le moteur Vulcain utilise le dihydrogène comme combustible et le dioxygène comme comburant... à l'état liquide ! La combustion du dihydrogène dans le dioxygène donne de l'eau sous forme de vapeur qui est éjectée violemment vers le bas. En réaction, la vapeur d'eau pousse la fusée vers le haut, ce qui permet son décollage. Les nuages blancs que l'on voit à la base de la fusée au moment du décollage correspondent à la vapeur d'eau qui se liquéfie dans l'air.

Questions

1. Quels comburant et combustible sont utilisés pour la fusée Ariane 5 ?
2. Comment fait-on pour avoir du dioxygène liquide ? (Voir p. 15.)
3. Écris l'équation de cette combustion.
4. Pourquoi peut-on parler de moteur propre?

MÉTIER Technicien supérieur en hygiène sécurité environnement

Hélène (24 ans)
- Animatrice qualité sécurité environnement
- Salariée
- CEGELEC
- Licence professionnelle

À L'AFFÛT DES RISQUES

« Après un DUT hygiène sécurité environnement, je me suis spécialisée dans la sécurité du personnel grâce à une licence professionnelle. Je travaille chez CEGELEC, où mon métier consiste à identifier et à évaluer les risques professionnels dans une raffinerie. Je vais régulièrement sur le terrain, où j'effectue des audits sécurité pour vérifier le respect de la réglementation en vigueur. Je dois aussi sensibiliser le personnel aux différents risques encourus en organisant des réunions et débats. Ce que j'apprécie dans mon travail, c'est sa dimension relationnelle. »

> “Mon métier consiste à identifier et à évaluer les risques professionnels.”

Propos recueillis par Fanny K. ■

De la transformation chimique

Lors d'un feu d'artifice, le ciel semble s'enflammer... C'est un spectacle magnifique.

Dans ce chapitre tu vas...

- **étudier** de nouvelles combustions ;
- **découvrir** les dangers liés à certaines combustions ;
- **étudier** comment évolue la masse au cours d'une transformation chimique.

à l'équation de réaction

Madame, Monsieur,

Comme vous le savez, pour le bon fonctionnement de vos appareils de chauffage, votre confort et votre sécurité, il est recommandé de procéder chaque année à l'entretien et/ou au ramonage de ces appareils.

L'année de votre entretien arrivant à son terme, nous vous conseillons, si vous le désirez, de nous contacter pour prendre rendez-vous.

Dans l'attente de vous satisfaire, veuillez recevoir nos sincères salutations.

Société TOP COMBUSTION

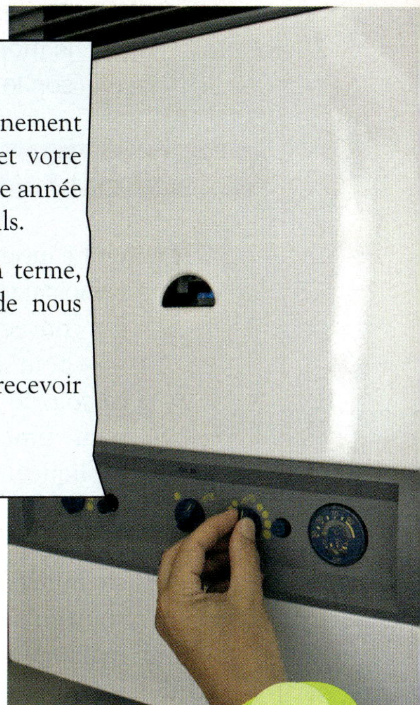

Une chaudière à gaz doit être entretenue régulièrement.

D'après toi, pourquoi les appareils de chauffage doivent-ils être entretenus régulièrement ?

Un incendie dans une raffinerie.

À ton avis, pourquoi les fumées que dégagent les flammes sont-elles noires ?

Quelle réponse donnerais-tu à Jade et à Arthur ?

ACTIVITÉ 1 Étudier les dangers associés

DOCUMENT A Connaître les dangers du monoxyde de carbone

Objectif : Tous les hivers, les médias nous informent de victimes intoxiquées par un gaz, le monoxyde de carbone. Tu vas comprendre pourquoi ce gaz est dangereux et son le lien avec les combustions.

J'étudie un document

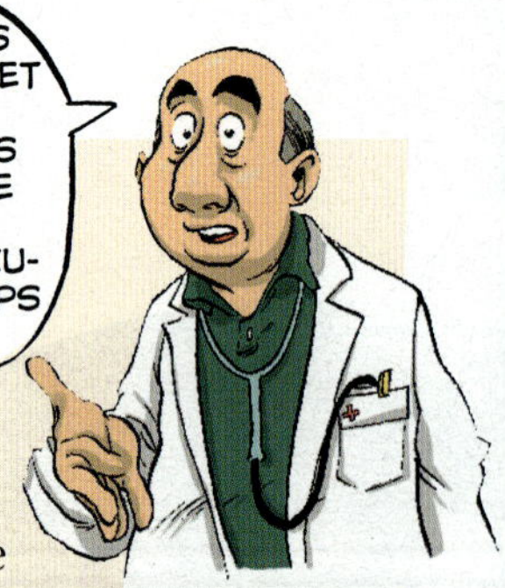

Le monoxyde de carbone agit sournoisement, principalement dans des logements chauffés par des convecteurs ou des poêles à charbons.

« Tout appareil qui brûle un combustible, que ce soit du charbon, du fuel, du bois ou du gaz, peut émettre du monoxyde de carbone », explique un sapeur-pompier.

Un appareil qui fonctionne normalement produit du dioxyde de carbone qui s'évacue par la cheminée. Mais, en hiver, avec le redoux, beaucoup de personnes baissent leurs convecteurs* au maximum pendant la nuit : ils réduisent le tirage*, la combustion est alors incomplète et il se forme du monoxyde de carbone, gaz incolore qui se diffuse très rapidement.

À cela, viennent s'ajouter des conditions météo un peu particulières : un plafond bas pour cause de brouillard et une absence de vent. Les conditions sont presque réunies pour que ce soit le drame.

Presque... parce que dans nombre d'accidents, la négligence vient souvent s'additionner à ces facteurs.

Des appareils mal entretenus, des cheminées pas toujours ramonées et, surtout, des ventilations hautes et basses* bouchées pour ne pas laisser entrer l'air froid, un air chargé de dioxygène qui peut pourtant sauver des vies !

Le monoxyde de carbone se fixe sur les globules rouges du sang à la place du dioxygène. À l'hôpital, les malades intoxiqués au monoxyde de carbone sont donc réoxygénés dans un immense caisson dans lequel leurs globules rouges sont « nettoyés » du monoxyde de carbone qui s'y est fixé !

D'après P. Jaukielewivz, *La Voix du Nord*

▲ **Le monoxyde de carbone, un gaz qui tue : 300 morts par an en France.**

J'exploite le document

Analyse

1. Quels appareils peuvent produire du monoxyde de carbone ? Dans quelles conditions ?

2. Quels sont les symptômes d'une intoxication par le monoxyde de carbone ?

3. Comment peut-on prévenir et soigner ces intoxications ?

Conclus

4. Pourquoi l'absence d'odeur et de couleur du monoxyde de carbone rend-elle ce gaz si dangereux ?

5. Qu'est-ce qu'une combustion incomplète et quels en sont les dangers ?

à une combustion

EXPÉRIENCE B Réaliser une combustion incomplète

Objectif : Pour mieux comprendre ce qu'est une combustion incomplète, tu vas réaliser différentes expériences en utilisant un briquet qui contient un gaz combustible, le butane, et dont on peut faire varier la taille de la flamme.

Je réalise des expériences

Expérience n° 1

- Allume un briquet et règle le débit du gaz de manière à avoir une petite flamme bleue.
- Écrase le haut de la flamme sur une coupelle blanche.
- Rapproche un tube à essai retourné au dessus de la flamme en le tenant avec une pince en bois.
- Après une vingtaine de secondes environ, retire le tube à essai et verse de l'eau de chaux dans celui-ci.

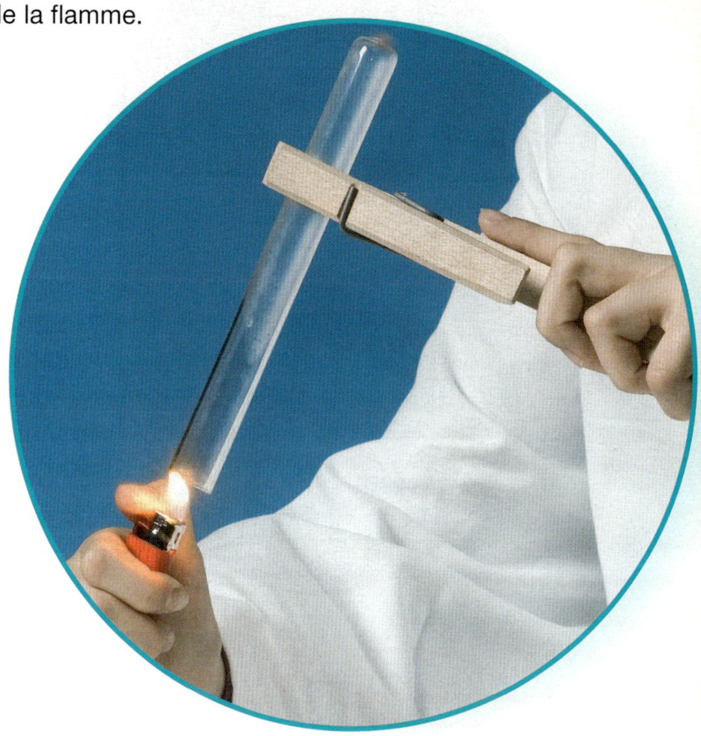

Expérience n° 2

- Augmente le débit du gaz de manière à obtenir une grande flamme jaune et reprends toutes les étapes de l'expérience 1.

Matériel

- un briquet
- une coupelle
- un flacon d'eau de chaux
- un tube à essai
- une pince en bois

J'exploite les résultats

Observe

1. Indique dans un tableau, pour les deux expériences, ce qui se forme à la surface intérieure du tube à essai, ce qui se passe quand tu rajoutes de l'eau de chaux et ce que tu observes sur la coupelle.
2. D'après toi, quelle substance s'est formée sur la coupelle ?

Interprète

3. Écris la réaction* de la combustion du butane dans l'expérience n° 1.
4. Peut-on utiliser cette réaction dans le cas de l'expérience n° 2 ?

Conclus

5. En chimie, on parle de combustion complète et incomplète. Pourrais-tu associer chacune des deux expériences à une de ces expressions ? Argumente ta réponse.

Mini-dico

Convecteur : Radiateur.

Réduire le tirage : diminuer l'arrivée de l'air dans un chauffage.

Ventilation haute : ventilation située en haut d'un mur.

Ventilation basse : ventilation située en bas d'un mur.

Réaction : modélisation de la transformation chimique faisant uniquement apparaître les réactifs et les produits. Les réactifs sont à gauche d'une flèche et les produits à droite de la flèche.

Vers le bilan... Quelles substances sont produites lors de la combustion incomplète du butane ?

ACTIVITÉ 2 Découvrir ce qui se conserve

! Une phrase historique

Guillotiné en 1794, à 51 ans, Antoine Laurent de Lavoisier est l'un des principaux créateurs de la chimie moderne. On lui doit notamment la connaissance de la composition de l'air, la découverte du rôle du gaz dioxygène dans les combustions. Il a également étudié d'autres transformations chimiques comme la fermentation du vin et a laissé une œuvre considérable.

Dans son *Traité élémentaire de chimie* (1789), à partir de ses analyses de la fermentation* du vin, Lavoisier prouve que, lors d'une transformation chimique :

« Rien ne se crée et l'on peut poser en principe que, dans toute transformation, il y a une égale quantité de matière avant et après la transformation ; qu'il n'y a que des changements, des modifications. »

À ton avis, que peut bien signifier cette affirmation au niveau macroscopique et microscopique ?

INVESTIGATION A Vérifier l'affirmation de Lavoisier

Un professeur explique que la phrase de Lavoisier traduit la conservation de la masse au cours d'une transformation chimique. Il propose de le vérifier en étudiant la transformation chimique qui se produit au cours d'un détartrage : en réagissant avec un morceau de craie, l'acide utilisé produit du dioxyde de carbone.

? Quelle expérience pourrais-tu réaliser pour vérifier la conservation de la masse lors d'un détartrage ?

Ta démarche

- **Formule une hypothèse :** Décris les étapes de ton expérience.
- **Réalise une expérience :** N'oublie pas de faire les mesures aux bons moments. Assure-toi qu'aucune substance ne peut s'échapper de l'erlenmeyer.
- **Conclus :** Ton expérience te permet-elle de vérifier l'affirmation de Lavoisier ?

Voir fin de manuel

INVESTIGATION B Ajuster une équation chimique

Lors de la combustion du méthane dans le dioxygène, il se forme du dioxyde de carbone et de l'eau.

Maxence affirme que l'équation de réaction* de cette combustion s'écrit :

$$CH_4 + O_2 \rightarrow CO_2 + H_2O$$

Mais Flora prétend que, en vertu de la loi de la conservation de la masse au cours d'une transformation chimique, l'équation de réaction s'écrit plutôt :

$$CH_4 + 2\,O_2 \rightarrow CO_2 + 2\,H_2O$$

Boîte de modèles moléculaires. ►

? À l'aide d'une boîte de modèles moléculaires, comment peux-tu dire qui a raison ?

Ta démarche

- **Propose une hypothèse :** Réfléchis d'abord à une interprétation au niveau des atomes de la loi de conservation de la masse au cours de la transformation chimique.
- **Réalise une expérience :** À l'aide de la boîte de modèles moléculaires, modélise les deux équations de réaction proposées et vérifie ton hypothèse.
- **Conclus :** Comment la conservation de la masse se traduit-elle dans une équation de réaction ?
  Pourquoi parle-t-on d'« ajuster » une équation de réaction ?

Voir p. 217

Mini-dico

Fermentation : transformation du sucre des fruits en alcool, sous l'action d'êtres vivants miscroscopiques.

Équation de réaction : écriture à l'aide des formules chimiques de la réaction associée à une transformation chimique.

Vers le bilan... Pourquoi la conservation de la masse implique-t-elle d'ajuster une équation de réaction ?

BILAN

1 Combustion complète et incomplète

● L'observation de la **combustion du butane** montre que la flamme formée peut être bleue (combustion complète) ou jaune (combustion incomplète).

● Si le dioxygène est présent en excès, la combustion est **complète**. Il se forme de l'eau (H_2O) et du dioxyde de carbone (CO_2). Dans le cas de la combustion du butane, la réaction s'écrit :

$$\text{butane + dioxygène} \rightarrow \text{eau + dioxyde de carbone}$$

● Si le dioxygène n'est pas présent en quantité suffisante, il ne se forme pas seulement de l'eau et du dioxyde de carbone (CO_2), mais aussi du carbone (C) et/ou du **monoxyde de carbone** (CO). La combustion est alors **incomplète**.

1B p.67

● Le carbone est un solide noir.

● Le monoxyde de carbone est un gaz toxique, inodore et incolore : il est donc très dangereux car on ne peut pas le détecter avec nos sens !

● Ce gaz prend petit à petit la place du dioxygène sur les globules rouges du sang. Les symptômes sont : vertiges, maux de tête, puis nausées et grande fatigue musculaire pouvant aller jusqu'à la perte de connaissance et même jusqu'à la mort. 1A p. 66

Lors d'une combustion incomplète, il se forme du carbone et/ou du monoxyde de carbone.

! Il faut immédiatement appeler les pompiers en cas d'exposition au monoxyde de carbone !

2 Conservation de la masse

● Au cours d'une transformation chimique, la masse des réactifs qui disparaissent est égale à la masse des produits qui apparaissent car le nombre d'atomes ne change pas. 2 p. 68-69

● On peut l'observer en faisant réagir de l'acide chlorhydrique avec de la craie. La masse indiquée par la balance est la même avant et après la transformation chimique. 2A p. 68

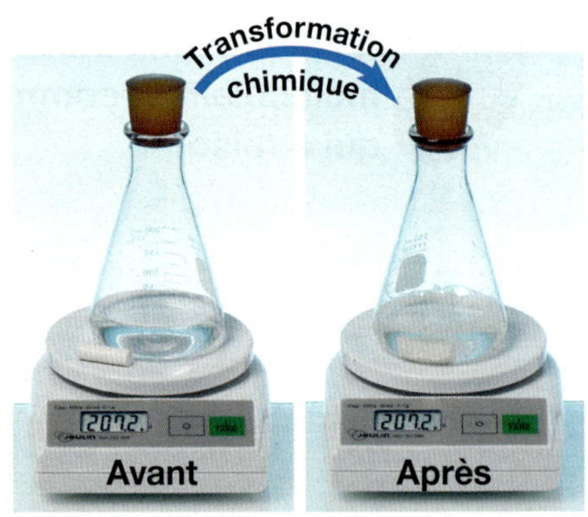

Lors d'une transformation chimique, la masse se conserve.

3 Ajuster une équation de réaction

● Au niveau microscopique, la conservation de la masse se comprend par le fait que, au cours de la transformation chimique, le nombre d'atomes de chaque type ne change pas. Seuls des réarrangements se produisent.

● Dans l'équation de réaction, il faut donc **ajuster** le nombre d'atomes de chaque type. Pour cela, on place des **coefficients** devant les formules chimiques des molécules afin de conserver le nombre d'atomes de chaque type à droite et à gauche de la flèche. 2B p. 69

Nombre d'atomes	$CH_4 + O_2 \rightarrow CO_2 + H_2O$	
	Réactifs	Produits
C	1	1
H	4	2
O	2	3

Équation de réaction non ajustée.

Nombre d'atomes	$CH_4 + 2\,O_2 \rightarrow CO_2 + 2\,H_2O$	
	Réactifs	Produits
C	1	1
H	4	4
O	4	4

Équation de réaction ajustée.

L'ESSENTIEL

par l'image

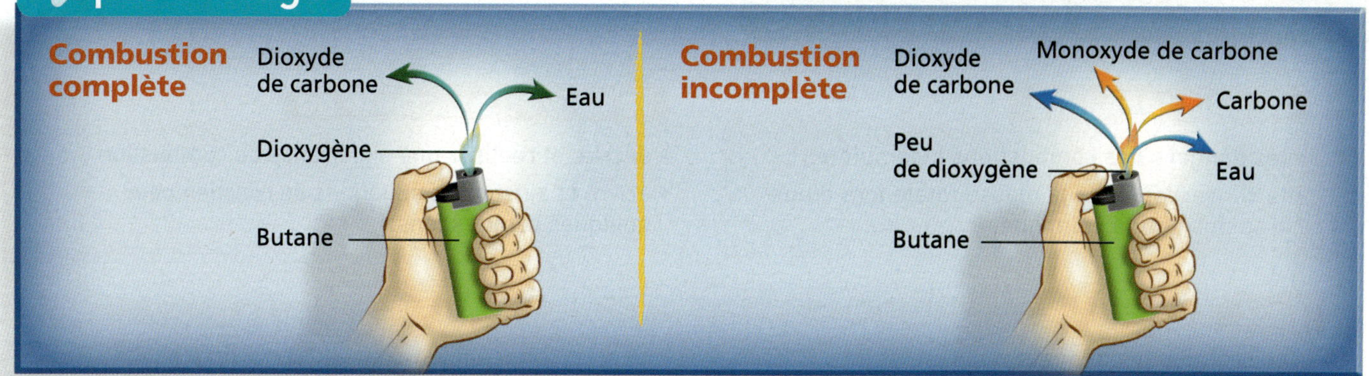

Réaction de combustion : méthane + dioxygène → dioxyde de carbone + eau

Équation de réaction ajustée : $CH_4 + 2\ O_2 \rightarrow CO_2 + 2\ H_2O$

par le texte

- Les combustions du butane et du méthane sont complètes si le dioxygène est en excès : il se forme alors de l'eau et du dioxyde de carbone.
- Elles sont incomplètes s'il n'y a pas assez de dioxygène : il se forme alors aussi du carbone et/ou du monoxyde de carbone, un gaz inodore, incolore et très toxique.
- Le nombre d'atomes de chaque type ne varie pas au cours d'une transformation chimique. Il faut donc ajuster l'équation de réaction, c'est-à-dire rajouter les coefficients nécessaires devant les formules chimiques.
- Au cours d'une transformation chimique, la masse globale se conserve car le nombre d'atomes ne change pas.

Mots nouveaux

Combustion complète : combustion où le dioxygène est présent en excès.

Combustion incomplète : combustion où le dioxygène n'est pas présent en quantité suffisante.

Ajuster une équation de réaction : placer des coefficients dans une équation de réaction pour que la conservation de la masse soit vérifiée.

Monoxyde de carbone : gaz toxique (mortel), inodore et incolore, formé lors des combustions incomplètes.

EXERCICES

Je vérifie mes connaissances

Je dois connaître

- les dangers des combustions incomplètes ;
- la conservation de la masse totale lors d'une transformation chimique.

Je dois être capable de

- décrire et réaliser une expérience de combustion ;
- écrire et ajuster les équations de réaction pour quelques combustions.

Test

Choisis la ou les bonne(s) réponse(s).

1. Pour savoir s'il s'est formé de l'eau lors de la combustion du butane, j'utilise :
   a. du sulfate de cuivre anhydre.
   b. de l'eau de chaux.
   c. de la liqueur de Fehling.
2. L'eau de chaux est le test d'identification du :
   a. dioxyde de soufre.
   b. dioxyde de carbone.
   c. monoxyde de carbone.
3. Lorsque la flamme du briquet est jaune, la combustion du butane est :
   a. complète.
   b. incomplète.
4. Lors d'une combustion incomplète, il se forme un produit dangereux :
   a. le dioxygène.
   b. l'eau.
   c. le monoxyde de carbone.
5. Indique l'équation de réaction ajustée :
   a. $CH_4 + O_4 \rightarrow CO_2 + H_4O_2$.
   b. $CH_4 + 2\,O_2 \rightarrow CO_2 + 2\,H_2O$.
   c. $CH_4 + O_2 \rightarrow CO_2 + H_2O$.
6. Au cours d'une transformation chimique, la masse totale :
   a. ne varie pas.
   b. diminue car des réactifs sont consommés.
   c. augmente car des produits sont formés.

Corrections p. 222

1 Choisir le bon mot

Complète les phrases suivantes avec les mots : *monoxyde de carbone – dioxygène – butane – carbone – eau – incomplète – dioxyde de carbone.*

a. Au cours de la combustion complète du butane, le .... et le .... disparaissent et de l'.................. et du .... apparaissent.

b. Le dépôt noir observé sur la soucoupe est du ...., produit lors de la combustion .... du butane.

c. La combustion incomplète du butane peut donner un gaz incolore, inodore et toxique : le ....

2 Écrire des réactions

1. Parmi la liste de noms ci-dessous, reconnais les réactifs et les produits de la combustion incomplète du butane.
   dioxygène – carbone – butane – eau de chaux – eau – monoxyde de carbone – dioxyde de carbone.
2. Quels sont les produits d'une combustion complète du butane ?
3. Déduis-en la réaction de la combustion complète du butane dans le dioxygène.

3 Anticiper un danger

1. Quelles sont les causes et les risques d'une combustion incomplète dans une installation domestique de chauffage ?
2. Comment éviter une combustion incomplète ?

4 Connaître le monoxyde de carbone

1. Explique pourquoi le monoxyde de carbone est dangereux.
2. Sous quel état le trouve-t-on ?
3. Est-il coloré ?
4. A-t-il une odeur ?
5. Comment peut-il se former ?

5 Comprendre une équation de réaction

Voici l'équation de réaction de la combustion du méthane :

$$CH_4 + 2\,O_2 \rightarrow CO_2 + 2\,H_2O$$

1. Dans les réactifs, combien y a-t-il au total d'atomes de carbone ? d'atomes d'hydrogène ? d'atomes d'oxygène ?
2. Parmi les molécules des produits formés, combien y a-t-il d'atomes de chaque type ?
3. Que peux-tu en conclure ?

6 Écrire une équation de réaction

On réalise la combustion du méthane dans le dioxygène.

1. Quels sont les réactifs ?
2. Quels sont les produits ?
3. Écris l'équation de réaction, d'abord en utilisant les formules chimiques, puis en représentant les atomes par des sphères.

7 Énoncer une loi

Énonce la loi de conservation de la masse lors d'une transformation chimique.

8 Prévoir un résultat

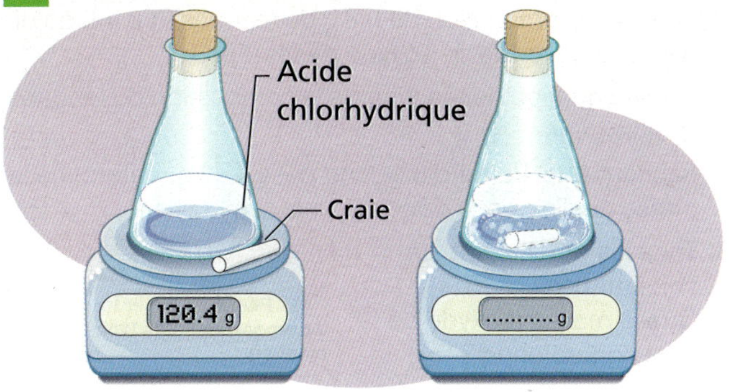

Que va indiquer la balance à la fin de l'expérience ? Justifie ta réponse.

9 Identifier un type de combustion

Parmi les réactions suivantes, lesquelles sont des combustions complètes et lesquelles sont incomplètes ? Argumente ta réponse.

a. carbone + dioxygène → dioxyde de carbone

b. carbone + dioxygène → monoxyde de carbone

10 Vrai ou faux

Indique si chacune des phrases suivantes est vraie ou fausse. Corrige celles qui sont fausses.

a. Lors d'une transformation chimique, des atomes apparaissent et forment les produits.

b. Lors d'une transformation chimique, les molécules sont cassées puis les atomes se réarrangent pour former de nouvelles molécules.

c. Il y a autant de réactifs que de produits.

d. La masse des réactifs au début de la transformation chimique est égale à la masse des produits à la fin de la transformation chimique.

11 Trouver les bons coefficients

Dans les équations de réactions suivantes, Martin a commis des erreurs. Corrige-les.

a. $O_2 + C \rightarrow CO$

b. $CH_4 + O_2 \rightarrow CO_2 + 2\,H_2O$

c. $2\,C_4H_{10} + O_2 \rightarrow 8\,CO_2 + 5\,H_2O$

J'applique...

12 Ajuster une équation de réaction — Exercice corrigé

Voir méthode p. 217

Énoncé

Le butane brûle dans le dioxygène pour former de l'eau et du dioxyde de carbone.
Le butane contient 4 atomes de carbone et 10 atomes d'hydrogène.

1. Quels sont les réactifs ?
2. Quels sont les produits ?
3. Écris la formule chimique du butane.
4. Écris l'équation de réaction de cette transformation chimique en utilisant les formules chimiques.
5. Compte le nombre d'atomes de carbone parmi les réactifs et les produits. L'équation de réaction est-elle ajustée ? Sinon, ajuste-la.

Correction

1. Les réactifs (qui sont consommés) sont le butane et le dioxygène.
2. Les produits formés sont le dioxyde de carbone et l'eau.
3. La molécule de butane contient 4 atomes de carbone (symbole chimique C) et 10 atomes d'hydrogène (symbole chimique H). La formule chimique du butane s'écrit donc : C_4H_{10}.
4. $C_4H_{10} + O_2 \rightarrow CO_2 + H_2O$
5. Il y a 4 atomes de carbone parmi les réactifs et un seul atome de carbone parmi les produits : il n'y a donc pas le même nombre d'atomes de carbone parmi les réactifs et les produits. C'est la même chose pour les atomes d'oxygène et d'hydrogène.
L'équation de réaction n'est donc pas ajustée car, lors d'une transformation chimique, on a la même quantité d'atomes de chaque type parmi les réactifs et les produits. Il faut donc « ajuster » l'équation de réaction.
– Il y a 10 atomes d'hydrogène parmi les réactifs. Il faut mettre un coefficient 5 devant H_2O pour avoir 10 atomes d'hydrogène parmi les produits ($5 \times 2 = 10$).
$$C_4H_{10} + O_2 \rightarrow CO_2 + 5\,H_2O$$
– Il y a 4 atomes de carbone parmi les réactifs. Il faut donc mettre un coefficient 4 devant CO_2.
$$C_4H_{10} + O_2 \rightarrow 4\,CO_2 + 5\,H_2O$$
– Il y a $(4 \times 2) + (5 \times 1) = 13$ atomes d'oxygène parmi les produits et seulement 2 parmi les réactifs. Il faut donc mettre le coefficient $\frac{13}{2}$ devant O_2 ($\frac{13}{2} \times 2 = 13$).
$$C_4H_{10} + \frac{13}{2}O_2 \rightarrow 4\,CO_2 + 5\,H_2O$$
On évite d'avoir des fractions dans les coefficients. On multiplie donc par 2 pour faire disparaître la fraction.
$$2\,C_4H_{10} + 13\,O_2 \rightarrow 8\,CO_2 + 10\,H_2O$$
Pense à vérifier que tu as bien le même nombre d'atomes de chaque type de chaque côté de la flèche.

EXERCICES

13 La combustion du propane

voir Exercice 9 p. 73

Le propane, un gaz conditionné en citerne et utilisé pour le chauffage, brûle dans le dioxygène pour former de l'eau et du dioxyde de carbone. Une molécule de propane contient 3 atomes de carbone et 8 atomes d'hydrogène.

1. Quels sont les réactifs et les produits dans cette combustion ?
2. Écris la formule chimique du propane.
3. Écris l'équation de réaction ajustée de cette transformation chimique.

14 La combustion de l'aluminium

L'aluminium brûle dans le dioxygène pour former de l'oxyde d'aluminium, appelé alumine.
L'atome d'aluminium a pour symbole chimique Al. L'alumine contient 2 atomes d'aluminium et 3 atomes d'oxygène.

1. Quels sont les réactifs et les produits dans cette combustion ?
2. Écris la formule chimique de l'alumine.
3. Écris l'équation de réaction ajustée de cette transformation chimique.

15 Retour sur la combustion du carbone

Il faut 24 g de dioxygène pour brûler complètement 9 g de carbone.

1. Écris l'équation de réaction de la combustion du carbone.
2. Quelle masse de dioxyde de carbone est formée dans ces conditions ? Justifie ta réponse.

COUP DE POUCE
La combustion est complète. Tout le dioxygène a réagi avec tout le carbone... Et n'oublie pas : rien ne se perd...

16 Une bouteille de gaz

Le butane (en bouteille) est utilisé pour certaines cuisinières à gaz. Quand les brûleurs sont mal réglés, les casseroles sont souvent recouvertes d'un dépôt noir sur le fond et les côtés.

1. D'après toi, de quoi est constitué le dépôt noir ?
2. Explique pourquoi cette substance a pu se déposer.
3. Que faut-il faire pour empêcher le dépôt noir de se former ?

17 La combustion du fer

On réalise la combustion de 0,8 g de fer dans 250 mL de dioxygène : il se forme de l'oxyde de fer (Fe_2O_3).

1. Écris l'équation de réaction de la combustion du fer dans le dioxygène.
2. Sachant que 1 L de dioxygène pèse 1,43 g, détermine la masse de dioxygène utilisée pour la combustion.
3. Tous les réactifs ont été consommés. Quelle masse d'oxyde de fer a-t-on obtenue ?

COUP DE POUCE
Pense à utiliser les règles de proportionnalité (voir fin de manuel).

18 Sécurité : les bons gestes

THÈME DE CONVERGENCE

Choisis la bonne conduite à tenir.

1. Dans la pièce où se trouve un chauffage au pétrole :
   a. je calfeutre toutes les aérations afin de garder la chaleur.
   b. je vérifie le bon état des aérations pour assurer une bonne circulation d'air dans la pièce.
2. Si on utilise un chauffage au gaz de ville et que l'on se sent nauséeux et somnolant :
   a. il faut ouvrir les fenêtres et appeler les pompiers.
   b. il faut attendre de voir si ça passe.
3. Mon voisin vient me prévenir qu'il y a un risque d'intoxication au monoxyde de carbone dans l'immeuble et qu'il faut l'évacuer.
   a. Je ne le crois pas puisque je ne sens rien !
   b. J'ouvre les fenêtres et je le suis à l'extérieur.

19 Un équilibre parfait

Ajuste les équations de réaction suivantes, en trouvant les bons coefficients :

a. .....C + ...H_2 → .....CH_4

b. .....H_2 + ...O_2 → .....H_2O

c. .....C + ...O_2 → .....CO_2

d. .....Fe + ...O_2 → .....Fe_3O_4

20 Un briquet

1. Écris l'équation de réaction de la combustion complète du butane (C_4H_{10}).
2. Dans l'expérience ci-contre, pourquoi doit-on bien sécher le tube à essai avant l'expérience ?
3. Qu'utiliserais-tu pour mettre en évidence la formation d'eau ? Qu'observerais-tu ?
4. Comment pourrais-tu mettre en évidence le dioxyde de carbone formé ?

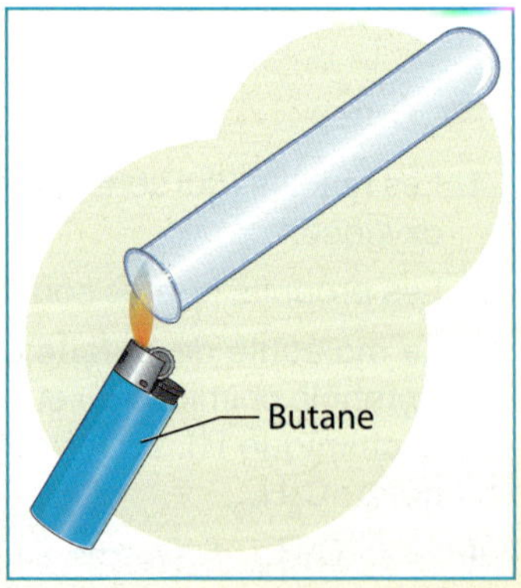

Français

21 À toi d'expliquer !

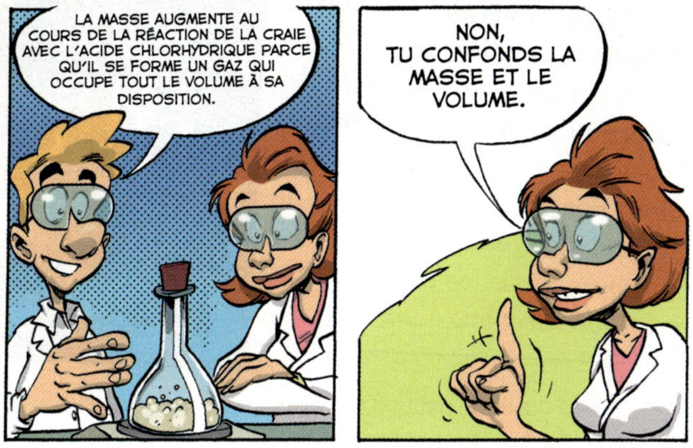

Qui a raison ?
Explique bien tes arguments dans un texte de plusieurs phrases, en utilisant des liens logiques (**si** ... **alors** ..., **donc, car, or,** etc.).

22 Des équations et des symboles

Écris les équations de réaction correspondant aux phrases ci-dessous en utilisant les formules chimiques, puis en représentant les atomes par des sphères. Tu peux t'aider des modèles moléculaires.

a. Un atome de carbone réagit avec une molécule de dioxygène pour former une molécule de dioxyde de carbone.

b. Deux molécules de dihydrogène réagissent avec un atome de carbone pour former une molécule de méthane.

c. Une molécule de méthane réagit avec deux molécules de dioxygène pour former une molécule de dioxyde de carbone et deux molécules d'eau.

COUP DE POUCE
Tu peux commencer par écrire les équations de réaction avec les noms en français.

23 Réaliser une expérience

1. Rappelle ce qui se passe lors de la combustion complète du butane.

2. Propose une (ou plusieurs) expérience(s) permettant de mettre en évidence les produits formés.

J'approfondis...

24 Quand le fer brûle

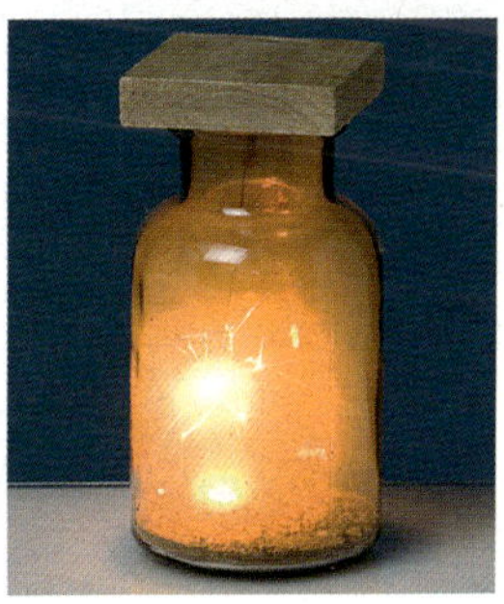

La combustion du fer dans le dioxygène s'écrit :
fer + dioxygène → oxyde de fer

1. Rédige une phrase qui traduit cette réaction.

2. Sachant que la formule de l'oxyde de fer est F_eO, écris l'équation de réaction de cette combustion.

3. Pourquoi ne se forme-t-il pas de dioxyde de carbone lors de cette combustion ?

COUP DE POUCE
Le symbole chimique de l'atome de fer est Fe.

25 Une chaudière à gaz

Dans une cuisine, une chaudière à gaz (butane) est installée. Lorsqu'elle fonctionne correctement (c'est-à-dire lorsque la combustion est complète), cette chaudière consomme 0,6 m^3 de dioxygène par heure.

1. Rappelle l'équation de réaction ajustée de la combustion complète du butane.

2. La cuisine mesure 3 m de large, 4 m de long et 3 m de haut. Calcule le volume d'air qu'elle contient.

3. Quel est le volume de dioxygène contenu dans cette cuisine ? Au bout de combien de temps le dioxygène est-il totalement consommé ?

4. Pourquoi cette pièce ne doit-elle pas être hermétiquement fermée ?

COUP DE POUCE
Rappelle-toi la composition de l'air (p. 20).

26 Sécurité : bien utiliser une gazinière

THÈME DE CONVERGENCE

BIEN UTILISER VOTRE GAZINIÈRE

- Votre cuisine doit être bien aérée ; ne bouchez pas les orifices de ventilation.
- Le tuyau flexible doit être remplacé avant la date limite d'utilisation indiquée sur le tuyau.
- Ne rangez pas à proximité de vos plaques de cuisson les produits ménagers d'entretien, parfois inflammables.

1. D'après la notice d'utilisation de la gazinière ci-contre, pourquoi la cuisine doit-elle être aérée ?

2. Pourquoi faut-il remplacer le tuyau flexible avant la date limite ? Que risque-t-il de se passer si cela n'est pas fait ?

3. Pourquoi faut-il éloigner les produits ménagers de la table de cuisson ?

27 Le gaz de ville

Le gaz de ville, utilisé pour le chauffage des appartements ou des maisons, est un gaz explosif.

1. Quels sont les dangers d'une fuite de gaz dans un appartement ou une maison ?

2. Le gaz naturel est inodore. Avant de le distribuer aux consommateurs, GDF ajoute un produit malodorant. Pourquoi ?

3. À ton avis, que doit-on faire ou ne pas faire lorsque l'on sent une odeur de gaz dans une pièce ?

EXERCICES

28 Comprendre la combustion du fer

Le fer brûle dans le dioxygène. La réaction de cette combustion s'écrit :

fer + dioxygène ➔ oxyde de fer

On réalise cette combustion avec un morceau de laine de fer de 4,55 g dans un bocal contenant 0,75 L de dioxygène. Lorsqu'il n'y a plus de dioxygène, la combustion s'arrête : il reste 2,12 g de laine de fer et des billes d'oxyde (magnétique) de fer au fond du bocal.

1. Quels sont les réactifs ? Quels sont les produits ?
2. Calcule la masse de fer qui a brûlé.
3. Un litre de dioxygène pèse 1,28 g. Quelle masse de dioxygène a-t-on utilisée ?
4. Quelle masse d'oxyde de fer s'est formée ?

29 Santé : le tabac

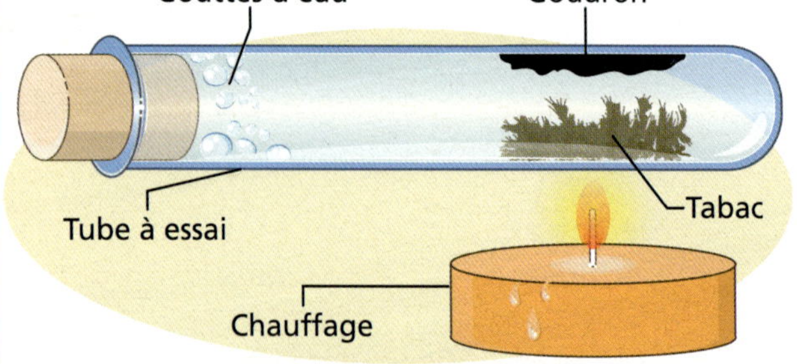

On chauffe du tabac dans un tube à essai. Le tabac est décomposé sous l'action de la chaleur.

1. Qu'observe-t-on sur les parois du tube à essai ?
2. Cherche sur Internet la définition du mot *goudron*.
3. Déduis-en pourquoi fumer est dangereux pour la santé.

30 Combustion d'une bougie

Les bougies contiennent de la paraffine et de l'acide stéarique. La combustion de l'acide stéarique donne une flamme et produit, entre autres, de l'eau et du dioxyde de carbone.

1. Quel est le combustible ? Quel est le comburant ?
2. Quel produit chimique utilise-t-on pour identifier l'eau ? le dioxyde de carbone ?
3. La combustion d'une bougie est-elle une transformation chimique ? Pourquoi ?

31 Art et combustions

« Les façades extérieures de Notre-Dame-de-la-Garde viennent d'être rénovées mais il faut entamer des travaux à l'intérieur car les fresques de mosaïques tombent peu à peu en ruine. Rongées par l'air marin, la pollution et la suie des bougies, les mosaïques, vieilles de cent cinquante ans, se décollent une à une. »

1. De quelle couleur est la flamme du briquet quand la combustion du butane est incomplète ?
2. De quelle couleur est la flamme d'une bougie ? La combustion d'une bougie est-elle complète ou incomplète ?
3. La suie est produite lors de la combustion des bougies : quelle sorte d'atomes contient-elle ?
4. Explique pourquoi la combustion des bougies représente un problème dans les lieux où sont exposées des œuvres d'art.

32 Les feux d'artifice

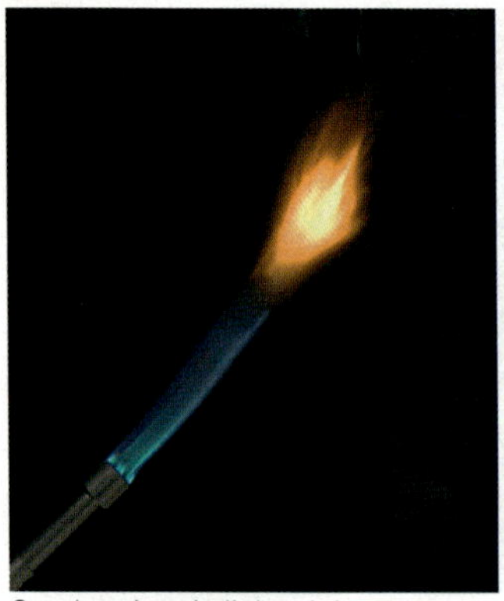

Combustion de l'aluminium.

Combustion du cuivre.

Les feux d'artifice résultent de la combustion dans l'air de métaux en poudre.
L'aluminium brûle pour donner de l'alumine de formule Al_2O_3.
Le cuivre brûle pour donner de l'oxyde de cuivre de formule CuO.

1. Quel est le comburant dans ces deux combustions ?
2. Identifie les réactifs et les produits de ces combustions.
3. Écris les équations de réaction correspondantes.

33 Histoire : Lavoisier, un chimiste de génie

1. Rédige un petit paragraphe de 5 à 6 lignes dans lequel tu préciseras l'époque où Lavoisier a vécu et les découvertes qu'il a faites.
2. Lavoisier a dit : « Rien ne se perd, rien ne se crée, tout se transforme. » Es-tu d'accord avec cette phrase ?

EXERCICES

INVESTIGATION •••••••••• MÈNE L'ENQUÊTE !!

34 Rien ne se perd...

Lavoisier affirme que « rien ne se perd, rien ne se crée, tout se transforme ».

➜ **À l'aide de ce que tu as vu en cours ou du matériel que tu as utilisé en classe, trouve un moyen permettant de montrer que Lavoisier avait raison.**

35 Qui a raison ?

Quelle expérience pourrait permettre de savoir qui a raison ?

Ta démarche

1. Fais la liste du matériel dont tu aurais besoin pour ton expérience.
2. Propose un protocole et explique comment les résultats te permettraient de conclure.

36 La bougie qui monte

Une bougie allumée flotte dans un cristallisoir.

On retourne un bécher sur la bougie. Après un court instant, la bougie s'éteint.

À ton avis, que montre cette expérience ? Argumente ta réponse. Quelles différences observerais-tu si le bécher était rempli de dioxygène ?

Une expérience simple et amusante

Des modèles moléculaires... à croquer !

Matériel

- Des cure-dents en bois
- Des chamallows

– Un chamallow rose représente un atome d'oxygène.

– Un chamallow blanc représente un atome d'hydrogène.

– Pour assembler les « atomes » entre eux, tu utiliseras un cure-dent.

1. Construis la molécule de dihydrogène qui contient deux atomes d'hydrogène.
2. Dans le moteur de la fusée Ariane 5, une combustion a lieu selon l'équation de réaction suivante :

$$2\,H_2 + O_2 \rightarrow 2\,H_2O$$

Construis les molécules des réactifs et réarrange les atomes pour fabriquer les molécules des produits.

Les feux d'artifice

Des milliers de feux d'artifice sont tirés chaque année pour célébrer de grandes occasions. De belles couleurs illuminent alors le ciel ! Des chimistes travaillent sans relâche pour découvrir des mélanges de poudre toujours plus subtils… et nous permettre de découvrir des spectacles de plus en plus magnifiques !

Histoire — *La naissance des feux d'artifice*

La poudre noire a été inventée en Chine au IXe siècle. Elle servait de poudre à canon. Elle a été introduite en Europe au XIIIe siècle. Dès le XVe siècle, cette poudre a été utilisée en Occident pour les feux d'artifices. Le premier grand spectacle pyrotechnique fut tiré en France en 1615 lors du mariage du roi Louis XIII avec Anne d'Autriche.

À cette époque, les effets pyrotechniques simulaient des batailles, des orages ou la colère divine. Les feux étaient quasiment monochromes. Quelques savants, dont Lavoisier, étudièrent ces feux et trouvèrent comment obtenir des flammes bleues et jaunes… mais la composition des mélanges était tenue secrète par les familles d'artificiers ! Il a fallu attendre le XIXe siècle et l'essor de la chimie pour que les spectacles pyrotechniques deviennent réellement polychromes.

Questions

1. À quoi servait la poudre noire inventée en Chine ?
2. Que symbolisaient les feux d'artifice au XVIIe siècle ?
2. Rappelle qui était Lavoisier. Quelles autres découvertes a-t-il faites ?
4. Que veut dire *monochrome* ? *polychrome* ?

THÈME DE CONVERGENCE

Énergie — *Comment ça marche ?*

Dans un feu d'artifice, chaque couleur est obtenue par la combustion d'un composé contenant un métal particulier : le blanc est obtenu par un dérivé de l'aluminium, le violet par un dérivé du potassium, le jaune par un dérivé du sodium…

Les extraordinaires effets colorés des feux d'artifice existent parce que la matière veut absolument sauvegarder sa « tranquillité » ! En effet, dès que la matière est excitée par de la chaleur, elle ne cherche qu'une seule chose : retrouver son état le plus stable en se débarrassant de cet excès d'énergie… sous forme de lumière.

Questions

1. Pourquoi y a-t-il différentes couleurs lors d'un feu d'artifice ?
2. Quel est le comburant utilisé pour la combustion des poudres métalliques ?
3. Comment peut-on obtenir d'autres couleurs ?

Technologie *Beau, mais compliqué!*

Faire une fusée de feu d'artifice n'est pas chose simple ! Il faut parfaitement maîtriser la température de la combustion : la flamme doit être suffisamment chaude pour que la couleur soit intense, mais pas trop pour ne pas détruire les composés métalliques avant qu'ils aient eu le temps de réagir...

Certains composés présentent même l'inconvénient de se décomposer à l'air libre. Il faut donc préserver ces composés jusqu'à l'explosion. Ils mettent les réactifs nécessaires à leur fabrication dans la fusée : une fois formés dans le ciel, les composés brûlent presque instantanément au moment de l'explosion ! Mais attention aux dosages : la moindre erreur entraîne des réactions parasites et les couleurs risquent d'être délavées, voire inexistantes.

Malgré la théorie et l'expérience acquise face à la complexité de ces transformations chimiques, seul un essai va garantir aux artificiers la réussite d'un nouvel effet ou d'une nouvelle couleur.

Questions

1. D'après le texte, quelles sont les difficultés pour réaliser un beau feu d'artifice ?
2. Pourquoi est-il dangereux de faire soi-même un feu d'artifice ?
3. Pourquoi y a-t-il une explosion ?

MÉTIER Créateur de parfums

Philippe (54 ans)
- Cadre supérieur, salarié
- Expressions parfumées
- Diplômé de l'ISIPCA

L'ARÔME D'UNE VIE

« Le bac S en poche et toutes les connaissances de chimie nécessaires en tête (comme les propriétés de la combustion), j'ai intégré l'école supérieure de parfumerie cosmétique de Versailles où j'ai pu acquérir et développer l'aspect plus artistique, plus créatif de notre métier, grâce à une meilleure connaissance des matières premières et à l'accord des notes entre elles. Je suis à présent créateur de parfums depuis dix ans au sein d'Expressions parfumées, où j'élabore pour nos clients des fragrances pour tous types d'applications comme les parfums, cosmétiques, gels douches ou encore senteurs d'ambiance. C'est un métier créatif, de contact et qui ouvre sur le monde car je suis amené à beaucoup voyager. »

> « C'est un métier créatif, de contact et qui ouvre sur le monde. »

Propos recueillis par Laura G. ■

SOLIDE, LIQUIDE OU GAZ ?

Scoop : sur cette photo, vous avez les trois états de la matière en même temps... Si, si, c'est possible ! Pour le vérifier, il suffit de vous promener sur un volcan (ou, plus facile, de le regarder en images) et vous pourrez vous retrouver nez à nez avec du magma bouillonnant sous trois formes : une famille de solides, incarnés par des laves visqueuses et des cendres ; une famille de liquides, représentée par des boues et des laves fluides ; et enfin, une famille de gaz, avec des gaz sulfureux. Ces trois états ont cependant tous un point commun : ils explosent de manière ultra-violente au moment de l'éruption... Alors, si ça commence à gargouiller sous vos pieds, filez !

PHOTO MYSTERE

KALÉIDOSCOPE NATUREL

Qui n'a pas un jour soufflé dans un verre d'eau avec une paille ? Ça fait évidemment plein de glouglous... Imaginez maintenant de faire la même chose et que tout gèle d'un coup. Vous obtiendrez cet étonnant kaléidoscope qui n'est rien d'autre qu'un groupe de bulles d'air emprisonnées dans un bloc de glace. Plus sérieusement, cette image obtenue avec un microscope dit polarisant est un superbe outil utilisé par des chercheurs en Antarctique pour déterminer le rôle des gaz à effet de serre (*voir p. 14*) dans le système climatique. L'objectif avec cette photo, c'est de reconstruire la composition de l'atmosphère sur plus de... 400 000 ans !

MAMELLES

Ça ressemble à un énorme paquet de coton suspendu dans l'air. Le nom du phénomène est très attendrissant : « mamma » (mamelle en latin)... Et pourtant, ces grosses boules dans lesquelles on aimerait se plonger ne sont pas si innocentes que cela : associées à des variations importantes de la pression atmosphérique (*voir p. 32*), les mammas se forment dans le ciel autour des nuages d'orage, baptisés cumulonimbus. Elles naissent à cause de l'effondrement de grosses poches de cristaux de glace. Attention, comme elles sont souvent annonciatrices de déluge, ce n'est donc pas le moment de vous extasier le nez en l'air !

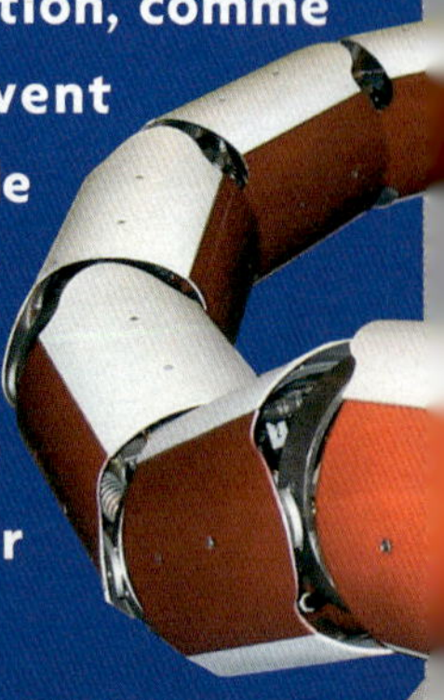

>>>>>>>>EN BREF>>>>>>>>>>>>>>EN BREF>>>>>>>>>>>>>>EN BF

› MÉTHANE À GOGO. Titan, le plus gros satellite de Saturne, est parsemé de lacs de méthane liquide. Ce sont les premiers lacs extraterrestres, c'est-à-dire situés hors de notre planète, que l'on a mis en évidence ! **› DES ROUTES ÉCOLOS.** C'est pour bientôt...

DANS LE CIEL

NAISSANCE D'UN ROBOT D'EAU

Trois mètres de long, 70 kg... Cette belle bête, c'est Anna Konda, le tout premier serpent anticombustion qui crache de l'eau. Véritable lance à incendie du futur, ce robot est capable de se déplacer de manière complètement autonome dans une maison enflammée. Il permet ainsi aux pompiers de ne pas s'aventurer sur des lieux où ils risqueraient des brûlures ou des intoxications gazeuses, suite à une combustion (*voir p. 66*). Pour l'instant, Anna Konda est encore un prototype mais, à l'avenir, il pourrait se déplacer sur toutes sortes de terrains dangereux ou inaccessibles (sur terre ou sur mer). Avec lui, les incendies ne vont donc plus faire... long feu !

LE CO_2 EN QUESTION

Le savez-vous : de tous les modes de transport, c'est le transport routier qui émet le plus de dioxyde de carbone (93,5 %). Il dépasse largement le transport aérien (2,8 %). Alors, combien de CO_2 est produit par une voiture quand on brûle un litre d'essence ?

a- 2,4 g b- 2,4 kg c- 2,4 tonnes

Réponse : b. Un moteur à essence rejette 2,4 kg de dioxyde de carbone.

>>>>>>EN BREF>>>>>>EN BREF>>>>>>EN BREF>>>>>>EN BREF

Une entreprise a inventé un ciment capable de manger nos polluants atmosphériques. Son secret : piéger les gaz qui sont malvenus puis les décomposer par une réaction chimique. Fallait y penser ! **› 6 000.** C'est le nombre de personnes en France, par an, victimes d'une intoxication due au monoxyde de carbone (*voir p.67*). **› FEU FOLLET.** D'où vient cette lueur qui se balade parfois dans les cimetières et disparaît dès qu'on s'en approche ? Certains de nos grands-parents ont pensé que c'était des créatures surnaturelles. En fait, non. Il s'agit d'un feu follet, qui n'est rien d'autre que du méthane qui s'enflamme spontanément au contact de l'oxygène de l'air.

POUR FABRIQUER DE NOUVEAUX MÉDICAMENTS, CERTAINS CHIMISTES SE FONT...

CHASSEURS D

PAR MURIEL DE VÉRICOURT

Spécialisés dans la recherche de nouveaux médicaments, certains scientifiques examinent la composition chimique des plantes et des animaux pour découvrir de nouvelles molécules (*voir p. 16*), capables de mettre en déroute des maladies.

Pour enrichir la palette de médicaments disponibles, on peut en effet imaginer plusieurs méthodes : en inventer au hasard, en créer en modifiant des molécules déjà connues ou faire un inventaire des molécules encore inconnues que renferment plantes, organismes marins, mousses, insectes, champignons...

« Comme les roses ont des épines, la plupart des organismes ont développé, pour survivre dans un environnement hostile, des moyens de défense, sous la forme de molécules qui ont une activité chimique», explique Thierry Sevenet, chercheur à l'Institut de chimie des substances naturelles. L'un des objectifs de cet institut consiste donc à identifier ces molécules, puis à évaluer leur effet.

L'artémisinine, un médicament utilisé pour lutter contre le paludisme, est extraite de l'armoise annuelle (ci-contre).

TROUVER LA BONNE MOLÉCULE : UNE VRAIE PÊCHE À LA LIGNE !

Seul hic : dans l'immense vivier des organismes peu ou pas connus, trouver LA molécule intéressante s'apparente à de la pêche à la ligne. Les chercheurs essaient donc d'accumuler les indices. Ainsi, l'institut dont fait partie Thierry Sevenet s'intéresse en ce moment à des plantes bien particulières que l'on trouve en Ouganda. Les scientifiques ont en effet constaté que les grands singes de la région avaient tendance à se nourrir de ces plantes, manifestement pour se soigner ! Du coup, les chances qu'elles aient aussi une activité bénéfique sur nous autres humains, cousins de ces grands singes, sont augmentées d'autant.

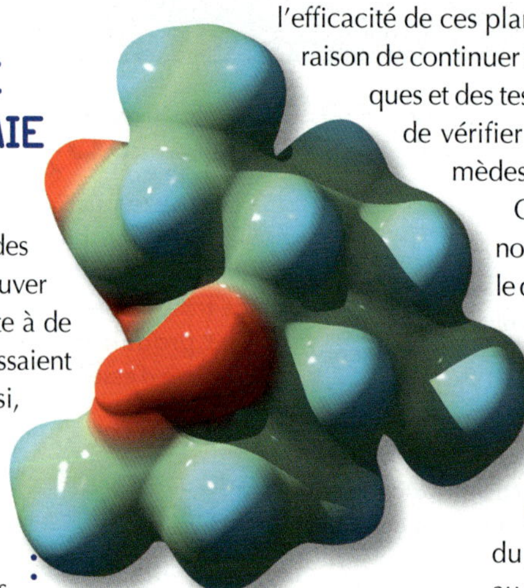

Modèle réalisé par ordinateur d'une molécule d'artémisinine ($C_{15}H_{23}O_5$). En vert, les atomes de carbone ; en bleu, les atomes d'hydrogène et en rouge les atomes d'oxygène.

Certains chercheurs s'intéressent aussi aux plantes utilisées par certaines populations depuis des millénaires. L'idée : même si ces communautés n'ont jamais prouvé l'efficacité de ces plantes, elles doivent bien avoir une raison de continuer à les utiliser ! Des analyses chimiques et des tests biologiques peuvent permettre de vérifier la véritable efficacité de ces remèdes issus de la tradition.

Cette démarche n'est d'ailleurs pas nouvelle ! Il y a plus de trois cents ans, le quinquina, traditionnellement utilisé au Pérou pour calmer la fièvre, avait retenu l'attention des Européens avant de donner naissance à un médicament, la quinine, utilisé contre le paludisme.

L'association humanitaire Jardins du Monde, qui œuvre notamment au Guatemala, au Honduras, au Burkina Faso ou à Madagascar, a adopté une démarche un peu similaire. À une différence près : le but de cette organisation n'est pas de

À Madagascar, les habitants d'un village se réunissent en présence de l'association Jardins du Monde pour gérer leur jardin médicinal (photo n°1). Pour étudier les plantes et confectionner des médicaments, la récolte de grandes quantités (photo 2) et leur analyse chimique (photo 3) sont nécessaires. Lorsque tout est au point, le médicament peut être mis en flacon (photo 4).

E MOLÉCULES

mettre au point de nouveaux médicaments pour nos pharmacies des pays industrialisés, mais plutôt de valider scientifiquement les savoir-faire traditionnels, pour le bénéfice des populations locales.

« Nous sommes partis du constat que 80 % environ de la population mondiale n'a pas accès à un système de santé efficace. Dans les sociétés traditionnelles, des remèdes naturels existent souvent, mais ils peuvent quelquefois être dangereux ! », explique Jean-Pierre Nicolas, de l'association Jardins du Monde.

Un scientifique prélève des molécules antimicrobiennes dans l'hémolymphe (équivalent du sang) d'une chenille de Guyane.

POUR 80 % DE LA POPULATION LE SYSTÈME DE SANTÉ EST INEFFICACE

L'objectif de l'association est donc de recenser ces médecines traditionnelles, puis de s'assurer qu'elles ne sont pas toxiques et ensuite de vérifier leur efficacité. « Quelquefois, pour améliorer l'efficacité ou la facilité d'utilisation, nous proposons de changer la façon de préparer ces médecines traditionnelles, par exemple en utilisant une plante en pommade plutôt qu'en cataplasme », témoigne Jean-Pierre Nicolas.

Les membres de l'association passent beaucoup de temps à discuter avec les habitants, à la fois pour repérer leurs réflexes en termes de santé puis, pour leur apprendre la meilleure façon d'utiliser les plantes. Ainsi, les populations sont mieux armées pour déclarer la guerre aux maladies ! •

Électricité :

Savez-vous si le courant électrique peut s'user avec le temps ? Peut-on obtenir de la chaleur grâce à l'électricité ? Tous les appareils utilisent-ils le même courant électrique ?
Inutile de chercher la réponse à ces questions sans se pencher sur la compréhension des lois qui gouvernent les circuits électriques...

Le robot Kotaro, conçu par le professeur Masayuki Inaba de l' université de Tokyo, sera capable de grimper aux arbres.

grandeurs et lois

Avant de commencer...

Interroge-toi sur ce que tu as vu en 5^{e}...

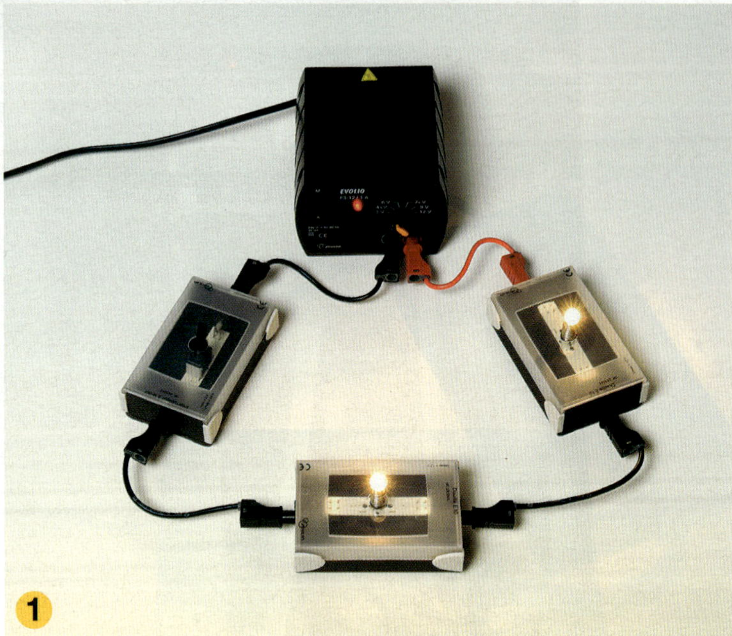

1

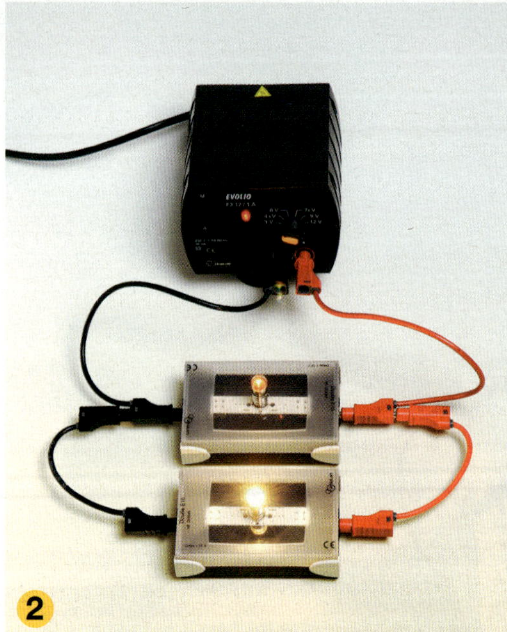

2

1. Associer des dipôles.

Quelle(s) différence(s) vois-tu entre les deux montages ?

Comment appelle-t-on ces deux circuits ?

2. Fermé ou ouvert ?

Le circuit électrique alimentant la lampe allumée de la chambre est-il fermé ou ouvert ? Argumente.

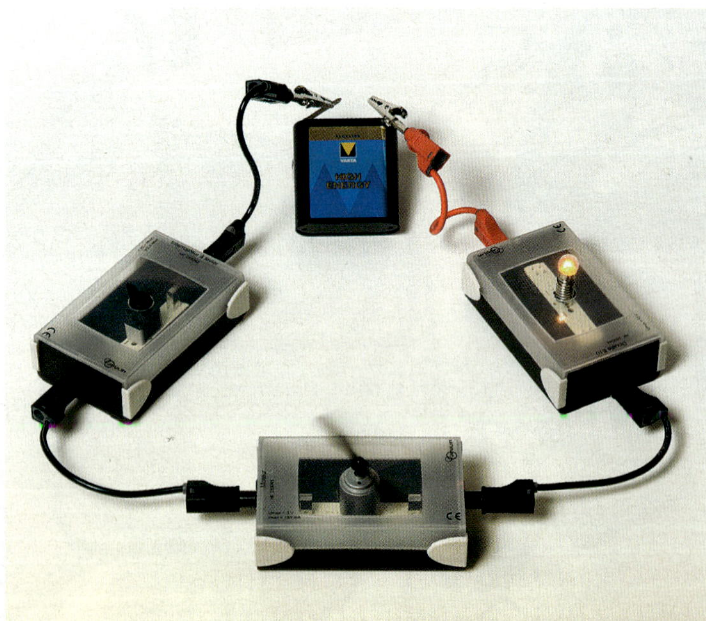

3. Marche avant, marche arrière ?

Quelle manipulation simple permettrait de faire tourner l'hélice du moteur dans l'autre sens ? Argumente ta réponse.

...et sur ce que tu vas voir en 4e

▲4. Brillera, brillera pas ?

À ton avis, la lampe va-t-elle briller lorsque le circuit sera fermé ? Pourquoi ?
Explique comment tu pourrais la faire briller.

S'évaluer

Choisis le bon mot pour que la phrase soit correcte.

a. Pour qu'un courant circule dans un circuit, il faut que le circuit soit *fermé/ouvert*.

b. Dans une boucle simple, les dipôles sont associés en *série/dérivation.*

c. Dans un circuit comprenant plusieurs boucles, les dipôles sont associés en *série/dérivation.*

d. Un matériau qui laisse passer le courant électrique est un *isolant/conducteur.*

e. Le courant électrique circule dans un circuit *de la borne – à la borne + du générateur / de la borne + la borne – du générateur.*

Réponses : a. fermé. b. série. d. dérivation. e. conducteur. f. de la borne + la borne – du générateur.

1. Multimètre. ▶

As-tu déjà rencontré cet instrument de mesure ?
À ton avis, que peut-on mesurer avec cet appareil ?

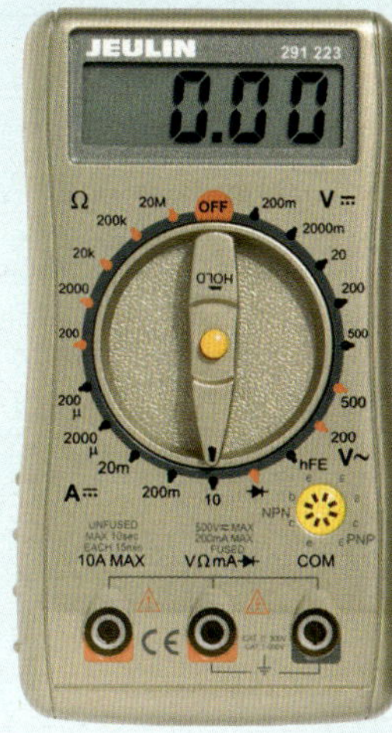

2. Différentes piles. ▶

Sais-tu ce que représentent les indications inscrites sur cette pile ?
À ton avis, pourquoi faut-il plusieurs piles pour alimenter cet appareil ?

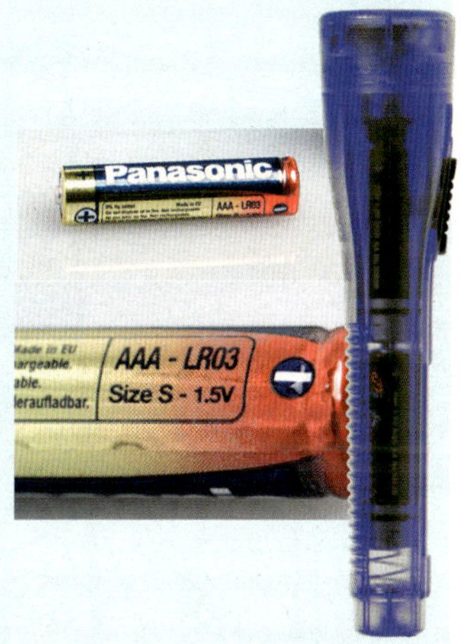

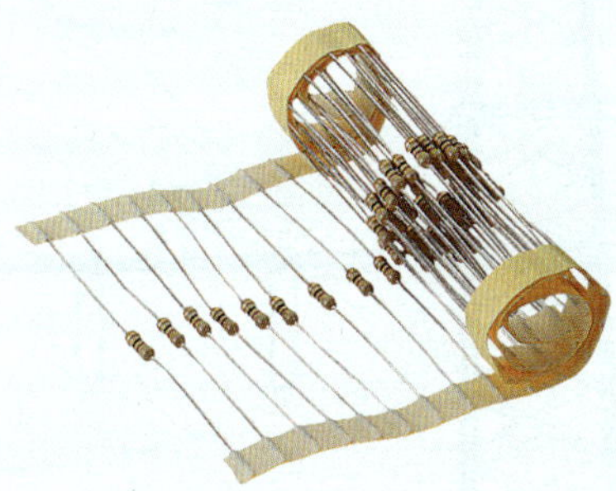

▲3. Nouveaux composants.

As-tu déjà utilisé ces composants ?
Comment s'appellent-ils ?

Intensité Tension

▲4. Connais-tu ces mots ?

Rédige différentes phrases en les utilisant.

La tension et l'intensité

Ces pylônes portent des lignes électriques à très haute tension.

Dans ce chapitre tu vas...

- **découvrir** deux grandeurs électriques : la tension et l'intensité du courant ;
- **apprendre** à utiliser le multimètre pour les mesurer.

du courant électrique

Au dos d'un lecteur mp3, tu peux trouver ce genre d'indications.

Sais-tu ce que signifient 30 V et 1 A ?

Une voiture est contrôlée par un technicien.

À ton avis, que mesure ce technicien ?

ACTIVITÉ 1 Comprendre la tension et l'in

J'étudie un document

En observant ces skieurs effectuant un parcours le long d'une piste de ski, on peut comprendre le rôle du générateur dans un circuit électrique et ce que représentent les grandeurs* fondamentales en électricité, la tension et l'intensité.

Le télésiège : il fait remonter les skieurs en haut de la pente. Sa présence est indispensable pour que les skieurs effectuent leur parcours, comme le dipôle générateur* (la pile par exemple) dans un circuit électrique.
Sa borne + correspond au haut du télésiège, sa borne – à la zone d'embarquement (en bas).

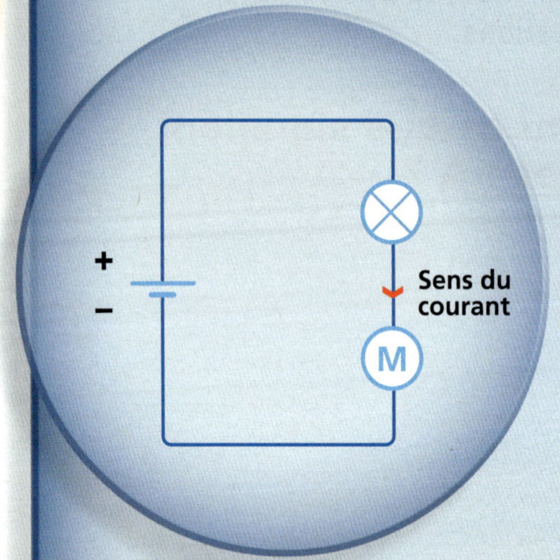

La tension électrique (notée U) entre deux points d'un circuit électrique correspondrait sur ce schéma à la différence d'altitude entre deux piquets disposés en deux points d'altitudes différentes sur la piste.

L'intensité du courant électrique (notée I) en un point du circuit électrique correspondrait sur ce schéma au nombre de skieurs qui passent sous la banderole en un temps donné (débit* de skieurs).

tensité du courant

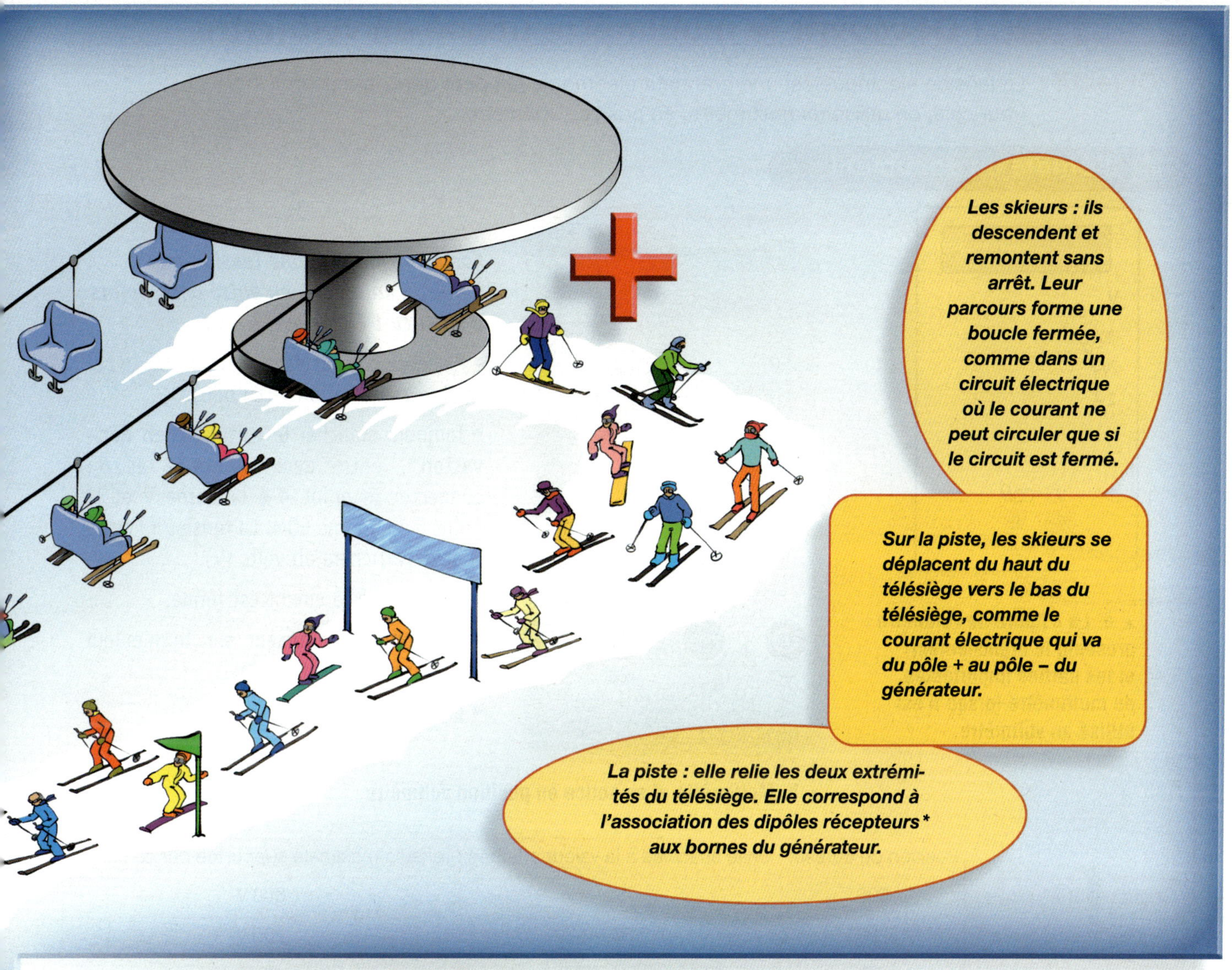

J'exploite les résultats

Observe

1. Dans cette analogie, à quoi pourrait correspondre la tension aux bornes du dipôle générateur ?

Interprète

2. Si la piste de ski est interdite d'accès, combien de skieurs passent sous la banderole ?
Par analogie, que vaut l'intensité du courant électrique si l'interrupteur est ouvert ?
3. En utilisant l'analogie, essaie de trouver une situation correspondant à une tension nulle et à une intensité non nulle.

Conclus

4. Pourquoi parle-t-on d'une tension **entre deux points** d'un circuit et d'une intensité du courant **en un point** du circuit ?

Mini-dico

Débit : quantité (de skieurs, d'eau…) qui passe par un endroit pendant un temps donné.

Dipôle générateur : dipôle qui fait circuler le courant électrique dans un circuit.

Dipôle récepteur : dipôle qui utilise le courant électrique pour fonctionner.

Grandeur : propriété qui peut être mesurée. Cette mesure est exprimée dans une unité (par exemple, une longueur est exprimée en mètres, une masse en kilogrammes). (Voir fin de manuel.)

Vers le bilan... La tension et l'intensité du courant étant des grandeurs, quelle information manque-t-il ?

ACTIVITÉ 2 Mesurer une tension élec

DOCUMENT A Découvrir le multimètre utilisé en voltmètre

Objectif : La tension électrique est une grandeur électrique. On peut donc la mesurer. Pour cela, on utilise un multimètre, en position voltmètre.

J'étudie un document

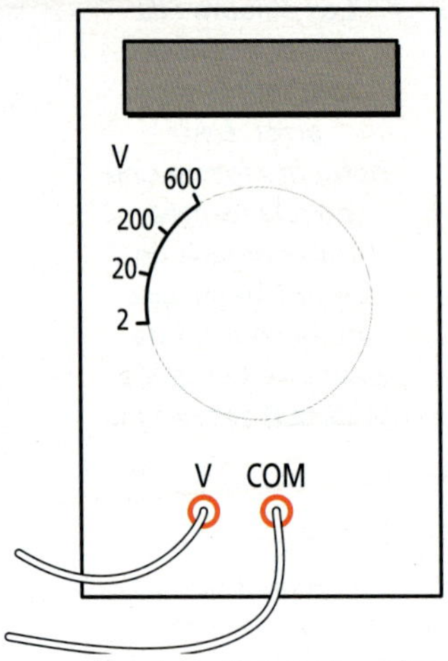

▲ **a. La « figure de voltmètre » présente le branchement et les parties importantes du multimètre lorsqu'il est utilisé en voltmètre.**

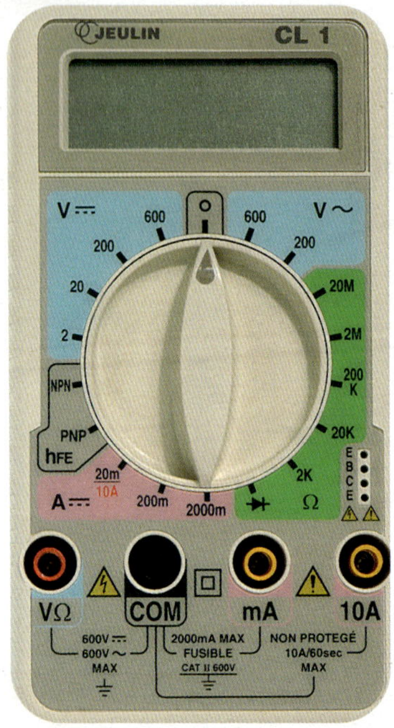

▲ **b. Multimètre et sa notice en position voltmètre.**

Comment mesurer une tension aux bornes d'un dipôle, ou entre deux points d'un circuit électrique ?

- Placer le curseur dans la zone « V⎓ » sur le plus grand calibre* (ici 600).
- Toujours brancher le voltmètre **en dérivation***, entre deux points *A* et *B* : connecter le point *A* à la borne V et le point *B* à la borne COM. La tension U entre *A* et *B* s'affichera en volts (V).
- Vérifier que le circuit est fermé.
- Positionner le curseur sur le meilleur calibre pour cette tension.
- Lire la mesure.

	Position du curseur	Unité associée à la valeur affichée	Tension maximale supportée par ce calibre
Grand calibre	600	V	600 V
Calibre intermédiaire 1	200	V	200 V
Calibre intermédiaire 2	20	V	20 V
Petit calibre	2	V	2 V

▲ **c. Choix du meilleur calibre pour une mesure donnée.** Chaque position du curseur dans la zone «V⎓ » correspond à un calibre. Pour une mesure précise, on doit choisir le calibre le plus petit possible. Cependant, le calibre choisi doit être plus grand que la tension à mesurer, sinon le multimètre n'affiche aucune valeur.

Voir aussi début du manuel

J'exploite le document

Observe

1. Repère les éléments dont parle la notice (doc. **a** et **b**).
2. Quelle est l'unité associée à la grandeur *tension électrique* ? Quel est son symbole ?
3. Combien de fils de connexion dois-tu ajouter lorsque tu mesures une tension ?

Interprète

4. Sur du papier cartonné, dessine la figure de voltmètre qui correspond au multimètre que tu utilises.

Conclus

5. Quelles sont les deux étapes essentielles pour mesurer une tension électrique avec un multimètre ? Dessine un circuit et place la figure de voltmètre.

EXPÉRIENCE B Utiliser un voltmètre

Objectif : Avec un voltmètre, qui permet de mesurer la tension aux bornes d'un dipôle, tu vas mesurer la tension électrique aux bornes des dipôles d'un circuit électrique.

Je réalise une expérience

- Réalise le circuit ci-contre en laissant l'interrupteur ouvert.
- Ferme l'interrupteur, et mesure la tension aux bornes du générateur puis aux bornes d'un des dipôles récepteurs.
- Pour chaque mesure, essaie dans un premier temps d'avoir une valeur positive.

Cherche ensuite un moyen d'améliorer la précision de cette mesure.

! Pour utiliser correctement le multimètre en voltmètre, reporte-toi à la notice (voir p. 92).

J'exploite les résultats

Observe

1. Comment faut-il placer les bornes V et COM du multimètre par rapport aux bornes du générateur pour lire une tension positive ?

2. Comment faut-il placer les bornes du voltmètre par rapport au sens du courant pour lire une tension positive aux bornes d'un dipôle récepteur ?

3. Qu'as-tu modifié pour améliorer la précision de tes mesures ?

Interprète

4. Schématise ton circuit en indiquant le sens du courant et les bornes + et – du générateur. Pour chaque tension positive que tu as mesurée, positionne ta figure de voltmètre sur ce schéma.

Conclus

5. Le choix du calibre et le branchement du voltmètre aux bornes du dipôle ont-ils une importance ? Argumente ta réponse.

Mini-dico

Calibre : position du curseur d'un appareil de mesure, indiquant une valeur maximale à mesurer.

Branchement en dérivation : branchement créant une nouvelle boucle dans le circuit.

Vers le bilan... Quelles sont les étapes à suivre pour mesurer une tension positive aux bornes d'un dipôle ?

ACTIVITÉ 3 Mesurer l'intensité d'un coura

DOCUMENT A Découvrir le multimètre utilisé en ampèremètre

Objectif : L'intensité du courant électrique est une grandeur électrique. On peut donc la mesurer. Tu vas découvrir une autre fonction du multimètre qui permet de le faire : l'ampèremètre.

J'étudie un document

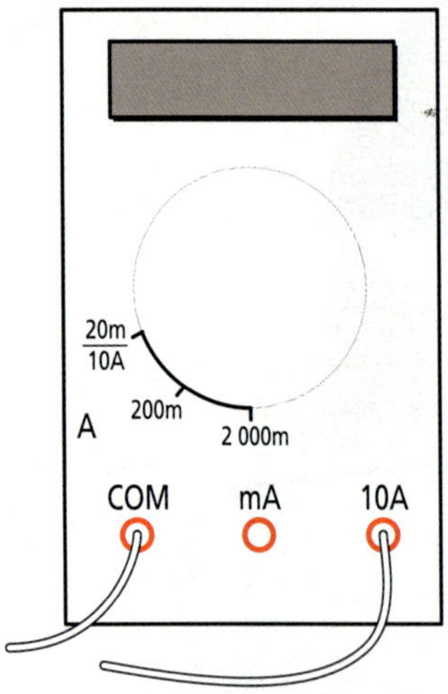

▲ **a. La « figure d'ampèremètre » présente le branchement et les parties importantes du multimètre lorsqu'il est utilisé en ampèremètre.**

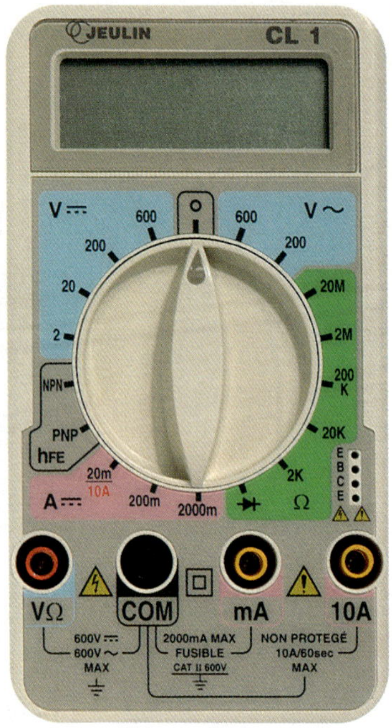

Comment mesurer l'intensité du courant électrique dans une portion d'un circuit ?

- Placer le curseur dans la zone « A ⎓ » sur le plus grand calibre* (ici 10 A).
- Toujours brancher l'ampèremètre **en série*** dans le circuit, en utilisant les bornes 10A et COM. L'intensité I du courant électrique s'affichera en ampère (A).
- Fermer le circuit.
- Si la mesure n'est pas assez précise, remplacer la borne 10A par la borne mA et choisir le meilleur calibre.
- Lire la mesure.

▲ **b. Multimètre et sa notice d'utilisation en position ampèremètre.**

	Position du curseur	Borne utilisée	Unité associée à la valeur affichée	Tension maximale supportée par ce calibre
Grand calibre	10	10A	A	10 A
Calibre intermédiaire 1	2 000m	mA	mA	2 000 mA = 2 A
Calibre intermédiaire 2	200m	mA	mA	200 mA = 0,2 A
Petit calibre	20m	mA	mA	20 mA = 0,02 A

▲ **c. Choix du meilleur calibre pour une mesure donnée.** Chaque position du curseur dans la zone « A⎓ » correspond à un calibre. Pour une mesure précise, on doit choisir le calibre le plus petit possible. Cependant, le calibre choisi doit être plus grand que l'intensité à mesurer, sinon le multimètre n'affiche aucune valeur.

Voir aussi début du manuel

J'exploite le document

Observe

1. Repère les éléments dont parle la notice (doc. **a** et **b**).

2. Quelle est l'unité associée à la grandeur *intensité du courant électrique* ? Quel est son symbole ?

3. Combien de fils de connexion dois-tu ajouter lorsque tu mesures une intensité ?

Interprète

4. Sur du papier cartonné, dessine la figure d'ampèremètre qui correspond au multimètre que tu utilises.

Conclus

5. Quelles sont les deux étapes essentielles pour mesurer l'intensité du courant dans un circuit électrique ? Dessine un circuit et place la figure d'ampèremètre.

INVESTIGATION B Utiliser un ampèremètre

Lucie veut mesurer l'intensité du courant électrique circulant dans la portion de circuit comprise entre le générateur et la lampe et elle veut obtenir une valeur positive.

? À ton avis, quelle est la marche à suivre ?

Ta démarche

- **Propose une hypothèse :** Schématise le circuit que tu dois réaliser et place la figure de l'ampèremètre.
- **Réalise une expérience :** Réalise le circuit, et, avec l'accord du professeur, place l'ampèremètre dans le circuit. Vérifie que la valeur affichée est positive.
- **Conclus :** Rédige le protocole que tu as suivi pour mesurer l'intensité du courant électrique.

INVESTIGATION C Étudier l'influence de l'ordre et du nombre des dipôles

? À ton avis, l'intensité du courant électrique circulant dans une portion de circuit dépend-elle de l'ordre et du nombre des dipôles dans ce circuit ?

Ta démarche

- **Propose une hypothèse :** Utilise tes connaissances sur la luminosité d'une lampe témoin* dans un circuit en boucle simple.
- **Réalise une expérience :** Réalise un circuit électrique et modifie l'ordre et le nombre des dipôles. Utilise un ampèremètre pour répondre de façon précise.
- **Conclus :** De quoi dépend l'intensité du courant ?

Mini-dico

Calibre : position du curseur d'un appareil de mesure indiquant une valeur maximale à mesurer.

Branchement en série : branchement ne créant pas une nouvelle boucle dans le circuit.

Lampe témoin : lampe qui renseigne sur les changements intervenus dans le circuit.

Vers le bilan... À ton avis, de quel mot COM est-il l'abréviation dans « borne COM » ?

BILAN

1 La tension électrique et sa mesure

● La **tension électrique**, notée U, est une grandeur, elle peut donc se mesurer. Son unité est le volt, de symbole V. 1 p. 90-91

● On mesure la tension électrique entre deux points du circuit avec un **multimètre** utilisé en **voltmètre**, c'est-à-dire avec les bornes V et COM. 2A p. 92

● On peut mesurer la tension aux bornes de chaque dipôle du circuit électrique fermé. Pour cela, il faut brancher le multimètre **en dérivation** sur les bornes du dipôle étudié.

● Pour que la tension soit positive aux bornes du générateur, il faut relier sa borne + à la borne V. Pour qu'elle soit positive aux bornes d'un dipôle récepteur, il faut que le courant électrique entre par la borne V. 2B p. 93

Mesure de la tension aux bornes de la lampe.

2 L'intensité du courant électrique et sa mesure

● L'**intensité du courant**, notée I, est une autre grandeur. Son unité est l'ampère, de symbole A. 1 p. 90-91

● On mesure l'intensité du courant électrique en un point d'un circuit avec un multimètre utilisé en **ampèremètre**, c'est-à-dire avec les bornes A (ou mA si la mesure le permet) et COM. 3A p. 94

● Pour mesurer l'intensité du courant traversant un dipôle, il faut brancher le multimètre **en série** avant ou après ce dipôle.
Pour que l'intensité du courant soit positive, il faut que le courant entre par la borne A (ou mA). 3B p. 95

● L'intensité du courant électrique diminue lorsqu'on ajoute des dipôles récepteurs dans un circuit. Elle ne varie pas lorsqu'on modifie la position des dipôles. 3C p. 95

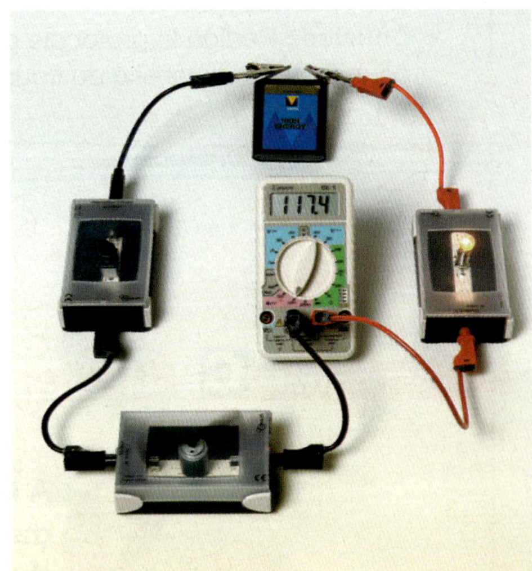

Mesure de l'intensité du courant entre la lampe et le moteur.

3 Choix du calibre pour une mesure

● Pour utiliser correctement un multimètre, il faut effectuer une première mesure en plaçant le curseur sur le **calibre** le plus grand. Dans le cas de l'ampèremètre, le calibre le plus grand s'utilise en branchant l'appareil par les bornes A et COM.

● On améliore ensuite la précision de la mesure en choisissant un calibre supérieur à la valeur obtenue mais le plus petit possible. Dans le cas de l'ampèremètre, tous les calibres, sauf le plus grand, s'utilisent en branchant l'appareil par les bornes mA et COM.

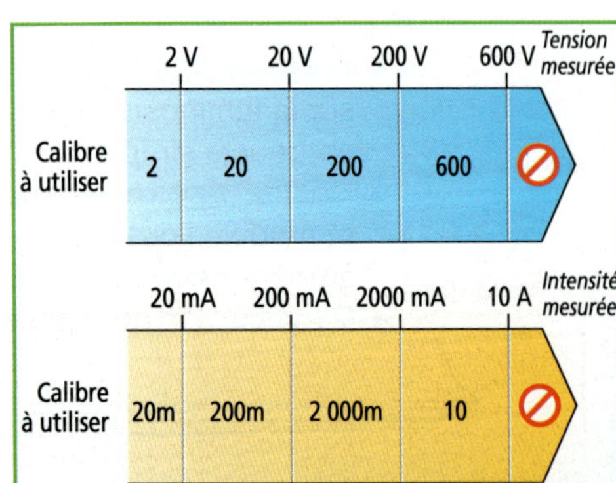

Choix du calibre.

L'ESSENTIEL

par l'image

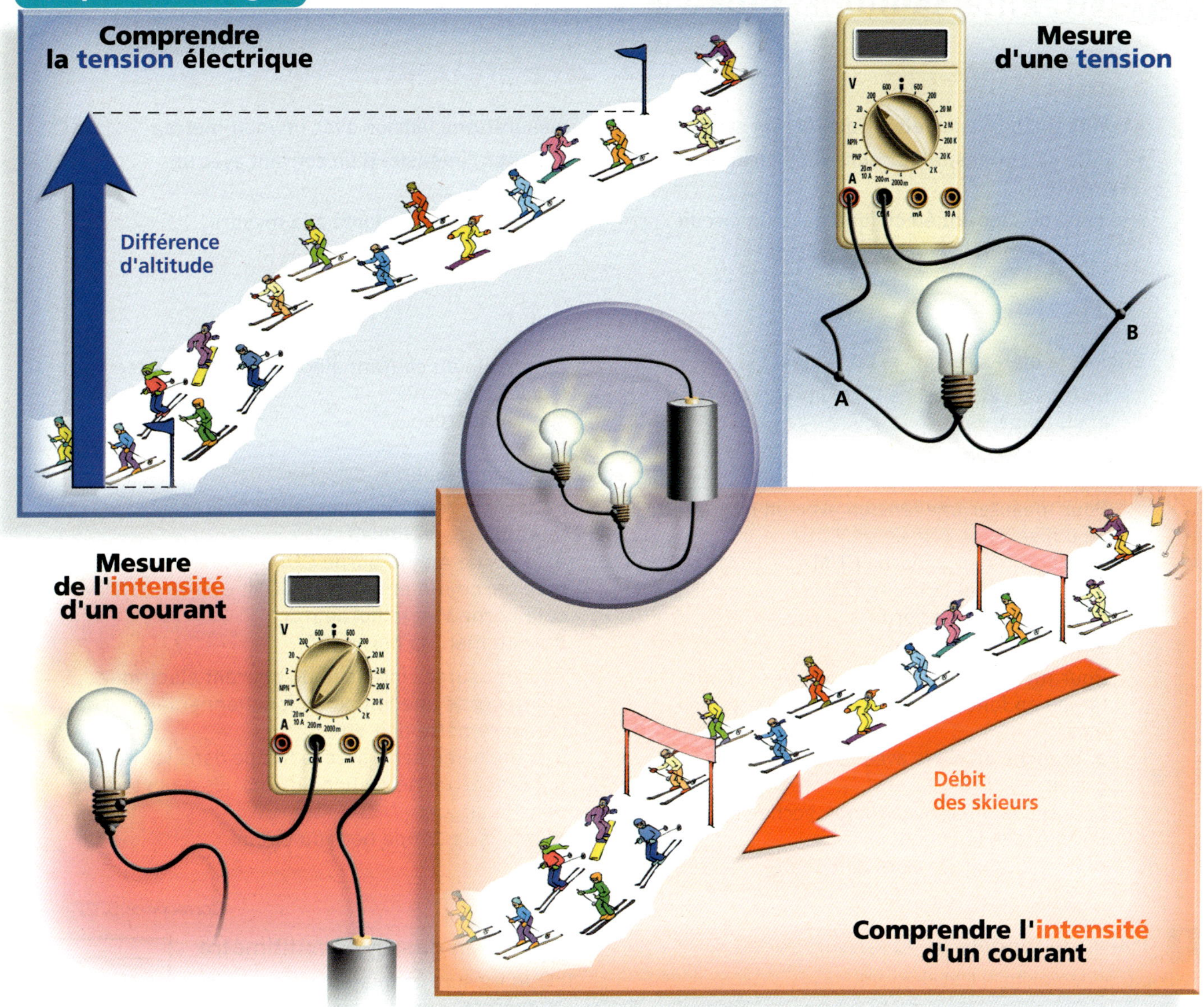

par le texte

- L'intensité du courant et la tension sont deux grandeurs électriques, qui peuvent donc être mesurées.
- Pour les mesurer, on utilise un appareil appelé multimètre, qui a plusieurs fonctions.
- Utilisé en voltmètre, le multimètre mesure la tension, exprimée en volts. Il est branché en dérivation aux bornes du dipôle étudié, ou entre deux points du circuit.
- Utilisé en ampèremètre, le multimètre mesure l'intensité du courant, exprimée en ampères. Il est branché en série en un point du circuit.

Mots nouveaux

Intensité du courant électrique : grandeur électrique mesurée en un point d'un circuit et exprimée en ampères (A).

Tension électrique : grandeur électrique mesurée entre deux points d'un circuit (en particulier aux bornes d'un dipôle) et exprimée en volts (V).

Multimètre : appareil de mesure qui permet de mesurer des tensions et des intensités.

EXERCICES

Je vérifie mes connaissances

Je dois connaître

- l'unité de la tension électrique et son symbole ;
- l'unité de l'intensité du courant électrique et son symbole ;
- le sens du courant électrique dans un circuit électrique simple (vu en 5e).

Je dois être capable de

- mesurer une tension avec un multimètre ;
- mesurer l'intensité d'un courant avec un multimètre ;
- choisir le calibre adapté à la mesure.

Test

Choisis la ou les réponses possibles.

1. La tension aux bornes d'un dipôle s'exprime :
   a. en ampères
   b. en mètres.
   c. en volts.
2. Pour mesurer une tension avec un multimètre, on utilise :
   a. la borne A et la borne COM.
   b. la borne V et la borne COM.
   c. la borne V et la borne A.
   d. seulement la borne V.
3. Pour mesurer la tension aux bornes d'une lampe en fonctionnement, le voltmètre doit être :
   a. branché en série avec la lampe dans le circuit.
   b. branché en dérivation aux bornes de la lampe dans le circuit.
   c. relié à la lampe hors du circuit.
4. L'intensité du courant électrique qui traverse un dipôle s'exprime :
   a. en ampères.
   b. en mètres.
   c. en milliampères.
5. Pour mesurer une intensité électrique avec un multimètre, on utilise :
   a. la borne A et la borne COM.
   b. la borne mA et la borne COM.
   c. la borne V et la borne mA.
   d. seulement la borne mA.
6. Pour mesurer l'intensité du courant électrique qui traverse une lampe en fonctionnement, l'ampèremètre doit être :
   a. branché en série avec la lampe dans le circuit.
   b. branché en dérivation aux bornes de la lampe dans le circuit.
   b. relié à la lampe hors du circuit.

Corrections p. 222

1 Utiliser le modèle de la station de ski

Recopie et complète le texte suivant.

L'analogie avec une station de ski peut être utilisée pour comprendre le fonctionnement d'un .... électrique. L'intensité du courant électrique est une grandeur qui ressemble au .... de skieurs qui passent en un point de la piste. La .... est une grandeur électrique qui ressemble à une différence d'altitude.

2 Utiliser un appareil de mesure

1. Comment s'appelle cet appareil ?
2. Quelles sont les bornes et les calibres à utiliser pour une mesure d'intensité de courant ?
3. Dessine la figure qui le représente.

3 Lire un dessin de multimètre

1. Que mesure le multimètre représenté par cette figure ? Donne le nom de la grandeur mesurée et son unité.
2. Faut-il le brancher en série ou en dérivation ?
3. Quelle est la valeur la plus grande qu'il peut mesurer quand le curseur est sur « 2 » ?

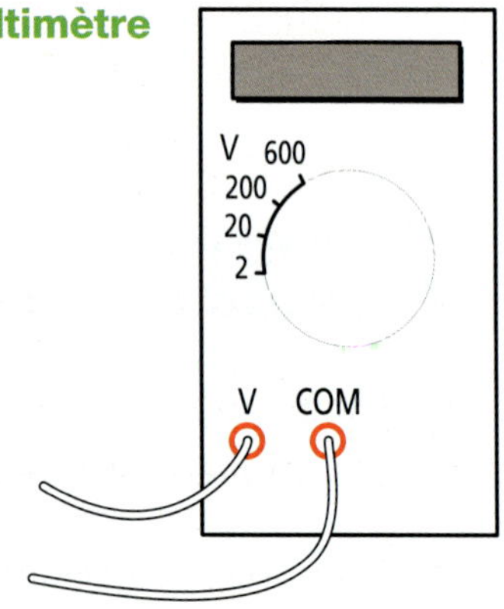

4 Vrai ou faux

Les phrases suivantes sont-elles vraies ou fausses ? Justifie tes réponses.

a. L'intensité du courant électrique se mesure en ampères.
b. La tension électrique est une grandeur qui décrit un seul point du circuit.
c. La valeur de la tension électrique est toujours positive.

5 Lire une indication

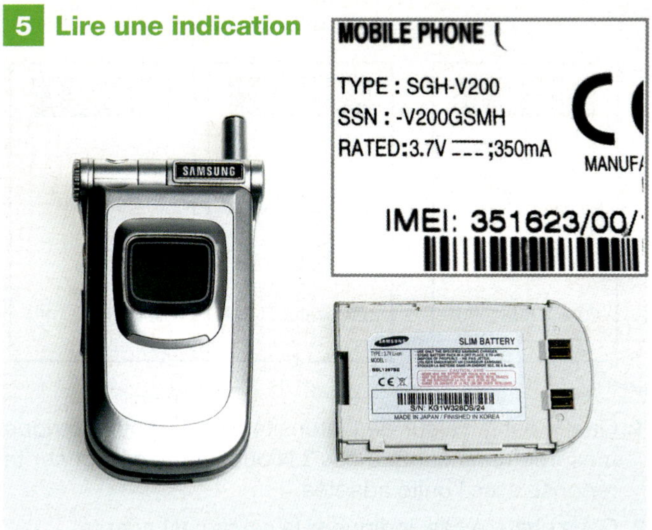

1. À quelle grandeur correspond l'indication « 3,7 V » ?
2. Corrige la phrase suivante : « L'intensité du courant aux bornes de cette batterie est 3,7 V ».
3. Quelle est l'intensité du courant dans ce téléphone lorsqu'il fonctionne ?

6 Prévoir un résultat

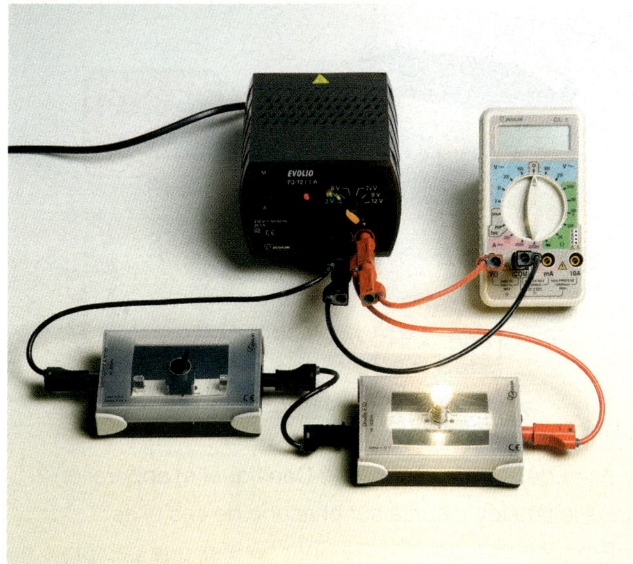

1. Que va mesurer ce multimètre ?
2. Quel sera le signe de la valeur affichée ?

J'applique...

7 Plusieurs mesures en même temps — Exercice corrigé

Énoncé

1. Quelles grandeurs mesurent ces multimètres ?
2. Quand le moteur tourne, l'intensité du courant électrique dans le circuit vaut 87 mA. Faut-il modifier le calibre et/ou le branchement de l'ampèremètre ?
3. Que se passe-t-il si la DEL est retournée ? Précise si le moteur tourne toujours et quelle est la valeur de l'intensité indiquée par l'ampèremètre.

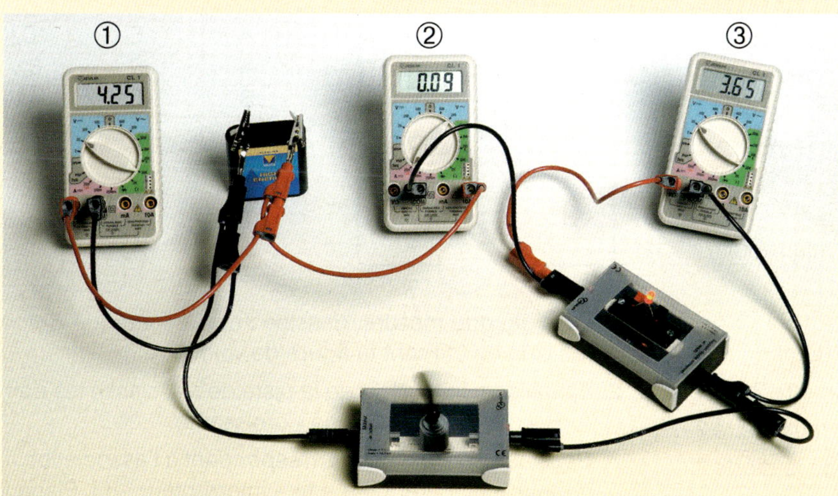

Correction

1. Les multimètres ① et ③ sont utilisés en voltmètre car ils sont branchés en dérivation et on utilise les bornes V et COM. Le ① mesure la tension aux bornes du générateur et le ③ la tension aux bornes de la DEL.
   Le multimètre ② est utilisé en ampèremètre car il est branché en série et on utilise les bornes A et COM : il mesure l'intensité du courant entre le générateur et la DEL.
2. L'énoncé nous dit maintenant que la valeur de l'intensité est 87 mA : il faut alors placer le sélecteur de calibre sur 200 m et brancher les bornes mA et COM.
3. Si la DEL est retournée, l'intensité du courant qui traverse le circuit est nulle : la DEL sera éteinte, le moteur aussi et l'ampèremètre indiquera la valeur 0.

EXERCICES

8 Quelques piles courantes

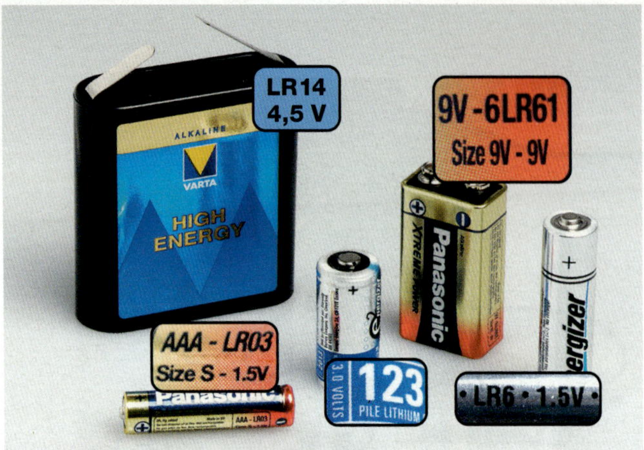

1. As-tu déjà utilisé ces piles ? Dans quel(s) appareil(s) ?
2. Lis la tension inscrite sur chacune de ces piles.
3. Propose une expérience pour vérifier que ces piles ne sont pas déchargées.

9 Bornes cachées

Ce voltmètre est branché aux bornes d'une pile alimentant un circuit électrique. Recopie ce dessin et dessine la pile en indiquant les bornes + et –.

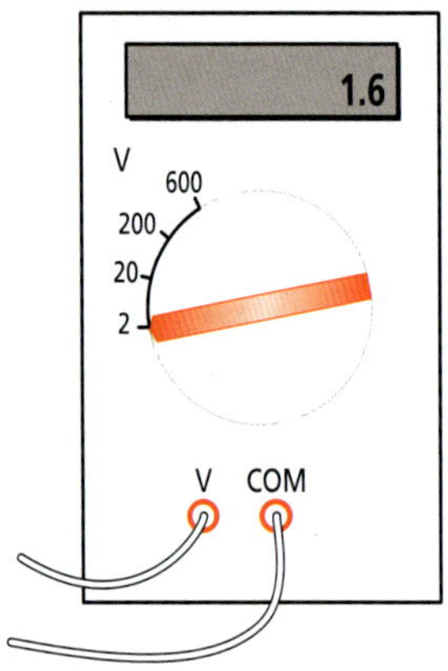

10 Les calibres sont-ils adaptés ?

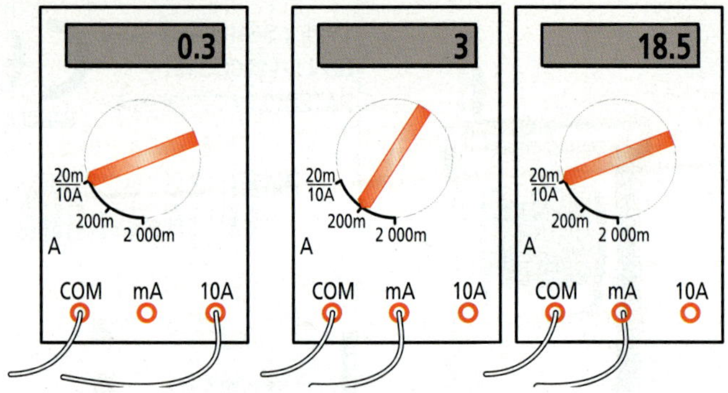

1. Quelle est la valeur de l'intensité du courant électrique mesurée dans chaque cas ? N'oublie pas de donner ta réponse avec l'unité adaptée.
2. Dans chaque cas, indique si le calibre est adapté. S'il ne l'est pas, explique en une phrase comment faire la mesure correctement.

11 Attention au signe

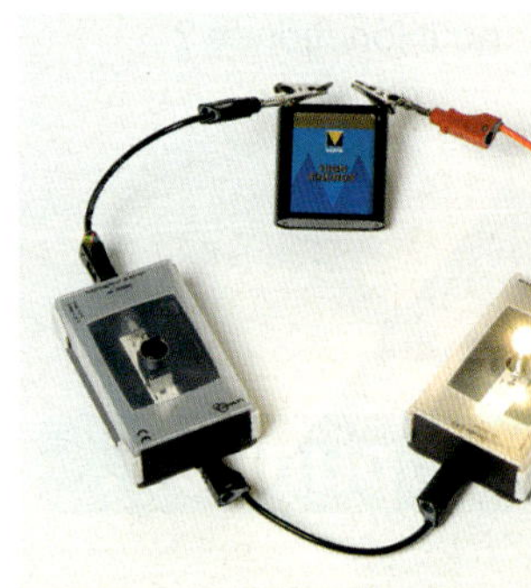

1. Schématise le circuit. Indique le sens du courant.
2. Comment faut-il brancher le multimètre pour mesurer l'intensité du courant électrique qui traverse la lampe et avoir une valeur positive ?
3. Combien de fils de connexion suplémentaires faut-il pour effectuer cette mesure ?

J'approfondis...

12 Attention au sens du courant

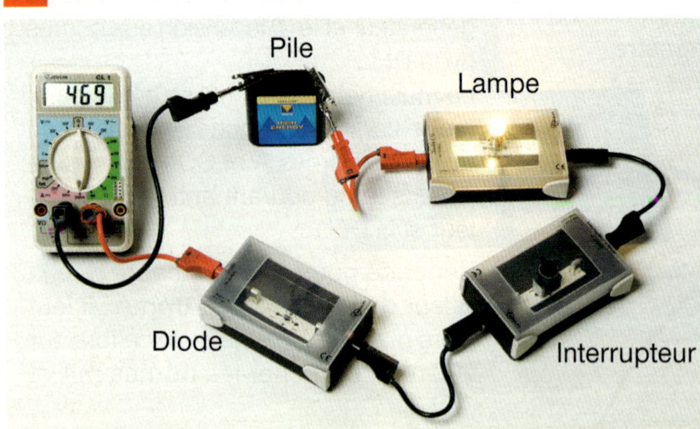

1. Schématise le circuit. Indique le sens du courant.
2. Quelle est la grandeur mesurée par le multimètre ?
3. Que se passe-t-il si tu inverses les bornes du multimètre ?
4. Que se passe-t-il si tu inverses les bornes de la diode ?

13 Qui est en haut de la pente ?

Chloé a effectué les mesures suivantes :

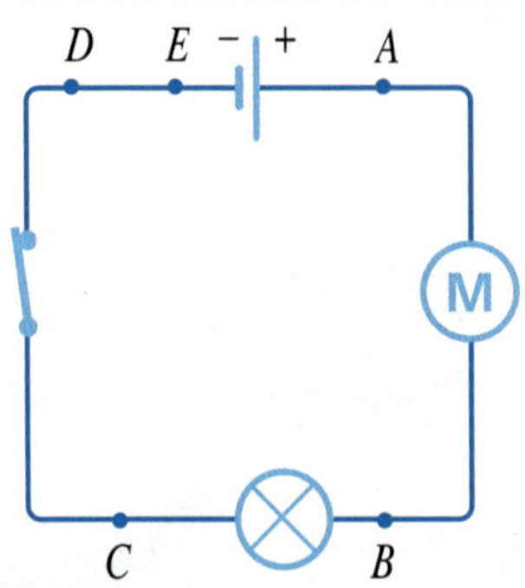

Borne V	Borne COM	Mesure
A	E	10 V
A	B	6 V
B	C	4 V
C	D	0 V
D	E	0 V

1. Pour chaque mesure, dessine l'expérience que Chloé a réalisée en utilisant ta figure de voltmètre.
2. En utilisant le modèle de la piste de ski, classe les points A, B, C, D, E par « altitude » croissante.
3. Dessine la piste de ski correspondant à l'association fil – moteur – fil – ampoule – fil – interrupteur – fil. Place les points A, B, C, D et E sur ton dessin.

INVESTIGATION MÈNE L'ENQUÊTE !!

14 Quel montage ?

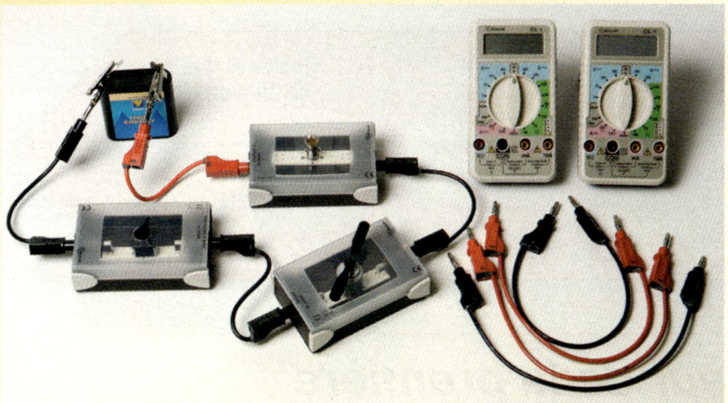

Laure a mesuré une tension de – 4,5 V aux bornes de la pile et une intensité du courant électrique de 80 mA entre la pile et la lampe dans ce circuit en boucle simple.

Quel montage avait-elle réalisé ? Précise les bornes et les calibres des deux multimètres.

COUP DE POUCE

Laure a bien compris comment utiliser les calibres d'un multimètre...

Ta démarche

Ton protocole devra comporter :

- un schéma du montage, sur lequel tu dessineras les multimètres.
- des explications sur les choix que Laure avait faits des bornes et calibres des multimètres.

15 À la recherche de l'élément défectueux

Dans le circuit de l'exercice 11, la lampe ne s'allume pas quand on ferme l'interrupteur.

Comment savoir si la lampe est grillée ou si la pile est usée ?

Ta démarche

Ton protocole devra comporter :

- un dessin du ou des montages à réaliser ;
- des explications sur ce qu'il faut observer.

16 Impossible mais vrai !

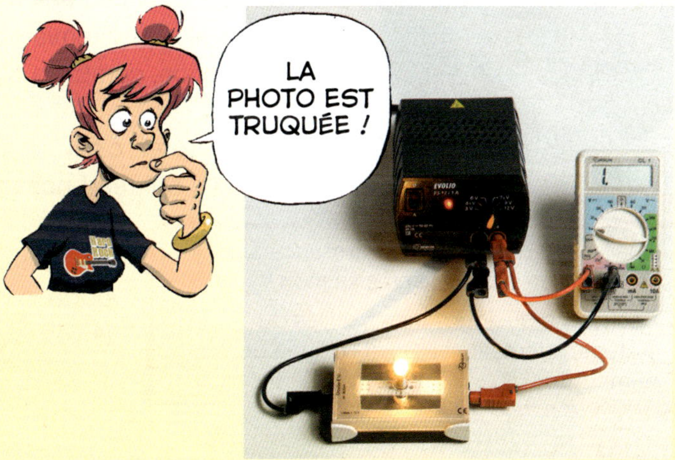

→ **Explique à Noémie pourquoi la photographie n'est pas truquée.**

Une expérience simple et amusante

Un autre modèle de la tension et de l'intensité

- Pose au bord d'une table le fond d'une bouteille en plastique dans lequel tu auras préalablement percé un trou.
Pose une bassine par terre.
- Place de l'eau dans les deux récipients. L'eau qui s'écoule de la bouteille doit tomber dans la bassine. Avec un petit verre, prélève de l'eau dans la bassine pour maintenir le niveau d'eau dans la bouteille.
- Cette expérience constitue un modèle d'un circuit électrique comprenant une pile et un dipôle du type lampe.

1. Qui joue le rôle de la pile ?
2. À quoi correspond l'intensité du courant dans ce modèle ?
3. Quelle est la grandeur qui correspond à la tension électrique ?

La tension autour de

La tension électrique est une grandeur qui ne se voit pas... et pourtant elle est partout autour de nous. Les tensions électriques qui nous entourent vont de quelques microvolts à plusieurs centaines de milliers de volts.

Quelques microvolts (µV)	Quelques volts (V)	24 V	230 V	Quelques dizaines de kilovolts (kV)
Les tensions dans le corps humain (neurones, activité musculaire...)	Les tensions mesurées en classe dans les circuits électriques	La tension de sécurité (au-delà de laquelle il y a danger d'électrocution)	La tension du secteur	La tension des lignes de transport d'électricité

Histoire — *L'inventeur de la première pile électrique*

En 1801, le physicien italien Alessandro Volta (1745-1827) donne à Paris une conférence sur la pile électrique qu'il a inventée : des rondelles de zinc et de cuivre, séparées par du feutre imbibé d'eau salée. Dans l'auditoire se trouvent des membres de l'Institut et... le Premier consul, Napoléon Bonaparte, qui, impressionné par la démonstration, comblera d'honneurs le physicien : en 1810, Volta est nommé comte de l'Empire.

Aujourd'hui encore, c'est la communauté scientifique tout entière qui rend hommage à Volta : l'unité internationale de tension électrique porte son nom, c'est le volt.

Questions

1. Quelles marques de reconnaissance a reçues Volta de son vivant et après sa mort ?
2. Recherche quelques autres unités du système international (SI) et l'origine de leur nom.

THÈME DE CONVERGENCE

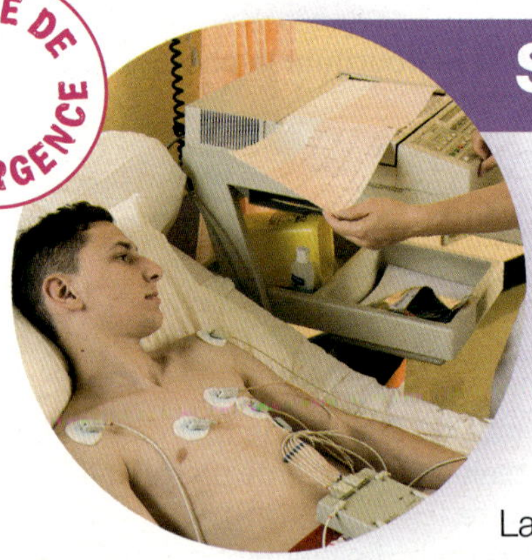

Santé — *L'électrocardiogramme : mesures de très faibles tensions*

Un électrocardiogramme est l'enregistrement pendant environ cinq minutes de la tension entre le corps du patient et le sol (la terre). On utilise pour cela des électrodes collées à la surface de la peau. On recueille un tracé sur lequel figurent entre autres des pics réguliers, indiquant les battements du cœur. Son interprétation reste cependant complexe et requiert une certaine habitude du clinicien.

La tension mesurée donne une indication sur l'activité musculaire du cœur. C'est un examen rapide, indolore et dénué de tout danger, qui est particulièrement utile pour la prévention de l'infarctus du myocarde.

Questions

1. Combien de temps s'est écoulé entre deux battements du cœur sur cet électrocardiogramme ?
2. Mesure la distance entre le point le plus haut et le point le plus bas. Convertis en millivolts avec l'échelle. À quoi correspond cette valeur ?

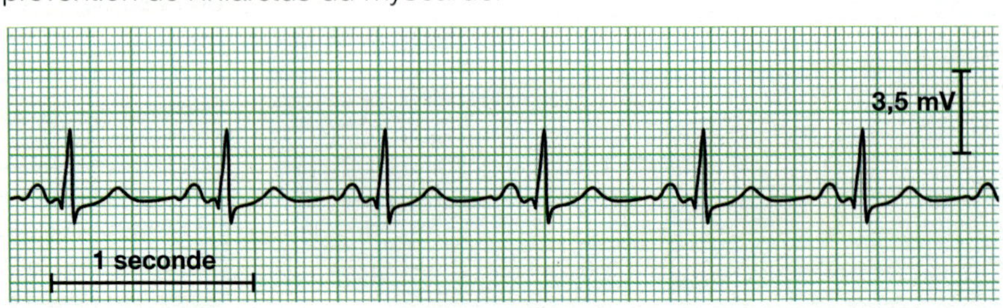

Technologie — Des lignes à très haute tension

L'électricité circule du lieu où elle est fabriquée vers l'endroit où elle est consommée par l'intermédiaire d'un réseau de lignes électriques aériennes ou souterraines.

Ce réseau est organisé à la manière d'un réseau routier avec ses grands axes, ses axes secondaires et ses échangeurs.

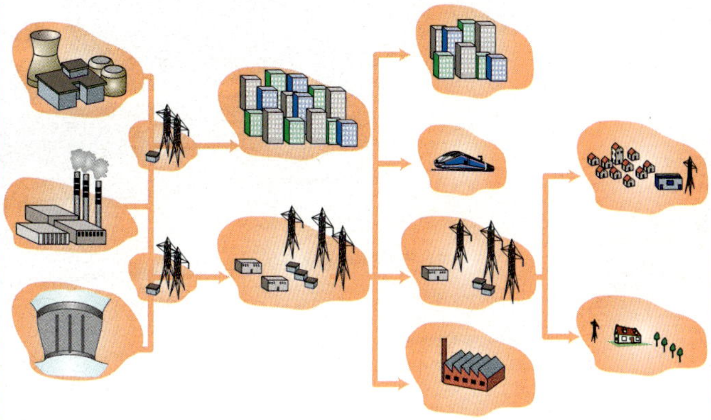

Le réseau de grand transport joue le rôle du réseau des autoroutes.Il transporte l'énergie électrique des centres de production, les centrales électriques, aux zones de consommation. Il est constitué de 20 000 km de lignes très haute tension (THT), à 400 000 volts.

Le réseau de répartition joue celui du réseau des routes nationales ; il achemine l'énergie électrique vers les centres de distribution régionaux ou locaux (agglomérations) ainsi qu'à de grands clients industriels, comme la SNCF, la RATP... La tension dans ce réseau est 225 000, 90 000 ou 63 000 volts.

Le réseau de distribution joue celui du réseau des routes départementales. Il achemine l'énergie électrique des centres de distribution vers le client final : les petites et moyennes entreprises, les villes, les grandes surfaces, les commerces, les maisons... La tension est alors 20 000, 400 ou 230 volts.

Pour passer d'un réseau à un autre (d'une tension à l'autre), les postes de transformation jouent le rôle d'échangeurs.

Site Internet http://www.edf.com/html/panorama
(« transport et distribution »)

Questions

1. Dans une ligne à THT, entre quels points y a-t-il une tension de 400 000 V ?
2. Pourquoi les pylônes sont-ils si hauts ?
3. Certaines lignes électriques ne sont pas portées par des pylônes : quelle est l'autre solution ? (Trouve la réponse sur le site indiqué.)

MÉTIER Ingénieur du son

Denis (43 ans)
- Ingénieur du son
- Indépendant
- Diplôme universitaire de directeur du son

IL CONNAÎT LA MUSIQUE...

« Mes tâches sont variées : j'interviens sur des concerts pour la sonorisation des lieux ou en studio pour de l'enregistrement. J'ai œuvré pour des salles des fêtes locale comme pour le Stade de France. Le métier est différent pour chaque style de musique : on ne sonorise pas un concert classique comme un concert de métal ! Je travaille en collaboration directe avec les artistes et l'aventure humaine se renouvelle à chaque fois. “La balle est dans ton camp”, me disent-ils souvent, car ils attendent que je leur apporte à la fois des savoir-faire et des idées. Ce métier nécessite une certaine sensibilité artistique, mais aussi des connaissances scientifiques que mon bac S m'a apportées. »

“ On ne sonorise pas un concert classique comme un concert de métal ! ”

Propos recueillis par Jérémy T. ■

Schématisation et

Au rayon des piles, tu peux trouver un grand choix de modèles. Selon l'utilisation que tu veux en faire, tu dois choisir un modèle spécifique. Il faudra éventuellement acheter plusieurs piles…

Dans ce chapitre tu vas...

- **schématiser** le voltmètre et l'ampèremètre ;
- **apprendre** à adapter les générateurs aux dipôles récepteurs ;
- **associer** des piles en série.

adaptation

La figure du voltmètre est compliquée à représenter.

Comment pourrait-on représenter plus simplement un voltmètre ?

Est-il possible de faire briller cette lampe avec cette pile ?

Pourquoi met-on plusieurs piles dans cette lampe ?

ACTIVITÉ 1 Schématiser les appareils de

! L'utilité des plans et des schémas

Pour construire une maison, l'architecte a besoin de plans.
Une fois la maison construite, ces plans peuvent aussi servir pour expliquer comment la maison est conçue.
En électricité, on représente les circuits par des schémas normalisés*.
Comme pour les plans d'une maison, ces schémas permettent de représenter un circuit que l'on souhaite réaliser ou un circuit déjà réalisé.

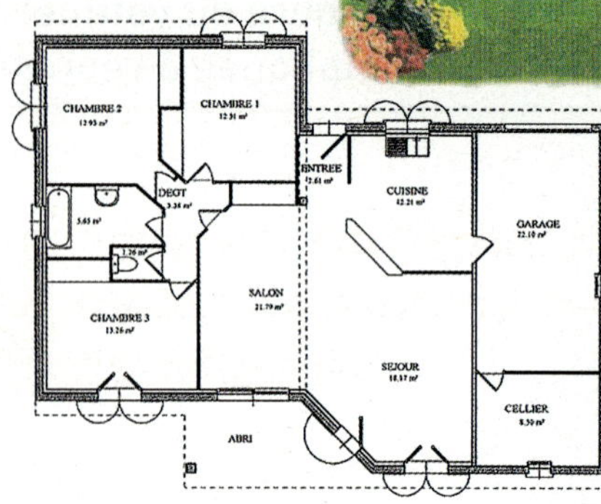

DOCUMENT A Découvrir les symboles* du voltmètre et de l'ampèremètre

Objectif : Dans un schéma normalisé, chaque dipôle est représenté par un symbole.
Tu vas apprendre à représenter le voltmètre et l'ampèremètre et à les intégrer dans un schéma de circuit.

J'étudie un document

Adélaïde et Zoé ont réalisé un circuit comprenant un générateur, un interrupteur et une lampe.
Elles doivent mesurer la tension aux bornes du générateur, la tension aux bornes de la lampe et l'intensité du courant entre la lampe et le générateur.
Elles souhaitent représenter le schéma du montage à réaliser. Pour cela, elles ont besoin des symboles du voltmètre et de l'ampèremètre, présentés ci-contre.

Symbole de l'ampèremètre

Symbole du voltmètre

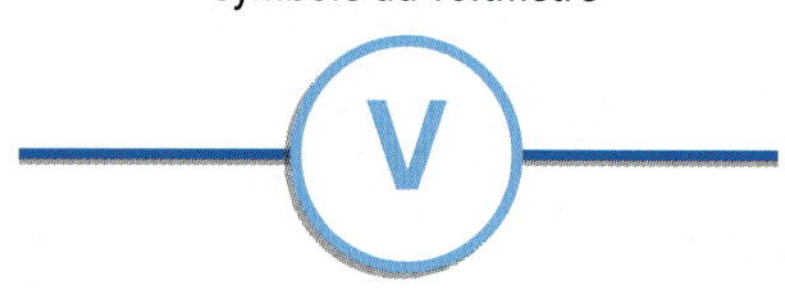

J'exploite le document

Analyse 1. En utilisant les symboles normalisés de l'ampèremètre et du voltmètre, propose un schéma du montage à réaliser.

Conclus 2. Comment dois-tu placer les symboles de l'ampèremètre et du voltmètre sur ton schéma ?

mesure dans un circuit électrique

INVESTIGATION B Compléter un schéma pour réaliser des mesures positives

Adélaïde et Zoé (voir A p. 106) veulent obtenir des valeurs positives, mais leur schéma ne permet pas d'indiquer comment brancher les appareils de mesure.
Leur professeur complète alors leur schéma en y ajoutant des flèches.
Voici le schéma ainsi obtenu.

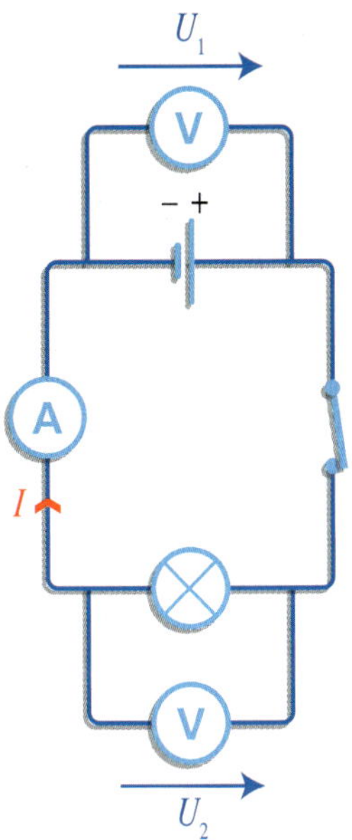

? Comment ce schéma indique-t-il la manière d'obtenir des valeurs positives ?

Ta démarche

- **Propose une hypothèse :** Indique sur le schéma les bornes de l'ampèremètre et les bornes du voltmètre pour que les valeurs soient positives. Tu peux utiliser les figures de voltmètre et d'ampèremètre.
- **Réalise l'expérience :** Vérifie que tu obtiens bien des valeurs positives.
- **Conclus :** Vers quelle borne est orientée la flèche sur le symbole du voltmètre ? Par quelle borne entre le courant sur le symbole de l'ampèremètre ?

INVESTIGATION C Utiliser la schématisation pour décrire une expérience

Ta démarche

- **Propose une hypothèse :** Cherche des dipôles qui pourraient convenir dans chaque cas. Utilise des schémas pour décrire les montages que tu souhaites faire.
- **Réalise une expérience :** Vérifie ton hypothèse.
- **Conclus :** Une tension nulle implique-t-elle une intensité nulle ? Une intensité nulle implique-t-elle une tension nulle ?

? À ton avis, serait-il possible de trouver de tels dipôles ?

Mini-dico

Normalisé : qui obéit à la norme, c'est-à-dire à une règle officielle.

Symbole : représentation très simplifiée d'un dipôle électrique, facile à tracer.

Vers le bilan... Existe-t-il un seul symbole normalisé pour le multimètre ?

ACTIVITÉ 2 Associer des dipôles de ma

EXPÉRIENCE A Utiliser la tension nominale* d'un dipôle récepteur

Objectif : Quand on réalise un circuit électrique, il est important de savoir choisir les dipôles pour qu'ils soient compatibles avec le générateur : sinon, on risque de les détériorer.

Je réalise une expérience

Sur n'importe quelle lampe, tu peux lire sa tension nominale. C'est la tension à fournir aux bornes de cette lampe pour qu'elle brille correctement.

- Réalise le circuit ci-contre en réglant le générateur sur la tension la plus basse, puis ferme l'interrupteur.
- Augmente progressivement la tension du générateur. À chaque fois que la tension aux bornes de la lampe a augmenté de 0,5 V, note dans un tableau cette tension et l'éclat de la lampe.
- Arrête-toi quand la tension aux bornes de la lampe vaut 4 V.

Si tu continuais d'augmenter la tension, voici ce que tu obtiendrais :

J'exploite les résultats

Observe
1. À partir de quelle tension aux bornes du générateur la lampe brille-t-elle un peu ? beaucoup ? plus du tout ?

Interprète
2. Pourquoi la lampe ne brille-t-elle plus au-delà de 5,5 V ?
3. Pourquoi est-il plus prudent de s'arrêter à 4 V ?
4. Une lampe en sous-tension* brille-t-elle ? Et en surtension* ?

Conclus
5. Que signifie « adapter une lampe à une pile donnée » ?

nière adaptée

EXPÉRIENCE B Associer plusieurs piles entre elles

Objectif : Les appareils à pile (télécommande, appareil photo, etc.) utilisent souvent plusieurs piles identiques. Il faut les disposer selon les indications de l'appareil. Tu vas étudier la tension obtenue aux bornes de ces associations de piles.

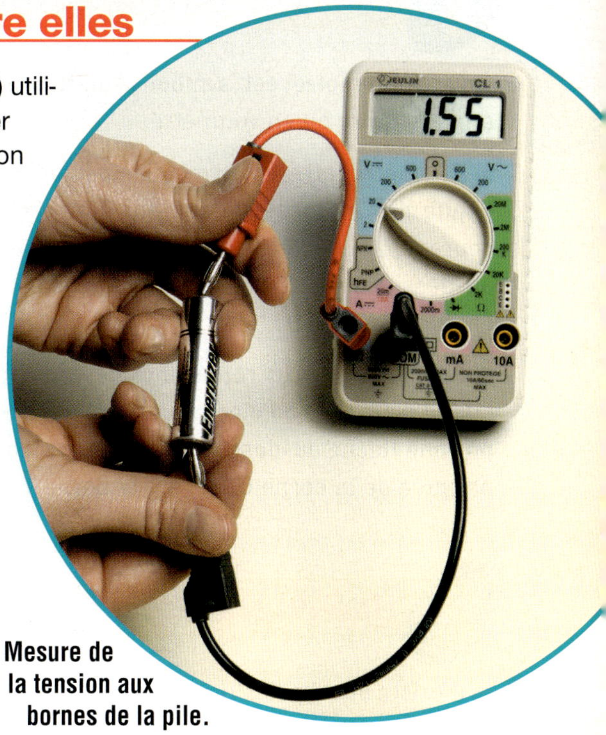

▸ **a. Mesure de la tension aux bornes de la pile.**

Je réalise une expérience

- Tu disposes de trois piles identiques et d'un multimètre. Contrôle la tension aux bornes de chacune de ces piles.
- Mesure ensuite la tension aux bornes des différentes associations de piles ci-dessous (doc. **b**). Note tes résultats dans un tableau.

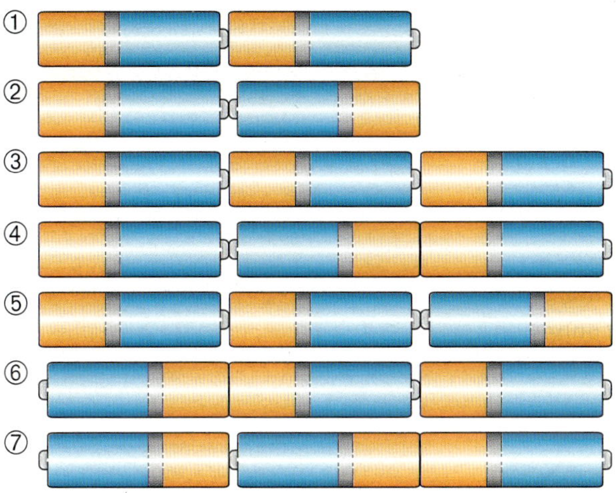

▴ **b. Différentes associations de piles.**

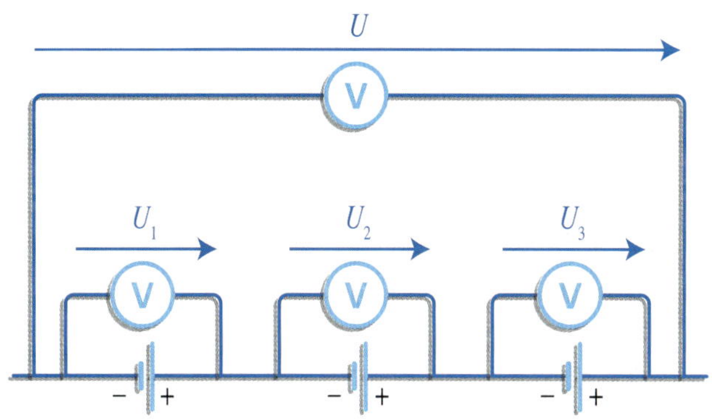

▴ **c. Schématisation des mesures effectuées sur une association de piles.**

J'exploite les résultats

Observe

1. Dans ces associations (doc. **b**), les piles sont-elles en série ou en dérivation ?

2. Pour quelle association la tension est-elle la plus faible ? La plus grande ?

Interprète

3. À quelle association correspond le schéma **c** ? Représente de la même façon le schéma de deux autres associations.

4. Écris une relation mathématique (addition, soustraction) reliant U, U_1, U_2, U_3 (schéma **c**). Écris les relations correspondant aux deux autres associations.

Conclus

5. Comment peux-tu identifier la borne + du générateur équivalent* ?

Vers le bilan... Pourquoi associe-t-on plusieurs piles dans certains appareils ?

Mini-dico

Tension nominale (d'un dipôle récepteur) : tension à fournir aux bornes du dipôle pour qu'il fonctionne correctement.

Sous-tension : un dipôle est en sous-tension si la tension à ses bornes est inférieure à sa tension nominale.

Surtension : un dipôle est en surtension si la tension à ses bornes est supérieure à sa tension nominale.

Générateur équivalent : générateur par lequel on pourrait remplacer une association de piles.

BILAN

1 Les symboles normalisés du multimètre

● Un multimètre est symbolisé différemment suivant qu'il est utilisé en ampèremètre ou en voltmètre.

● L'**ampèremètre** est symbolisé par un A dans un rond. Le A correspond à l'unité de l'intensité du courant (ampère). On peut représenter le sens du courant par une flèche sur les fils de connexion du circuit fermé et on indique I au-dessus de cette flèche. Cette flèche est orientée vers la borne A ou mA de l'ampèremètre.

● Le **voltmètre** est représenté par un V dans un rond. Le V correspond à l'unité de la tension électrique (volt). On peut représenter la tension mesurée par une flèche au-dessus du rond, surmontée de la lettre U. Cette flèche est orientée de la borne COM vers la borne V du voltmètre. 1A et 1B p. 106-107

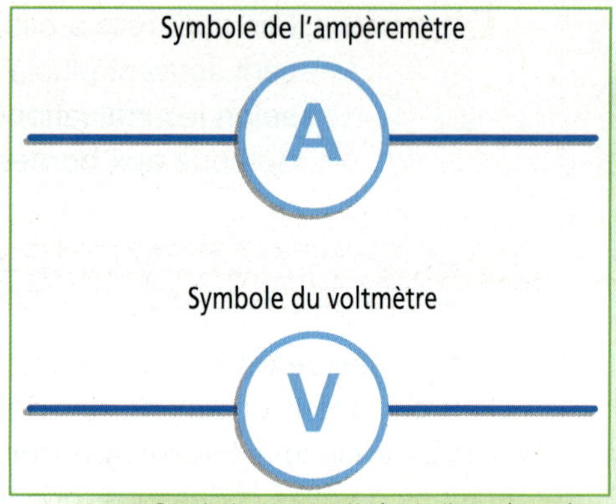

Symboles normalisés de l'ampèremètre et du voltmètre.

2 Une intensité nulle ne fait pas une tension nulle, et réciproquement

● Il existe des dipôles pour lesquels l'intensité du courant est nulle alors que la tension à leurs bornes n'est pas nulle : le générateur (isolé ou relié à un circuit ouvert), l'interrupteur ouvert.

● Il existe des dipôles qui ont à leurs bornes une tension nulle alors que l'intensité du courant qui les traverse n'est pas nulle : le fil de connexion, l'interrupteur fermé. 1C p. 107

Pour le générateur isolé ou l'interrupteur ouvert :

$$I = 0, U \neq 0$$

Pour le fil de connexion ou l'interrupteur fermé :

$$I \neq 0, U = 0$$

3 Associer de manière adaptée des dipôles entre eux

Dans un circuit électrique, il faut adapter les dipôles générateurs et les dipôles récepteurs entre eux.

a. Attention à la tension nominale des dipôles récepteurs !

● Il est indispensable, avant de brancher un dipôle récepteur, de vérifier que la tension du générateur correspond à sa **tension nominale**. La tension nominale est indiquée sur le dipôle.

● Au-dessous de cette valeur, le dipôle est en **sous-tension** : s'il s'agit d'une lampe, l'éclairement est faible ou nul. Au-dessus de cette valeur, le dipôle est en **surtension** : la lampe risque de griller. 2A p. 108

Tension nominale d'une lampe.

b. Associer des piles pour créer un générateur de tension plus élevée

● En associant en série plusieurs piles, le pôle + de la première connecté avec le pôle – de la suivante, et ainsi de suite, on obtient un **générateur équivalent**. La tension aux bornes de ce générateur est égale à la somme des tensions aux bornes de chaque pile.

● Si une pile est placée « à l'envers » (c'est-à-dire que son pôle + est connecté avec le pôle + d'une autre pile), il faut soustraire sa tension.

2B p. 109

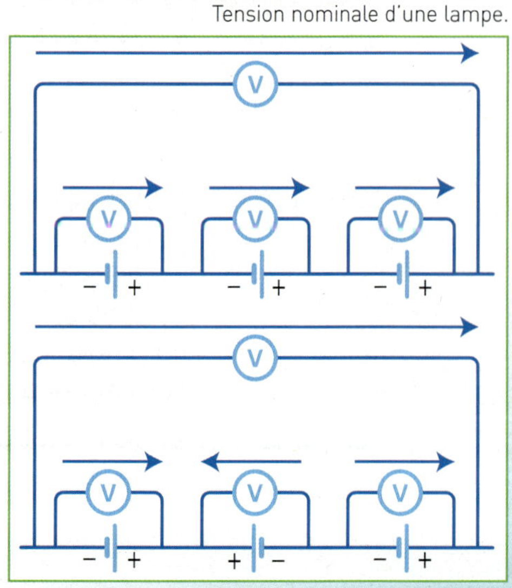

Différentes associations de piles.

L'ESSENTIEL

par l'image

Schématisation du multimètre

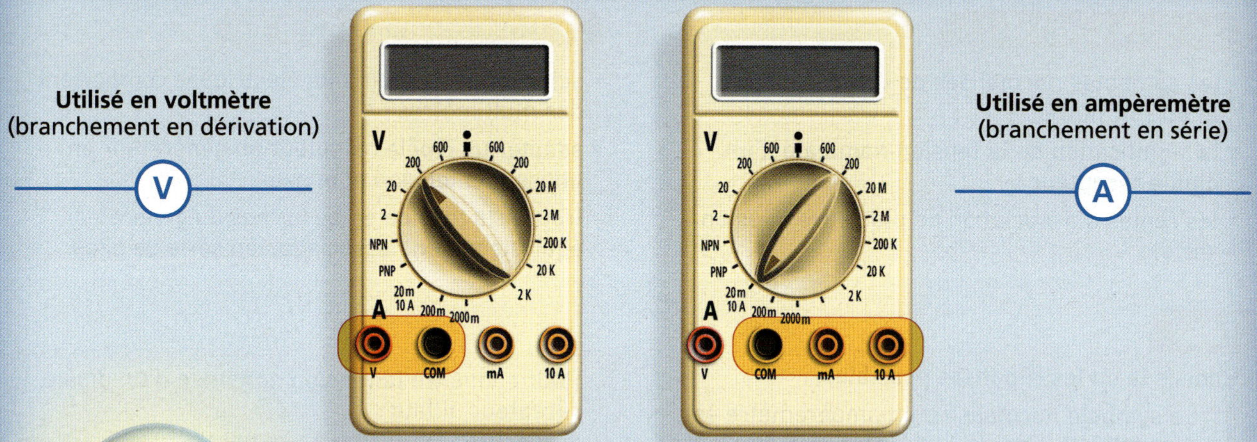

Adaptation

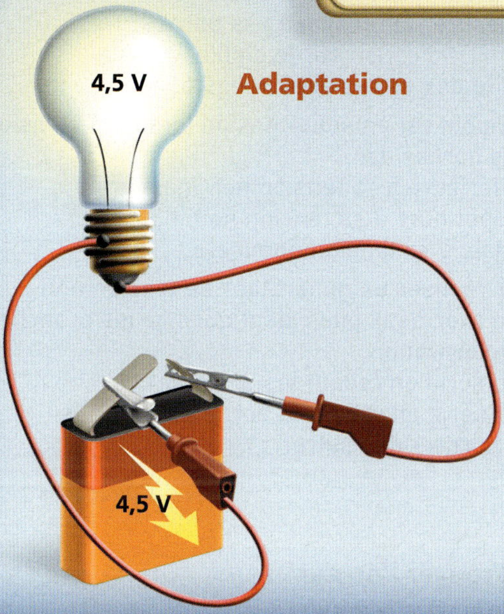

Association de générateurs

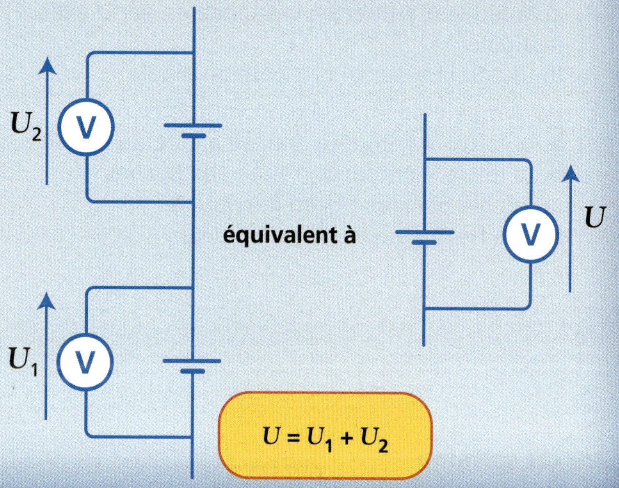

par le texte

- On symbolise un multimètre différemment selon qu'il est utilisé en ampèremètre ou en voltmètre.
- Dans un circuit, les dipôles récepteurs et générateurs doivent être adaptés les uns aux autres. La tension nominale d'un dipôle récepteur est une information nécessaire pour réaliser cette adaptation.
- L'association en série de plusieurs piles est équivalente à un générateur : la valeur de la tension aux bornes du générateur équivalent est égale à la somme des valeurs des tensions aux bornes de chacune des piles... mais attention à bien les mettre tous dans le même sens (sinon certaines tensions peuvent être négatives).

Mots nouveaux

Tension nominale (d'un dipôle récepteur) **:** tension aux bornes du dipôle pour qu'il fonctionne correctement.

Sous-tension : un dipôle est en sous-tension si la tension à ses bornes est inférieure à sa tension nominale.

Surtension : un dipôle est en surtension si la tension à ses bornes est supérieure à sa tension nominale.

Générateur équivalent : générateur par lequel on pourrait remplacer une association de piles.

EXERCICES

Je vérifie mes connaissances

Je dois connaître

- les symboles normalisés de l'ampèremètre et du voltmètre ;
- la signification de la tension nominale d'un dipôle récepteur ;
- les règles d'association de plusieurs piles en série.

Je dois être capable de

- schématiser des circuits électriques comportant des multimètres ;
- adapter un dipôle récepteur au générateur en utilisant la tension nominale ;
- trouver la tension et les bornes du générateur équivalent à une association en série de piles.

Test

Choisis la ou les réponses possibles.

1. Le symbole normalisé d'un ampèremètre est :
   a. la lettre A entourée, placée à côté du dipôle.
   b. la lettre A entourée, reliée aux bornes du dipôle par des fils en dérivation.
   c. la lettre A entourée, branchée en série avec le dipôle.
   d. une flèche sur le fil à côté du dipôle.
2. Le symbole normalisé d'un voltmètre est :
   a. la lettre V entourée, placée à côté du dipôle.
   b. la lettre V entourée, reliée aux bornes du dipôle par des fils en dérivation.
   c. une flèche au-dessus du dipôle.
3. Pour connaître la tension nominale d'un dipôle récepteur, il faut :
   a. mesurer la tension à ses bornes.
   b. lire l'indication sur le dipôle.
   c. faire des essais avec une pile.
4. Un dipôle est en sous-tension lorsque la tension à ses bornes est :
   a. inférieure à sa tension nominale.
   b. supérieure à sa tension nominale.
   c. égale à sa tension nominale.
5. Pour réaliser un générateur de tension non nulle avec deux piles identiques, je les branche :
   a. en dérivation.
   b. en série en reliant les deux bornes +.
   c. en série en reliant la borne + d'une pile à la borne – de l'autre.

Corrections p. 222

1 Lire un schéma

1. Donne le nom de chaque dipôle du circuit.
2. Pour chacun, indique s'il s'agit d'un dipôle générateur, d'un dipôle récepteur ou d'un multimètre.

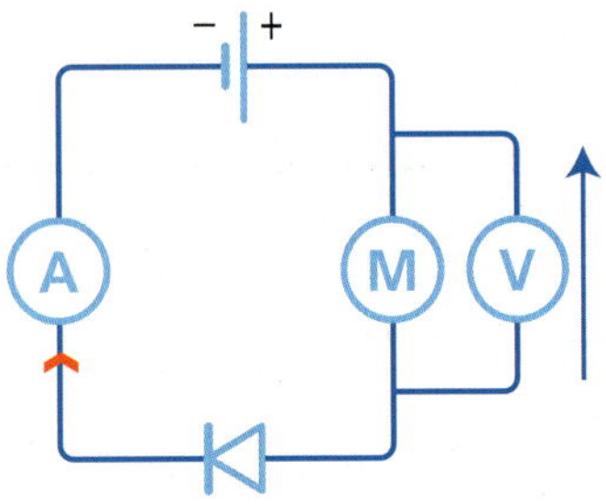

2 Schématiser un circuit

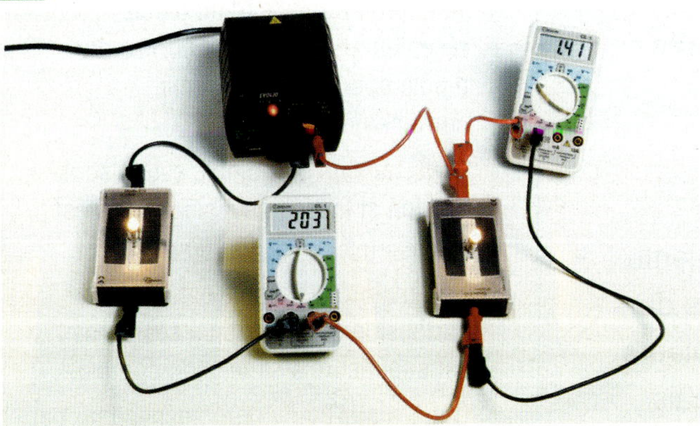

1. Schématise ce circuit.
2. Le voltmètre est-il branché en série ou en dérivation ?
3. Que mesure l'ampèremètre ?

3 Trouver l'erreur

Trouve la ou les erreur(s) sur ce schéma.

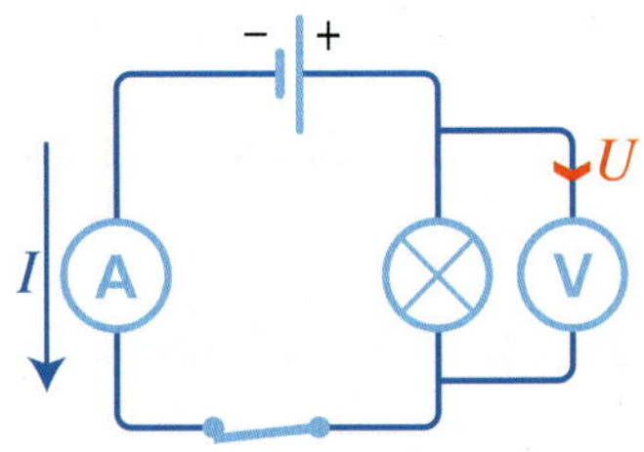

4 Observer une expérience

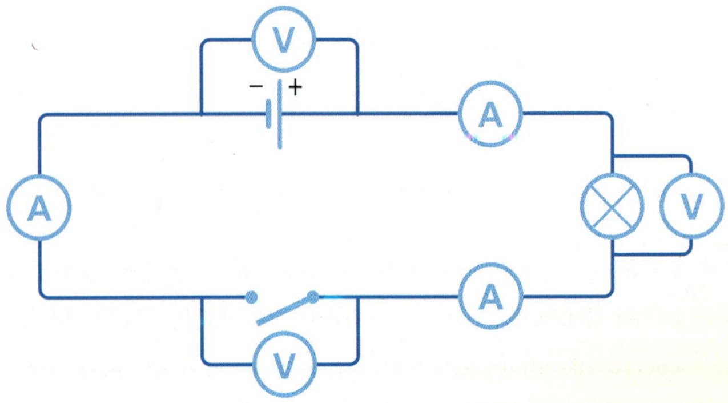

1. Pour quel(s) dipôle(s) a-t-on une intensité nulle et une tension non nulle ?
2. Pour quel(s) dipôle(s) a-t-on une intensité nulle et une tension nulle ?

5 Lire des tensions nominales

Quelle est la tension nominale de chacune de ces lampes ?

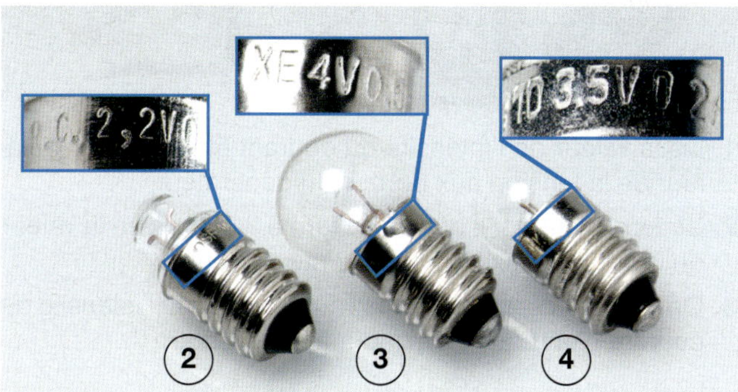

6 Trouver le générateur équivalent

Émilie et Marc ont besoin d'un générateur de 3 V pour alimenter leur moteur.

Qui a raison ?

7 Observer une association de piles

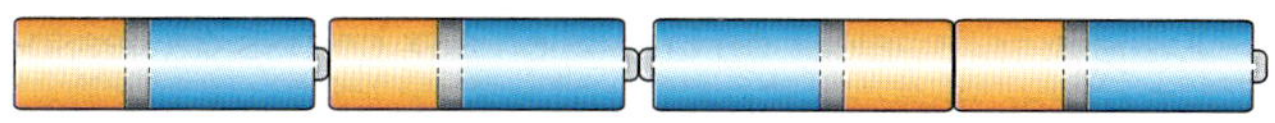

1. Ces piles sont-elles associées en série ou en dérivation ?
2. Ces piles sont-elles toutes placées dans le même sens ?
3. Laquelle est « à l'envers » ?
4. Sachant que toutes ces piles fournissent une tension de 1,5 V, quelle est la tension fournie par la pile équivalente ?

J'applique...

8 Adapter des dipôles entre eux

Exercice corrigé

Énoncé

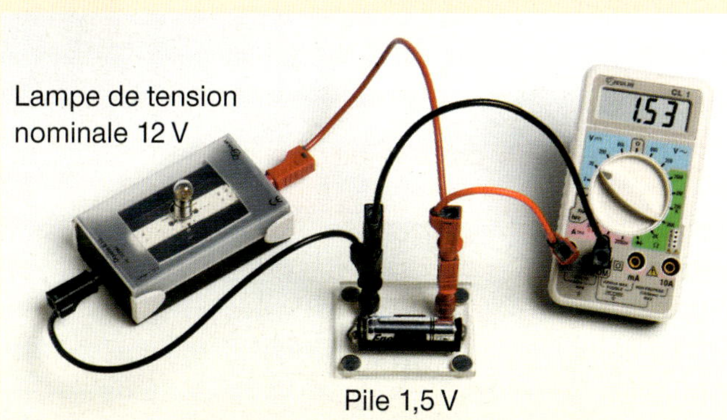

1. Représente le schéma du montage.
2. Lis sur la photographie la valeur de la tension indiquée par le multimètre.
3. La pile est-elle déchargée ?
4. La lampe n'est pas grillée. Pourquoi ne brille-t-elle pas ?
5. Que faudrait-il faire pour que la lampe brille ?

Correction

1. Voir schéma ci-contre.

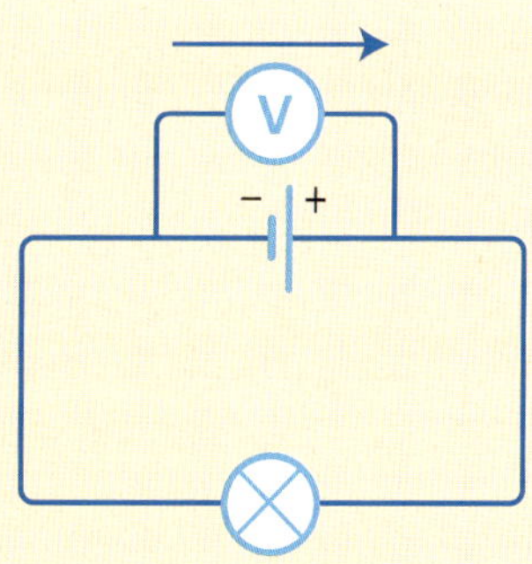

2. La tension indiquée par le multimètre utilisé en voltmètre est la tension aux bornes de la pile. La valeur de cette tension est 1,53 V.
3. La tension indiquée sur la pile est à peu près identique à la tension mesurée. La pile n'est donc pas déchargée.
4. La tension nominale de la lampe est 12 V. La tension fournie par le générateur est 1,5 V, ce qui est nettement inférieur à 12 V : la lampe est en sous-tension, c'est pour cela qu'elle ne brille pas.
5. Pour faire briller la lampe, il faudrait remplacer la pile par une pile de 9 V ou un générateur de 12 V, ou bien la lampe par une lampe de tension nominale 1,5 V. On pourrait aussi mettre d'autres piles en série avec la première.

EXERCICES

Français

9 À toi d'expliquer !

Antoine ne comprend pas pourquoi le schéma conventionnel du multimètre n'est pas le même selon qu'on l'utilise pour mesurer une tension ou une intensité. Explique en utilisant des liens logiques (**si** ... **alors** ..., **donc, car, or,** etc.).

10 Deux générateurs = deux fois mieux ?

On veut mesurer la tension aux bornes de l'ensemble (de l'association) des deux générateurs.

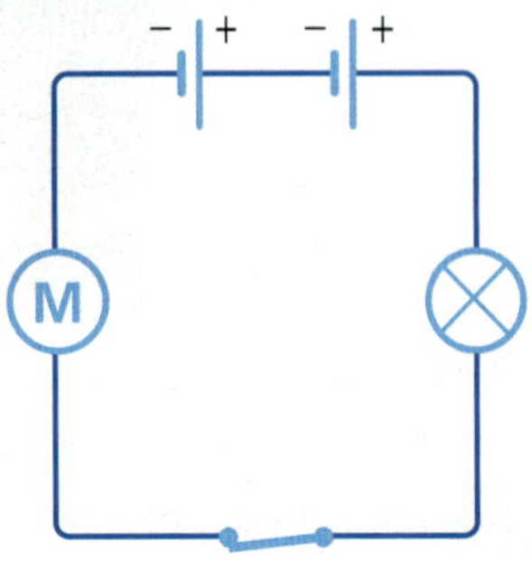

1. Indique quel appareil il faut utiliser et comment le brancher. Fais un schéma normalisé.
2. On utilise des générateurs de 6 V dans cette expérience.
   Quelle sera la valeur de la tension aux bornes de l'association des deux générateurs ?
3. Par quel dipôle peut-on remplacer l'association des deux générateurs ?

11 Trouver l'erreur

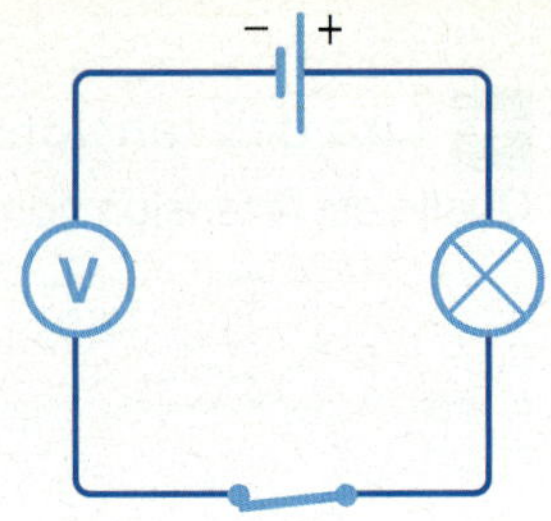

1. Le schéma est-il correct ? Pourquoi ?
2. Corrige le schéma.
3. Y a-t-il une autre façon de corriger le schéma ?

12 Circuit ouvert / circuit fermé

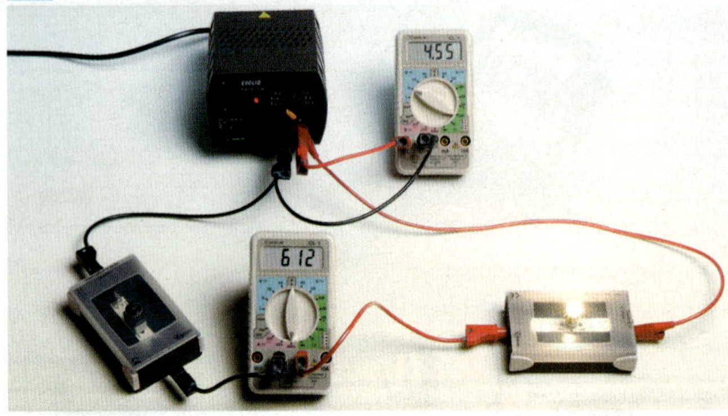

1. Lis la valeur de l'intensité du courant électrique et la valeur de la tension aux bornes du générateur.
2. L'interrupteur est-il ouvert ou fermé ? Déduis-en la valeur de la tension aux bornes de l'interrupteur.
3. On ouvre l'interrupteur. Que vaut maintenant l'intensité du courant électrique ? Qu'indique le voltmètre ?

J'approfondis...

13 Une toute petite pile

CINQ CENTIMÈTRES CARRÉS DE PAPIER : LA NOUVELLE PILE FINE ET ÉCOLOGIQUE

Après le bâton et le bouton, la pile prend la forme d'un simple morceau de papier. De quoi la rendre discrète, écologique et peu coûteuse. C'est l'objectif recherché [...] avec la SoftBattery, qui se présente sous la forme d'un carré de papier de 5 cm de côté et de 0,4 mm d'épaisseur. Malgré cette extrême finesse, la nouvelle pile délivre une tension de 1,5 ou 3 volts, qui peut alimenter une vaste gamme de systèmes électriques ou électroniques. Pendant combien de temps ? « Deux semaines dans une carte de vœux musicale », répond Jaakko Happonen, directeur général d'Enfucell.

Michel Albergati,
Le Monde, 14 janvier 2007

1. Quels dipôles récepteurs pourraient fonctionner avec de telles piles ?
2. Quelles piles connais-tu dans cette gamme de tension ?

14 Lapin

Les jambes et les bras de ce lapin sont entraînés par un même moteur.

1. Représente le schéma du circuit électrique de ce jouet.
2. Aujourd'hui, le lapin bouge ses bras lentement et il n'avance presque plus. Propose une explication.

15 Une diode dans le circuit

1. Quel est le sens de branchement de la diode ? Dessine le schéma du montage.
2. On retourne la diode : qu'indiquent maintenant le voltmètre et l'ampèremètre ?

INVESTIGATION MÈNE L'ENQUÊTE !!

16 Un adaptateur bien utile

Élise n'a plus de piles pour écouter sa musique préférée. Heureusement, elle a son cordon secteur.

➜ **Sachant qu'Élise met habituellement une pile de 1,5 V dans son lecteur, explique le rôle du boîtier noir branché sur la prise.**

17 Expérience non perturbante ?

Quand tu utilises un appareil de mesure comme le multimètre, il faut toujours vérifier que la présence de cet appareil ne perturbe pas le circuit électrique.

? Comment vérifier expérimentalement que la présence d'un ampèremètre dans une branche ne modifie pas l'intensité du courant ?

Ta démarche

Ton protocole devra comporter :
- le nombre de multimètres dont tu auras besoin ;
- un schéma du montage à réaliser ;
- des explications sur ce qu'il faut observer.

18 Un avis sur une diode

? Propose un protocole expérimental permettant de tester cette hypothèse.

Ta démarche

Ton protocole devra comporter :
- une liste du matériel ;
- un schéma des montages à réaliser ;
- des explications sur ce que tu penses observer.

19 Est-ce vraiment impossible ?

Tu disposes de piles de 4,5 V et 1,5 V, à volonté (en quantité non limitée).
Tu disposes aussi d'une lampe de tension nominale 3 V, d'une lampe de tension nominale 12 V et d'une lampe de tension nominale 200 V.

➜ **Comment faire briller ces trois lampes ?**

Une expérience simple et amusante

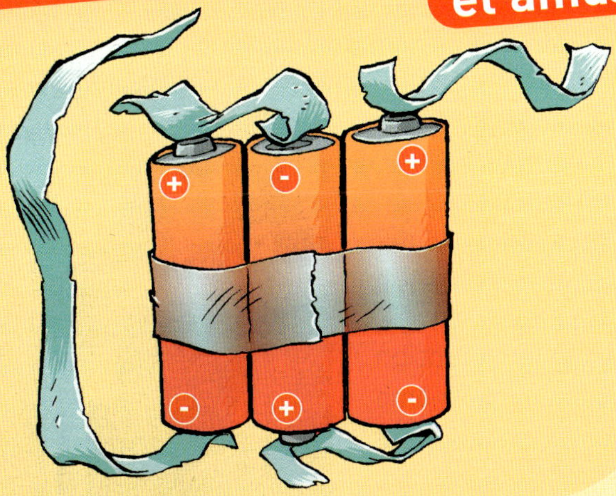

Fabrique ta pile plate

Faire briller une lampe de tension nominale 4,5 V avec des piles de 1,5 V n'est pas facile.
- Scotche trois piles côte à côte, celle du milieu ayant « la tête en bas ».
- Relie en série ces piles en utilisant du papier aluminium.
- Fixe des bandes de papier aluminium aux bornes de la « pile équivalente ».
- Entoure tes trois piles d'une bande de papier.
- Rabats une des bandes de papier aluminium pour avoir les deux bornes du même côté.

Tu peux maintenant faire briller facilement une lampe de tension nominale 4,5 V !

1. Fais le schéma de cette pile équivalente.
2. Calcule la tension de cette pile équivalente.

Les courants électriques

Les courants électriques qui nous entourent vont de quelques nanoampères à quelques dizaines de milliers d'ampères.

Quelques centaines de nanoampères (nA)	De la centaine de milliampères (mA) à quelques ampères (A)	Quelques centaines d'ampères	Plusieurs dizaines de kiloampères (kA)
Les courants dans le corps humain	Les courants mesurés en classe ou ceux qui parcourent les appareils électriques quotidiens	Un moteur de TGV	La foudre

Histoire — *Les découvertes du professeur Ampère*

Né en 1775, André Marie Ampère est élevé selon les idées du siècle des Lumières, à travers les livres et l'observation de la nature. Passionné de sciences, il part à Paris où il est engagé comme professeur de mathématiques à la toute nouvelle École polytechnique. Il étudie également la chimie, avec Gay-Lussac et Avogadro.

En 1820, le savant danois Oersted remarque qu'un fil parcouru par un courant électrique se comporte comme un aimant, car il fait bouger une aiguille aimantée placée à proximité. Ampère, ayant pris connaissance de ces travaux, remarque que cet effet est d'autant plus important que l'intensité du courant circulant dans le fil est élevée. Il a alors l'idée d'enrouler le fil autour d'une bobine, ce qui augmente encore la déviation de l'aiguille.

Cette découverte, fondamentale, est à la base du moteur électrique, du générateur et de tout le développement industriel de l'électricité moderne !

Pour montrer la reconnaissance du monde scientifique, l'unité de l'intensité de courant électrique porte son nom.

Ampère et Arago faisant tourner une aiguille aimantée grâce à un courant électrique.

Questions

1. Quelles disciplines Ampère a-t-il étudiées ?
2. Quelle découverte d'Oersted a permis à Ampère de s'illustrer dans le monde scientifique ?
3. Dans le cas du moteur, le courant électrique assure la rotation du moteur : on dit que l'énergie électrique est convertie en énergie mécanique. Qu'en est-il dans le cas d'un alternateur ?

Vie quotidienne — *Les courants électriques dans la maison*

Les appareils électriques que tu utilises tous les jours fonctionnent avec un courant électrique dont l'intensité va de quelques milliampères à quelques ampères.

Parmi les appareils qui nécessitent le moins de courant, on trouve les lampes (200 mA), mais aussi les téléphones portables (350 mA) ou le lecteur DVD (400 mA).

Parmi ceux qui en consomment le plus, on trouve le four (de l'ordre de 10 A), la machine à laver le linge ou la vaisselle (4 à 10 A, selon le programme choisi).

Dans une installation électrique, si la tension est fixée à 230 V, il n'en est pas de même pour l'intensité du courant délivré qui peut varier.

Questions

1. L'intensité du courant qui circule dans les appareils branchés sur le secteur est-elle toujours la même ?
2. Regarde quelques appareils électriques chez toi et note les intensités avec lesquelles elles fonctionnent.

Santé — Les courants dans le corps humain

THÈME DE CONVERGENCE

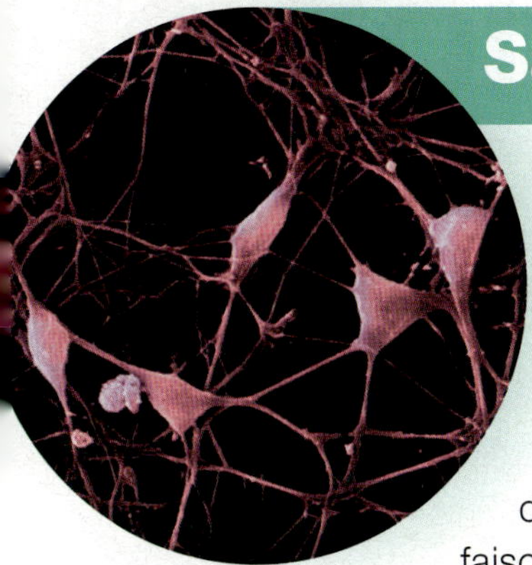

Un réseau de neurones (x 200).

L'électricité est présente dans notre corps, qu'elle soit naturelle ou artificielle.

C'est grâce à des signaux électriques que nous sommes capables de bouger, parler, voir, ressentir la douleur… En effet, notre cerveau commande les muscles du corps par l'intermédiaire des nerfs. Chaque nerf est constitué d'un faisceau de cellules nerveuses appelées les neurones. Les neurones transmettent les informations à travers notre corps en utilisant des courants électriques de très faible intensité (de l'ordre de 400 nA).

C'est également grâce à des courants électriques que des chercheurs tentent de recréer des fonctions naturelles chez des personnes handicapées.

C'est le cas de l'équipe du professeur Rabischong qui a lancé le programme médical « Lève-toi et marche ». En 2000, une puce électronique a été implantée dans le corps d'un homme paralysé des jambes suite à un accident de voiture. Cette puce est reliée par des fils électriques à des électrodes placées en contact avec divers muscles des jambes. Grâce à un programmateur situé à l'extérieur, elle envoie des impulsions électriques de 20 mA vers les électrodes des jambes, excitant les muscles nécessaires à la marche.

Grâce à cette avancée technologique, et même s'il ne pourra jamais marcher comme il le faisait avant son accident, le patient peut se déplacer seul chez lui avec l'aide d'un déambulateur et d'un ordinateur qu'il commande.

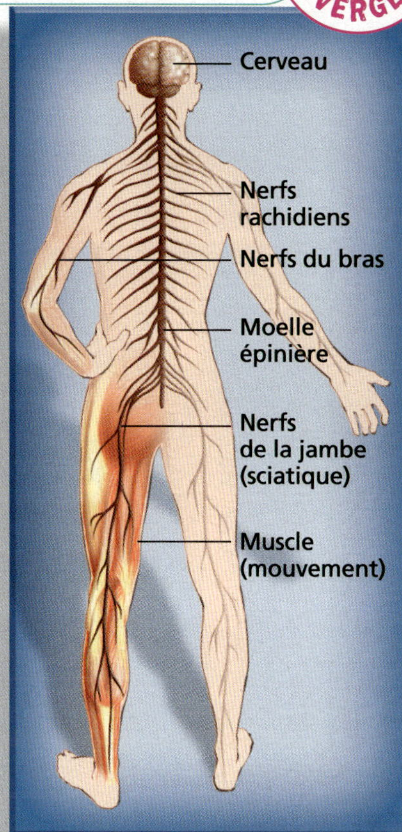

Questions

1. Combien vaut un nanoampère (1 nA) ?
2. Compare l'intensité des courants électriques présents naturellement dans le corps à l'intensité utilisée artificiellement pour actionner les muscles.
3. De quoi a besoin le patient pour se déplacer une fois l'intervention réalisée ?

MÉTIER Domoticien

Jérémy (23 ans)
- Technicien en génie climatique
- Salarié
- ILTeC (Saint-Chamond)
- BTS domotique

QUAND L'HABITAT SE MET À PENSER

« La domotique consiste à rendre l'habitat intelligent et pratique. Mon activité est polyvalente : chauffage, climatisation, plomberie… Je supervise l'installation du matériel et j'assure sa mise en service. J'apprécie beaucoup l'aspect relationnel avec les clients. Ma formation est fondée sur l'électrotechnique, l'électronique et l'informatique. La domotique est un domaine peu connu du grand public, alors qu'elle est très présente dans la gestion du quotidien. Le secteur offre de nombreux débouchés. »

« La domotique est très présente dans la gestion du quotidien. »

Propos recueillis par Charlotte X. ■

Les lois de la tension et

La façon dont les lampes sont associées dans cette guirlande est importante. Tu vas comprendre comment fonctionne une telle association.

Dans ce chapitre tu vas...

- **découvrir** les lois de l'intensité et de la tension dans un circuit en boucle simple ;
- **découvrir** les lois de l'intensité et de la tension dans un circuit avec dérivations.

de l'intensité électriques

Les lampes de la guirlande ont une tension nominale de 12 V alors que les lampes du lustre ont une tension nominale de 230 V.

Peux-tu expliquer cette différence ?

Sais-tu expliquer ce qui s'est passé ?

électricité

ACTIVITÉ 1 Étudier la tension et l'intensité

EXPÉRIENCE A Déterminer la loi* de l'intensité du courant

Objectif : On veut comprendre comment se répartit l'intensité du courant circulant dans un circuit électrique en boucle simple.

Je réalise des expériences

- Réalise le circuit schématisé ci-dessous.

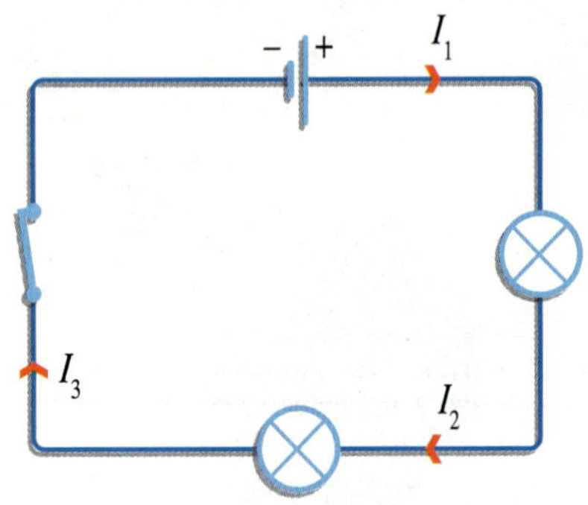

- Recopie le schéma du circuit en plaçant les ampèremètres qui permettent de mesurer I_1, I_2 et I_3.
- Mesure successivement les valeurs de I_1, I_2 et I_3.
- Présente tes mesures sous forme d'un tableau. N'oublie pas l'unité.

Intensité	I_1	I_2	I_3
Valeur mesurée (en ...)			

- Réalise la même expérience en ajoutant un moteur en série*.

! Vérifie que tu sais placer correctement l'ampèremètre dans le circuit (voir p. 94).

J'exploite les résultats

Observe

1. Compare les valeurs de I_1, I_2 et I_3 dans le premier circuit (sans le moteur).

2. Combien de valeurs de l'intensité du courant dois-tu mesurer dans le circuit avec le moteur ? Compare-les.

Conclus

3. Que peux-tu dire de la valeur de l'intensité du courant électrique circulant dans le premier circuit ? Écris la loi* correspondante.

4. Le second circuit te permet-il de généraliser ce résultat aux circuits en boucle simple ?

dans un circuit en boucle simple

EXPÉRIENCE B Déterminer la loi des tensions

Objectif : On veut comprendre comment se répartit la tension fournie par le générateur entre les appareils branchés dans un circuit électrique en boucle simple.

Je réalise des expériences

- Schématise le circuit ci-contre.
- Représente sur ton schéma :
  - le courant I circulant dans le circuit (en précisant son sens par une flèche) ;
  - les différentes tensions à mesurer et les positions du voltmètre correspondantes.
- Réalise le circuit. Utilise deux lampes identiques.
- Mesure les valeurs des tensions aux bornes des deux lampes, du moteur, du générateur et de l'interrupteur (notées respectivement U_{L1}, U_{L2}, U_M, U_G et U_K).
- Présente tes mesures sous forme d'un tableau. N'oublie pas l'unité.

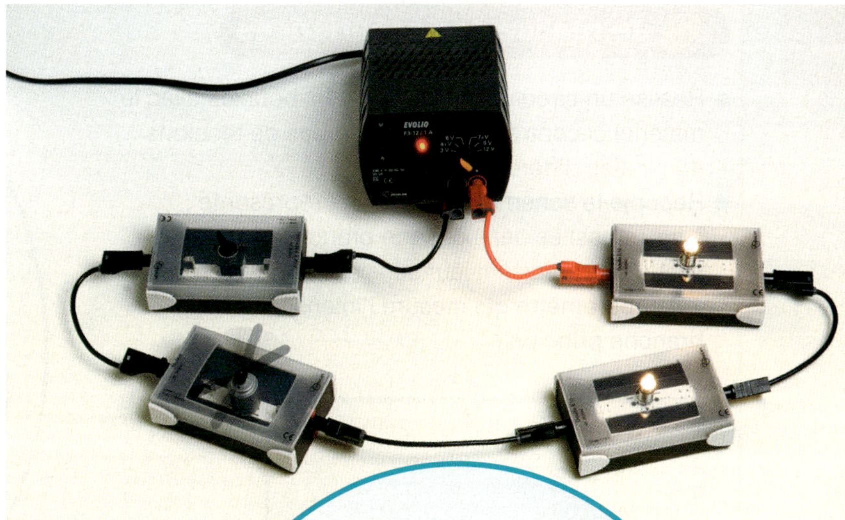

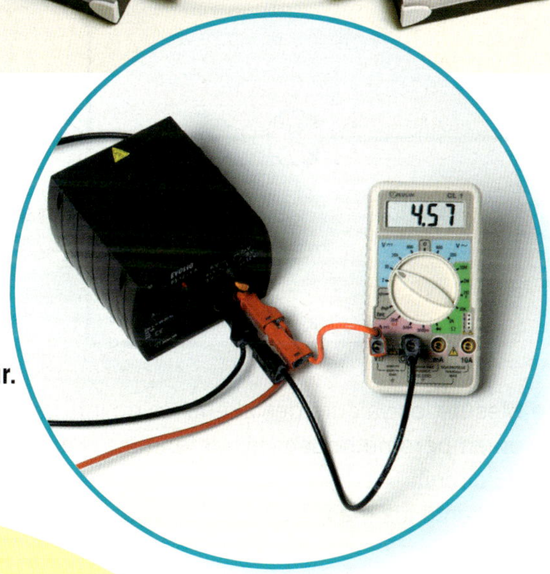

► **Mesure de la tension aux bornes du générateur.**

! Pour utiliser correctement le voltmètre, voir p. 92.

J'exploite les résultats

Observe **1.** Compare les valeurs trouvées aux bornes de chaque dipôle récepteur* à la valeur de la tension aux bornes du générateur.

Interprète **2.** Peux-tu trouver une relation mathématique simple (addition, soustraction...) entre les valeurs trouvées aux bornes des dipôles récepteurs et la valeur mesurée aux bornes du générateur ?

Conclus **3.** Écris la loi* reliant les différentes tensions aux bornes des dipôles dans un circuit en boucle simple.

Mini-dico

En série : se dit des dipôles dont l'association forme une boucle simple.

Loi : en physique, relation mathématique établie entre différentes grandeurs exprimées dans des unités déterminées.

Dipôle récepteur : dipôle qui utilise et transforme l'énergie électrique pour fonctionner (éclairement, mouvement...).

Vers le bilan... L'intensité et la tension suivent-elles la même loi dans un circuit en boucle simple ?

ACTIVITÉ 2 Étudier la tension et l'intensité

EXPÉRIENCE A Déterminer la loi des intensités

Objectif : La plupart des circuits électriques (éclairages publics, installations domestiques...) sont des circuits comportant plusieurs boucles. On veut savoir comment l'intensité du courant électrique se répartit dans chacune des boucles du circuit.

Je réalise des expériences

- Réalise un circuit comportant deux boucles avec le matériel ci-contre. Utilise des lampes de tensions nominales différentes.
- Recopie le schéma ci-dessous et représente :
  - les intensités dans chaque branche (notées I_1, I_2 et I_3) en précisant leur sens avec une flèche ;
  - l'ampèremètre qui mesure l'intensité dans la branche principale*.

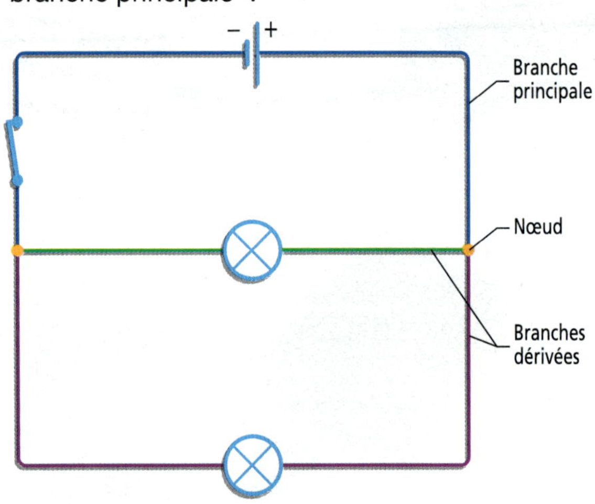

- Mesure les valeurs des intensités en introduisant un ampèremètre dans les différentes branches du circuit.
- Présente tes mesures sous forme d'un tableau.
- Réalise la même expérience en ajoutant un moteur en dérivation.

J'exploite les résultats

Observe **1.** Compare les valeurs trouvées dans chaque branche dérivée* à celle de la branche principale.

Interprète **2.** Additionne les valeurs des intensités du courant électrique circulant dans les branches dérivées. Compare la valeur obtenue à celle de l'intensité circulant dans la branche principale.

Conclus **3.** Comment se répartit l'intensité du courant électrique à chaque nœud* ? Essaie de trouver la loi des intensités dans un circuit avec dérivations.

dans un circuit avec dérivations

INVESTIGATION B Déterminer la loi des tensions

Garance et Nicolas ont réalisé un circuit composé d'une pile de 4,5 V et de trois lampes placées en dérivation (deux lampes de tensions nominales 3,5 V et une lampe de tension nominale 4,5 V). Dans ce circuit, toutes les lampes ne brillent pas avec le même éclat.

? À ton avis, quelle(s) lampe(s) brillera(-ont) moins ? Sais-tu expliquer pourquoi ?

Ta démarche

- **Formule une hypothèse :** Prévois la relation entre la tension aux bornes du générateur et la tension aux bornes de chaque lampe.
- **Réalise une expérience :** Vérifie ton hypothèse.
- **Conclus :** Écris la loi des tensions dans un circuit avec dérivations. Compare ces tensions aux tensions nominales des lampes pour expliquer leur éclat.

INVESTIGATION C Combiner des lois

Wilfried ferme successivement les interrupteurs A et B. Lorsqu'il ferme B, le vibreur s'actionne. (On peut aussi utiliser un moteur ou un autre dipôle récepteur.)
Il observe que la lampe verte brille plus que la lampe rouge. Pourtant, ces deux lampes ont la même tension nominale.

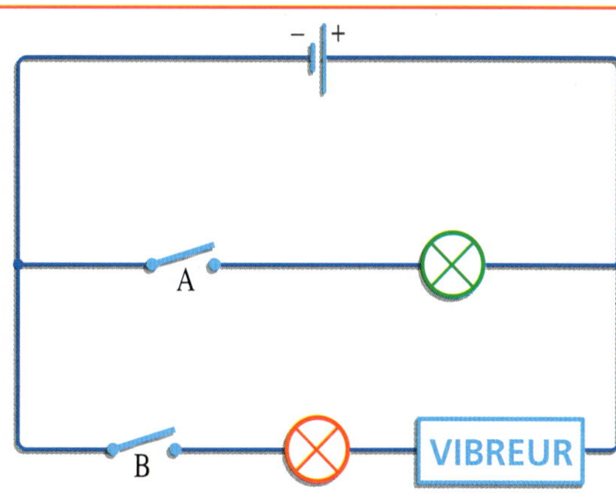

? Comment expliquer à l'aide des lois que la lampe verte brille plus que la lampe rouge ?

Ta démarche

- **Formule une hypothèse :** Utilise les lois que tu as déjà vues concernant les tensions aux bornes des dipôles de ce circuit.
- **Réalise une expérience :** Vérifie ton hypothèse en faisant des mesures.
- **Conclus :** Écris les lois des tensions dans ce circuit et explique la différence d'éclat des lampes.

Mini-dico

Nœud : point du circuit où arrivent au moins trois fils de connexion.

Branche principale : portion de circuit située entre deux nœuds et comportant le générateur.

Branche dérivée : portion de circuit située entre deux nœuds et comportant un ou plusieurs dipôles récepteurs.

Vers le bilan... Pourquoi parle-t-on de lois d'unicité et de lois d'additivité ?

BILAN

1 Les lois du courant et de la tension dans un circuit en boucle simple

a. Intensité dans un circuit en boucle simple

1A p. 120

● Dans un circuit en boucle simple, l'intensité du courant électrique est la même en tout point du circuit : on parle de **loi d'unicité** de l'intensité.

Pour un circuit composé d'un générateur et des dipôles D1 et D2 :

$$I_G = I_{D1} = I_{D2}$$

I_G est l'intensité du courant à la sortie du générateur,
I_{D1} et I_{D2} sont les intensités du courant traversant D1 et D2.

● L'intensité du courant ne dépend ni de la position des dipôles dans le circuit, ni de la position du multimètre utilisé en ampèremètre dans le circuit, mais dépend de la composition du circuit (du nombre et de la nature des dipôles qui le constituent).

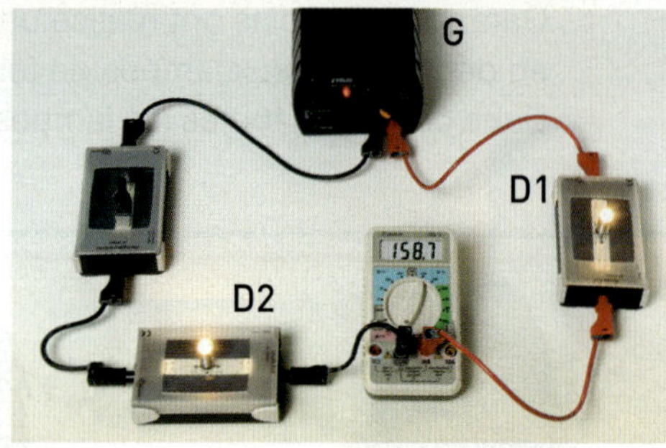

Mesure de l'intensité dans un circuit en boucle simple.

b. Tensions dans un circuit en boucle simple

1B p. 121

● Dans un circuit en boucle simple, la tension aux bornes du générateur est égale à la somme des tensions aux bornes des dipôles récepteurs : on parle de **loi d'additivité** des tensions.

Pour un circuit composé d'un générateur et des dipôles D1 et D2 :

$$U_G = U_{D1} + U_{D2}$$

U_G est la tension aux bornes du générateur, U_{D1} la tension aux bornes de D1,
U_{D2} la tension aux bornes de D1.

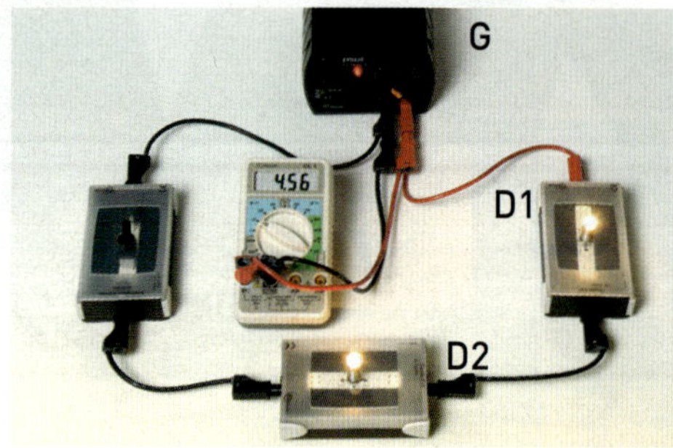

Mesure d'une tension dans un circuit en boucle simple.

2 Les lois du courant et de la tension dans un circuit avec dérivations

a. Intensités dans un circuit avec dérivations

2A p. 122

● Dans un circuit avec dérivations, l'intensité du courant électrique circulant dans la **branche principale** (contenant le générateur) est égale à la somme des intensités circulant dans les **branches dérivées** : on parle de **loi d'additivité** des intensités.

Pour un circuit composé d'un générateur et des dipôles D1 et D2 en dérivation :

$$I_G = I_1 + I_2$$

I_1 et I_2 sont les intensités dans les branches contenant respectivement D1 et D2.

● La somme des intensités des courants qui entrent dans un **nœud** est égale à la somme des intensités des courants qui en sortent.

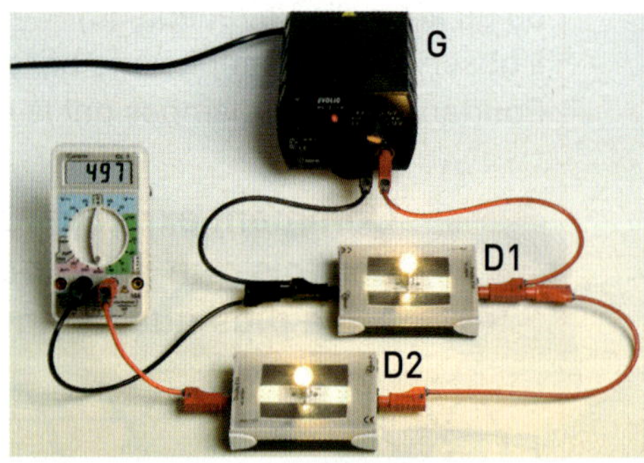

Mesure de l'intensité dans une branche du circuit.

b. Tension(s) dans un circuit avec dérivations

2B et 2C p. 123

● Dans un circuit avec dérivations, la tension aux bornes de la branche principale est égale à la tension aux bornes de chaque branche dérivée : on parle de **loi d'unicité** de la tension.

Pour un circuit composé d'un générateur et des dipôles D1 et D2 en dérivation :

$$U_G = U_1 = U_2$$

U_1 et U_2 sont les tensions dans les branches contenant respectivement D1 et D2.

● Si une branche dérivée ne contient qu'un dipôle, la tension aux bornes du générateur est égale à la tension aux bornes de ce dipôle. Sinon, la tension aux bornes de la branche est la somme des tensions aux bornes de ses dipôles.

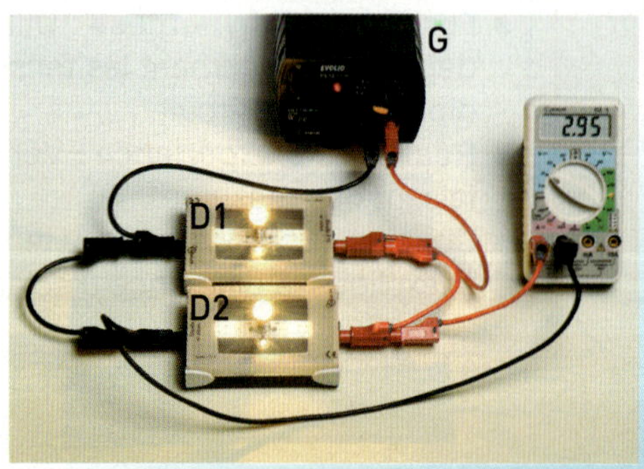

Mesure de la tension aux bornes d'une branche du circuit.

L'ESSENTIEL

par l'image

Loi d'unicité de l'intensité dans un circuit en boucle simple

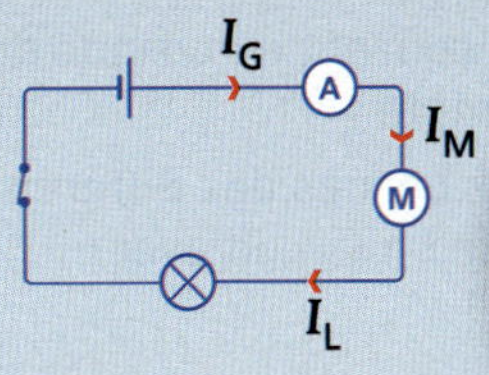

$I_G = I_L = I_M$

Circuit en boucle simple

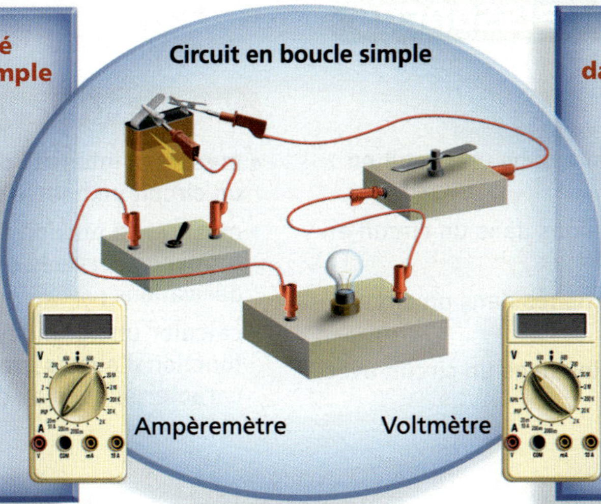

Loi d'additivité des tentions dans un circuit en boucle simple

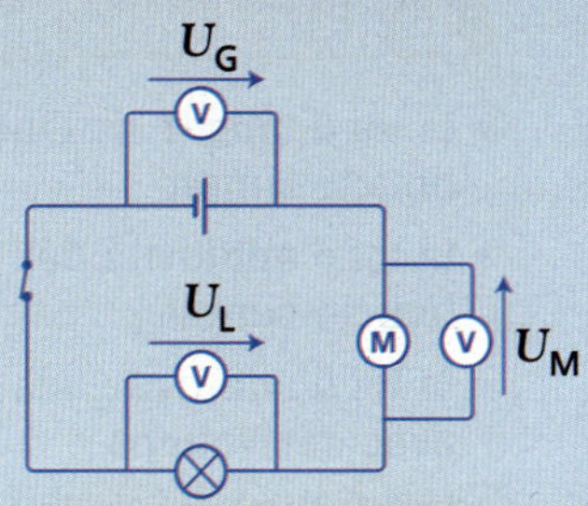

$U_G = U_M + U_L$

Loi d'additivité des intensités dans un circuit avec dérivations

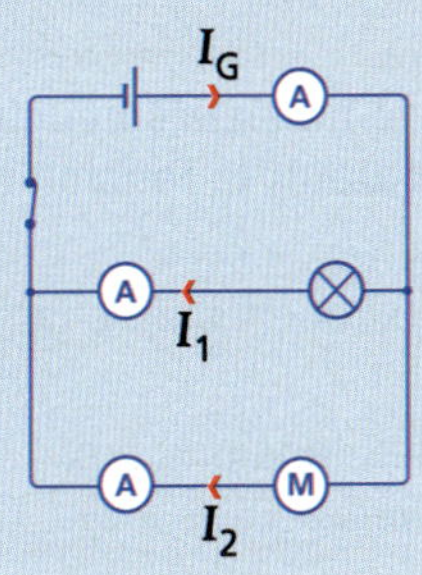

$I_G = I_1 + I_2$

Circuit avec dérivations

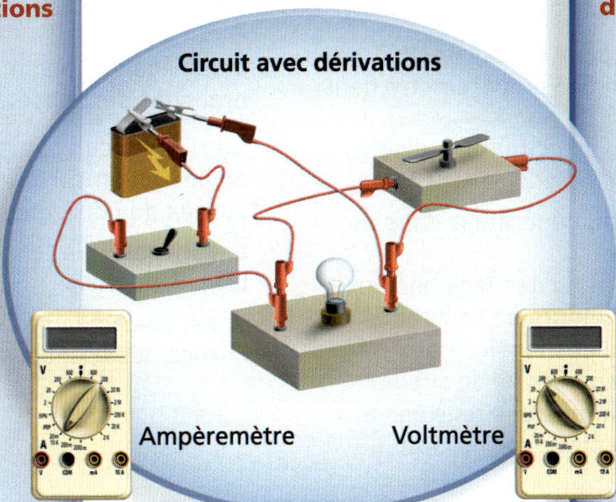

Loi d'unicité de la tension dans un circuit avec dérivations

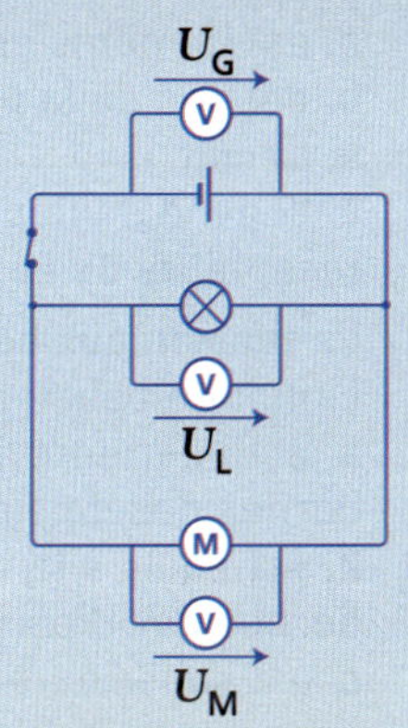

$U_G = U_L = U_M$

par le texte

- Dans un circuit en boucle simple :
  - l'intensité du courant électrique est la même en tout point du circuit ;
  - la tension aux bornes du générateur est égale à la somme des tensions aux bornes des dipôles récepteurs.
- Dans un circuit avec dérivations :
  - l'intensité du courant électrique traversant la branche principale est égale à la somme des intensités circulant dans les branches dérivées ;
  - la tension aux bornes de la branche principale est égale à la tension aux bornes de chaque branche dérivée.

Mots nouveaux

Nœud : point du circuit où arrivent au moins trois fils de connexion.

Branche principale : portion de circuit située entre deux nœuds et comportant le générateur.

Branche dérivée : portion de circuit située entre deux nœuds et comportant un ou plusieurs dipôles récepteurs.

Loi : en physique, relation mathématique établie entre différentes grandeurs, exprimées dans des unités déterminées.

EXERCICES

Je vérifie mes connaissances

Je dois connaître

- la loi d'unicité de l'intensité dans un circuit en boucle simple ;
- la loi d'additivité des tensions dans un circuit en boucle simple ;
- la loi d'additivité des intensités dans un circuit avec dérivations ;
- la loi d'unicité de la tension dans un circuit avec dérivations.

Je dois être capable de

- mesurer l'intensité du courant électrique dans un circuit en boucle simple ;
- mesurer la tension aux bornes des différentes branches dérivées dans un circuit avec dérivations ;
- calculer une grandeur (intensité ou tension) en fonction d'autres grandeurs et des caractéristiques du circuit.

Test

Choisis la ou les réponses possibles.

1. L'intensité du courant dans un circuit en boucle simple :
   a. est la même en tout point de ce circuit.
   b. dépend de la position de l'ampèremètre dans le circuit.
   c. dépend de la position des différents dipôles récepteurs de ce circuit.
2. La tension aux bornes du générateur dans un circuit en boucle simple :
   a. est inférieure à la somme des tensions aux bornes des dipôles récepteurs de ce circuit.
   b. est égale à la somme des tensions aux bornes des dipôles récepteurs de ce circuit.
   c. est supérieure à la somme des tensions aux bornes des dipôles récepteurs de ce circuit.
3. Dans un circuit avec dérivations, l'intensité du courant dans la branche principale :
   a. est la même qu'en tout point du circuit.
   b. est égale à la somme des intensités dans les branches dérivées.
4. Dans un circuit composé de plusieurs boucles en dérivation sur un générateur, la tension aux bornes du générateur :
   a. est égale à la tension aux bornes de chaque branche dérivée.
   b. est égale à la somme des tensions aux bornes des branches dérivées.

Corrections p. 222

1 Vrai ou faux

Les phrases suivantes sont-elles vraies ou fausses ? Justifie tes réponses.

a. Dans un circuit en boucle simple, l'intensité du courant à la sortie d'une lampe est plus faible que l'intensité du courant à l'entrée de celle-ci.

b. Lorsqu'on change la place des dipôles récepteurs composant un circuit en boucle simple, l'intensité du courant dans le circuit augmente.

2 Compléter des phrases

Complète les phrases suivantes.

a. Dans un circuit en boucle simple, la tension aux bornes du générateur est .... à la somme des tensions aux bornes de chaque dipôle récepteur.

b. Dans un circuit avec dérivations, la tension aux bornes de chaque dipôle récepteur est .... à la tension aux bornes du générateur.

3 Choisir la bonne réponse

Recopie les phrases suivantes en choisissant la bonne réponse.

a. Dans un circuit avec dérivations, l'intensité dans la branche principale est *inférieure / égale / supérieure* à la somme des intensités dans les branches dérivées.

b. Dans un circuit avec dérivations, l'intensité dans l'une des branches dérivées est *inférieure / égale / supérieure* à l'intensité dans la branche principale.

4 Écrire une loi

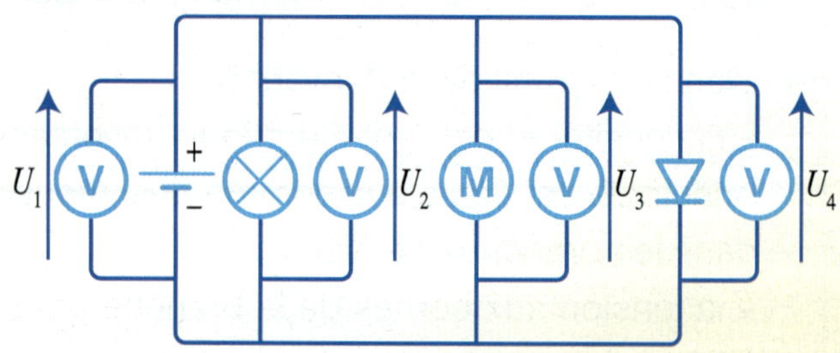

Écris la relation mathématique reliant les tensions U_1, U_2, U_3 et U_4.

5 Exploiter une photographie (1)

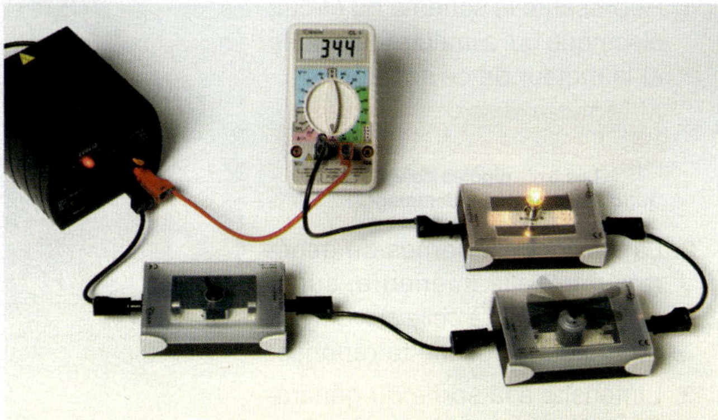

1. Combien de boucles composent le circuit ci-dessus ?
2. Quelle est la grandeur mesurée par le multimètre ?
3. Peux-tu dire quelle est la valeur de l'intensité du courant circulant dans la lampe ? Et l'intensité du courant circulant dans le moteur ?

6 Analyser un circuit

1. Dans quelle branche du circuit l'ampèremètre mesure-t-il l'intensité du courant ?
2. Où faudrait-il mettre l'ampèremètre pour mesurer l'intensité du courant sortant de la lampe L1 ?
3. Refais le schéma et place l'ampèremètre dans la bonne position.

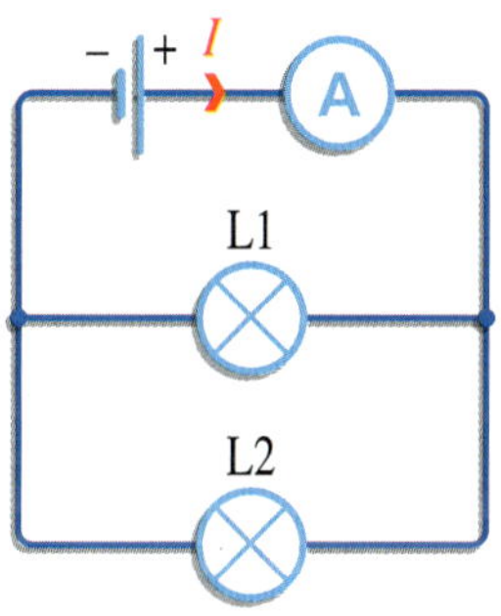

7 Exploiter une photographie (2)

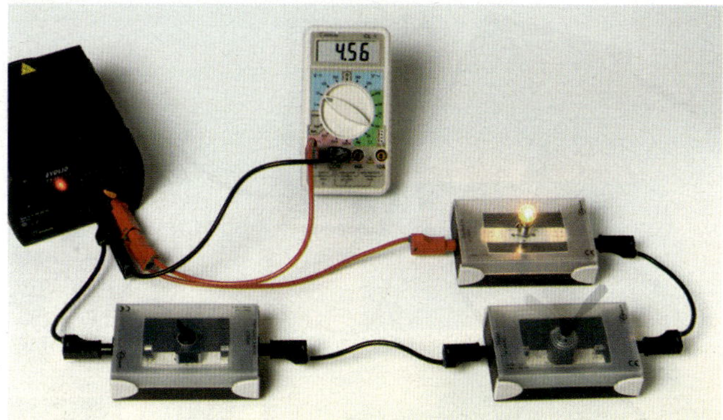

1. Comment s'appelle un tel circuit ?
2. Quelle est la grandeur mesurée par le multimètre ?
3. Aux bornes de quel dipôle peux-tu lire la valeur de la tension? Que vaut-elle ?

Français

8 À toi d'expliquer !

Qui a raison ? Explique bien tes arguments : pour cela, utilise des liens logiques (**si** ... **alors** ..., **donc, car, or,** etc.).

J'applique...

9 Utiliser les lois de la tension

Exercice corrigé

→ Énoncé

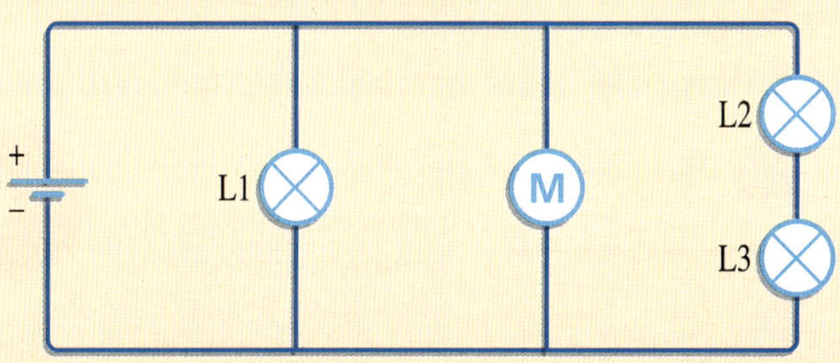

On mesure une tension de 4 V aux bornes du générateur.

1. Quelle est la tension aux bornes du moteur ?
2. Quelle est la tension aux bornes de la lampe L1 ?
3. La tension aux bornes de L2 est 3 V. Quelle est la tension aux bornes de L3 ?

→ Correction

1. On sait que, dans un circuit en dérivation, la tension aux bornes de la branche principale est égale à la tension aux bornes de chaque branche dérivée : le moteur est le seul dipôle récepteur de la 2e dérivation, on peut donc en déduire que la tension à ses bornes est égale à celle du générateur, soit 4 V.
2. L1 est le seul dipôle récepteur de la 1re dérivation, on peut donc en déduire que la tension à ses bornes est égale à celle du générateur, soit 4 V.
3. La 3e dérivation contient deux lampes associées en série : la somme de leur tension est égale à la tension aux bornes du générateur : $U_{L2} + U_{L3} = 4$ V.
La tension aux bornes de L3 est donc égale à : 4 – 3 = 1 V.

EXERCICES

10 Quel ampèremètre ?

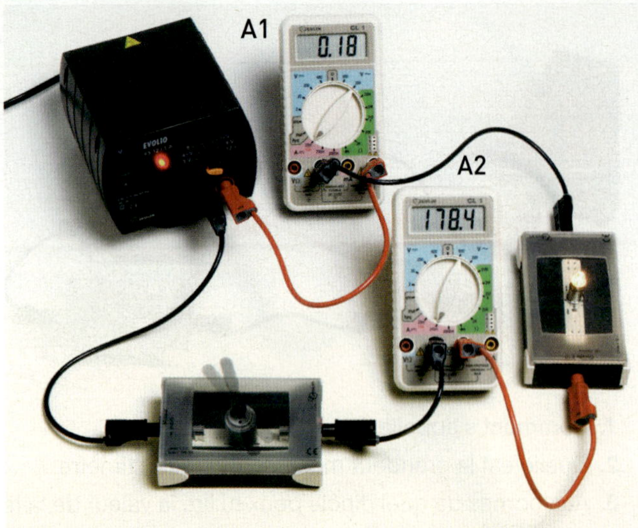

1. Schématise le circuit ci-dessus. Indique le sens du courant dans le circuit ainsi que les bornes A et COM de chaque ampèremètre.
2. Qu'indique l'ampèremètre A1 ? Et l'ampèremètre A2 ?
3. Quel est l'ampèremètre le plus adapté à la mesure ?

11 Une guirlande décorative

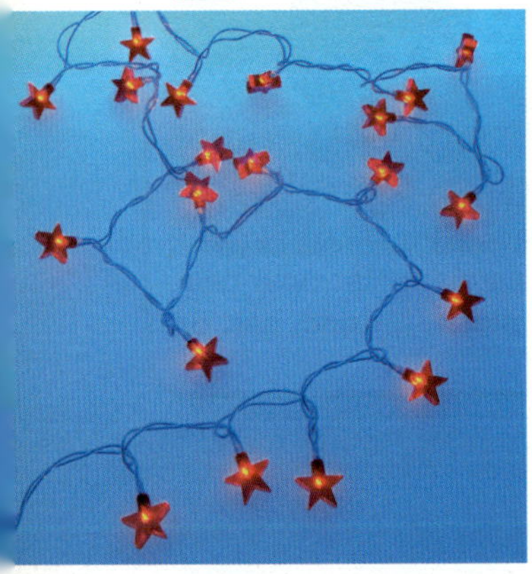

Dans le circuit de cette guirlande, les lampes sont associées en série.

1. Schématise ce circuit. Tu représenteras six lampes.
2. Combien faut-il placer d'ampèremètres dans le circuit pour connaître l'intensité du courant à la sortie du générateur et l'intensité du courant entre les deux premières lampes ?

12 Au nom de la loi des intensités

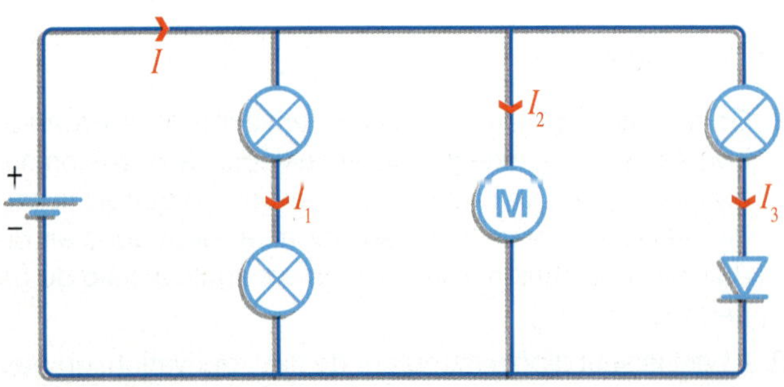

1. Reproduis le schéma et surligne en jaune la branche principale et en vert les branches dérivées.
2. Combien y a-t-il de nœuds dans ce circuit ?
3. Établis la relation entre les intensités de ce circuit : I est l'intensité dans la branche principale, I_1 l'intensité dans la 1re branche dérivée, I_2 dans la 2e branche dérivée et I_3 dans la 3e branche dérivée.

13 Un scooter électrique

1. Représente le schéma du circuit électrique qui alimente les phares et le moteur de ce scooter.

> **COUP DE POUCE**
> **Les trois dipôles doivent pouvoir fonctionner indépendamment.**

2. La tension aux bornes du générateur est-elle inférieure, supérieure ou égale à celle aux bornes du moteur ? Justifie ta réponse.
3. L'intensité à la sortie du générateur est-elle inférieure, supérieure ou égale à celle du courant traversant le moteur ? Justifie ta réponse.

14 À la recherche de la tension (1)

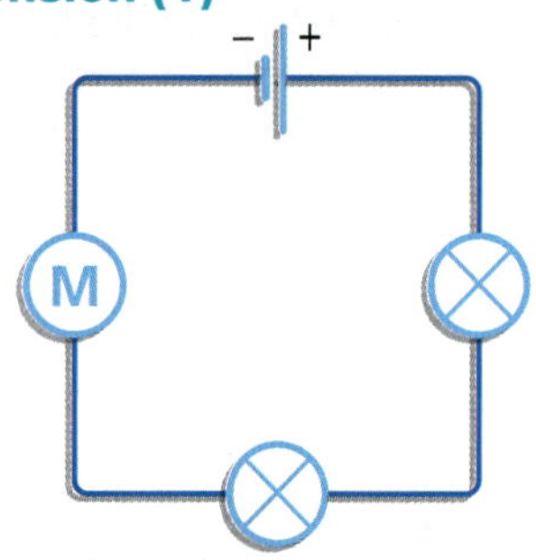

La tension mesurée aux bornes du générateur est 6 V. Elle est de 1,5 V aux bornes de chacune des lampes.

1. Écris la relation entre la tension aux bornes du générateur et les tensions aux bornes des dipôles récepteurs d'un circuit en série.
2. Déduis-en la tension aux bornes du moteur.

15 À la recherche de la tension (2)

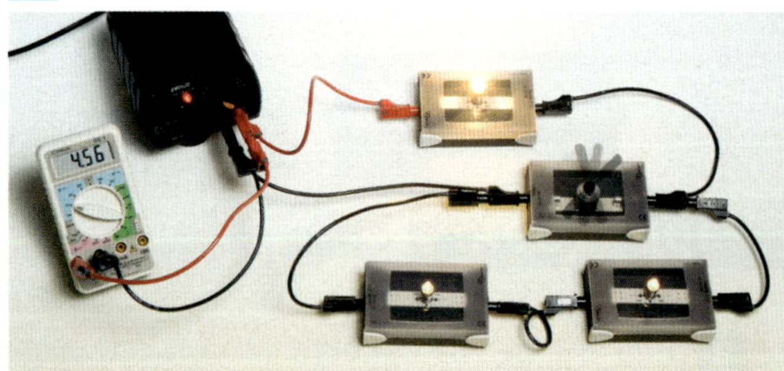

1. Schématise ce circuit.
2. Aux bornes de quel dipôle le voltmètre indique-t-il la tension ? Que vaut cette tension ?
3. Peux-tu dire quelle est la tension aux bornes du moteur ?

16 Calculer des tensions

Voir exercice 11

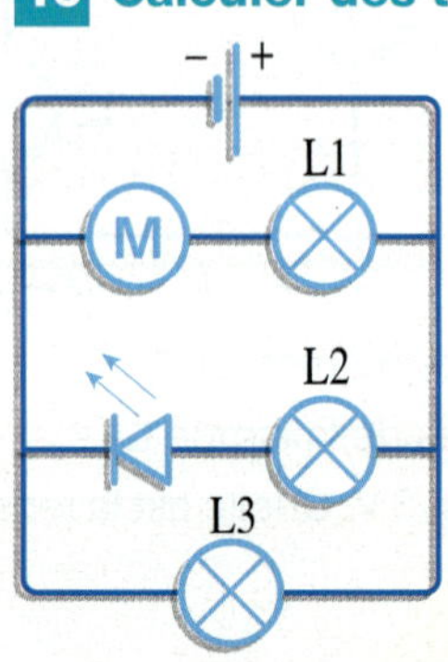

La tension vaut 4 V aux bornes du moteur, 3 V aux bornes de la première lampe, 2 V aux bornes de la DEL.

1. Quelle est la tension aux bornes du générateur ?
2. Quelle est la tension aux bornes de la lampe L2 ?
3. Quelle est la tension aux bornes de la lampe L3 ?

17 Skier parallèle ou en dérivation (1)

1. Rédige une phrase expliquant la loi des tensions dans un circuit avec dérivations.

2. Dans l'analogie proposée p. 90, la tension est représentée par la dénivellation de la piste de ski et chaque branche représente une piste.

a. Dessine ces deux pistes et le remonte-pente.

b. Vérifie que ce dessin respecte la loi des tensions dans un circuit avec dérivations.

18 Skier parallèle ou en dérivation (2)

1. Exprime la loi des intensités dans un circuit avec dérivations, en utilisant I pour la branche principale, I_1 pour la 1re branche dérivée et I_2 pour la 2e.

2. Dans l'analogie proposée p. 90, l'intensité du courant électrique est représentée par le nombre de skieurs.

a. À quoi correspondent la branche principale et les branches dérivées ?

b. Ce modèle vérifie-t-il la loi des intensités dans un circuit avec dérivations ?

19 Retrouver les symboles effacés

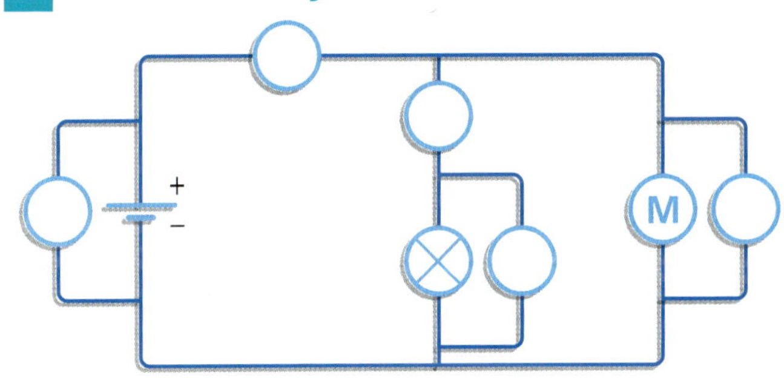

Sur ce schéma, les symboles de multimètres ont été effacés. Peux-tu compléter ? Justifie tes réponses.

20 Tension et intensité

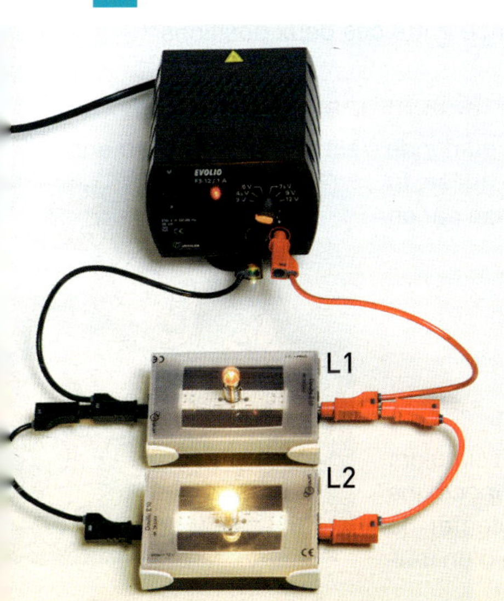

On branche en dérivation deux lampes L1 et L2 aux bornes d'un générateur de 3 V.
La lampe L1 est traversée par un courant d'intensité I_1 = 0,2 A, la lampe L2 est traversée par un courant d'intensité I_2 = 0,3 A.

1. Quelle est la tension aux bornes de chacune des lampes ?

2. Quelle est l'intensité dans la branche principale ?

21 Le petit train !

La lampe de la locomotive est allumée, mais le train électrique de Théo ne roule pas. La pile alimentant le train délivre une tension de 3 V et une intensité de 0,2 A.

1. Comment sont associés les deux dipôles récepteurs ?

2. Lorsque le moteur fonctionne :

a. sais-tu quelle est la tension aux bornes de chaque dipôle ?

b. sais-tu quelle est l'intensité du courant circulant dans chaque dipôle ?

3. Lorsque le moteur est détérioré :

a. sais-tu quelle est la tension aux bornes de chaque dipôle ?

b. sais-tu quelle est l'intensité du courant circulant dans chaque dipôle ?

22 Circuit mixte

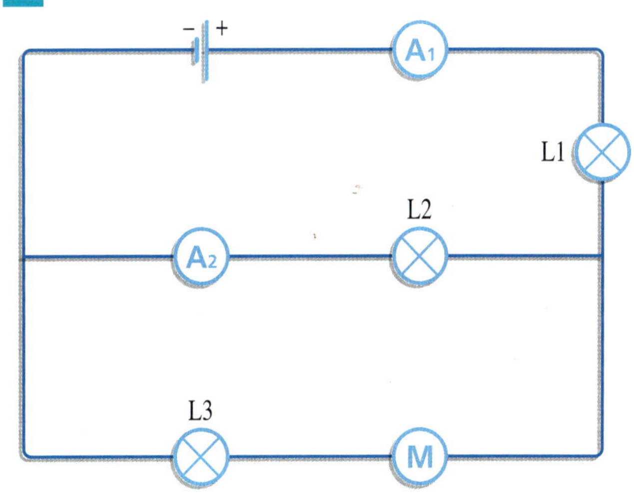

A1 indique 0,4 A ; A2 indique 150 mA.

1. Détermine l'intensité du courant circulant dans les lampes L1, L2, L3 et dans le moteur.

2. Sachant que la tension aux bornes du générateur est de 6 V, et que la tension aux bornes de la lampe L2 est de 2 V :

a. sais-tu quelle est la tension aux bornes de L1 ?

b. sais-tu quelle est la tension aux bornes de L3 ?

EXERCICES

J'approfondis...

23 Un problème de tension

Voici ce qu'on peut lire au dos de la boîte d'une guirlande.

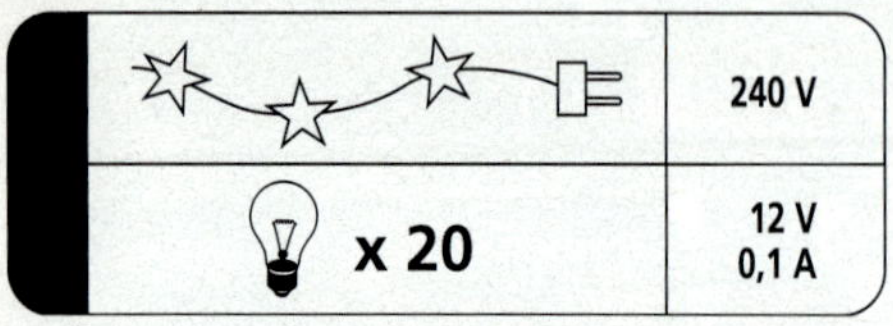

1. Compare la tension aux bornes du générateur à la tension nominale d'une lampe.
2. Les lampes sont-elles montées en série ou en dérivation ?
3. Schématise un circuit représentant cette guirlande.
4. Quelle est l'intensité du courant circulant dans ce circuit ?

24 Des lustres

Un lustre contient trois lampes associées en dérivation.

1. Sachant que les lampes sont toutes identiques entre elles, compare l'intensité du courant circulant dans chacune des lampes du lustre.
2. Trouve la relation entre l'intensité de la branche principale et l'intensité de chaque branche dérivée.

25 Circuit électrique d'une voiture

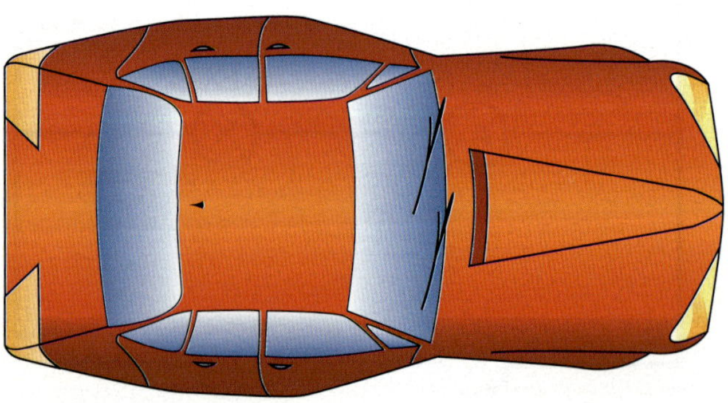

1. Comment s'appelle le générateur qui alimente les circuits électriques d'une voiture ?
   La tension à ses bornes est de 12 V.
2. Le circuit électrique alimentant les phares est-il un circuit en boucle simple ou un circuit avec dérivations ? Pourquoi ? Schématise ce circuit.
3. Quelle est la tension aux bornes de chaque dipôle récepteur ?
4. L'intensité du courant circulant dans un phare avant est 0,2 A, dans un phare arrière 0,1 A. Calcule l'intensité du courant circulant dans la branche principale.

26 Grillera, grillera pas ?

Le circuit principal de la prise est protégé par un fusible qui fond s'il est parcouru par un courant d'intensité supérieure à 2 A.
L'intensité du courant est 0,5 A dans chaque lampe, 0,15 A dans le lecteur DVD, dans la chaîne hi-fi 0,2 A et 1,0 A dans le téléviseur.

Pourquoi le fusible a-t-il fondu lorsqu'on a allumé la lampe ?

COUP DE POUCE
Réfléchis à la façon dont sont branchés les appareils électriques sur la prise de courant.

27 Un schéma plus simple qu'il n'y paraît

Voici le schéma électrique d'un jouet :

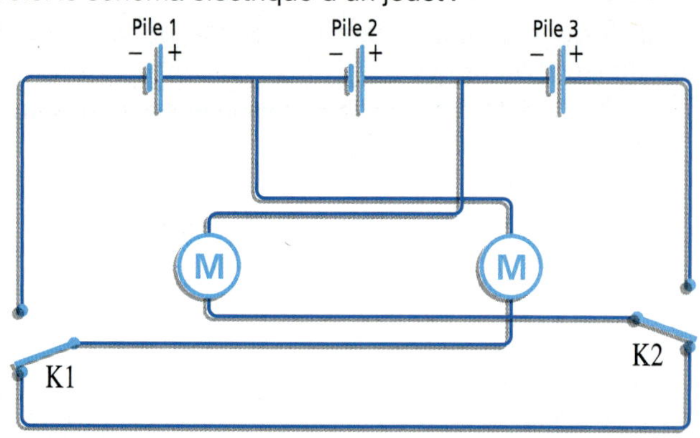

1. Dans le cas où les interrupteurs sont dans cette position, peux-tu déterminer si les deux moteurs tournent ?
2. La tension aux bornes de chaque pile vaut 1,5 V. Sachant que les moteurs sont identiques, quelle est la tension aux bornes de chaque moteur ? Justifie ta réponse.
3. Dans le cas où K1 et K2 sont positionnés vers le haut, quel moteur tourne ? Quelle est la tension aux bornes de chaque moteur ?
4. Quelle est la différence entre ces deux positions ?

28 À la recherche de la lampe grillée

Une lampe a grillé et la guirlande s'est éteinte brusquement.
Pour détecter la lampe grillée, tu vas modéliser la guirlande par un circuit comportant :
- un générateur de 12 V ;
- six lampes de tension nominale 2 V ;
- un interrupteur ;
- des fils de connexion.

1. Schématise le circuit simulant la guirlande, puis propose une méthode pour détecter la lampe grillée à l'aide d'un multimètre.
2. Quelle grandeur vas-tu mesurer ? Pourquoi sera-t-elle différente pour la lampe grillée ?

COUP DE POUCE
Une lampe grillée est équivalente à un interrupteur ouvert.

INVESTIGATION MÈNE L'ENQUÊTE !!

29 Adaptation de dipôles associés en série

Comment peux-tu faire briller simultanément deux lampes de tension nominale 4,5 V avec une pile de 9 V ?

Ta démarche

Rédige un protocole comportant :
- une liste du matériel que tu dois utiliser ;
- un schéma du ou des montages à réaliser ;
- des explications sur ce qu'il faut observer.

30 Qui suis-je ?

- Je suis un circuit électrique formé d'une branche principale et de deux branches dérivées.
- Je contiens une pile de 4,5 V, un moteur et deux lampes.
- La tension aux bornes de mon moteur est de 2 V et celle aux bornes d'une de mes lampes est 4,5 V.

→ **Peux-tu trouver quelle est la tension aux bornes de ma seconde lampe ? Profites-en pour me représenter...**

31 Boucle simple ou dérivations ?

Grégoire a réalisé un circuit électrique avec une pile et deux lampes identiques. Il a ensuite caché les fils avec du carton : seules les bornes des dipôles sont apparentes.

→ **Comment peux-tu, avec l'aide d'un multimètre, déterminer la nature du circuit ?**

32 À la recherche de la bonne tension

Avec le matériel ci-dessous, on veut réaliser un circuit pour lequel la tension aux bornes du générateur est égale à la tension aux bornes du moteur mais différente de la tension aux bornes de chaque lampe.

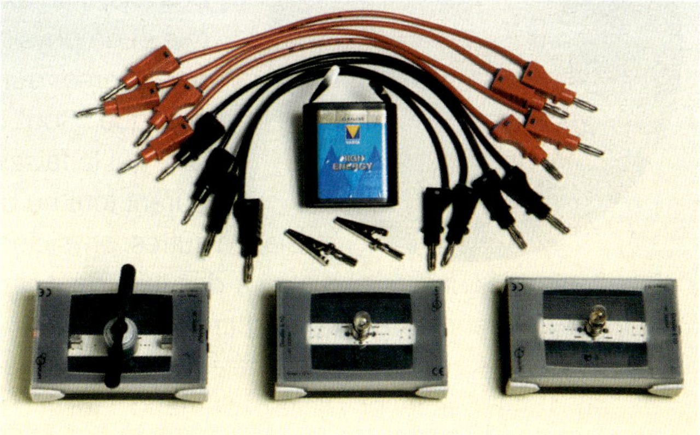

Comment réaliserais-tu ce circuit ?

Ta démarche

Rédige un protocole comportant :
- un schéma du ou des montages à utiliser ;
- des explications sur ce qu'il faut observer.

Une expérience simple et amusante

Lorsque tu appuies sur les deux interrupteurs en même temps, les deux lampes s'allument-elles de la même façon ? Pourquoi ?

Questions pour un champion

- Réalise un circuit électrique avec une pile dans la branche principale, une lampe (entoure l'ampoule de papier rouge) et un interrupteur dans la première branche dérivée, la seconde lampe (entoure l'ampoule de papier vert) et le second interrupteur dans la seconde branche dérivée.

- À toi de jouer au présentateur : interroge ton camarade.
Si sa réponse est exacte, appuie sur le bouton associé à la lampe verte.
Si la réponse est fausse, c'est la lampe rouge qui doit s'allumer.
Lorsque la partie est terminée, compte les points de chacun et annonce qui est le vainqueur !

Matériel
- une pile
- deux lampes identiques
- deux interrupteurs-boutons
- du papier de couleur (vert et rouge)

De la naissance des lois

Les lois de la tension et du courant sont des lois physiques parmi d'autres.
Elles ont été énoncées il y a 150 ans, mais sont encore d'actualité.
Elles sont même utilisées dans ton quotidien, sans que tu t'en rendes compte.

Histoire — *Des lois et leur découverte*

Gustav Kirchhoff.

Des lois, il en existe dans tous les domaines scientifiques, en particulier en chimie et en physique... La loi la plus ancienne connue est celle d'Archimède : ce savant grec, qui vivait au IIIe siècle avant notre ère, a réalisé un jour, dans son bain, que « tout corps plongé dans l'eau subissait une poussée du bas vers le haut » qui le faisait flotter... Il se serait écrié « Eurêka ! » (« J'ai trouvé ! » en grec) en courant tout nu dans les rues de la ville !

Bien d'autres physiciens ont donné leur nom à des lois (dont un certain Ohm que l'on rencontrera au chapitre « Électricité 4 »).
Les lois de ce chapitre ont été énoncées pour la première fois en 1844 par le physicien allemand Gustav Kirchhoff, qui n'avait alors que 20 ans. Ces lois (appelées aujourd'hui lois de Kirchhoff) régissent toujours notre façon de concevoir l'électricité dans la vie quotidienne.

Questions

1. En recherchant des informations dans les chapitres « Électricité 1 » et « Électricité 2 », classe chronologiquement les découvertes de Volta, Ampère et Kirchhoff.
2. Cherche des informations sur l'un des trois savants cités dans ce texte et écris une petite biographie.

Énergie — *L'énergie électrique consommée*

Le compteur électrique mesure l'énergie consommée par les appareils électriques. Cette énergie se mesure en kilowattheures ; elle dépend de la puissance des appareils électriques, exprimée en watts ou en kilowatts, ainsi que de leur durée de fonctionnement, exprimée en heures.

La compagnie d'électricité établit les factures grâce aux relevés de consommation en repérant l'énergie consommée en deux mois. Il lui suffit de multiplier cette valeur par le prix du kilowattheure.

Exemple : pour une lampe de 80 watts allumée pendant trois heures, l'énergie électrique consommée : est 80 x 3 = 240 wattheures.

Evolution de votre consommation en kWh
Les chiffres en gras correspondent aux consommations relevée
électricité

nov. 05	juin 06	juil. 06	sept. 06	nov. 06
299	**120**	274	224	**269**

Questions

1. D'après la photographie de la facture, détermine le symbole du kilowattheure.
2. Exprime 240 wattheures en kilowattheures.
3. Cherche sur Internet ou dans un dictionnaire d'autres unités pour l'énergie.

à leur utilisation

Vie quotidienne *L'électricité à la maison*

La plupart des appareils électriques domestiques ont une tension nominale de 220 V à 240 V. En effet, la compagnie d'électricité fournit un « générateur » de tension 230 V aux particuliers (on parle de la tension du secteur) : tous les appareils de l'installation domestique sont branchés en dérivation sur ce générateur. D'après la loi d'unicité de la tension, ils ont donc tous une tension à leurs bornes de 230 V, et sont donc utilisés dans les bonnes conditions d'adaptation.

L'intensité du courant électrique fournie se répartit alors entre les différents appareils selon la loi d'additivité de l'intensité du courant : plus il y a d'appareils en fonctionnement en même temps, plus l'intensité totale fournie par le générateur sera élevée. En effet, chaque appareil nécessite une intensité donnée du courant électrique pour fonctionner correctement.

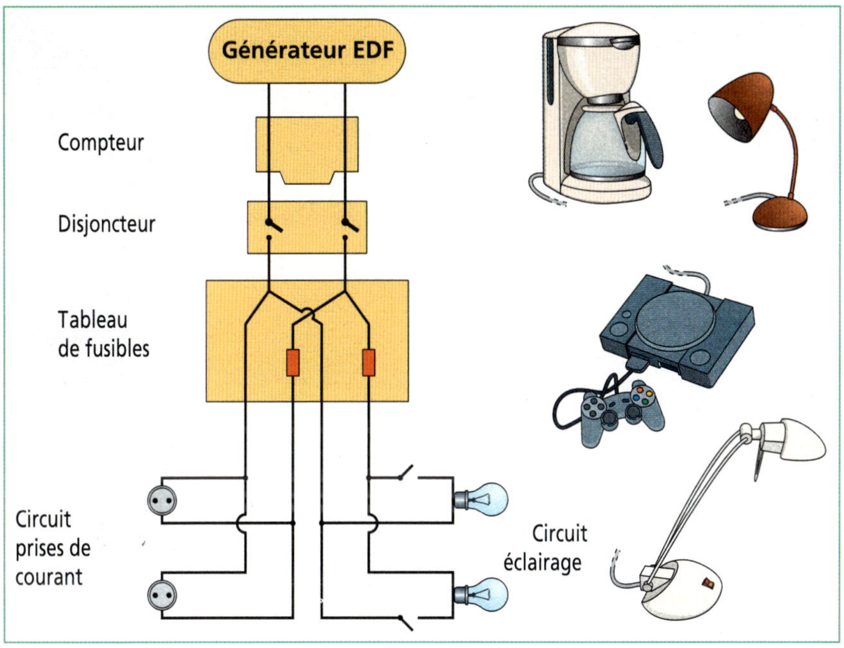

Questions

1. Pourquoi les appareils domestiques sont-ils branchés en dérivation et non en série ?
2. Quelques appareils spécifiques (téléphone portable, lecteur mp3...) ont une tension nominale inférieure à 220 V. Quelle est la particularité du cordon qui les relie au secteur ? Quel est le nom du composant qui permet de modifier la tension ?

MÉTIER Électronicien automobile

Valério (21 ans)
- Salarié
- Garage Courtois (Cernay)
- Bac Pro Renault

UNE CARROSSERIE PLEINE DE FILS

« Les automobiles développées aujourd'hui sont bourrées d'électronique. Dans le garage, j'utilise l'outil informatique pour déceler les pannes du système. Après cette étape du diagnostic, il faut établir un devis et aller au devant du client pour lui expliquer les dysfonctionnements de son véhicule et ainsi justifier le coût de la réparation. Je répare parfois la panne, mais le plus souvent la voiture est prise en charge par d'autres. Aujourd'hui, je poursuis en alternance mes études avec un BTS automobile pour me spécialiser en expertise ou en vente… et, pourquoi pas, tenter une licence professionnelle de designer automobile. » *Propos recueillis par Étienne H.* ■

« J'utilise l'outil informatique pour déceler les pannes du système. »

Une nouvelle grandeur :

**Ces oiseaux, posés sur un câble à haute tension non isolé, ne sont pas en danger.
Tu sauras pourquoi à la fin de ce chapitre…**

Dans ce chapitre tu vas...

- **découvrir** un nouveau type de dipôle ;
- **étudier** les propriétés de ce type de dipôle ;
- **mesurer** une nouvelle grandeur, la résistance.

la résistance électrique

Cette voiture a un profil étudié pour minimiser la résistance à l'air. Le mot « résistance » indique toujours une opposition à quelque chose.

À ton avis, à quoi pourrait s'opposer un dipôle qui « résiste » ?

Dans la plupart des circuits électroniques, on trouve des résistances radio, qui font partie de ce que l'on appelle les *dipôles ohmiques*.

À quoi peuvent servir ces dipôles ?

Une plaque de cuisson vitrocéramique en fonctionnement.

Saurais-tu expliquer pourquoi la spirale devient rouge ?

ACTIVITÉ 1 Découvrir les propriétés des

INVESTIGATION A Classer différents objets conducteurs*

Parmi les objets conducteurs, certains conduisent mieux le courant électrique que d'autres.

? Comment classer les objets ci-contre du meilleur au moins bon conducteur ?

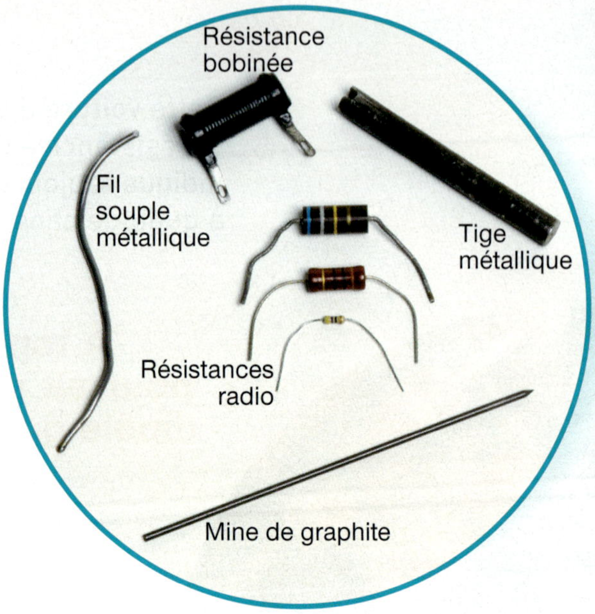

Ta démarche

- **Propose une hypothèse :** Imagine une méthode expérimentale pour classer les différents objets.
- **Réalise une expérience :** Classe les différents objets en réalisant ton montage.
- **Conclus :** Ton classement te semble-t-il précis ? Comment est l'intensité du courant selon que l'objet est un plus ou moins bon conducteur ?

Matériel

- un générateur
- une lampe
- un multimètre
- des fils de connexion

INVESTIGATION B Étudier l'influence de la position du dipôle

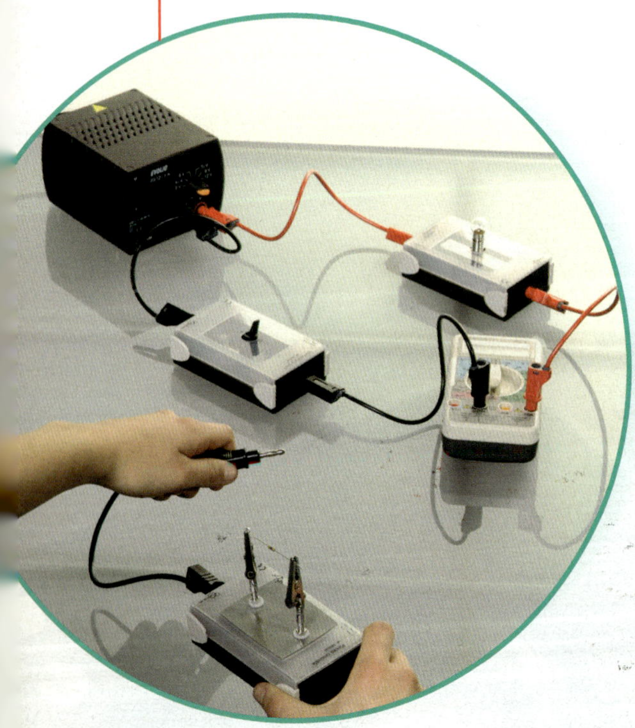

Les dipôles utilisés dans l'investigation A s'appellent des dipôles ohmiques.
Insérons un de ces dipôles dans le circuit ci-contre.

? À ton avis, quelle différence observera-t-on si on insère le dipôle ohmique à différents endroits du circuit ?

Ta démarche

- **Propose une hypothèse :** Essaie de prévoir ce que tu vas observer.
- **Réalise une expérience :** Pour chaque position possible du dipôle ohmique, schématise le circuit puis réalise-le. (Le symbole normalisé d'un dipôle ohmique est un rectangle : –▭–)
- **Conclus :** La position d'un dipôle ohmique dans une branche de circuit a-t-elle une importance ?

dipôles ohmiques

EXPÉRIENCE C Étudier l'effet Joule

Objectif : Chaque dipôle produit certains effets lorsqu'il est parcouru par un courant : la lampe transforme l'énergie électrique en énergie lumineuse, le moteur la transforme en énergie de mouvement... Pour un dipôle ohmique, il s'agit de l'effet Joule : nous allons voir en quoi il consiste.

Je réalise des expériences

Expérience 1

- Réalise le montage ci-dessous.
- Pendant les cinq premières minutes, relève régulièrement la température du dipôle ohmique avec un thermomètre.

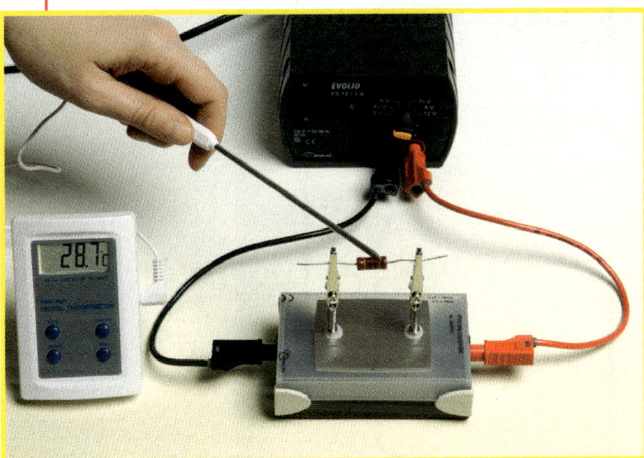

Expérience 2

- Réalise le montage ci-dessous, puis augmente la tension du générateur.

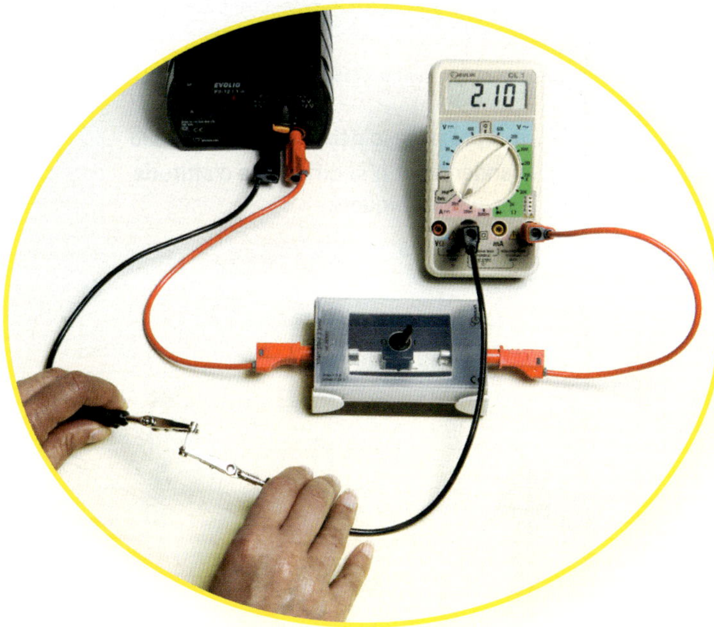

- Au-delà d'une certaine intensité dans le circuit, le fusible* « grille ».

▲ Un fusible intact et un fusible grillé.

J'exploite les résultats

Observe
1. D'après l'expérience 1, en quoi consiste l'effet Joule ?
2. Quelle a été sa conséquence dans l'expérience 2 ?

Interprète
3. À quelle condition le fil du fusible fond-il ?

Conclus
4. À ton avis, pourquoi la ventilation est-elle nécessaire dans de nombreux appareils électriques ?
5. À quoi peut servir un fusible dans une installation électrique domestique ?

Mini-dico

Conducteur : matériau qui laisse passer le courant électrique.

Fusible : petit fil métallique qui peut fondre dans certaines conditions.

Vers le bilan... À quoi peuvent servir les dipôles ohmiques ?

ACTIVITÉ 2 Comprendre et mesurer la re

DOCUMENT A Comprendre la résistance électrique

Objectif : Si un dipôle ohmique laisse passer moins de courant qu'un autre, on dit qu'il a une plus grande résistance électrique. Essayons de comprendre grâce à une analogie* à quoi on peut comparer cette résistance.

J'étudie un document

Comme on l'a fait au chapitre *Électricité 1* (p. 90-91), on peut comparer une branche de circuit électrique comportant un dipôle ohmique à une piste de ski.

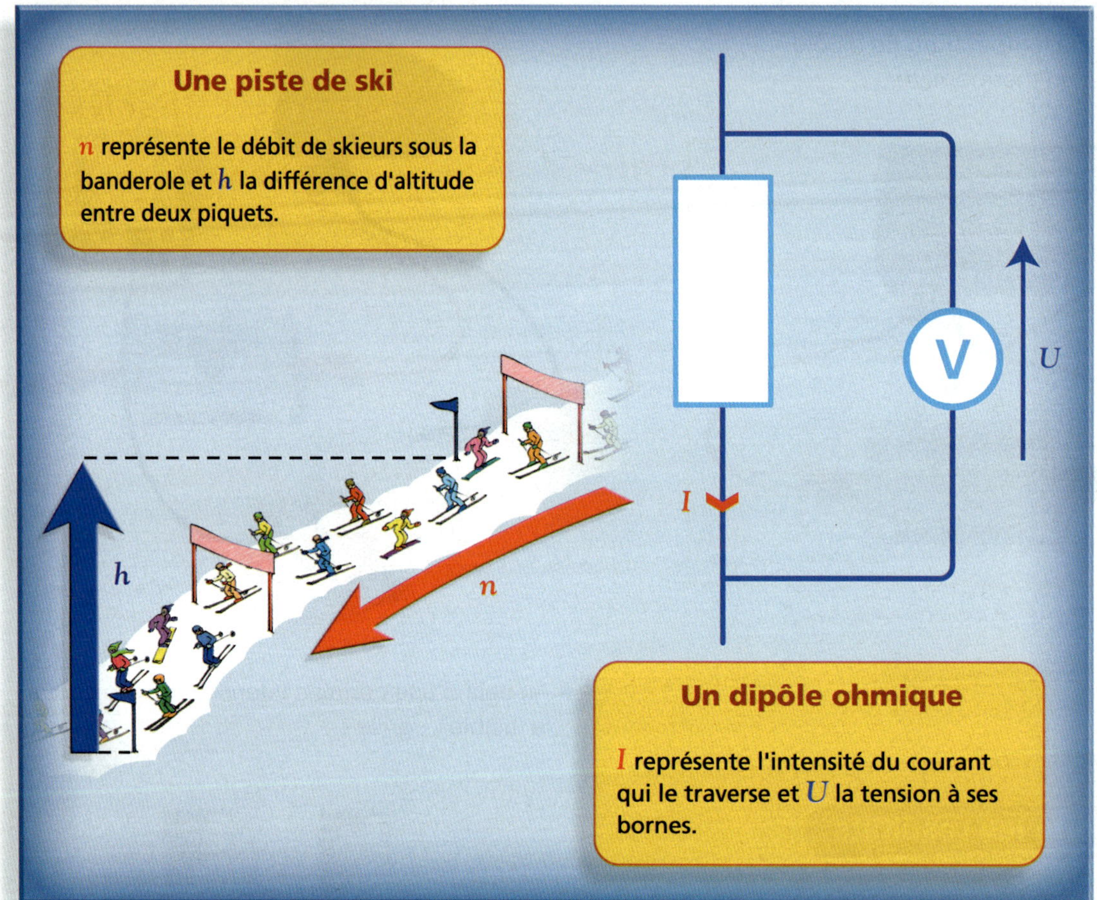

J'exploite le document

Analyse

1. Dans cette comparaison, à quoi correspond la tension U entre les deux bornes du dipôle ? À quoi correspond l'intensité I du courant qui traverse ce dipôle ?
2. Pour deux pistes ayant la même différence d'altitude, de quoi dépend le nombre de skieurs franchissant chaque minute la ligne d'arrivée ?

Interprète

3. Recopie le dessin de la piste de ski, puis dessine une autre piste correspondant à un dipôle de résistance plus petite.

Conclus

4. À quoi peux-tu comparer la résistance d'un dipôle ohmique ?

...sistance électrique

EXPÉRIENCE B Mesurer une résistance avec un ohmmètre

Objectif : Tu as déjà utilisé un multimètre pour mesurer la tension aux bornes d'un dipôle ou l'intensité du courant électrique dans un circuit. Le multimètre permet aussi de mesurer la résistance d'un dipôle, notée R et dont l'unité est l'ohm (Ω).

Je réalise une expérience

- Cherche sur le multimètre des indications liées à une mesure de résistance.
- Indique les zones où ces indications se trouvent.
- Cherche à quoi correspondent les différents calibres sur lesquels tu peux placer le curseur.

Comment mesurer la résistance électrique d'un dipôle ?

- Placer le curseur sur le plus grand calibre de l'ohmmètre.
- Toujours brancher l'ohmmètre aux bornes du dipôle seul (le dipôle ne doit pas être relié à d'autres dipôles). Utiliser pour cela les bornes Ω et COM.
- La résistance du dipôle s'affiche en ohms (Ω), en kilohms (kΩ) ou en mégohms (MΩ).
- Positionner le curseur sur le meilleur calibre.

▲ **a. Notice d'utilisation d'un ohmmètre.**

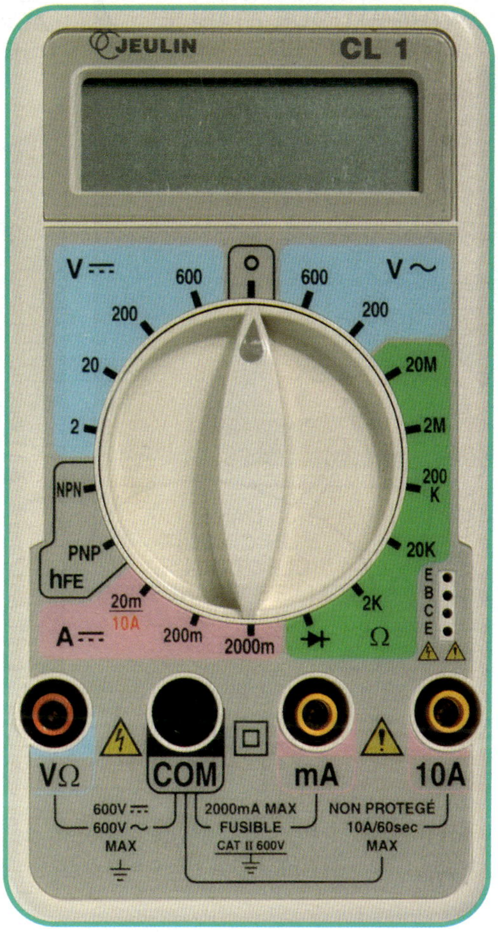

▲ **b. Photographie du multimètre.**

J'exploite les résultats

Observe

1. Quelles sont les étapes essentielles pour mesurer la résistance d'un dipôle à l'aide d'un multimètre ?
2. Le sens de branchement du dipôle a-t-il une importance ?

Conclus

3. Quelle est la différence entre la mesure d'une résistance et la mesure d'une tension ou d'une intensité ?

Mini-dico

Analogie : comparaison entre deux situations différentes mais ayant des caractéristiques communes.

Calibre : position du curseur d'un appareil de mesure, indiquant une valeur maximale à mesurer.

Méga- (M) : préfixe multipliant par 1 000 000 (voir fin du manuel).

Vers le bilan... Les dipôles ohmiques sont parfois appelés « résistances ». Pourquoi ?

ACTIVITÉ 3 Découvrir la loi d'Ohm

! Une relation entre des grandeurs

EXPÉRIENCE A Mesurer des valeurs de U et I pour un dipôle ohmique

Objectif : Pour différentes valeurs de la tension U à ses bornes, on souhaite mesurer l'intensité I qui traverse un dipôle ohmique de résistance* R.

Je réalise des expériences

- Propose le schéma d'un circuit utilisant le matériel ci-contre et permettant de faire les mesures de U et de I pour le dipôle ohmique.
- Réalise le montage et regroupe tes résultats dans un tableau.

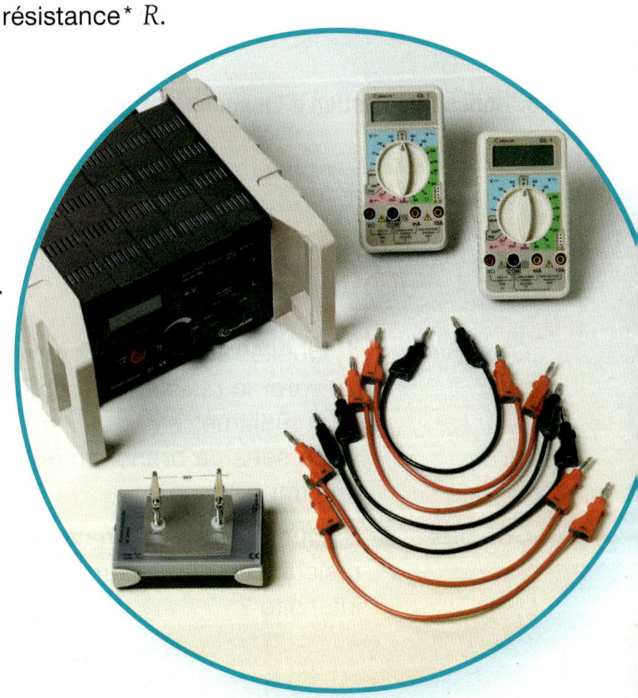

J'exploite les résultats

Observe et Interprète

1. Combien de mesures proposes-tu de faire ?

2. Sur quoi agis-tu pour mesurer différentes valeurs de U et I ?

Conclus

3. Comment évolue l'intensité quand la tension augmente ?

EXPÉRIENCE **B**
Tracer un graphique pour trouver une loi

Objectif : En physique, on utilise souvent la représentation graphique, obtenue par une série de mesures, pour chercher une relation entre deux grandeurs. Tu vas chercher la loi qui relie U et I pour un dipôle ohmique, en utilisant, par exemple, les mesures de l'expérience précédente.

Je réalise une expérience

Voir méthode p. 218

- À partir des mesures que tu auras effectuées, représente graphiquement les points correspondant à chaque couple de mesures (U, I). Le graphique obtenu s'appelle la caractéristique* du dipôle.
- À l'aide d'un ohmmètre, mesure la résistance R du dipôle.

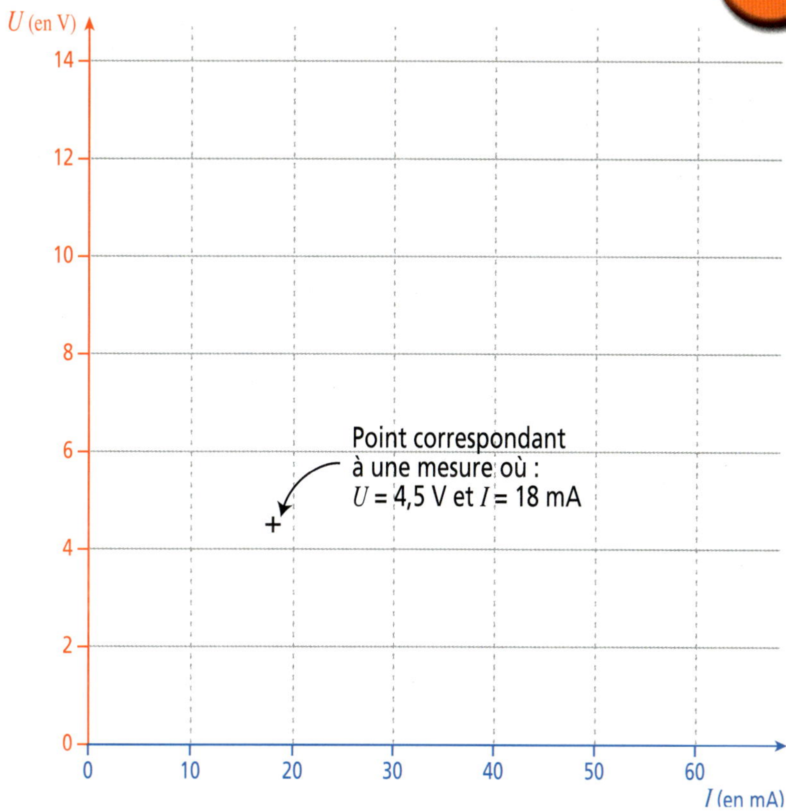

▲ **Exemple de graphe sur lequel on a reporté une mesure.**

J'exploite les résultats

Observe 1. Quelle est l'allure de la courbe obtenue ?

Interprète 2. Quand on obtient ce type de courbe, quel type de relation existe-t-il entre les deux grandeurs ?
3. Vérifie cette relation en calculant le quotient $\frac{U}{I}$ pour plusieurs points de la courbe ; tu prendras U en volts et I en ampères.
4. Compare le quotient que tu as trouvé à la résistance R que tu as mesurée.

Conclus 5. La loi d'Ohm est la relation entre U, I et R pour un dipôle ohmique : écris la loi d'Ohm et précise l'unité de chaque grandeur.

Mini-dico

Caractéristique : courbe représentant les variations de la tension en fonction de l'intensité (ou de l'intensité en fonction de la tension) pour un dipôle.

Résistance : grandeur électrique associée à un dipôle ohmique et mesurée par un ohmmètre ; elle est notée R et exprimée en ohms (Ω).

Vers le bilan... D'où vient le nom « dipôle ohmique » ?

BILAN

1 Propriétés des dipôles ohmiques

- Un **dipôle ohmique** est plus ou moins conducteur du courant : s'il est plus conducteur, l'intensité du courant qui le traverse est plus grande. 1A p. 136
- La position du dipôle dans une branche de circuit n'a pas d'importance.
- Le symbole normalisé d'un dipôle ohmique est un rectangle. 1B p. 136

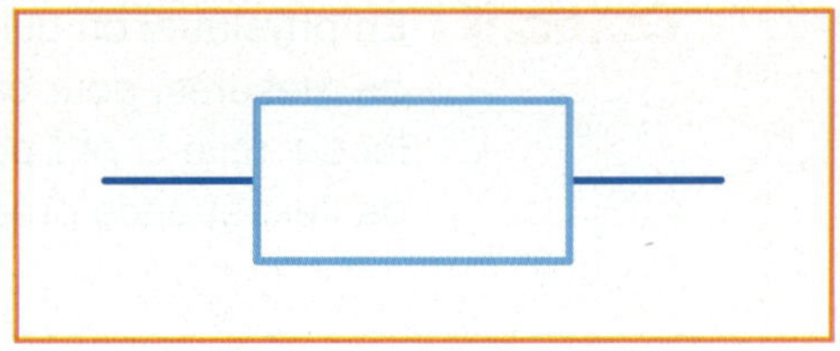

Symbole normalisé d'un dipôle ohmique.

- Lorsqu'un dipôle ohmique est parcouru par un courant électrique, il s'échauffe. L'énergie électrique se transforme en énergie thermique : c'est l'**effet Joule**, qui augmente quand l'intensité du courant augmente.
Cette propriété peut être utile (dans les appareils de chauffage) ou gênante (elle oblige à ventiler les circuits électroniques).
- Un **fusible** est un dipôle ohmique qui fond si l'intensité dépasse une certaine valeur ; il permet de protéger les appareils d'une installation électrique. 1C p. 137

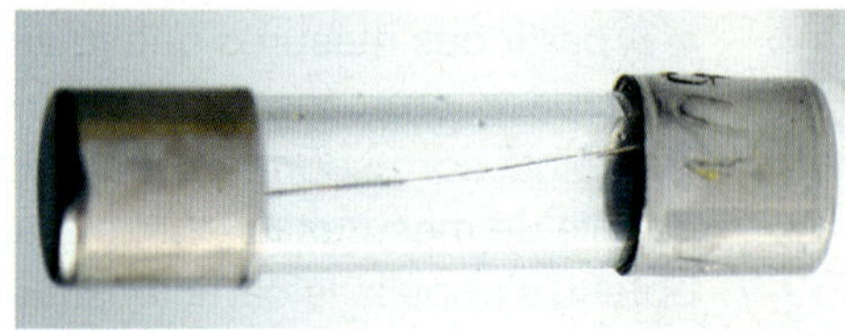

Un fusible.

2 La résistance électrique et sa mesure

- Un dipôle ohmique résiste plus ou moins au passage du courant électrique. Pour une même tension, plus la **résistance électrique** R d'un dipôle ohmique est grande, plus l'intensité du courant électrique I qui le traverse est petite. Un dipôle de résistance faible est donc un meilleur conducteur qu'un dipôle de grande résistance. 2A p. 138
- La résistance électrique R a pour unité l'ohm (en référence au physicien allemand Georg Simon Ohm), de symbole Ω.
On mesure la résistance électrique aux bornes d'un dipôle avec un multimètre utilisé en **ohmmètre** (bornes Ω et COM).
Pour cela, le dipôle doit être déconnecté de tout circuit. Le sens de branchement n'a pas d'importance. 2B p. 139

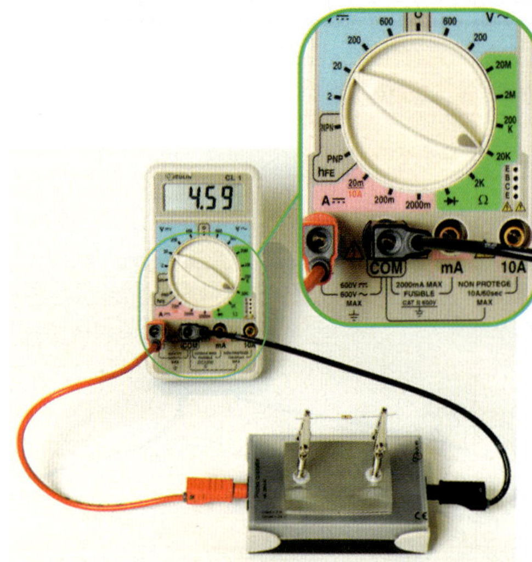

Mesure de la résistance d'un dipôle ohmique.

3 La loi d'Ohm

- Pour un dipôle ohmique, l'intensité I et la tension U sont reliées par :

$$\boxed{U = R \times I}$$

avec I en ampères, U en volts et R en ohms.

Cette relation de proportionnalité s'appelle la **loi d'Ohm**.
Le coefficient de proportionnalité est égal à la valeur de la résistance R.

- Cette proportionnalité se traduit graphiquement par une droite passant par l'origine, appelée **caractéristique du dipôle**.
Pour tracer la caractéristique du dipôle, on réalise le circuit électrique ci-contre. 3A et 3B p. 140-141

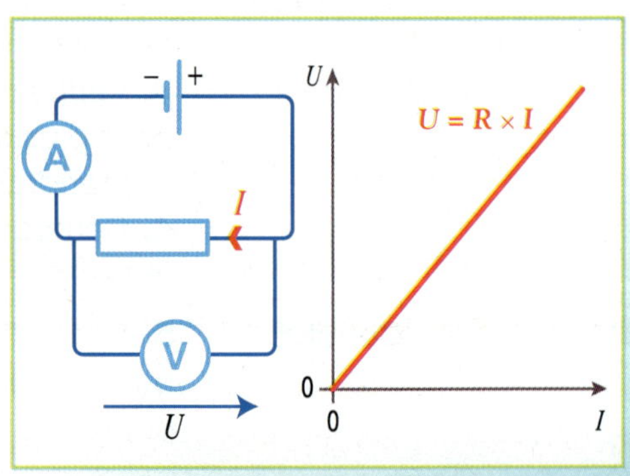

Tracé de la caractéristique d'un dipôle ohmique : montage et graphe.

- La relation entre U, R et I peut aussi s'écrire :

$$I = \frac{U}{R} \quad \text{ou} \quad R = \frac{U}{I}$$

L'ESSENTIEL

par l'image

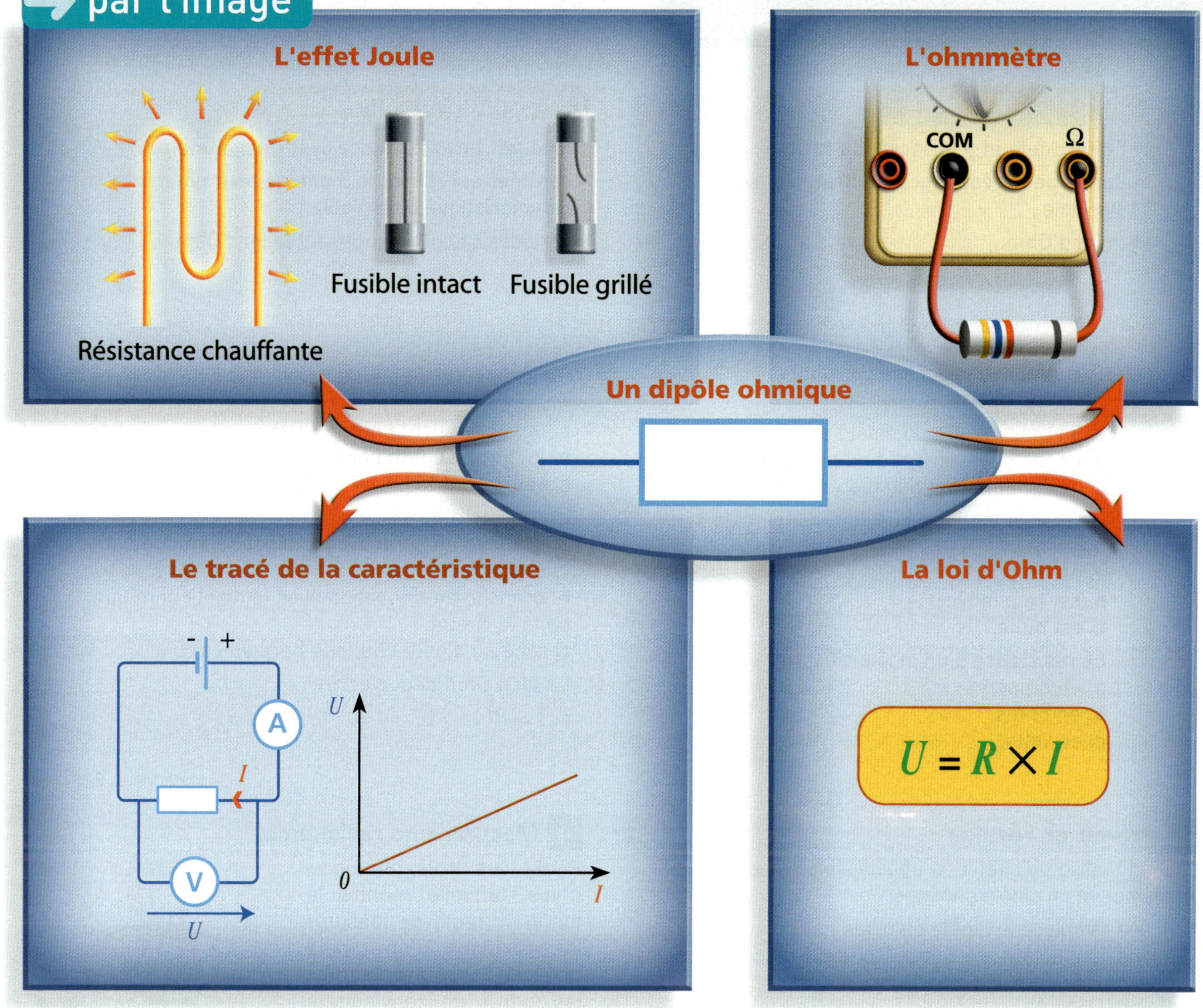

par le texte

- Un dipôle ohmique s'échauffe lorsqu'il est parcouru par un courant : c'est l'effet Joule. En particulier, un fusible fond lorsque l'intensité du courant dépasse une certaine valeur.
- On mesure la résistance d'un dipôle, non relié à un circuit, avec un ohmmètre.
- Loi d'Ohm : la tension U aux bornes d'un dipôle ohmique est égale au produit de la valeur R de la résistance par l'intensité I du courant qui le traverse :

$$U = R \times I$$

U en volts (V) — R en ohms (Ω) — I en ampères (A)

- La caractéristique d'un dipôle ohmique est une droite passant par l'origine.

Mots nouveaux

Effet Joule : échauffement d'un dipôle ohmique au passage d'un courant.

Résistance électrique : grandeur électrique associée à un dipôle ohmique et exprimée en ohms (Ω).

Caractéristique d'un dipôle : graphique représentant la tension aux bornes d'un dipôle en fonction de l'intensité qui le traverse (ou l'inverse).

Ohmmètre : position du multimètre (bornes Ω et COM) permettant de mesurer une résistance.

Dipôle ohmique : dipôle qui obéit à la loi d'Ohm.

EXERCICES

Je vérifie mes connaissances

Je dois connaître

- l'effet Joule et le principe du fusible ;
- l'unité de la résistance électrique et son symbole ;
- la loi d'Ohm.

Je dois être capable de

- mesurer une résistance avec un ohmmètre ;
- dessiner et réaliser le montage pour obtenir la caractéristique d'un dipôle ;
- faire des calculs en utilisant la loi d'Ohm.

Test

Choisis la ou les réponses possibles.

1. L'effet Joule est :
   a. un mouvement du dipôle ohmique.
   b. un refroidissement du dipôle ohmique.
   c. un échauffement du dipôle ohmique.
2. Un fusible fond lorsque l'intensité qui le traverse :
   a. est trop forte.
   b. est trop faible.
   c. est nulle.
3. La résistance d'un dipôle s'exprime :
   a. en ampères.
   b. en ohms.
   c. en volts.
4. Pour mesurer la résistance d'un dipôle avec un multimètre, on utilise :
   a. la borne Ω et la borne COM.
   b. la borne Ω et la borne mA.
   c. seulement la borne Ω.
5. L'ohmmètre doit être :
   a. branché en série avec le dipôle ohmique dans le circuit.
   b. branché en dérivation avec le dipôle ohmique dans le circuit.
   c. relié au dipôle ohmique hors du circuit.
6. La loi d'Ohm peut s'écrire :
   a. $I = RU$. **b.** $I = \frac{R}{U}$. **c.** $I = \frac{U}{R}$.

Corrections p. 222

1 Prévoir un résultat

Luanna réalise un circuit en boucle simple avec une pile, une lampe et un dipôle ohmique.

1. Si elle remplace le dipôle ohmique par un autre qui est moins conducteur, est-ce que l'intensité du courant sera plus grande ou plus petite ?
2. Luanna échange les positions du dipôle ohmique et de la lampe. Quelle est la conséquence sur l'intensité du courant circulant dans le circuit ?

2 Connaître l'effet Joule

1. Que mesure-t-on pour mettre en évidence l'effet Joule ?
2. Cite un appareil qui utilise cet effet.
3. Cite un appareil dans lequel on doit lutter contre cet effet.

3 Choisir la bonne réponse

Recopie chacune des phrases suivantes en choisissant le mot qui convient.

a. Si on remplace un dipôle ohmique par un autre ayant une plus grande résistance, cela *abaisse / élève* l'intensité du courant dans le circuit.

b. Augmenter la résistance dans un circuit, c'est comme *ajouter / supprimer* des obstacles sur le chemin du courant.

c. Un dipôle ayant une grande résistance est comme une piste de ski *large / étroite*.

d. Une résistance s'exprime *en ampères / en ohms / en volts*.

4 Mesurer une résistance

Parmi ces trois photographies, laquelle montre la façon correcte de mesurer la résistance d'un dipôle ohmique ? Explique pourquoi les autres ne conviennent pas.

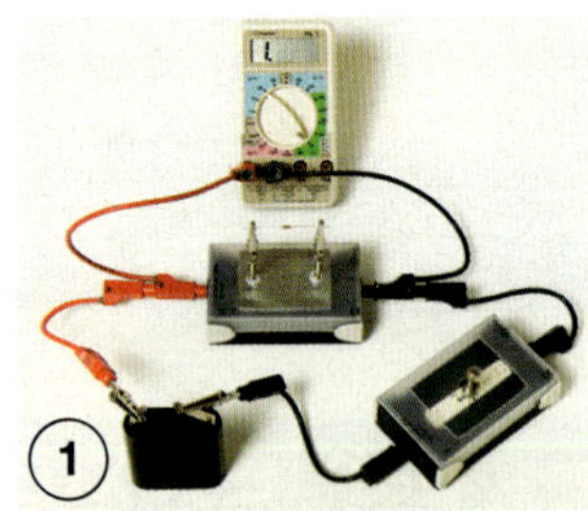

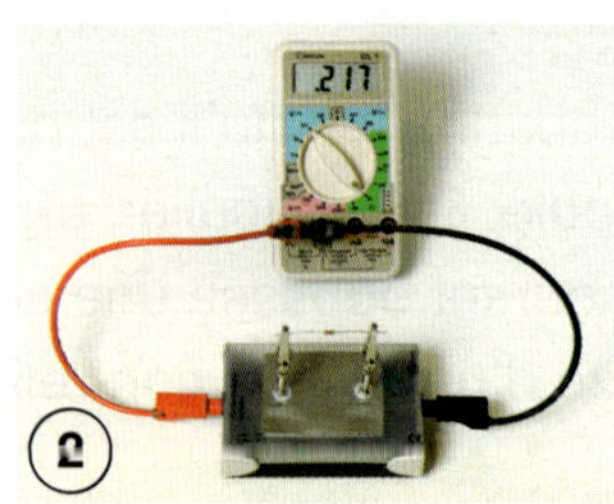

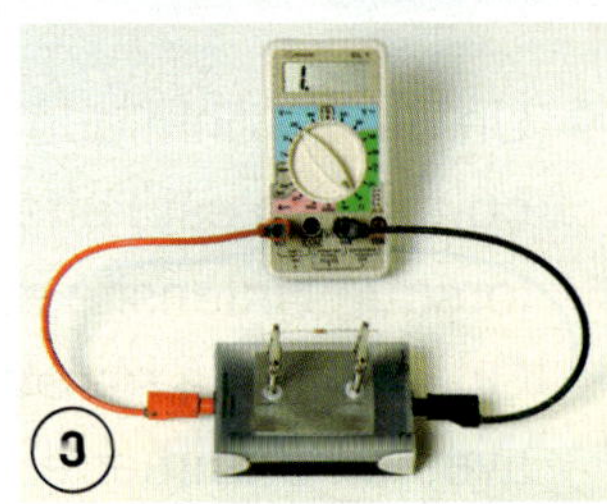

5 Choisir un calibre

Un multimètre utilisé en ohmmètre possède des calibres marqués 2k, 20k, 200k, 2M et 20M.

1. Que signifient ces indications lorsqu'on place le curseur sur l'une d'entre elles ?
2. Indique alors sur quel calibre tu dois placer le curseur pour mesurer précisément chacune des résistances suivantes :
   a. 1 000 Ω ; **b.** 3 300 Ω ; **c.** 47 Ω ;
   d. 1,6 kΩ ; **e.** 150 000 Ω ; **f.** 1 MΩ.

6 Tracer expérimentalement une caractéristique

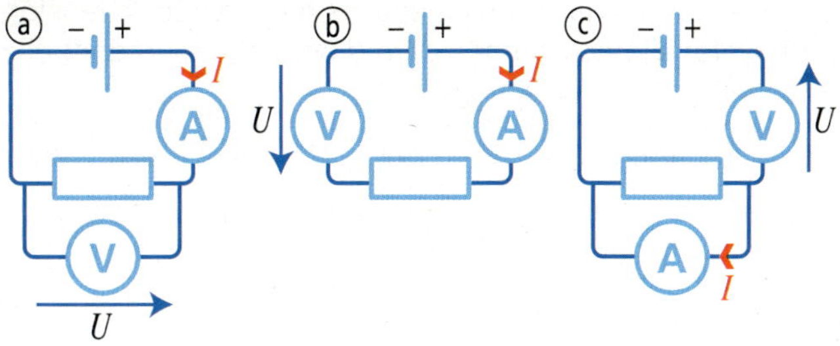

Parmi ces trois montages, lequel réaliserais-tu pour mesurer expérimentalement la tension U aux bornes du dipôle ohmique en fonction de l'intensité I qui le parcourt ? Argumente ta réponse en expliquant ton choix et pourquoi les autres ne sont pas corrects.

7 Interpréter une caractéristique

Hélèna et Adrien ont tracé les caractéristiques de deux dipôles inconnus.

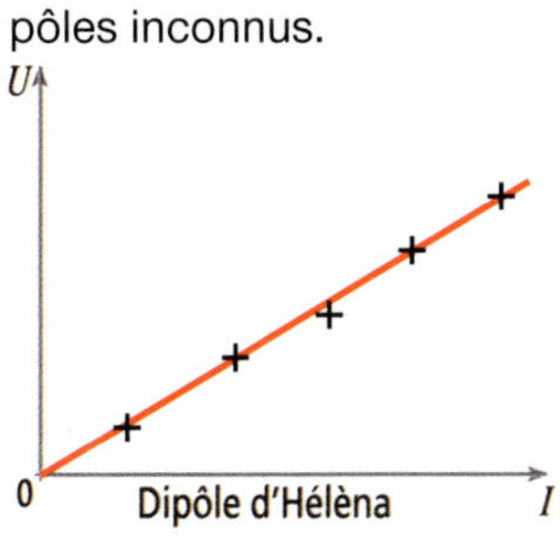

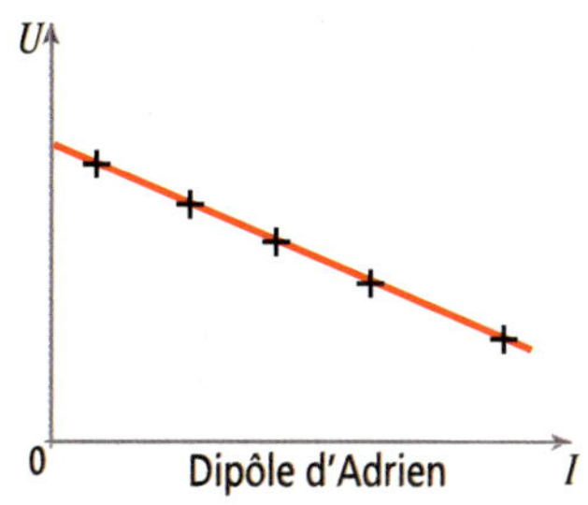

Lequel des deux dipôles est un dipôle ohmique ? Argumente ta réponse.

8 Connaître une loi

1. Donne la relation entre la tension U et l'intensité I aux bornes d'un dipôle de résistance R.

2. Comment appelle-t-on cette loi ?

3. Précise les unités des différentes grandeurs présentes dans cette relation.

Français

9 À toi d'expliquer !

Qui a raison ? Explique bien tes arguments ; pour cela, utilise des liens logiques (**si ... alors ..., donc, car, or,** etc.).

J'applique...

10 Lire un graphique

Exercice corrigé

Énoncé

On a tracé la caractéristique suivante pour un dipôle ohmique.

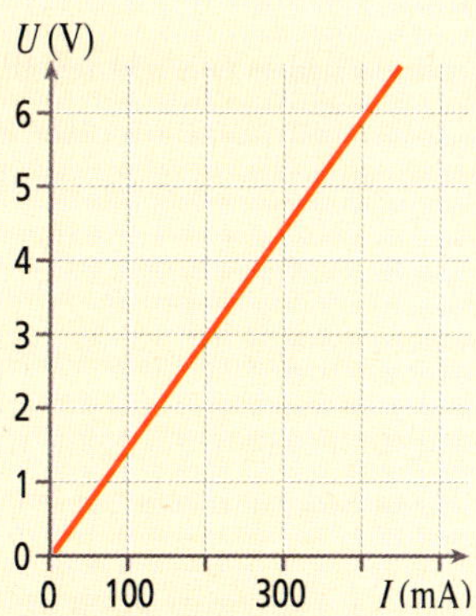

1. À partir de cette caractéristique, calcule la valeur de sa résistance R.

2. S'il est parcouru par un courant d'intensité $I = 0{,}2$ A, quelle est la tension U à ses bornes ?

3. Si maintenant la tension à ses bornes est $U = 24$ V, quelle est l'intensité I du courant ?

4. Dans la même boîte se trouve un autre dipôle ohmique dont la résistance est 50 Ω. Pour lequel des deux l'intensité du courant qui le traverse est-elle la plus grande ?

Correction

1. Pour un dipôle ohmique, la résistance est égale au quotient $\frac{U}{I}$ pour n'importe quel point de la droite.
On choisit un point pour lequel on arrive facilement à lire les coordonnées, par exemple le point d'abscisse $I = 400$ mA ; son ordonnée est $U = 6$ V. Attention, pour obtenir la résistance en *ohms* il faut bien diviser la tension en *volts* par l'intensité en *ampères*. On commence donc par convertir l'intensité : $I = 400$ mA $= 0{,}4$ A.
On peut alors calculer : $R = \frac{6}{0{,}4}$ soit $R = 15\ \Omega$.

2. Pour cette question, il y a deux méthodes possibles.
- On peut chercher sur la courbe le point d'abscisse $I = 0{,}2$ A $= 200$ mA : son ordonnée est $U = 3$ V.
- On peut aussi utiliser la loi d'Ohm : $U = R \times I = 15 \times 0{,}2$ soit $U = 3$ V.

3. Le point d'ordonnée $U = 24$ V n'apparaît pas sur le graphique, qui n'indique les tensions que jusqu'à 6 V. Il faut donc utiliser la loi d'Ohm :
$I = \frac{U}{R} = \frac{24}{15}$ soit $I = 1{,}6$ A.

4. Un dipôle de *petite* résistance est traversé par un courant d'une intensité plus *grande* qu'un dipôle de grande résistance. C'est donc dans le dipôle de résistance de 15 Ω que le courant a la plus grande intensité.

EXERCICES

11 Travailler avec la loi d'Ohm

On place dans un circuit un dipôle ohmique de résistance $R = 220\,\Omega$.

1. Dans un premier temps, le dipôle est parcouru par un courant d'intensité $I = 1{,}5$ A.
   Peux-tu calculer la tension U à ses bornes ?
2. Si maintenant la tension mesurée à ses bornes vaut $U' = 15$ V, quelle est l'intensité I' du courant qui le parcourt ?

12 Choix d'un fusible

Priscillia possède deux fusibles, sur lesquels elle peut lire « 8 A » et « 16 A ».

1. Que signifient ces indications ?
2. Lequel de ses deux fusibles est le plus résistant au passage d'un courant électrique ?
3. Priscillia doit choisir un de ces fusibles pour protéger un appareil qui risque d'être endommagé s'il est traversé par un courant de plus de 10 A. Peux-tu l'aider ?

13 L'ohmmètre et la loi d'Ohm

Lorsque le multimètre est utilisé en ohmmètre, il se comporte comme un générateur. L'association ohmmètre – dipôle ohmique constitue alors un circuit fermé. L'ohmmètre déduit la valeur de la résistance à partir des valeurs de la tension aux bornes du dipôle et de l'intensité du courant qui le traverse.

1. À ton avis, pourquoi le dipôle doit-il être déconnecté du circuit lorsqu'on mesure sa résistance ?
2. Quel calcul effectue l'ohmmètre pour mesurer la résistance ?
3. Pour un dipôle ohmique de résistance 100 Ω, l'ohmmètre mesure une tension de 0,5 V. Quelle est l'intensité du courant traversant la résistance pendant la mesure ?

14 La loi d'Ohm et ses limites

Le graphe ci-dessous est la caractéristique d'un dipôle ohmique.

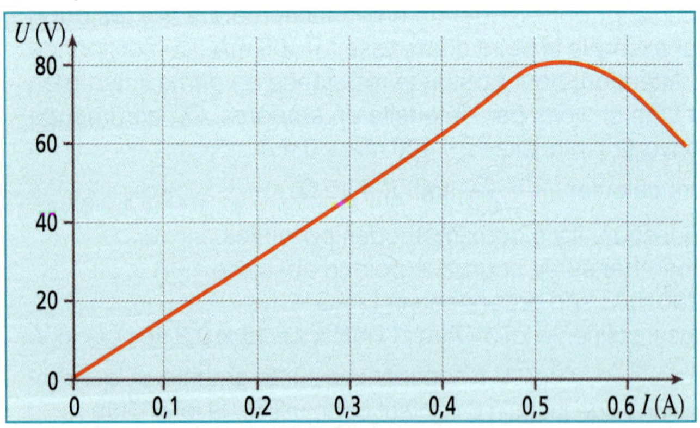

1. Explique pourquoi on peut déduire de ce graphe que ce dipôle est bien un dipôle ohmique.
2. À partir du graphe, comment calculerais-tu la valeur de sa résistance ?
3. Au-delà d'une intensité de 0,4 A, la loi d'Ohm est-elle toujours vérifiée ?

15 Tracer un graphe et l'exploiter

Annaëlle a réuni dans un tableau les mesures de la tension et de l'intensité aux bornes d'un dipôle ohmique dont elle ne connaît pas la résistance.

Intensité I (mA)	0	125	249	375	499	628	750
Tension U (V)	0	2,0	4,0	6,0	8,0	10,0	12,0

1. Explique comment tracer U en fonction de I.
2. À ton avis, quelle est la nature de la courbe que tu dois obtenir ?
3. Trace la caractéristique de ce dipôle.
4. Explique comment déterminer la valeur de la résistance de ce dipôle en t'aidant du graphe et/ou du tableau de valeurs.

16 Deux caractéristiques sur un même graphe

On a tracé sur le même graphique les caractéristiques de deux dipôles ohmiques *A* et *B*.

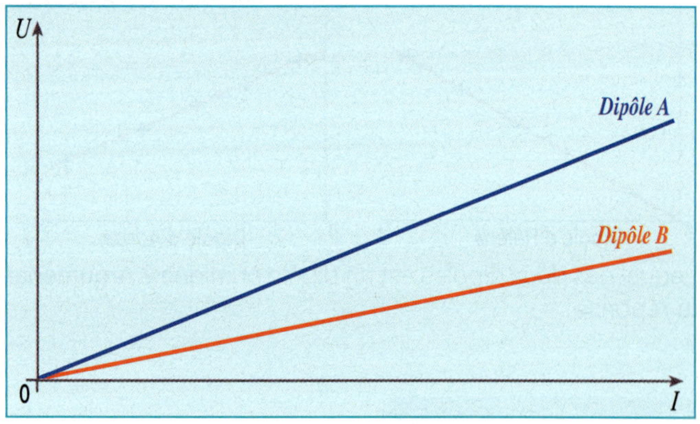

1. Si la même intensité passe dans les deux dipôles, lequel a la plus grande tension à ses bornes ?
2. Si on applique la même tension aux deux dipôles, lequel sera parcouru par le courant de plus forte intensité ?
3. Quel dipôle a la plus grande résistance ?
4. Existe-t-il une méthode plus rapide pour déterminer le dipôle qui a la plus grande résistance ?

Voir exercice 10

17 Vérification de résultats

Julien mesure la tension U aux bornes d'un dipôle ohmique de résistance R, et l'intensité I du courant qui le traverse. Il calcule ensuite la valeur de cette résistance à l'aide de la loi d'Ohm. Voici ses résultats : $R = 2{,}75$ kΩ pour $U = 5{,}5$ V et $I = 0{,}2$ mA.
A-t-il trouvé le bon résultat ? Justifie ta réponse.

18 Positif ou négatif

1. Donne cinq noms d'appareils domestiques pour lesquels l'effet Joule est utile.
2. Donne trois noms d'appareils domestiques pour lesquels l'effet Joule est gênant.

19 Quelques cases vides

Sandra a relevé des valeurs d'intensité et de tension pour tracer la caractéristique d'un dipôle ohmique. Malheureusement, certaines valeurs ont été effacées.

Intensité en mA	0	100	200	400	500		1000
Tension en V	0	2,5	5,0		12,5	20,0	

1. Recopie le tableau et complète les cases vides.

2. Est-ce une résistance de 25 Ω, 40 Ω ou 100 Ω ?

B2i

20 Une autre manière de tracer une caractéristique

Voir fiche méthode p. 218

1. Entre dans un tableur grapheur les valeurs de U et de I données dans le tableau de l'exercice 15.

2. Représente à l'aide de l'ordinateur le graphe représentant I en fonction de U, avec U en abscisses et I en ordonnées.

3. Quelle courbe obtiens-tu ? Pouvais-tu le prévoir ?

21 Une lampe qui résiste

1. Dans le circuit ci-dessous, quelle est la valeur de la tension aux bornes de la lampe ? Quelle est la valeur de l'intensité qui la traverse ?

2. Si on considère que la lampe est un dipôle ohmique, quelle est la valeur de sa résistance ?

3. À ton avis, pourquoi une lampe chauffe-t-elle quand elle brille ?

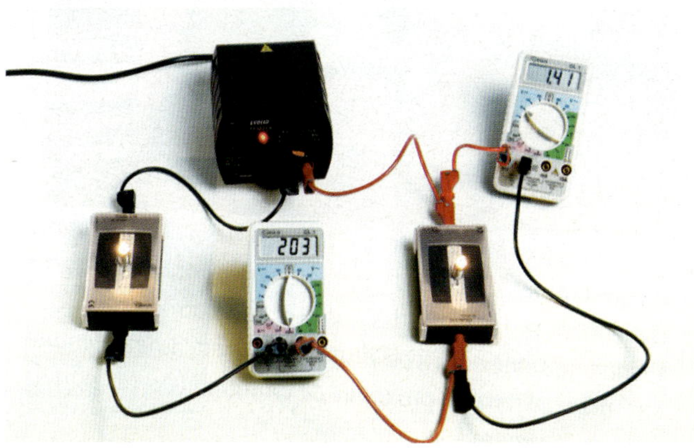

J'approfondis...

22 Étude d'un circuit avec dérivations

Dans le circuit ci-contre, le dipôle ohmique D1 a une résistance de 100 Ω. La tension aux bornes du générateur est 24 V.

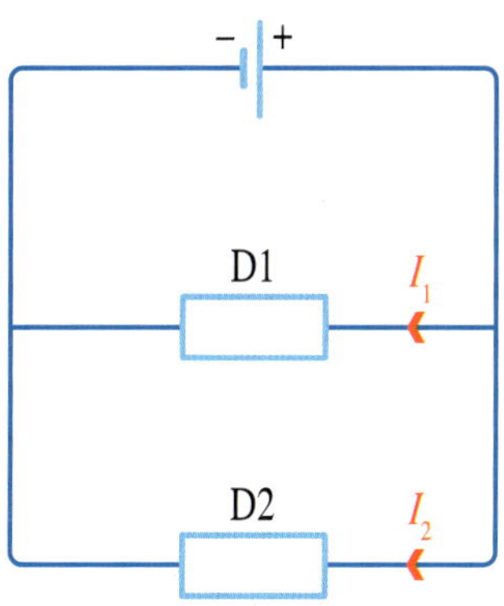

1. Quelle est la tension aux bornes de D1 ? aux bornes de D2 ?

2. Calcule l'intensité du courant I_1 traversant D1.

3. L'intensité I_2 vaut 80 mA. Calcule la valeur de la résistance du dipôle D2.

4. Calcule la valeur de l'intensité I circulant dans la branche principale.

23 Un grille-pain

Dans une publicité pour un grille-pain, on peut lire « Résistances garantissant des toasts moelleux et dorés ».

1. À ton avis, que sont les résistances du grille-pain ? Où sont-elles situées ?

2. Explique en quelques phrases le fonctionnement d'un grille-pain.

24 Pourquoi tant de zéros ?

Maud a fait le montage permettant de tracer la caractéristique d'un petit fil métallique. Elle veut voir s'il se comporte comme un dipôle ohmique. Elle a obtenu le tableau suivant :

U (V)	0	5	10	15	20	25	30	35	40	45
I (mA)	0	21	40	58	76	0	0	0	0	0

1. Représente le schéma du montage qu'elle a réalisé. N'oublie pas de représenter les multimètres.

2. À ton avis, que s'est-il passé après la mesure à 20 V ?

3. Si Maud refait la mesure pour U = 5 V, quelle intensité va-t-elle trouver ?

COUP DE POUCE
Pense au fonctionnement des fusibles.

25 Une invention bien utile

Parfois, de la buée se forme sur le pare-brise arrière de la voiture. Le conducteur ne voit plus les voitures qui sont derrière lui. Il peut alors appuyer sur le bouton « désembuage » et la buée disparaît en quelques minutes.

1. Qu'est-ce que la buée ?

2. En utilisant tes connaissances de chimie, indique ce qui permet de faire évaporer la buée.

3. À ton avis, comment fonctionne ce système de désembuage ?

EXERCICES

26 Des métaux à prix forts

CONSÉQUENCE DE L'ENVOLÉE DES COURS, LE VOL DE MÉTAUX EST EN FORTE AUGMENTATION

Avec l'explosion du coût des métaux, les vols de cuivre, d'aluminium, d'inox, d'acier ou de bronze ne cessent d'augmenter. Malgré les risques d'électrocution, des malfaiteurs ont ainsi volé, lundi 24 juillet, une caténaire sur une voie ferrée à proximité de Cambrai (Nord) afin de pouvoir revendre le cuivre.
Interpellés le lendemain et jugés en comparution immédiate, ils ont été condamnés. [...] La SNCF est contrainte de faire surveiller ses chantiers pour éviter les vols.

Luc Bronner, le Monde, 30 juillet 2006

1. Pourquoi y a-t-il risque d'électrocution en volant les caténaires ?
2. Cherche des valeurs de tensions nécessaires à l'alimentation des trains (TGV) et compare-les aux tensions de sécurité.
3. En quel matériau sont constitués les caténaires ? S'agit-il d'un bon ou d'un mauvais conducteur ?
Justifie l'intérêt pour la SNCF d'utiliser un tel matériau.

27 Une résistance équivalente

Dans le circuit ci-contre, l'intensité du courant vaut 68 mA.

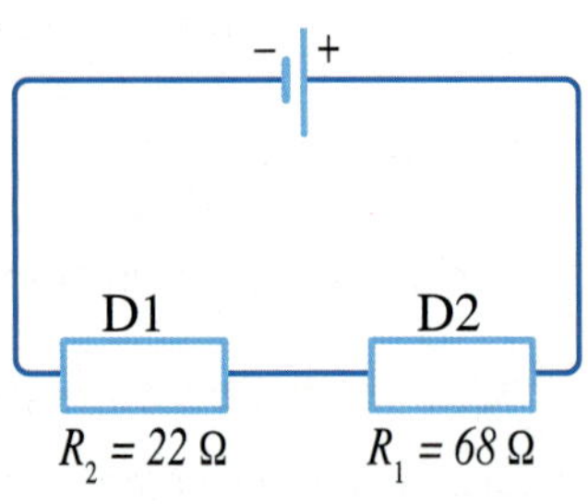

1. Calcule les tensions U_1 et U_2 aux bornes des deux résistances.
2. Quelle est la tension U aux bornes du générateur ?
3. Si on remplace les deux dipôles ohmiques en série par un dipôle ohmique de résistance R, quelle doit être la valeur de R si U et I gardent les valeurs précédentes ?
4. Quelle est la relation entre R, R_1 et R_2 ?

COUP DE POUCE
Utilise les lois que tu as vues au chapitre Électricité 3

28 Résistance d'un filament de lampe

Une lampe à incandescence soumise à une tension U est parcourue par un courant d'intensité I.

Pour différentes valeurs de U et de I, on note dans un tableau la température du dipôle.

1. Pourquoi la température augmente-t-elle ?
2. Calcule la résistance R du dipôle pour chaque température et complète le tableau.
3. Comment varie la résistance avec la température ?

Température t (°C)	0	250	500	1 000	2 000
Tension U (V)	0,1	0,5	1,0	3,0	6,0
Intensité I (A)	0,1	0,39	0,51	0,90	1,0
Résistance R (Ω)					

29 L'oiseau posé sur un fil électrique

Le corps de l'oiseau résiste au passage du courant comme un dipôle ohmique. Il n'est en danger que s'il est traversé par un courant de plus de 20 mA.

On modélise l'oiseau et la partie du câble entre ses pattes comme deux dipôles ohmiques en dérivation (schéma ci-contre).

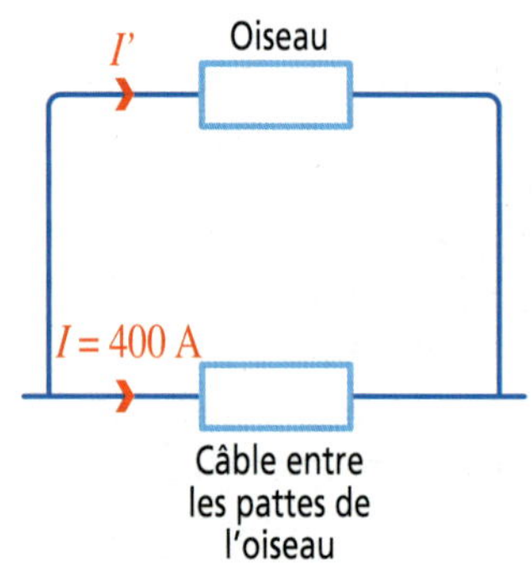

1. La résistance du câble se trouvant entre les deux pattes est $R = 2 \cdot 10^{-5}\ \Omega$. Comment calculer la valeur de la tension U entre les deux pattes ? Est-ce une grande ou une faible tension ?
2. La résistance de l'oiseau d'une patte à l'autre est : $R = 5\ \text{k}\Omega$. Calcule l'intensité I' du courant qui circule dans l'oiseau.
3. À partir de l'énoncé et des résultats précédents, l'oiseau est-il en danger ?
4. La situation est très différente si l'oiseau touche deux câbles en même temps, car la tension entre les deux est $U'' = 400$ kV. Calcule l'intensité I'' du courant dans l'oiseau et conclus.

30 Une tasse de thé ?

En observant une bouilloire électrique, propose un dessin indiquant les différents éléments parcourus par un courant.

EXERCICES

INVESTIGATION ••••••••••••••••••••••• MÈNE L'ENQUÊTE !!

31 Le code secret des résistances

couleur		chiffre
noir		0
marron		1
rouge		2
orange		3
jaune		4
vert		5
bleu		6
violet		7
gris		8
blanc		9

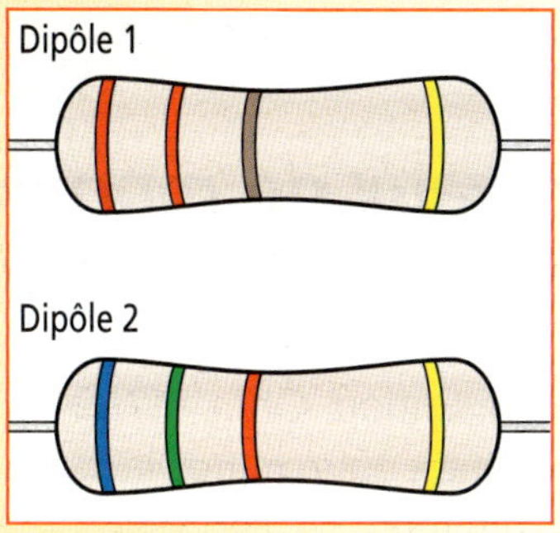

Sans utiliser un ohmmètre, ton professeur te dit que le dipôle 1 a une résistance de 220 Ω et que le dipôle 2 a une résistance de 6,5 kΩ.

➜ **Essaie de retrouver la méthode que ton professeur a utilisée pour trouver la valeur de ces résistances à partir du tableau.**

32 Vérifier une hypothèse

Sarah pense que, lorsqu'on associe deux dipôles ohmiques identiques en série, la valeur de la résistance de l'association est plus faible que celle d'un seul dipôle ohmique.

Quelle expérience proposerais-tu pour vérifier la proposition de Sarah ?

Ta démarche
Ton protocole devra comporter :
- une liste du matériel que tu proposes d'utiliser ;
- un schéma du ou des montages à réaliser ;
- des explications sur ce qu'il faut observer.

33 Une mesure équivalente

Barbara possède des dipôles ohmiques et voudrait connaître les valeurs de leur résistance. Malheureusement, la borne Ω de son multimètre est cassée ! Elle dispose aussi d'un générateur de 15 V et de fils de connexion.

➜ **Comment pourrait-elle faire pour connaître ces résistances ? Fais un schéma du circuit à réaliser et explique comment procéder.**

34 À chaud ou à froid ?

Comment savoir si la résistance d'un dipôle ohmique augmente ou diminue lorsque la température du dipôle diminue ?

Ta démarche
– Explique quelles manipulations tu dois faire avec ton dipôle ohmique.
– En fonction des résultats que tu peux obtenir, explique comment tu pourras répondre à la question.

Une expérience simple et amusante

Réalise un variateur de lumière

Réalise le montage ci-contre et déplace le trombone le long de la mine de crayon.
La lampe brille plus ou moins selon la position...

Matériel
- une pile de 4,5 V
- une petite lampe
- trois fils électriques
- des pinces crocodiles
- une grosse mine de crayon
- un trombone métallique

Propose une hypothèse pour expliquer ce phénomène.

La résistance : décou

La notion de résistance électrique, apparue au XIXe siècle, est encore aujourd'hui un sujet de recherche technologique. Elle a par ailleurs des applications concrètes dans la vie quotidienne et influence la sécurité électrique.

Histoire — *Les travaux de monsieur Ohm et ceux de monsieur Joule*

Georg Simon Ohm.

Physicien allemand, Georg Simon Ohm (1789-1854) a publié une théorie de l'électricité, contenant entre autres la loi qui porte maintenant son nom. Les savants allemands de l'époque n'attachèrent aucune importance à ses travaux et c'est finalement la Royal Society britannique qui le récompensa en 1841.

À la même époque, le physicien anglais James Prescott Joule (1818-1889) consacra l'essentiel de ses travaux à étudier des phénomènes liés à l'énergie. En 1841, il publia ses recherches sur les dégagements de chaleur provoqués par le passage du courant électrique dans un conducteur.

James Prescott Joule.

Questions

- Trace un axe chronologique allant de l'année 1500 à l'année 2000.
- Place sur cet axe les périodes auxquelles ont vécu Ohm, Joule, Volta, Ampère, Edison, Kirchhoff.
- Indique à côté de leur nom le pays où ils ont effectué leurs recherches.

Sécurité — *Les risques d'électrocution*

THÈME DE CONVERGENCE

La résistance du corps humain dépend de l'état de la peau, de la position des points de contact avec le circuit électrique et du type de contact. On estime que la résistance du corps peut varier entre 300 Ω et 10 kΩ environ.

Le danger d'électrocution apparaît à partir d'un courant de 30 mA : une tension de quelques dizaines de volts peut donc déjà être dangereuse. L'intensité du courant susceptible de mettre en danger l'être humain est très faible par rapport aux courants usuels : une lampe de 100 W (telle une lampe de plafonnier) est traversée par un courant de 0,8 A !

Pour se protéger des risques d'électrocution, on cherche à augmenter la résistance du circuit : le port de chaussures en matériaux peu conducteurs est une bonne protection. Il est d'ailleurs fortement déconseillé de manipuler des appareils électriques en étant pieds nus, notamment dans la salle de bains.

Questions

1. En utilisant les chiffres du texte, explique comment on a déduit qu'une tension d'une dizaine de volts pouvait être dangereuse.
2. Dans des conditions où la résistance du corps humain vaut 1 kΩ, à partir de quelle tension y a-t-il danger ? Compare celle-ci à la tension du secteur (230 V).

Technologie

Supraconducteurs : quand le froid fait des miracles

Train à lévitation magnétique (Japon), qui peut atteindre une vitesse de 550 km/h.

Des conducteurs dont la résistance serait nulle permettraient de faire disparaître l'effet Joule et ainsi l'échauffement des circuits électriques. De tels conducteurs existent : on les appelle *supraconducteurs* car ils conduisent parfaitement le courant. On peut grâce à eux avoir des courants très intenses (sans échauffement) qui produisent un très fort champ magnétique, comme le créerait un énorme aimant.

Cette technologie a permis l'invention d'un train à lévitation magnétique et le développement de l'imagerie médicale (voir photographie).

C'est en 1911 que la supraconductivité a été mise en évidence. Une équipe de physiciens néerlandais a découvert que, au-dessous de – 269 °C, la résistance d'un morceau de mercure s'annule brusquement : ce métal devient supraconducteur.

Depuis cette date, des laboratoires du monde entier cherchent des matériaux pouvant devenir supraconducteurs à des températures plus élevées. Actuellement, la plus haute température obtenue est de – 148 °C, ce qui reste très très froid !

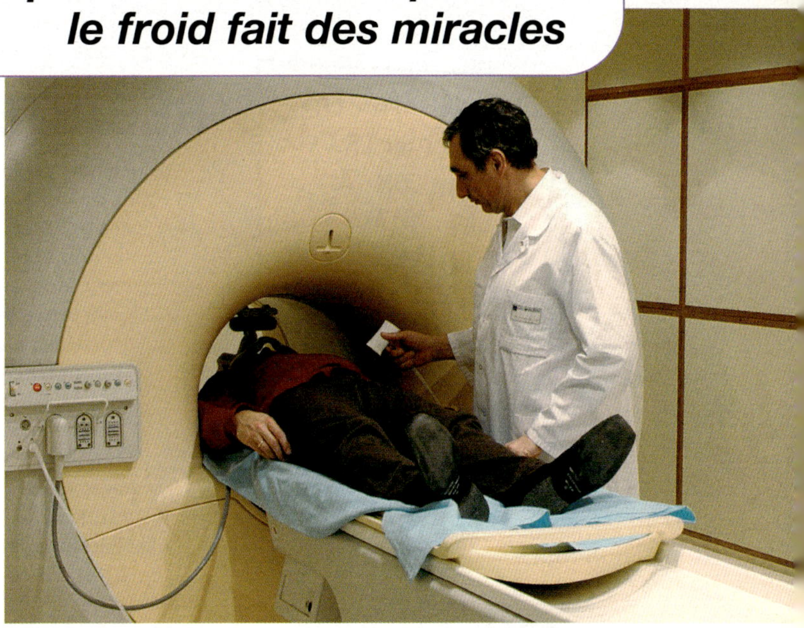

Un appareil d'IRM.

Questions

1. Pourquoi l'effet Joule pose-t-il problème dans les circuits électroniques ?
2. Trace un axe de – 300 °C à + 100 °C et reporte dessus quelques températures courantes (celle de ton corps, celle de l'eau bouillante, de la neige...). Compare les températures du texte à celles que tu as reportées.
3. Que signifient les initiales IRM ? Fais une recherche pour connaître des utilisations de cette technique.

Aide : tu peux taper « supraconductivité » dans un moteur de recherche.

MÉTIER Physicien médical

Diran (69 ans)
- Salarié
- Centre Paul-Strauss (Strasbourg)
- Doctorat en physique des particules

PHARMACIEN DES RAYONNEMENTS

« Notre mission est d'assurer la sécurité radiologique des patients, du personnel et du public dans le cadre de l'utilisation des rayonnements ionisants. Notre unité intervient en radiothérapie et en radiodiagnostic. En thérapie, nous sommes responsables de la dose délivrée par les accélérateurs de particules et projecteurs de sources. Pour chaque patient, nous définissons la technique d'irradiation la plus appropriée en fonction de la localisation de la tumeur et des organes à risques. En diagnostic, nous participons aux contrôles des équipements et à la mise en œuvre de nouvelles techniques. Ma formation m'a permis d'avoir une approche scientifique et organisationnelle dans l'environnement médical. »

“ Pour chaque patient, nous définissons la technique d'irradiation la plus appropriée. ”

Propos recueillis par Amélie L. ■

RÉSISTE...

Douces ou parfois boutonneuses, plus ou moins colorées, avec ou sans poil, nos peaux ont toutes un point commun : elles résistent étonnamment au courant électrique (*voir p. 136*). Si cette formidable capacité physique nous protège le plus souvent des décharges électriques, elle varie néanmoins en fonction de l'humidité, ce qui explique les graves accidents d'électrocution. Ainsi, quand votre main est sèche, la résistance de la peau flirte avec les 100 000 ohms voire plus ! En revanche, dès qu'elle est trempée, vous atteindrez péniblement les 1 000 ohms. Attention aux mains moites...

TOUT SCHUS

Comment glisser hyper vite sur les pentes enneigées ? Grâce à l'électricité, par exemple. Vous n'y croyez pas ? Un chercheur russe a pourtant inventé un prototype de ski étonnant qui métamorphose la neige en lubrifiant de compétition. Le principe : si on incruste au dos d'un ski ou d'un snowboard un circuit électrique et qu'on y fait circuler un courant, l'électricité dégage de la chaleur par le fameux effet Joule (*voir p. 137*). Du coup, la glace fond en surface et devient ultra-glissante. La preuve : en réchauffant la neige de seulement 1 °C, le chercheur a montré que les frottements avec la planche diminuaient de 16 %. Et zouhhh, c'est parti...

PHOTO MYSTÈRE

LA MYSTÉRIEUSE MACHINE DES RECORDS

Qu'est-ce que c'est que cette toile d'éclairs ? Un trucage dans le dernier *James Bond* ? Pas du tout. Cette photo représente la « Z-machine », une installation spectaculaire située dans un laboratoire du Nouveau-Mexique (États-Unis). Censée être l'une des plus grosses machines productrices de rayons X du monde, la « Z-machine » détient des records physiques à la pelle : en un clin d'œil, elle a été traversée par un courant électrique de 20 millions d'ampères (*voir p. 89*). On a également relevé des tensions de 8 millions de volts et des températures frôlant les 2 à 3 milliards de degrés au cœur du laboratoire !

>>>>>>>>EN BREF>>>>>>>>>>>>>>EN BREF>>>>>>>>>>>>>>EN BF

› 20 000. C'est le nombre d'ampoules qui scintillent sur la tour Eiffel. Elles sont toutes montées en dérivation et le courant circule sur pas moins de 80 km de câble.

› JEANS BRANCHÉS. Une entreprise vient d'inventer le premier jean électronique. Alimenté par une mini-batterie

AVEC L'ÉLECTROSKI !

EN ROUTE AVEC LA VOITURE EMPILABLE

Imaginez un véhicule tout petit qui s'emboîte comme un Caddie, qui utilise comme source d'énergie l'électricité et qui possède des roues tournant à 360° ! Vous rêvez ? Non, ce petit bijou de technologie existe : il s'agit d'un prototype de voiture du futur inventé par un laboratoire du MIT (États-Unis) pour les conducteurs urbains. Censée limiter la pollution, les problèmes d'embouteillage et de stationnement, cette citadine riquiqui cache en plus une sacrée fantaisie : elle a plusieurs moteurs électriques dissimulés dans ses roues. Inédit !

COUP DE FOUDRE

Chaque seconde, il y a 2 000 orages qui grondent sur Terre. Quelle est l'intensité du courant produit par la foudre ?

a - 150 ampères
b - 3 000 ampères
c - 30 000 ampères

Réponse : c. La foudre est une décharge électrique qui produit un courant de 30 000 ampères, correspondant à une tension pouvant atteindre 100 millions de volts !

EN BREF

rechargeable, ce pantalon intègre un écran souple qui affiche une image ou un message en fonction de vos envies. Les vêtements aussi ont leur mot à dire ! **› LE WEB ÉLECTRIQUE.** Se connecter à Internet via une prise électrique classique, ça devient possible... Dans certaines villes de France, la technologie « courant porteur en ligne » commence à faire circuler les e-mails et autres données sur le réseau électrique. Pratique ! **› MINI-CIRCUIT.** Comment réduire la taille d'un circuit électrique ? En utilisant par exemple des composants minuscules. Ça tombe bien : des chercheurs ont réussi à fabriquer des fils et des interrupteurs électriques mesurant à peine quelques nanomètres (c'est-à-dire cent mille fois plus petits que l'un de vos cheveux !).

POUR CHASSER, SE DÉFENDRE OU SE REPÉRER, ILS JOUENT LES GROU

QUELQUES ANIMA

PAR MURIEL DE VERICOURT

Fabriquer de l'électricité n'est pas réservé aux centrales EDF ! En fait, tous les êtres vivants en produisent. Ainsi, chez les humains, c'est sous forme de courant électrique que circulent les messages nerveux. Grâce à une spécialisation de certaines cellules, l'unité de base de l'organisme, certains animaux sont même capables de se transformer en véritables « générateurs » électriques ! Chez ces espèces, des cellules spécialisées qui ressemblent souvent à des cellules musculaires modifiées sont spécifiquement dédiées à la production d'électricité. D'autres animaux, sans jouer les centrales électriques, perçoivent les variations d'intensité électrique, exactement comme nous percevons les variations d'intensité lumineuse.

GARE AU COURT-CIRCUIT…

Puisque l'eau est un milieu conducteur, contrairement à l'air, pas étonnant que ce soit chez les animaux aquatiques que l'on trouve ce genre de talents ! Pourtant, ce n'est pas dans l'eau de mer, plus conductrice que l'eau douce, que l'on trouve la majorité des quelque 500 espèces de poissons électrogènes. Et pour cause : la résistance (*voir p. 134 et suivantes*) de l'eau de mer est si faible qu'elle a tendance à réunir les deux pôles, positif et négatif, du poisson… et à créer un dangereux court-circuit ! Mais au fait, comment les animaux doués d'un « sens électrique » l'utilisent-ils ? Pour le savoir, suivez le guide…

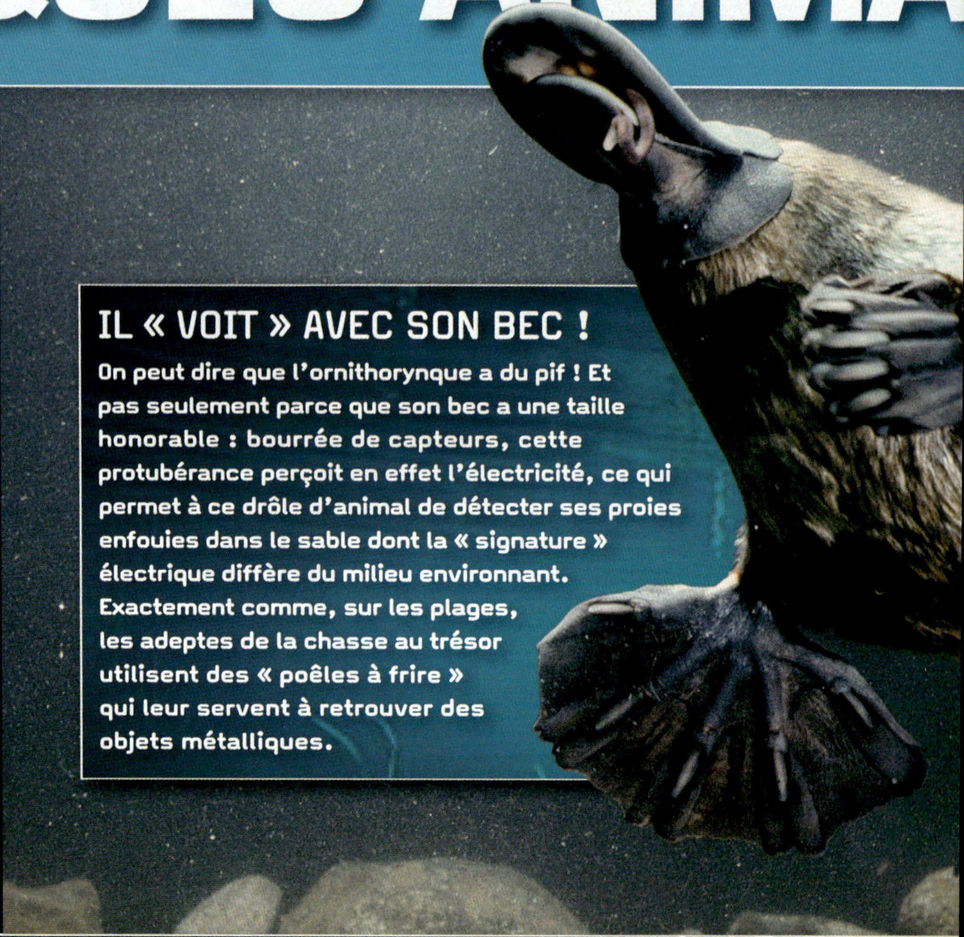

IL « VOIT » AVEC SON BEC !

On peut dire que l'ornithorynque a du pif ! Et pas seulement parce que son bec a une taille honorable : bourrée de capteurs, cette protubérance perçoit en effet l'électricité, ce qui permet à ce drôle d'animal de détecter ses proies enfouies dans le sable dont la « signature » électrique diffère du milieu environnant. Exactement comme, sur les plages, les adeptes de la chasse au trésor utilisent des « poêles à frire » qui leur servent à retrouver des objets métalliques.

DE L'ART DE « TORPILLER »…

La raie électrique ou torpille marbrée (*Torpedo marmorata*) a une technique de chasse bien à elle : grâce à des groupes de quelques cellules électriques reliées en série, groupes eux-mêmes « branchés » en dérivation, cette habitante de l'Atlantique Est et de la Méditerranée électrocute ses victimes avec de fortes décharges.

PES ÉLECTROGÈNES...

UX "ÉLECTRIQUES"

SYSTÈME DE DÉFENSE ÉLECTRIFIÉ

Le poisson-chat électrique (*Malapterurus electricus*) est un animal des eaux douces africaines capable de générer de fortes décharges, dont le voltage peut aller jusqu'à 400 volts, soit presque deux fois la tension aux bornes d'une prise de courant. Il les utilise pour assommer ses proies, voire pour se défendre en cas d'attaque. L'animal est littéralement « enveloppé » de cellules électriques, situées autour du corps, au niveau de la peau.

DEUX CORDES À SON ARC

Quand elle attaque, la redoutable anguille électrique, ou gymnote (*Electrophorus electricus*), est capable d'asséner des décharges de plus de 500 volts et 1,5 ampère (six fois l'intensité qui traverse une lampe de bureau !), dont elle est elle-même protégée par des tissus isolants. Cette sud-américaine émet par ailleurs en permanence des impulsions faibles qui lui permettent de se repérer : grâce à des capteurs mesurant l'intensité du courant émis et reçu, elle détecte toute anomalie liée à la présence d'un obstacle.

ÉLÉCTROLOCALISATION

Le poisson-éléphant (*Gnathonemus petersii*) ne cherche à assommer personne à coup de décharges électriques. Les impulsions rythmées qu'envoie ce poisson tropical des eaux douces africaines sont de faible intensité. Couplées à un système de capteurs disséminés sur sa peau, qui lui permettent de déceler leur impact, elles lui servent à se repérer, à dénicher des proies et même à communiquer avec ses congénères, notamment pour trouver un partenaire sexuel.

Optique : de la

Savez-vous pourquoi le ciel est bleu alors que l'air est incolore ? Le lynx a-t-il vraiment un œil de lynx ? Pourquoi les poissons de mer sont-ils plus colorés que les poissons de rivière ? Peut-on voir dans le passé ?

La réponse à toutes ces questions se trouve dans la lumière... Naturelle ou artificielle, c'est elle qui colore notre vie. L'optique, l'étude de la lumière, permet de mieux comprendre une partie du monde qui nous entoure.

La ville de Las Vegas (États-Unis) à la tombée de la nuit.

lumière aux images

Avant de commencer...

Interroge-toi sur ce que tu as vu en 5e...

1. Le nez d'Albert.

Schématise ce dessin et trace sur ton schéma le chemin emprunté par le rayon de lumière issu du projecteur jusqu'au nez de la statuette. Comment se propage la lumière ?

2. Trouver l'intrus.

Sauras-tu trouver l'intrus parmi ces objets ? Explique ta réponse.

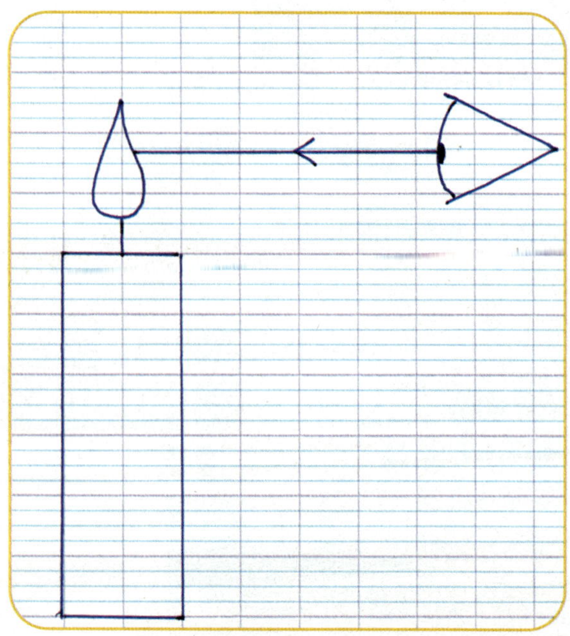

3. Voir les objets.

Quelle erreur contient ce dessin ?

... et sur ce que tu vas voir en 4e

4. Une énigme.
Dans quelle situation l'ombre de ce coureur ne se verra-t-elle pas ?

S'évaluer

Choisis le bon mot pour que la phrase soit correcte.

a. Dans un milieu transparent et homogène, la lumière se propage en *arc de cercle/ligne droite*.

b. Les sources *diffusantes/primaires* émettent leurs propres lumières.

c. Quand on voit un objet, la lumière se dirige *de l'œil vers l'objet/de l'objet vers l'œil.*

d. L'ombre *portée/propre* est la zone sombre qu'un objet éclairé fait apparaître sur un autre objet ou un écran.

Réponses : a. ligne droite. b. primaires. c. de l'objet vers l'œil. d. portée.

1. Décomposition de la lumière.
Comment expliquerais-tu les lumières colorées qui apparaissent sur un cédérom orienté d'une certaine façon ?

2. Par où pénètre la lumière dans l'œil ?
Connais-tu le trajet de la lumière lorsqu'elle pénètre dans l'œil ?

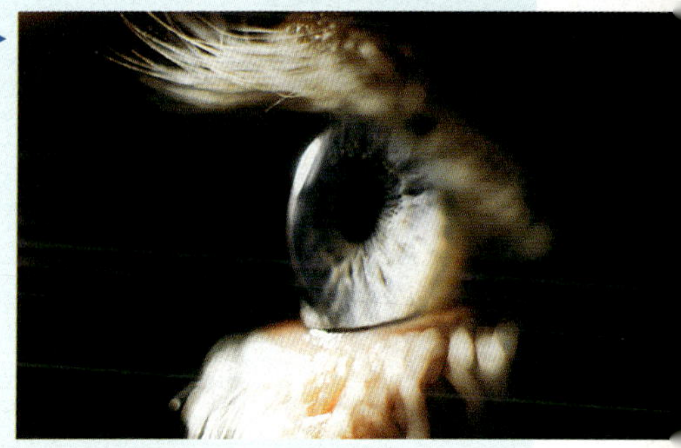

3. Filtre.
Sais-tu comment on a fait pour colorer en violet ce saxophoniste ?

« Lumières rouges, vertes et bleues... le trio magique. »

4. Le secret des lumières colorées.
Que penses-tu de cette citation ?

Quelques propriétés

Dans ce chapitre tu vas...

- **décomposer** la lumière blanche ;
- **filtrer** la lumière ;
- **superposer** des lumières colorées ;
- **découvrir et utiliser** la vitesse de la lumière.

Une randonneuse se promène au bord d'une cascade et admire un arc-en-ciel. Tu vas découvrir d'où viennent ces couleurs...

de la lumière

À la loupe, l'écran d'une télévision apparaît composé de rectangles rouges, verts et bleus appelés *luminophores*. Pourtant, à l'œil nu, on voit aussi d'autres couleurs.

Comment peux-tu expliquer cela ?

Pendant un concert de Dionysos, les lumières des projecteurs changent de couleur… et pourtant personne ne change la lampe.

Comment peut-on modifier la couleur d'une lumière ?

Imaginons que cette scène se déroule en ce moment même.

Pourquoi ces extraterrestres voient-ils le passé ?

ACTIVITÉ 1 Passer de la lumière blanche

EXPÉRIENCE A Décomposer la lumière blanche

Objectif : Le Soleil ou le filament d'une lampe à incandescence émet une lumière blanche. Dans certaines conditions, elle se décompose en plusieurs lumières colorées. Tu vas réaliser une décomposition de la lumière blanche.

Je réalise des expériences

▲ **a. Des objets pour essayer de décomposer la lumière blanche.**

◄ **b. Un réseau* avec 530 traits par millimètre.**

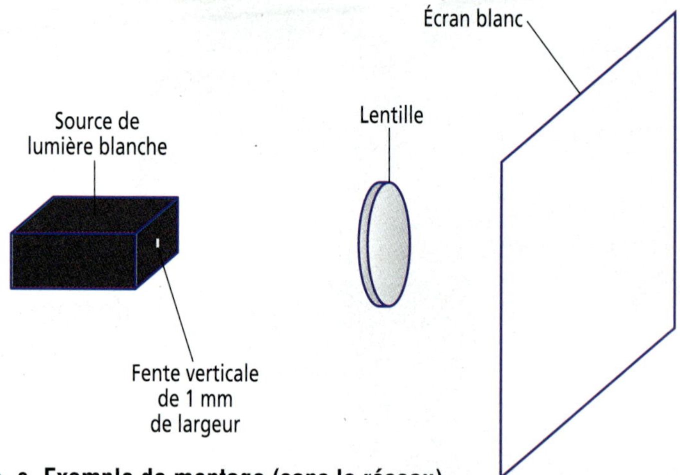

▲ **c. Exemple de montage (sans le réseau) pour observer la décomposition de la lumière blanche.**

- Place les différents objets proposés (doc. **a**) dans la lumière d'une lampe à incandescence ou du Soleil et modifie leur orientation.
- Pour mieux observer la décomposition de la lumière blanche :
  - réalise le montage du schéma (doc. **c**) ;
  - déplace la lentille pour obtenir une fente nette sur l'écran ;
  - ajoute ensuite un réseau (doc. **b**) devant la lentille.

! Ne regarde jamais directement une source de lumière intense !

J'exploite les résultats

Observe

1. Avec quels objets réussis-tu à décomposer la lumière blanche ?
2. Dessine ce que tu observes sur l'écran avec le montage sans le réseau, puis avec le réseau.

Interprète

3. D'où proviennent toutes les lumières colorées du spectre* que tu observes sur l'écran ?

Conclus

4. Pourquoi parle-t-on de « décomposition » de la lumière blanche ?
5. Le spectre de la lumière blanche est-il continu* ou discontinu* ? Justifie ta réponse.

à des lumières colorées

EXPÉRIENCE B Obtenir une lumière colorée

Objectif : La lumière blanche est composée d'une infinité de lumières colorées.
En utilisant un filtre coloré, tu vas sélectionner une partie de ces lumières.

Je réalise une expérience

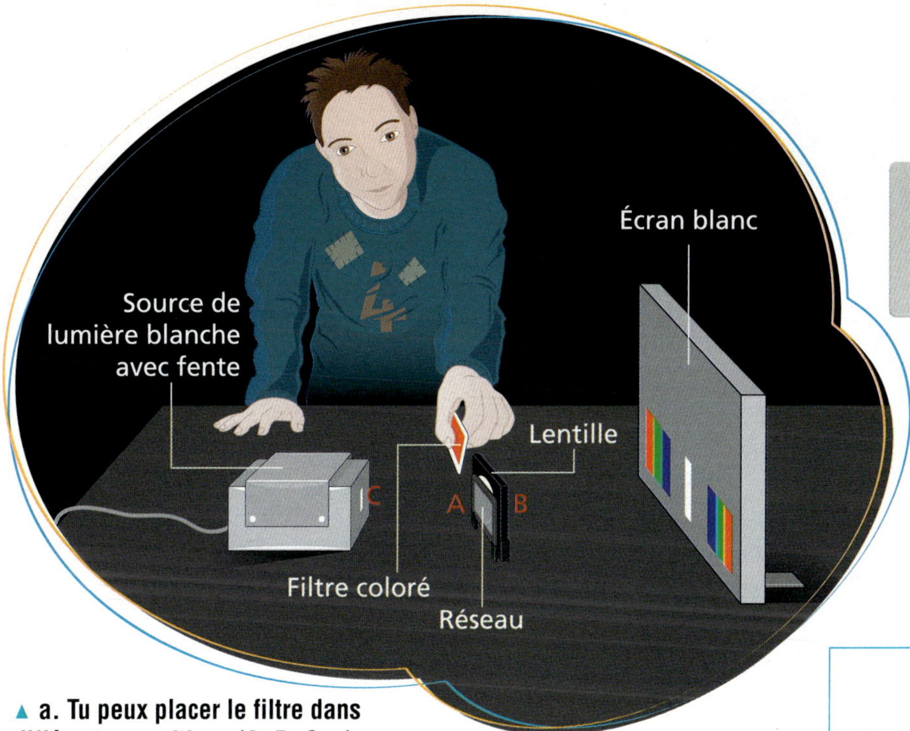

▲ **a. Tu peux placer le filtre dans différentes positions (A, B, C...)**

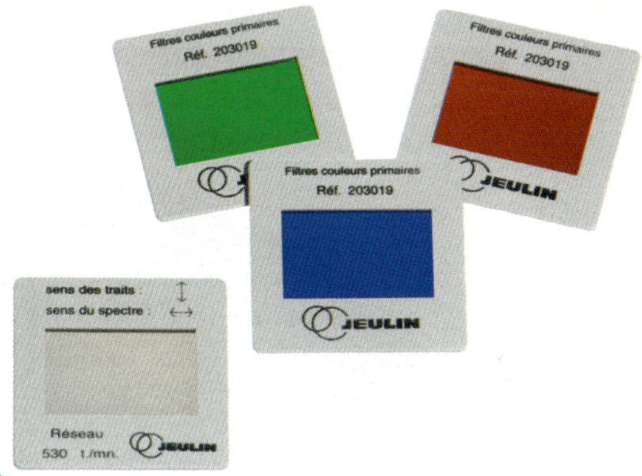

▲ **b. Un réseau et trois filtres colorés.**

- Réalise le montage pour obtenir le spectre de la lumière blanche.
- Place successivement les différents filtres dont tu disposes avant la lentille (en A).
- Choisis un filtre et change sa position dans le montage.
- Retire ensuite le réseau.

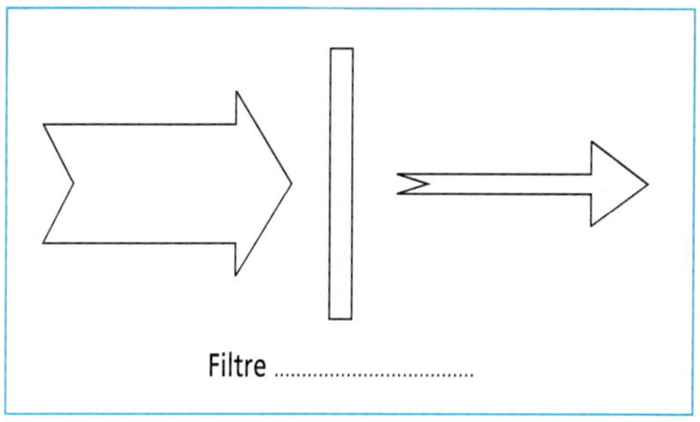

▲ **c. Schéma d'un filtre à compléter (question 5).**

J'exploite les résultats

Observe 1. Représente le spectre de la lumière blanche et ceux que tu obtiens avec chacun des filtres.

Interprète 2. Pour chaque filtre, indique les lumières colorées qu'il transmet* et celles qu'il absorbe*.
3. À quoi sert le réseau dans cette expérience ?

Conclus 4. Donne une définition d'un filtre coloré. À quoi sert-il ?
5. Recopie et complète le schéma **c** pour les filtres rouge, vert puis bleu.

Mini-dico

Réseau : feuille transparente sur laquelle on a tracé un grand nombre de traits fins parallèles et équidistants.

Spectre : ensemble de lumières colorées obtenues par décomposition d'une lumière.

Continu : sans interruption ou séparation, par opposition à **discontinu**.

Transmettre : laisser passer, par opposition à **absorber**.

Vers le bilan... Quelle est la différence entre un réseau et un filtre ?

ACTIVITÉ 2 Superposer des lumières colo

EXPÉRIENCE A Obtenir différentes lumières colorées

Objectif : Un écran de télévision reconstitue toutes les couleurs à partir des lumières rouge, verte et bleue, appelées « lumières primaires* ». Tu vas obtenir différentes lumières colorées en superposant les lumières primaires.

Je réalise une expérience

▲ a. Un montage pour superposer des lumières colorées.

▲ b. Ce qu'on observe sur l'écran avant que les lumières se superposent.

- Réalise le montage (doc. **a**).
- Superpose les lumières colorées (rouge, verte et bleue) deux à deux.
- Superpose ensuite les trois lumières colorées.

▲ c. Quelques noms de couleurs.

J'exploite les résultats

Observe **1.** Pour chaque superposition, de quelle couleur est la lumière que tu observes sur l'écran ?

Interprète **2.** Pour chaque superposition, écris les « additions de lumières colorées » sur les modèles suivants :

? + ? = ? ou **? + ? + ? = ?**

Conclus **3.** Pourquoi parle-t-on de « synthèse additive » pour ces expériences ?

4. Pourquoi le magenta, le cyan et le jaune sont-ils appelés « lumières secondaires » ?

INVESTIGATION B Produire une « ombre colorée »

? Saurais-tu créer, comme cet éclairagiste, des « ombres colorées » ?

Ta démarche

- **Propose une hypothèse :** Précise de combien de sources de lumière tu auras besoin.
- **Réalise une expérience :** Utilise une, puis plusieurs sources de lumière.
- **Conclus :** Fais un schéma précis du montage qui convient, avec les rayons pour expliquer les zones d'ombre, éclairées et/ou colorées.

Matériel

- des sources primaires de lumière blanche
- des filtres colorés (rouge, vert, bleu)
- un écran blanc
- un objet pour former son ombre

Mini-dico

Lumières primaires : lumières rouge, verte et bleue.

Ombre : zone sombre qu'un objet éclairé fait apparaître sur un autre. C'est le mot qu'on utilise dans la vie de tous les jours pour parler de l'ombre portée.

Vers le bilan... À quoi peut servir la superposition de deux lumières colorées ?

ACTIVITÉ 3 Découvrir et utiliser la vitesse

La lumière est émise ou diffusée par une source de lumière, puis se propage.
Tu vas apprendre la valeur de sa vitesse et t'en servir pour déterminer une distance ou un temps.

J'étudie des documents

Contrairement à ce que croyaient les savants de l'époque, Galilée pensait que la lumière ne se propageait pas instantanément et donc que la vitesse de la lumière n'était pas infinie. Une nuit, il voulut estimer le temps écoulé entre le moment où il découvrait sa lanterne et celui où il voyait celle de son assistant. Mais ce temps était trop faible pour être mesuré, et Galilée ne put donc pas trouver la vitesse de la lumière.

Fizeau étudia un faisceau de lumière entre deux maisons distantes de 8,633 km en utilisant un dispositif mécanique (roue dentée) qui s'accompagnait d'incertitudes de mesure. Il trouva 315 300 km/s.

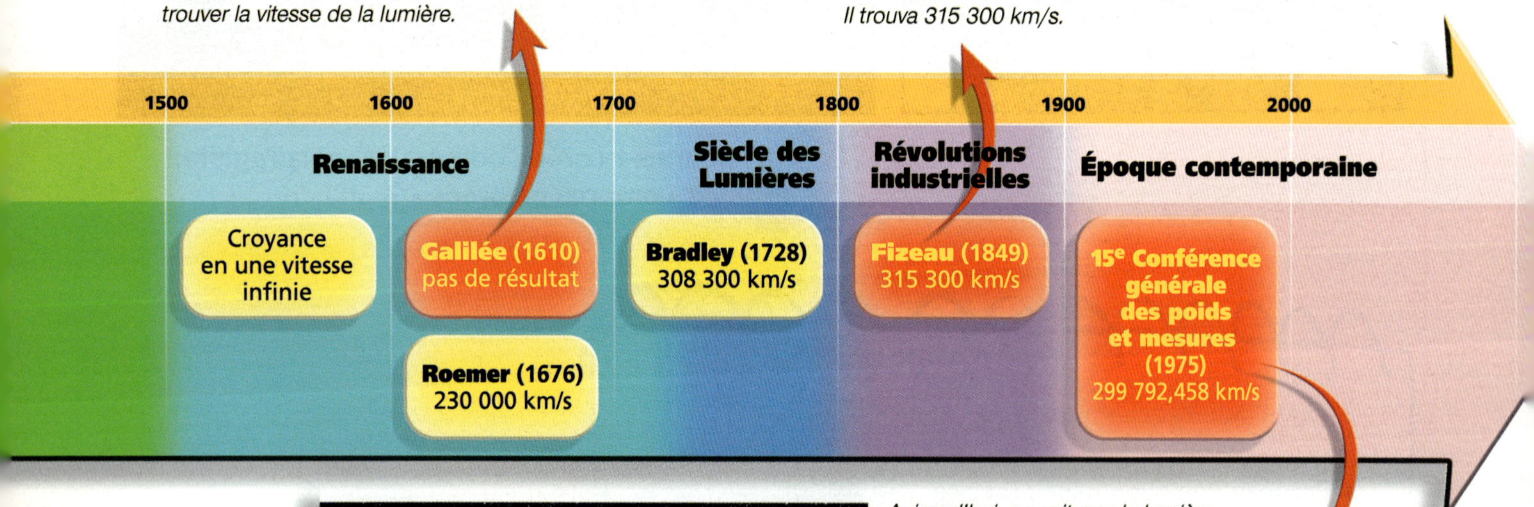

Aujourd'hui, on sait que la lumière a une vitesse proche de 300 000 km/s (dans le vide ou dans l'air). Sur Terre, tu ne te rends pas compte du temps que met la lumière pour aller d'un endroit à un autre, car les distances sont trop faibles. Mais l'Univers est immense, et nous voyons par exemple la galaxie d'Andromède telle qu'elle était il y a deux millions d'années. Et s'il existe des extraterrestres dans cette galaxie, ils peuvent voir la Terre à l'époque de la Préhistoire !*

▲ **a. L'histoire de la vitesse de la lumière.** Au fil des siècles, la valeur de la vitesse de la lumière, que l'on pensait d'abord infinie, n'a cessé de s'affiner grâce aux avancées technologiques.

de la lumière

Que signifie 300 000 km/s ou 300 000 000 m/s ?

C'est approximativement la vitesse de la lumière dans le vide (ou dans l'air), mais dans des unités différentes. La lumière parcourt une distance de 300 000 kilomètres en une seconde, soit 300 millions de mètres en une seconde.

On calcule la vitesse v à partir de la formule :

$$v = \frac{d}{t}$$

d est la distance parcourue et t le temps de propagation.

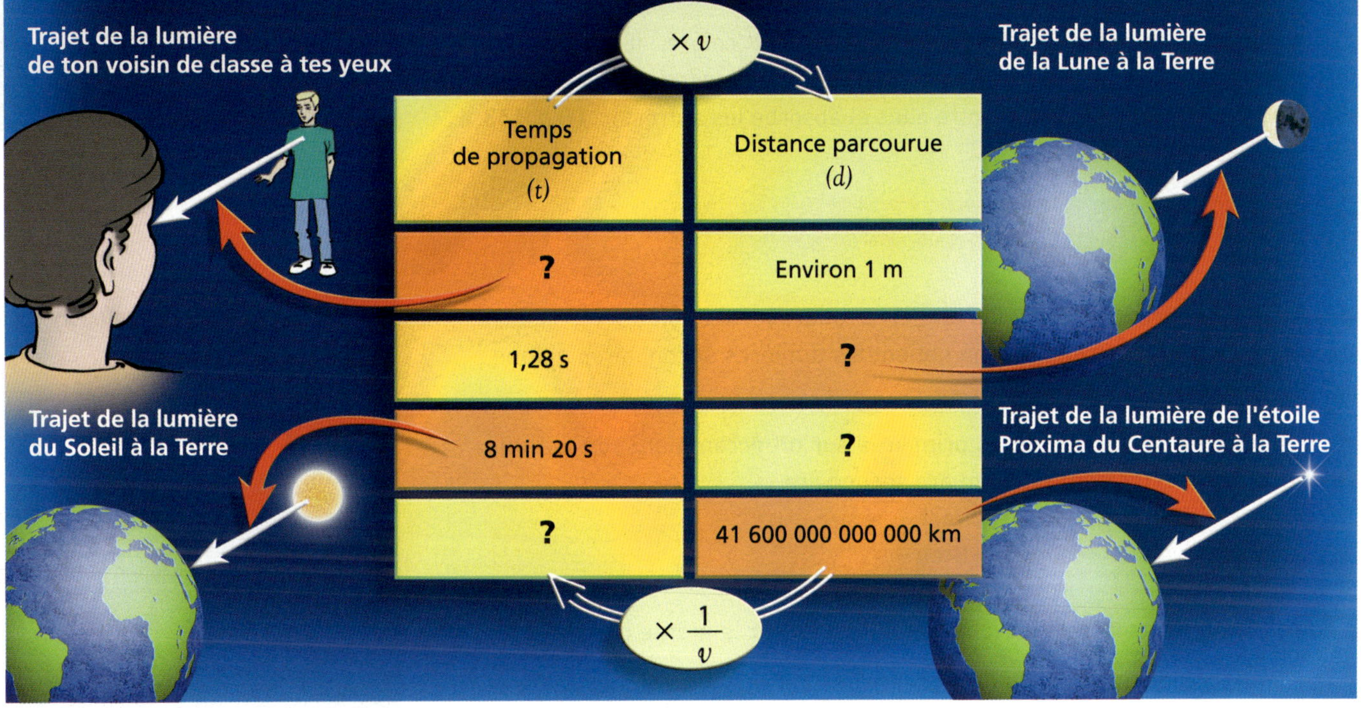

Temps de propagation (t)	Distance parcourue (d)
?	Environ 1 m
1,28 s	?
8 min 20 s	?
?	41 600 000 000 000 km

▲ **b. Des techniques pour comprendre et utiliser la vitesse de la lumière.**

J'exploite les documents

Analyse et interprète

1. Comment a évolué la connaissance des scientifiques sur la vitesse de la lumière (doc. **a**) ?

2. Complète le tableau du document **b** en détaillant les calculs. Pour chaque calcul, précise la valeur que tu as choisie pour la vitesse et l'unité de ton résultat.

3. En t'aidant du tableau (doc. **b**) et de la formule de la vitesse, trouve les formules pour calculer la distance d et le temps t.

4. Écris les distances du tableau en écriture scientifique (voir fin de manuel). Quel est l'intérêt de cette écriture ?

Conclus

5. Écris la vitesse de la lumière dans le vide en écriture scientifique, en m/s et en km/s.

6. Utilise un moteur de recherche sur Internet pour comparer la vitesse de la lumière dans le vide et dans d'autres milieux transparents (eau, verre).

Mini-dico

Astronome : scientifique qui observe les astres pour expliquer leur origine, leur évolution et leurs propriétés.

Galaxie : groupe de plusieurs millions d'étoiles.

Vers le bilan... Les astronomes* disent que « voir loin c'est voir dans le passé ». Pourquoi ?

BILAN

1 La composition de la lumière blanche

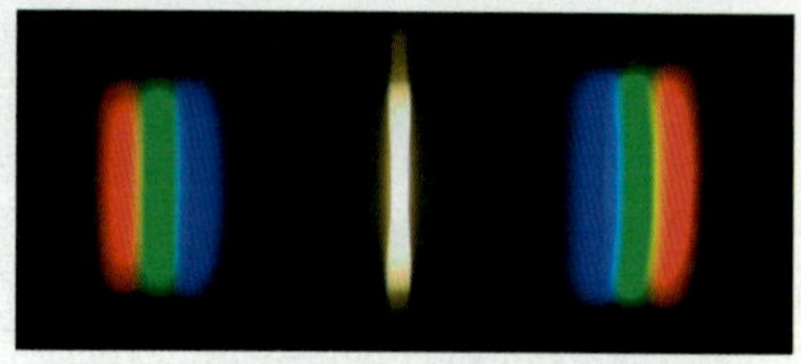
Deux spectres de la lumière blanche.

● La lumière émise par le Soleil ou le filament d'une lampe à incandescence est de la lumière blanche.
Un réseau (ou un prisme, ou une goutte d'eau) permet de décomposer cette lumière blanche, et de faire ainsi apparaître son **spectre**.
Le spectre de la lumière blanche est continu : il est composé d'une infinité de lumières colorées, allant du violet au rouge, sans interruption. 1A p. 162

● Un **filtre** de lumière est un objet transparent coloré. Il permet de sélectionner une partie des lumières colorées présentes dans la lumière blanche : il transmet certaines d'entre elles et absorbe les autres. 1B p. 163

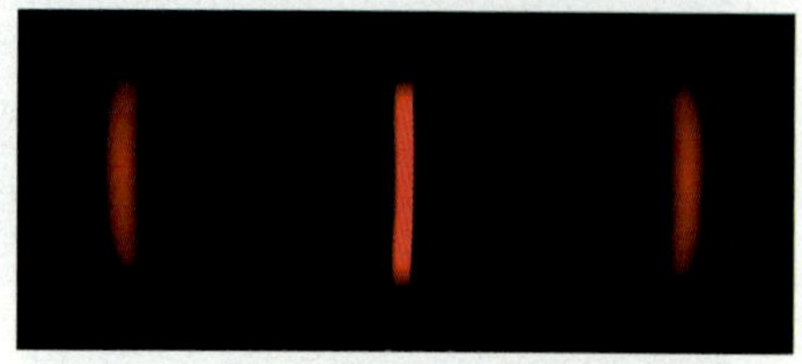
Un filtre rouge laisse passer la lumière rouge et absorbe les autres lumières colorées composant la lumière blanche.

2 La synthèse additive de la lumière

● Les lumières primaires sont les lumières rouge, verte et bleue.
À partir des lumières primaires, on obtient les lumières secondaires : jaune, cyan et magenta.

● En superposant deux lumières primaires sur un écran blanc, on fait une **synthèse additive** formant une lumière secondaire :

Rouge + **Vert** = **Jaune**
Rouge + **Bleu** = **Magenta**
Bleu + **Vert** = **Cyan**

D'autres lumières colorées peuvent être obtenues sur le même principe.

● La superposition des trois lumières primaires sur un écran blanc réalise la synthèse additive de la lumière blanche :

Rouge + **Vert** + **Bleu** = **Blanc** 2A p. 164

Synthèse additive de la lumière blanche.

3 La vitesse de la lumière

● La lumière met un certain temps pour aller d'un point à un autre. La lumière a donc une vitesse déterminée.

● Dans le vide et dans l'air, la **vitesse de lumière** est approximativement :

v = 300 000 km/s = 300 000 000 m/s.

En écriture scientifique, elle s'écrit : $v = 3 \cdot 10^5$ km/s $= 3 \cdot 10^8$ m/s.

● La distance parcourue par la lumière est proportionnelle au temps de parcours, et le coefficient de proportionnalité est la vitesse de la lumière :

$$d = v \times t$$

avec v en m/s, d en m et t en s (ou bien avec v en km/s, d en km et t en s).

● Sur Terre, le temps de parcours est très inférieur à la seconde, mais d'une galaxie à une autre il peut être extrêmement long.

● Lorsqu'elle passe d'un milieu (le vide, l'air, l'eau, le verre…) à un autre, la lumière change de vitesse. C'est dans le vide que cette vitesse est la plus grande.

distance d en mètres (m)
temps t en seconde (s)

$$d = v \times t$$

vitesse v en mètres par seconde (m/s)

Dans un même milieu, la lumière émise par une source primaire ou un objet diffusant se propage à la même vitesse.

L'ESSENTIEL

par l'image

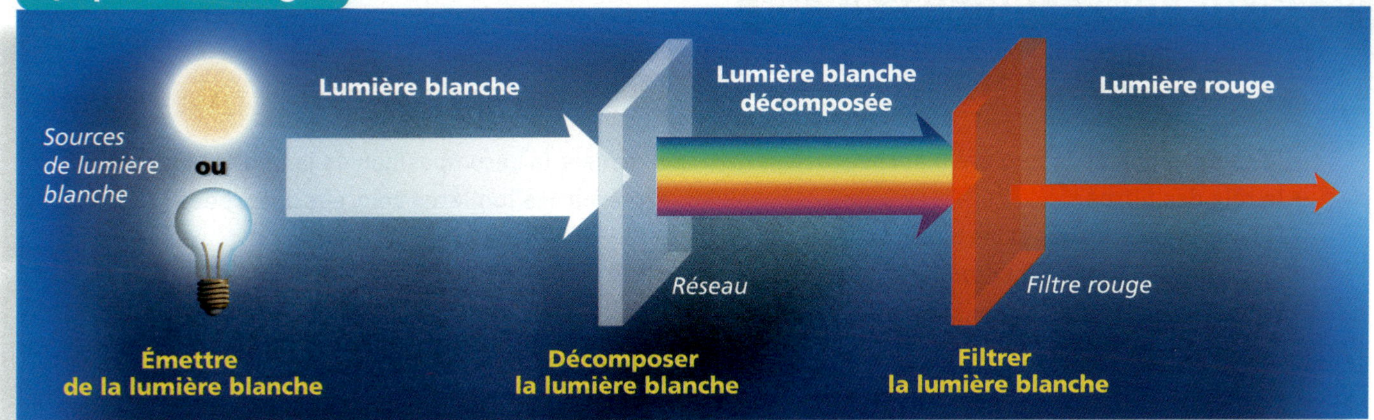

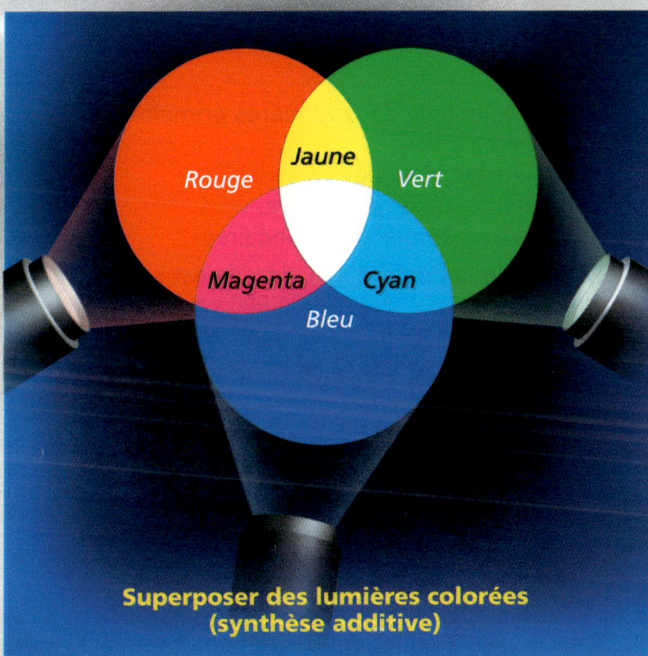

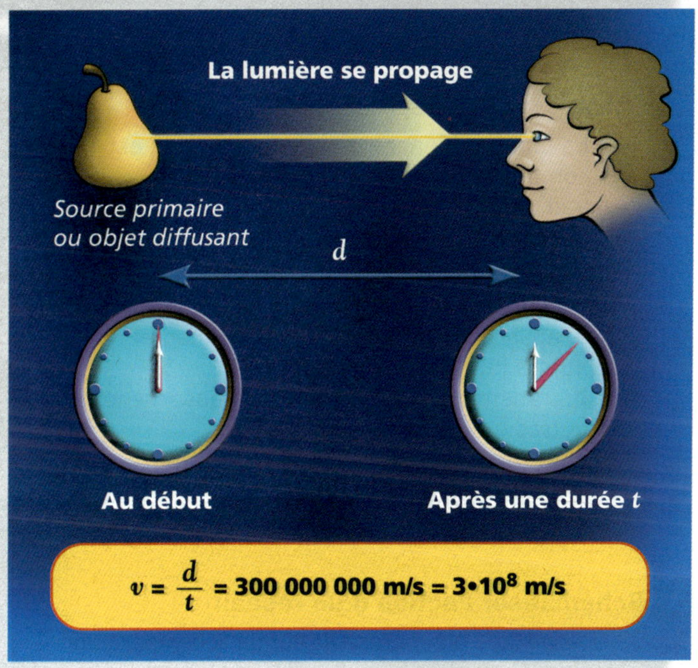

par le texte

- La lumière blanche est composée d'une infinité de lumières colorées, du violet au rouge.
- Les lumières primaires sont les lumières rouge, verte et bleue, et les lumières secondaires sont les lumières jaune, magenta et cyan.
- En superposant deux lumières primaires, on obtient une lumière secondaire. En superposant les trois lumières primaires, on reconstitue la lumière blanche. C'est la synthèse additive de la lumière.
- La vitesse de la lumière dans le vide est approximativement $3 \cdot 10^8$ m/s.

Mots nouveaux

Spectre : ensemble de lumières colorées obtenues par décomposition d'une lumière.

Filtre coloré : objet transparent coloré qui permet de sélectionner certaines lumières colorées (à partir d'une lumière).

Synthèse additive : superposition de deux ou trois lumières primaires, pour obtenir une autre lumière colorée.

Vitesse de la lumière : vitesse à laquelle la lumière se propage pour aller d'un point à un autre. Dans le vide, sa valeur est approximativement 300 000 km/s.

EXERCICES

Je vérifie mes connaissances

Je dois connaître

- la composition de la lumière blanche ;
- le rôle des filtres ;
- les lumières primaires et les lumières secondaires ;
- la synthèse additive de la lumière ;
- la vitesse de la lumière dans le vide.

Je dois être capable de

- réaliser la décomposition de la lumière blanche ;
- prévoir les lumières colorées absorbées et transmises par un filtre ;
- réaliser la synthèse additive de la lumière blanche ;
- calculer des distances et des temps en utilisant la vitesse de la lumière.

Test

Choisis la ou les réponses possibles.

1. La lumière blanche émise par le Soleil est composée :
   a. d'une lumière colorée en blanc.
   b. de trois lumières colorées rouge, verte et bleue.
   c. d'une infinité de lumières colorées.
2. Un filtre rouge éclairé par une lumière blanche :
   a. absorbe la lumière rouge et transmet les autres lumières colorées.
   b. transmet la lumière rouge et absorbe les autres lumières colorées.
   c. absorbe toutes les lumières colorées.
3. La superposition de deux lumières primaires produit :
   a. de la lumière blanche.
   b. la troisième lumière primaire.
   c. une des trois lumières secondaires.
4. La vitesse de la lumière dans le vide est :
   a. 300 000 km/s. **c.** 300 000 000 km/s.
   b. 300 000 m/s. **d.** 300 000 000 m/s.
5. En écriture scientifique, la vitesse de la lumière est :
   a. $3 \cdot 10^8$ m/s. **c.** $3 \cdot 10^5$ km/s.
   b. $3 \cdot 10^5$ m/s. **d.** $3 \cdot 10^8$ km/s.

Corrections p. 222

1 Schématiser l'action d'un réseau

Gabriel et Ana María ont représenté sur un schéma l'action d'un réseau sur la lumière blanche.

Qui a raison ? Explique pourquoi.

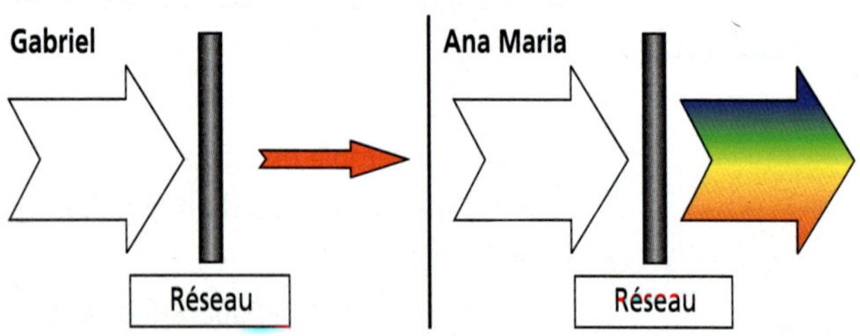

2 Schématiser l'action d'un filtre

Tom et Lynette ont représenté sur un schéma l'action d'un filtre rouge sur la lumière blanche.

Qui a raison ? Explique pourquoi.

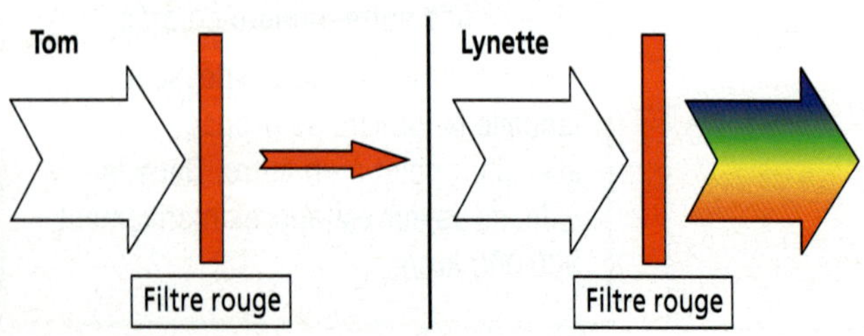

3 Dessiner le spectre de la lumière blanche

1. Quels objets permettent de décomposer la lumière blanche ?
2. Dessine le spectre obtenu avec un réseau éclairé en lumière blanche.

4 Superposer des lumières

1. Recopie et complète le schéma ci-dessus.
2. Sur ce schéma, quelles sont les lumières primaires et les lumières secondaires ?

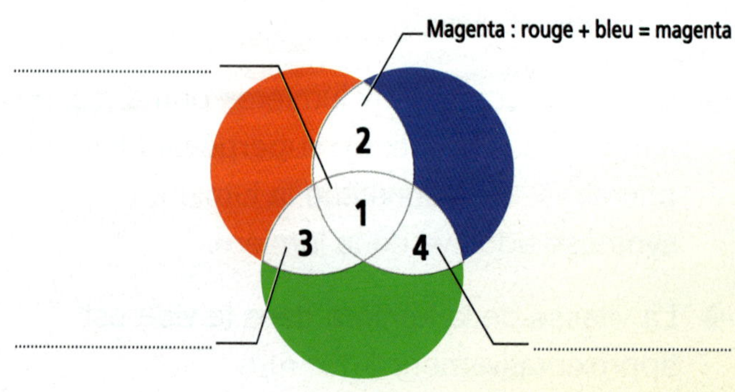

5 Choisir les bonnes réponses

Recopie les phrases ci-dessous en choisissant la bonne réponse.

a. Un filtre est un objet :
- transparent et coloré.
- opaque et coloré.
- transparent et incolore.
- opaque et incolore.

b. Si un filtre vert est éclairé en lumière blanche :
- il transmet toutes les lumières colorées du spectre sauf la lumière verte.
- il transmet la lumière verte et absorbe les autres lumières colorées.
- il absorbe toutes les lumières colorées du spectre.

c. Un filtre rouge éclairé en lumière rouge :
- absorbe la lumière rouge et ne transmet aucune lumière.
- transmet la lumière rouge et n'absorbe aucune lumière.
- transmet la lumière rouge et absorbe les autres lumières colorées.

6 Vrai ou faux

Les phrases suivantes sont-elles vraies ou fausses ? Justifie tes réponses.

a. Une lumière blanche est composée d'une seule lumière colorée.

b. La lumière du Soleil et celle d'une lampe à incandescence ont des spectres identiques.

c. Un filtre coloré colore la lumière blanche en ajoutant de la couleur.

d. En superposant trois lumières colorées quelconques, on obtient de la lumière blanche.

7 Exprimer la vitesse de la lumière

voir fin de manuel « puissances de 10 »

La vitesse de la lumière dans le vide est 300 000 000 m/s

1. Convertis cette vitesse en km/s.

2. Donne l'écriture scientifique de cette vitesse en m/s et en km/s.

8 Utiliser les bonnes unités

1. Écris la formule de la vitesse.

2. Si la vitesse est en m/s, quelles sont les unités de la distance et du temps ?

3. Quelle autre unité peut-on utiliser pour la vitesse ?

9 Choisir la bonne réponse

Qui a raison ? Explique pourquoi.

J'applique...

10 Histoire d'un verre teinté et d'un sirop

Exercice corrigé

→ Énoncé

On place du sirop de menthe dans un verre rouge. Quand on regarde la menthe à travers ce verre, elle apparaît noire.

1. Quelle lumière colorée peut passer à travers le verre rouge ? Justifie.

2. Quelle lumière colorée peut passer à travers le sirop de menthe ? Justifie.

3. Pourquoi le sirop de menthe apparaît-il noir dans le verre teinté rouge ? Précise le rôle du verre et celui du sirop.

4. Quelle serait la couleur d'un sirop de grenadine vu à travers le verre teinté rouge ?

→ Correction

1. Ce verre se comporte comme un filtre rouge. Il ne laisse passer que la lumière rouge et absorbe toutes les autres lumières colorées présentes dans la lumière blanche.

2. Le sirop de menthe se comporte aussi comme un filtre, même s'il est liquide et non solide. Il ne transmet que la lumière verte et absorbe toutes les autres lumières colorées.

3. La lumière blanche passe à travers deux filtres, le verre et le sirop, l'un après l'autre. Seule la lumière rouge traverse le verre. Le sirop de menthe absorbe cette lumière rouge. Il ne transmet donc aucune lumière colorée et apparaît noir.

4. Le sirop de grenadine sera de couleur rouge car le verre, de même que le sirop, ne transmet que la lumière rouge.

EXERCICES

11 Une autre histoire de verre teinté

On place un sirop de grenadine dans un verre teinté en vert.

1. Quelle lumière colorée peut passer à travers le verre vert ? Justifie.
2. Quelle lumière colorée peut passer à travers le sirop de grenadine ? Justifie.
3. De quelle couleur apparaît la grenadine à travers un verre teinté vert ? Précise le rôle du verre et celui du sirop.
4. Quelle serait la couleur d'un sirop de menthe vu à travers le verre teinté vert ?

Français

12 C'est le spectre de ... ?

Qui a raison ? Explique bien tes arguments ; pour cela utilise des liens logiques (**si ... alors ..., donc, car, or,** etc.).

13 Histoire d'ambiance

1. Quelle bougie peut émettre de la lumière bleue ?
   Justifie ton choix.
2. Quelle lumière colorée produisent les autres bougies ? Pourquoi ?
3. Comment pourrais-tu obtenir une ambiance rouge dans une pièce dont les murs sont blancs ?

14 Le feu est vert ?

Tu regardes un feu piéton vert avec des lunettes.

1. Les verres ne sont pas teintés.
   De quelle couleur t'apparaît le feu piéton ? Justifie.
2. Les verres sont teintés en vert.
   De quelle couleur t'apparaît le feu piéton ? Justifie.
3. Les verres sont teintés en bleu.
   De quelle couleur t'apparaît le feu piéton ? Justifie.

15 Des drapeaux et des filtres

1. Agnès regarde le drapeau de la France à travers deux filtres.

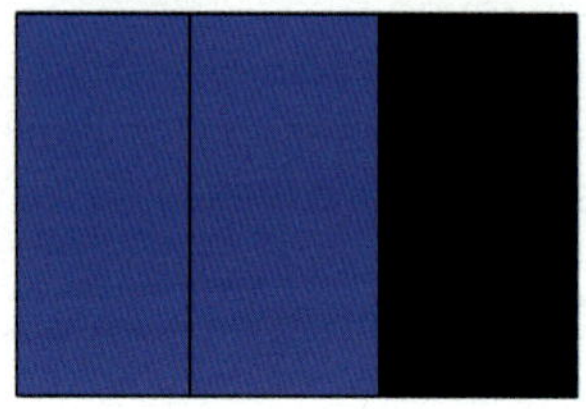

Premier filtre

Second filtre

À ton avis, de quelles couleurs sont les filtres qu'elle a utilisés ? Explique ta réponse.

2. À travers un filtre coloré, Deborah observe un « drapeau » vert/vert/noir. Précise la couleur du filtre utilisé.
3. Parmi les drapeaux suivants, est-il possible de déterminer celui que Deborah observait ? Justifie.

Hongrie

Luxembourg

Sierra Leone

Yémen

16 Une question d'éclairagiste

De quelles couleurs sont les « ombres » ?

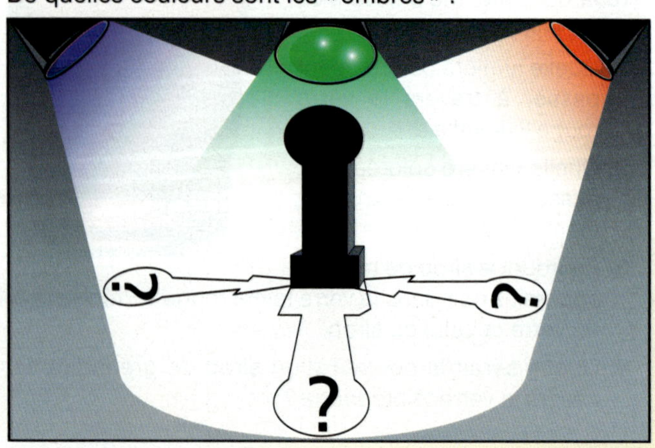

17 Une étoile dans la presse

29 février 1996 – « L'explosion de l'étoile a eu lieu il y a 250 millions d'années mais la lumière de cette déflagration nous parvient ce mois-ci. […] Cette supernova, désormais désignée sous le nom de SN1996D, est située dans la galaxie NGC1614, à 250 millions d'années-lumière de la Terre. Elle n'est pas visible à l'œil nu, mais il serait possible de l'apercevoir avec un télescope amateur de qualité. »

Site de l'université Laval, Québec, Canada

1. Cherche la signification du mot « supernova » et du sigle « NGC ».
2. Explique la première phrase du texte.

18 Des zéros, des zéros, encore des zéros

La vitesse de la lumière peut s'écrire 300 000 000 m/s ou $3 \cdot 10^8$ m/s.

1. Comment passes-tu de l'écriture 300 000 000 m/s à l'écriture scientifique $3 \cdot 10^8$ m/s ?
2. Comment passes-tu de $3 \cdot 10^5$ km/s à 300 000 km/s ?
3. Comment passes-tu d'une vitesse exprimée en km/s à son expression en m/s ?
4. Comment expliques-tu que l'on puisse écrire $3 \cdot 10^8$ m/s ou $3 \cdot 10^5$ km/s pour la vitesse de la lumière ?

19 L'Univers est si grand…

voir fin de manuel « puissances de 10 »

La distance Terre - Soleil est 150 000 000 km.
En écriture scientifique, elle s'écrit : $1,5 \cdot 10^8$ km.

1. Donne l'écriture scientifique des distances Terre - Mars (80 000 000 km) et Terre - Pluton (5 750 000 000 km).
2. Écris sans puissance de dix les distances Terre - Jupiter ($6,3 \cdot 10^8$ km) et Terre - Saturne ($1,25 \cdot 10^9$ km).

20 À quelle distance est la Lune ?

En 1969, des astronautes ont déposé un miroir sur la Lune pour réfléchir un faisceau laser émis depuis la Terre.
Ils ont mesuré la durée d'un aller-retour : 2,56 s.

1. Rappelle la valeur de la vitesse de la lumière dans le vide en km/s.
2. Calcule la distance Terre-Lune.

21 Lointaines mais brillantes

Les étoiles ci-contre sont classées de la plus brillante à la moins brillante, avec leur éloignement par rapport à la Terre.

Distance	Brillance
Sirius $8,2 \cdot 10^{13}$ km	★
Canopus $9,3 \cdot 10^{14}$ km	★
Arcturus $3,4 \cdot 10^{14}$ km	★
Alpha du Centaure A $4,2 \cdot 10^{13}$ km	★
Véga $2,5 \cdot 10^{14}$ km	★
Capella $4,3 \cdot 10^{14}$ km	★

1. Classe ces étoiles, de la plus proche à la plus lointaine. L'étoile la plus proche est-elle la plus brillante ?
2. Classe ces étoiles selon le temps que met la lumière pour nous parvenir sur Terre (du plus court au plus long). Justifie.
3. Calcule le temps que met la lumière pour arriver sur Terre depuis Sirius et depuis Canopus.

22 Si une étoile s'éteignait…

Photographie de Proxima du Centaure, étoile répertoriée parmi les naines rouges.

L'Univers contient une infinité d'étoiles, qui peuvent mourir, c'est-à-dire s'éteindre. L'étoile Proxima du Centaure envoie une lumière qui met 4,32 années à atteindre la Terre.

1. Sur la photographie, repère l'étoile Proxima du Centaure.
2. Si l'étoile s'éteint, pourras-tu encore l'observer de la Terre ? Explique pourquoi.
3. Quelle distance nous sépare de l'étoile Proxima du Centaure ?
4. Le Soleil est à 150 000 000 km de la Terre. S'il s'éteignait brusquement, pendant combien de temps recevrions-nous encore sa lumière sur Terre ?

EXERCICES

J'approfondis...

23 Les couleurs d'un écran

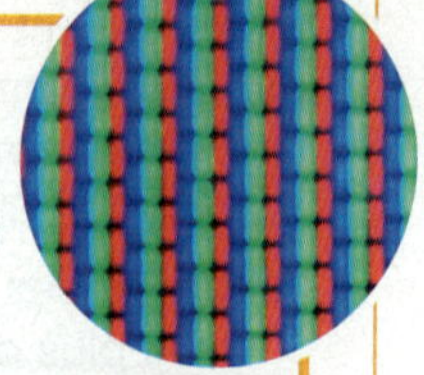

Grâce aux luminophores (voir photographie p. 161), l'écran peut reconstituer toutes les images colorées.

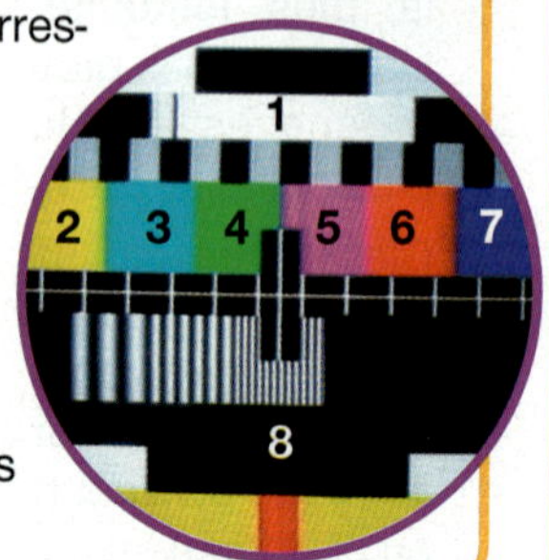

1. Quelles lumières colorées proviennent des luminophores ? À quoi correspondent-elles ?
2. À ton avis, de quelle manière obtient-on d'autres lumières colorées à partir des luminophores ?
3. Quels sont les luminophores éclairés sur les différentes zones notées ?

24 Des unités adaptées aux distances spatiales

La galaxie NGC 1300 est une galaxie spirale barrée, située à 568 000 000 000 000 000 000 km de la Terre.

1. Exprime cette distance en kilomètres avec les puissances de dix (en écriture scientifique).
2. L'année-lumière, notée **al**, est une unité souvent utilisée en astronomie. Elle correspond à la distance parcourue par la lumière en une année.
   Calcule la valeur de 1 année-lumière en kilomètres.
3. Calcule la distance de cette galaxie en années-lumière.
4. Les astronomes utilisent aussi l'unité astronomique (notée **ua**). Une unité astronomique correspond à la distance moyenne Terre - Soleil, soit 150 000 000 km. Calcule la distance de cette galaxie en unités astronomiques.

25 Question d'extraterrestres

Tu vas répondre aux extraterrestres qui se demandent à quelle distance se trouve la Terre (p. 161).

1. D'après toi, combien d'années environ a mis la lumière pour aller de la Terre jusqu'aux extraterrestres ?
2. Entre leur planète et la nôtre, la lumière se propage dans le vide. Calcule la distance entre la Terre et leur planète.
3. Obtiendrais-tu le même résultat s'il y avait autre chose que du vide entre nos deux planètes ?

26 Maman, un orage !

COUP DE POUCE
Attention aux unités ! Choisis bien la valeur de la vitesse du son parmi celles qui te sont données.

1. Le son se déplace dans l'air à la vitesse de 1 220 km/h, soit 340 m/s. Calcule la distance parcourue par le son en 6 s.
2. Calcule le temps mis par la lumière pour parcourir cette distance.
3. Pourquoi peut-on considérer qu'Éric voit l'éclair au moment où il prend forme ?
4. À ton avis, à quelle distance est tombée la foudre ?

27 Régler la palette des couleurs

B2i

Dans certains logiciels, on peut créer des couleurs. Pour cela, on choisit la proportion de chacune des trois couleurs de base, en lui associant un chiffre entre 0 et 255.

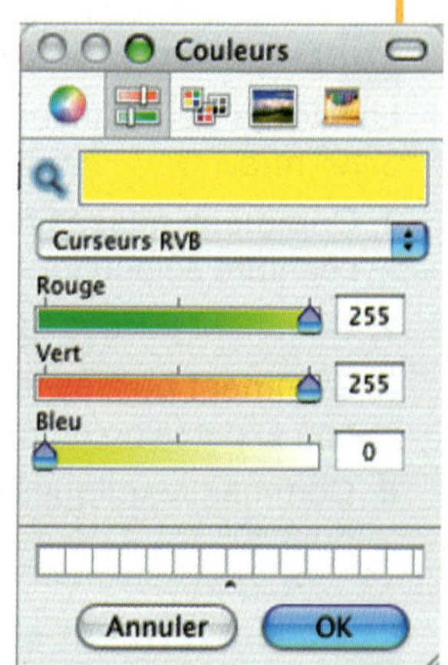

1. Quelles sont les trois couleurs de base du système RVB ?
2. À ton avis, qu'obtient-on si toutes les proportions de couleurs sont égales à 0 ? Qu'obtient-on si elles sont toutes égales à 255 ?
3. À partir de l'exemple, trouve le réglage pour obtenir une nouvelle couleur : le cyan.
4. Ouvre une palette de couleurs sur ton ordinateur, choisis l'option RVB et essaye de créer d'autres couleurs.

28 Une erreur historique

Lorsque la foudre tombe à quelques kilomètres de nous, le son du tonnerre met un certain temps à nous parvenir, alors qu'on peut voir l'éclair instantanément. C'est pour cette raison que, avant Galilée, les savants pensaient que la lumière avait une vitesse infinie.

1. Détermine quel est le phénomène sonore et quel est le phénomène visuel.
2. Explique pourquoi le raisonnement de ces savants n'est pas correct.

EXERCICES

INVESTIGATION ••••• MÈNE L'ENQUÊTE !!

29 Un problème de lampe

Un photographe souhaite créer avec une lampe un éclairage proche de la lumière du jour. Il possède deux lampes, mais une seule fournit une lumière « identique à celle du Soleil ». Malheureusement, à première vue, les deux lampes se ressemblent et leur lumière aussi.

➜ **Quelle expérience ferais-tu pour l'aider à identifier la bonne lampe ?**

30 Que vas-tu voir ?

Quel protocole expérimental proposerais-tu pour vérifier cette hypothèse ?

Ta démarche
1. Fais ta propre hypothèse et compare-la à celle proposée ici.
2. Propose une liste du matériel à utiliser et réalise le schéma du montage à réaliser pour tester ces hypothèses.

31 L'ombre jaune ?

Comment obtenir expérimentalement une « ombre jaune » derrière un objet que tu éclaires ?

Ta démarche
1. Propose une liste du matériel à utiliser.
2. Réalise le schéma du montage à réaliser.
3. Fais un schéma en couleurs de ce que tu penses observer.

32 C'est la Révolution ?

En observant la Terre depuis leur planète, Brok et Chnok voient la prise de la Bastille ! Comme la Terre, qui gravite autour du Soleil, la planète de Brok et Chnok tourne autour d'une étoile.

➜ **En cherchant dans une encyclopédie ou sur Internet, trouve des étoiles qui pourraient être leur Soleil.**

Une expérience simple et amusante

Fabrique un arc-en-ciel

Pour cette expérience, il te faut un jet d'eau (ou un brumisateur d'eau), du beau temps avec un ciel dégagé et un soleil lumineux. Tu vas essayer de faire un arc-en-ciel.

- Règle le jet d'eau pour obtenir des gouttes les plus fines possible.
- Place-toi face au soleil, puis dos au soleil, et fais varier l'inclinaison du jet d'eau (de bas en haut).
- Recommence, mais en réglant le jet d'eau pour obtenir de grosses gouttes.

1. Trouve les conditions nécessaires pour observer un arc-en-ciel.
2. Indique la source primaire de lumière à l'origine de l'arc-en-ciel.
3. Comment s'appelle le phénomène responsable d'un arc-en-ciel ?

Toutes les lumières du

La lumière du Soleil nous semble familière, et pourtant elle recèle bien des mystères. Une partie de cette lumière n'est pas visible pour nous, mais nous pouvons quand même sentir ses effets.

Histoire — *Les travaux du professeur Newton*

Physicien anglais, Isaac Newton (1642-1727) raconta dans un de ses carnets : « Au début de l'année 1666, je me procurai un prisme de verre pour réaliser la célèbre expérience des couleurs. Ayant à cet effet obscurci ma chambre et fait un petit trou dans les volets pour laisser entrer une quantité convenable de rayons de Soleil, je plaçai mon prisme contre ce trou [...]. Ce fut d'abord très plaisant de contempler les couleurs vives et intenses ainsi produites. »

À l'aide d'un trou dans une planchette, il isola la partie bleue produite par le prisme et il envoya cette lumière bleue sur un second prisme. Elle fut à nouveau déviée, mais en restant toujours bleue...

C'était le début de la spectroscopie, encore très utilisée de nos jours, notamment par les astronomes et les chimistes.

Questions

1. Quel objet Isaac Newton utilise-t-il pour décomposer la lumière ?
2. Comment s'appelle l'ensemble des « couleurs vives et intenses ainsi produites » ?
3. Quelles peuvent être les conclusions d'Isaac Newton sur ces deux expériences avec un prisme, puis deux prismes ?

Environnement — *De la lumière invisible*

Le spectre de la lumière du Soleil est composé de lumières visibles, mais aussi de lumières invisibles : les ultraviolets (UV) et les infrarouges (IR).

Pour l'être humain, l'exposition aux ultraviolets peut être bénéfique (création de la vitamine D, de la mélanine), mais aussi néfaste (coups de soleil, cancer de la peau, troubles de la vision...).

L'atmosphère joue le rôle d'un bouclier protecteur en filtrant une partie des UV venant du Soleil.

Les IR, filtrés aussi par l'atmosphère, chauffent la matière qu'ils rencontrent. C'est pourquoi ils sont responsables de l'effet de serre, qui maintient la surface de la Terre à environ 17 °C.

Questions

1. Où se trouvent les ultraviolets et les infrarouges sur ce spectre ?
2. À ton avis, pourquoi l'exposition aux UV est-elle plus grande en montagne ? Et au bord de la mer ?
3. Certaines activités humaines augmentent l'effet de serre : fais une recherche pour trouver lesquelles et pourquoi.

THÈME DE CONVERGENCE

Santé — Des filtres qui travaillent pendant les vacances

Quand on va à la plage ou au ski, on emporte souvent des filtres avec soi sans le savoir...

Les lunettes de soleil permettent de ne pas être ébloui en filtrant une partie de la lumière du Soleil. Les verres, selon leur couleur, peuvent modifier les couleurs des objets qu'on observe. Mais les lunettes à verres teintés doivent surtout protéger nos yeux des lumières invisibles, comme les ultraviolets. Des indications inscrites sur les lunettes permettent de s'assurer que la protection sera efficace.

Même si elle ne ressemble pas aux filtres utilisés en physique, une bonne crème solaire filtre une grande partie des lumières ultraviolettes. Elle nous protège ainsi des coups de soleil, du vieillissement de la peau et diminue les risques de cancer de la peau.

Questions

1. Quels sont les trois principaux effets des lunettes de soleil ?
2. Cherche sur Internet les différents problèmes de santé causés par la lumière du Soleil.
   http://www.ffme.fr/fiches.technique/protection/

MÉTIER Astrophysicienne

Ariane (39 ans)
- Enseignante-chercheuse
- Observatoire de Strasbourg
- Doctorat en astrophysique

LA TÊTE DANS LES ÉTOILES

« Je fais des observations avec des télescopes et prends de nombreuses mesures, traitées par des logiciels que je crée ou modifie moi-même. J'interprète les résultats, via des modèles théoriques, pour décrire les processus physiques qui régissent la vie des comètes, des étoiles ou des galaxies. Mes découvertes sont présentées dans des revues, lors de conférences ou de séminaires. Avoir une nouvelle idée d'explication d'un phénomène, ou faire des découvertes inédites, voilà des expériences excitantes qui motivent mon travail.

Depuis 1995, je suis enseignante-chercheuse sur les populations stellaires des galaxies et responsable du parcours astrophysique à l'observatoire de Strasbourg. »

« Mes découvertes sont présentées dans des revues, lors de conférences ou de séminaires. »

Propos recueillis par Kelly C. ■

La couleur

Pendant des siècles, savants et philosophes se sont penchés sur ce mystère : d'où vient la couleur ? De la lumière ? Des choses elles-mêmes ? De notre œil ? Ce sont en fait ces trois éléments qui donnent leurs couleurs aux choses.

Dans ce chapitre tu vas...

- **expliquer** la couleur des objets ;
- **expliquer** comment l'œil voit les couleurs.

des objets

Un photographe développe ses photographies argentiques dans son laboratoire.

Pourquoi ce photographe voit-il la vie en rouge et noir ?

Pourquoi ne voyons-nous pas tous les mêmes couleurs ?

ACTIVITÉ 1 Comprendre l'origine de la

EXPÉRIENCE A Éclairer des écrans en lumière blanche

Objectif : À la lumière du jour, chaque objet possède une couleur.
Tu vas établir la relation entre cette couleur et la lumière que diffuse* l'objet.

Je réalise des expériences

▼ **a. Différents écrans à éclairer avec une lumière blanche.**

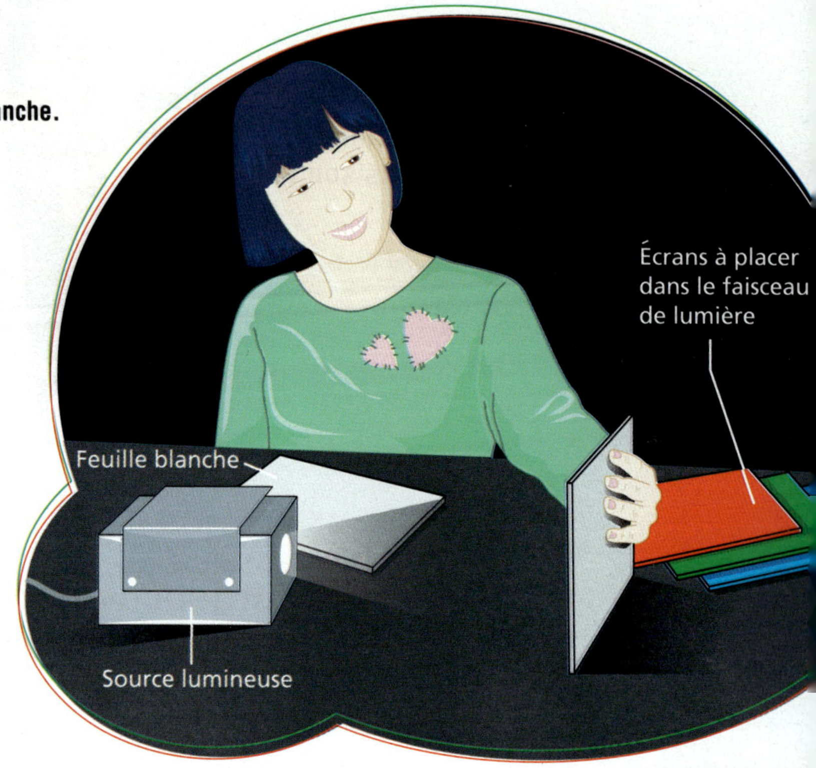

▲ **b. Montage de l'expérience.**

- Éclaire successivement chaque écran avec une lumière blanche.
- Pour voir la lumière diffusée par ces écrans (qui sont des objets colorés), renvoie-la vers une feuille blanche.

J'exploite les résultats

Observe

1. Quel(s) écran(s) diffuse(nt) une lumière blanche ?
2. Quel(s) écran(s) diffuse(nt) une lumière colorée ?
3. Quel(s) écran(s) ne diffuse(nt) aucune lumière ?

Interprète

4. Quelles sont les lumières primaires* diffusées par chacun des écrans que tu as utilisés ?

Conclus

5. Explique la couleur de chaque écran en utilisant les termes « diffuser » et/ou « absorber ».

couleur des objets

INVESTIGATION B Éclairer un objet noir et blanc

Mathias dit qu'il a déjà vu un zèbre noir et rouge.

? Comment pourrais-tu obtenir un zèbre noir et rouge ?

Ta démarche

- **Propose une hypothèse :** Propose un montage pour répondre à la question.
- **Réalise une expérience :** Dresse la liste du matériel.
- **Conclus :** Rédige un texte expliquant ta méthode avec un vocabulaire précis.

INVESTIGATION C Éclairer des objets colorés

? Tu es expert scientifique. Les trois témoins décrivent-ils le même suspect ?

Ta démarche

- **Propose une hypothèse :** À partir des témoignages, retrouve la couleur des vêtements du ou des suspects.
- **Réalise une expérience :** Propose et réalise un montage permettant de vérifier tes hypothèses.
- **Conclus :** Rédige un rapport scientifique expliquant tes résultats avec un vocabulaire précis.

Mini-dico

Diffuser : envoyer dans toutes les directions.

Lumières primaires : lumières rouge, verte et bleue.

Vers le bilan... De quoi dépend la couleur d'un objet ?

ACTIVITÉ 2 Comprendre la vision des

J'étudie des documents

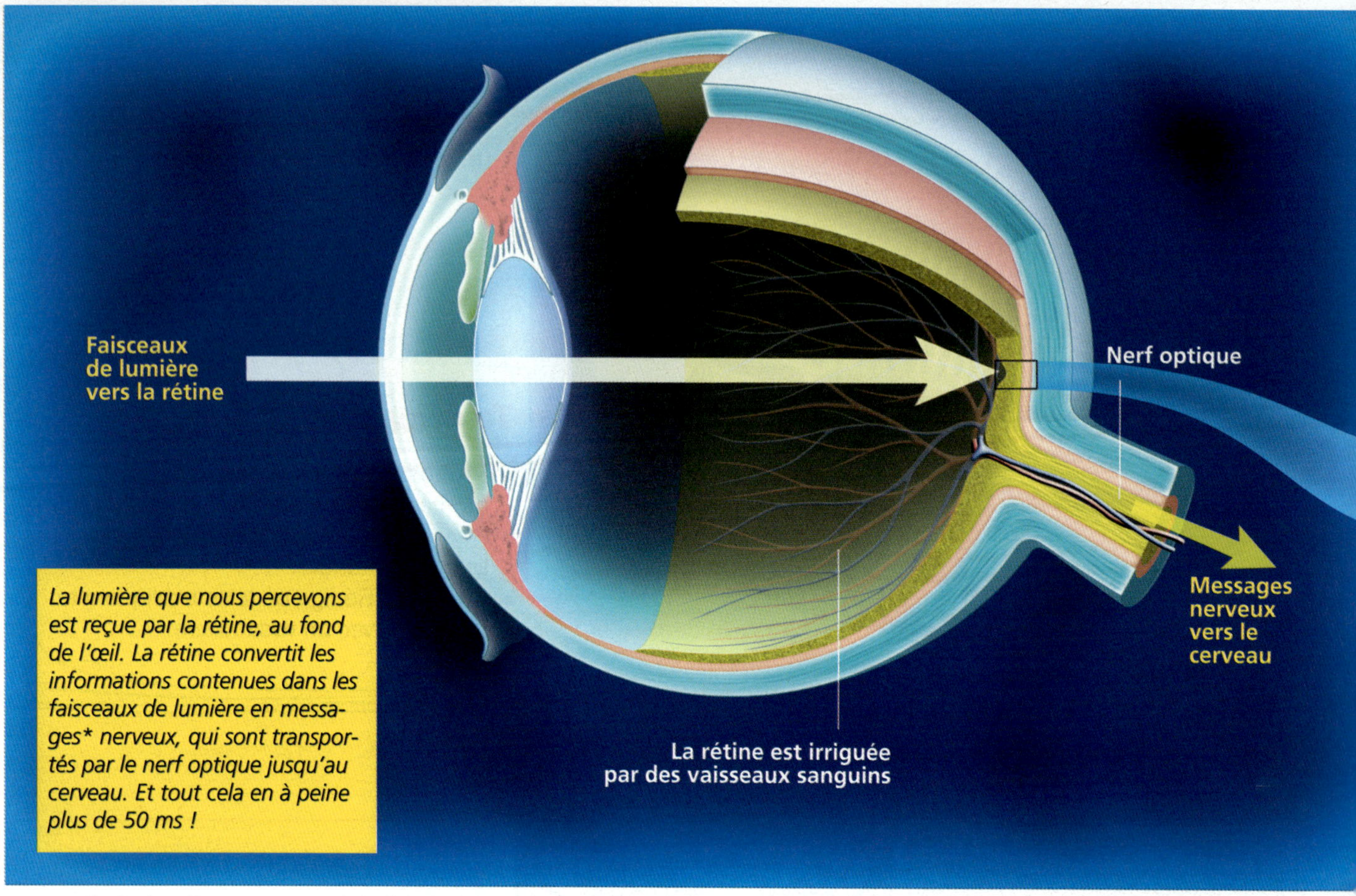

▲ **a. De la lumière reçue par l'œil à la vision des couleurs.**

Dans certains cas, un ou plusieurs des trois types de photorécepteurs à cônes est déficient. La perception des couleurs est alors imparfaite : la forme la plus courante est le daltonisme. Cela peut entraîner des confusions entre des couleurs comme le vert et le rouge : un daltonien lira 21 et non 74 sur le test suivant.

Exemple du test d'Ishihara
Tout le monde lit 12 à gauche, mais lis-tu 74 ou 21 à droite ?

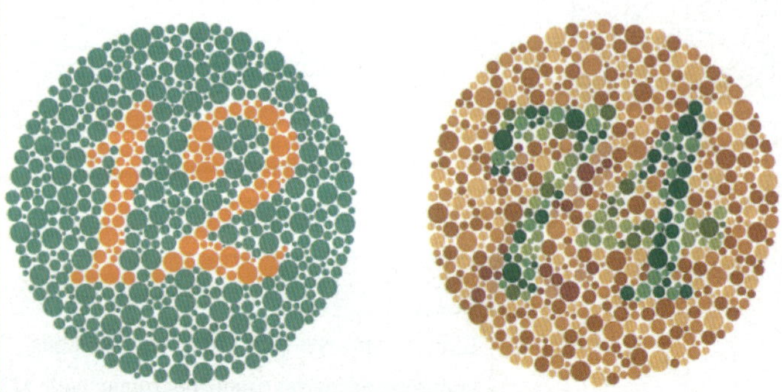

▲ **b. Percevoir différemment les couleurs.**

L'image des deux rouges est identique sur la rétine, mais les deux rouges nous paraissent pourtant différents, à cause de la couleur qui les entoure.
L'œil reçoit deux lumières colorées identiques mais le cerveau interprète deux couleurs différentes. C'est une illusion d'optique* reposant sur l'effet de contraste.

▲ **c. Voir différemment des couleurs identiques ?**

couleurs

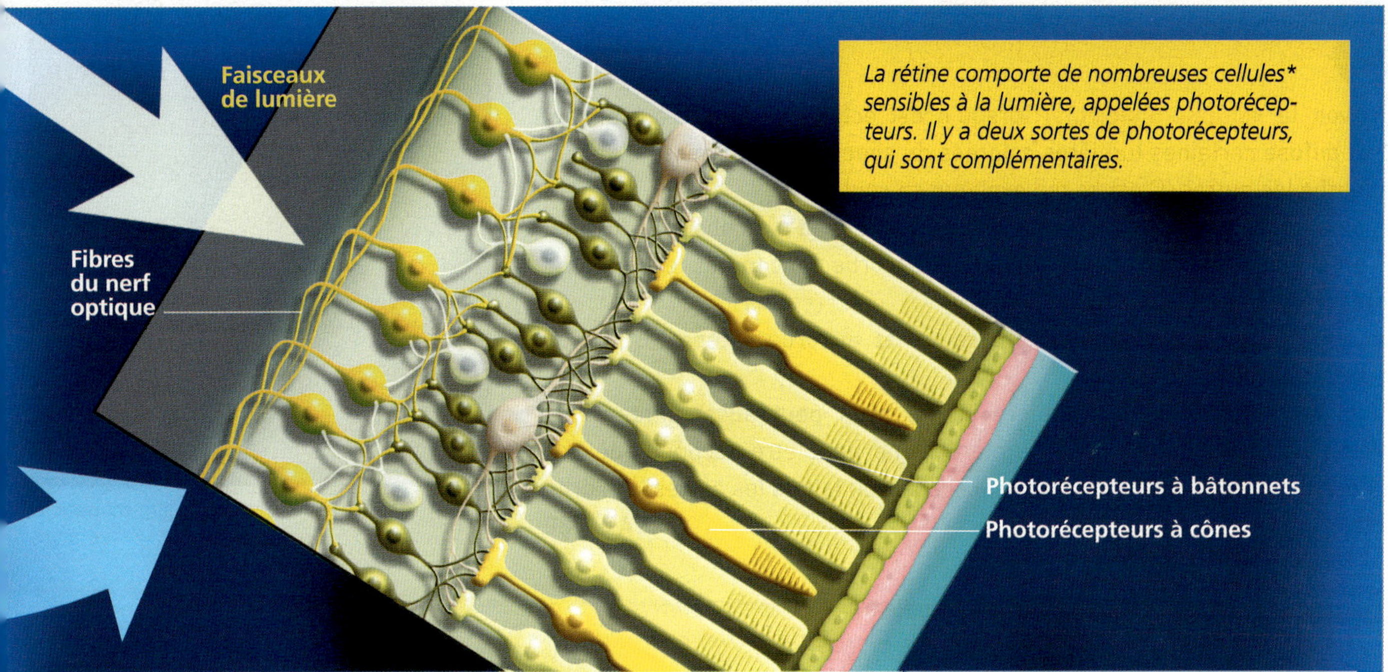

La rétine comporte de nombreuses cellules sensibles à la lumière, appelées photorécepteurs. Il y a deux sortes de photorécepteurs, qui sont complémentaires.*

	Photorécepteurs à cônes	Photorécepteurs à bâtonnets
Nombre	*5 à 7 millions, 3 types de cônes différents.*	*125 millions, tous identiques.*
Sensibilité à l'intensité lumineuse	*Faible, car ils ont besoin de beaucoup de lumière.*	*100 fois plus sensibles que les cônes, responsables de la vision dans les conditions de faible éclairage.*
Sensibilité aux couleurs de la lumière	*Très bonne, chaque type de cône étant excité par une seule lumière primaire (rouge, vert, ou bleue). toutes les lumières colorées sont reconstituées par synthèse additive.*	*Très faible, ils ne permettent qu'une vision de nuances de gris, c'est-à-dire en noir et blanc.*
Vision	*De jour.*	*De jour et de nuit.*

J'exploite les documents

Analyse et interprète

1. Décris le trajet des informations de la source de lumière jusqu'au cerveau.

2. En quoi les deux types de photorécepteurs de la rétine sont-ils complémentaires ?

3. Quels photorécepteurs sont excités lorsque l'œil regarde un citron ? Justifie.

4. Quelle différence relèves-tu entre les deux vignettes du test d'Ishihara (doc. **b**) ?

5. Lequel des deux rouges te paraît plus foncé (doc. **c**) ? Cherche un moyen de prouver qu'ils sont identiques.

Conclus

6. Pourquoi y a-t-il trois couleurs primaires pour l'œil humain ?

Mini-dico

Message : ensemble d'informations que l'on transmet, ici sous forme de faisceaux de lumière ou d'impulsions nerveuses.

Cellule : élément microscopique commun à tous les êtres vivants.

Illusion d'optique : perception fausse des couleurs, des formes ou des dimensions des objets.

Vers le bilan... La couleur d'un objet est-elle perçue de la même manière par toutes les personnes ?

BILAN

1 La couleur d'un objet

● On voit la **couleur d'un objet** lorsqu'il est éclairé en lumière blanche. L'objet diffuse certaines lumières colorées du spectre de la lumière blanche, et absorbe les autres. C'est ce qui explique sa couleur.

– Un objet blanc **diffuse** toutes les lumières colorées et n'en absorbe aucune.

– Un objet noir ne diffuse aucune lumière et absorbe donc toutes les lumières colorées.

– Un objet rouge diffuse la lumière rouge et absorbe toutes les autres lumières colorées.

– Un objet jaune diffuse la lumière jaune, mais peut aussi diffuser les lumières verte et rouge (car la lumière jaune peut être reconstituée par synthèse additive de ces deux lumières). Il absorbe toutes les autres lumières colorées. 1A p. 180

Un écran jaune éclairé en lumière blanche diffuse de la lumière jaune.

2 La couleur d'un objet en lumière colorée

● La **couleur apparente** d'un objet diffusant dépend à la fois de sa couleur et de la lumière qui l'éclaire.

● Selon sa couleur, l'objet est capable de diffuser une partie de la lumière qu'il reçoit : il apparaît alors de la couleur de cette lumière diffusée.

– Un objet blanc apparaît de la couleur de la lumière qui l'éclaire car il peut diffuser toutes les lumières colorées. 1B p. 181

– Un objet noir apparaîtra toujours noir car il ne peut diffuser aucune lumière.

– Un objet rouge éclairé en lumière rouge apparaît rouge. En revanche, en lumière verte ou bleue, il apparaît noir car il ne peut diffuser que la lumière rouge.

– Un objet jaune, s'il peut diffuser la lumière rouge et la lumière verte, apparaît rouge en lumière rouge et vert en lumière verte. 1C p. 181

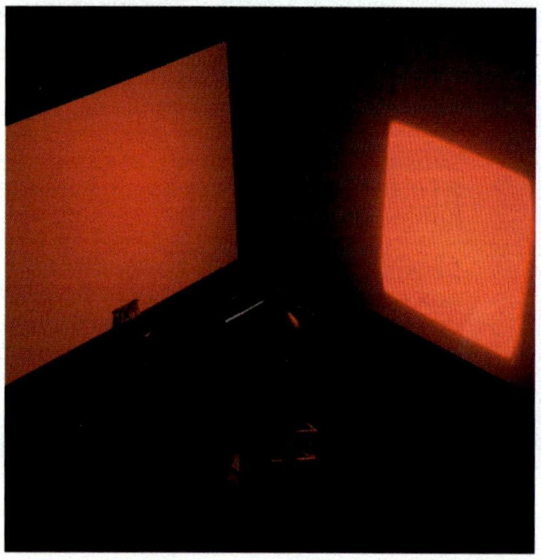

Un écran jaune éclairé en lumière rouge diffuse de la lumière rouge.

3 La vision des objets en couleur

● Au fond de l'œil, la rétine capte les messages lumineux avec deux types de **photorécepteurs** :

– les bâtonnets (sensibles à l'intensité lumineuse mais non aux couleurs) ;

– les cônes (sensibles aux trois lumières primaires et reconstituant toutes les couleurs par synthèse additive).

Les messages lumineux sont transformés en messages nerveux, puis transmis par le nerf optique vers le cerveau.

● Le daltonisme est une maladie touchant la perception des couleurs à cause d'une anomalie d'une ou de plusieurs sortes de cônes.

Les illusions d'optique sont dues à une mauvaise interprétation par le cerveau des messages nerveux envoyés par la rétine.

● Finalement, la couleur que l'on voit dépend non seulement de l'objet mais aussi de son éclairement, de son environnement et de l'œil qui le regarde. 2 p. 182-183

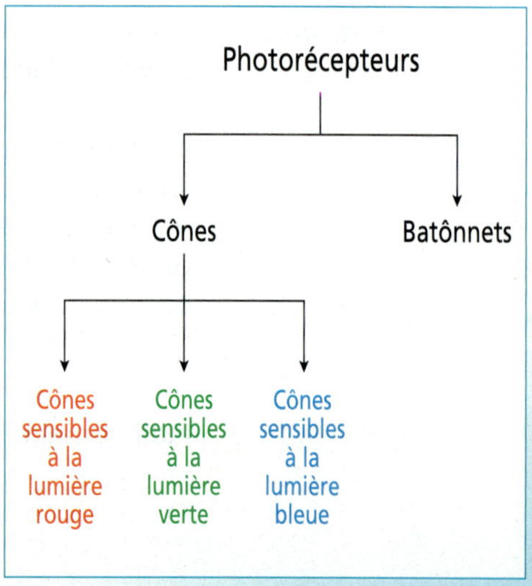

Les photorécepteurs de la rétine.

L'ESSENTIEL

par l'image

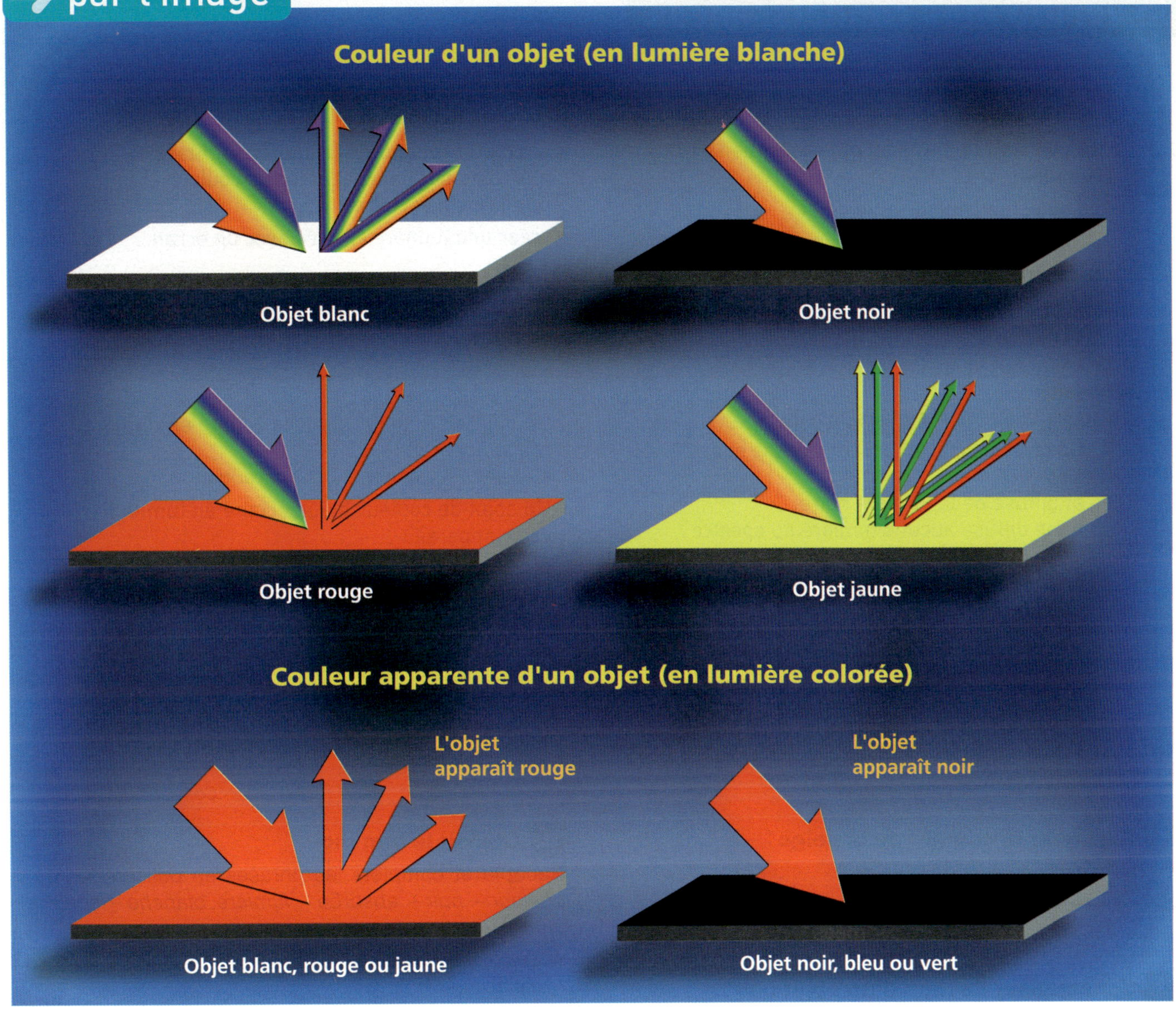

par le texte

- La couleur apparente d'un objet dépend de sa couleur et de la lumière qui l'éclaire : il diffuse certaines lumières colorées et absorbe les autres. Elle dépend aussi de l'œil qui le regarde et de l'environnement coloré de l'objet.
- Si on voit un objet rouge, c'est que la lumière qu'il diffuse vers nos yeux est rouge. Si on voit un objet noir, c'est qu'il ne diffuse aucune lumière vers notre œil.
- La rétine de l'œil est constituée de deux types de photorécepteurs : les cônes (sensibles aux trois couleurs primaires) et les bâtonnets.

Mots nouveaux

Couleur d'un objet : couleur observée lorsque cet objet est éclairé en lumière blanche.

Couleur apparente : couleur perçue par l'œil.

Diffuser : envoyer dans toutes les directions.

Photorécepteur : cellule sensible à la lumière.

EXERCICES

Je vérifie mes connaissances

Je dois connaître

- ce que sont la diffusion et l'absorption de la lumière ;
- ce qu'est la couleur d'un objet ;
- de quoi dépend la couleur apparente d'un objet ;
- le fonctionnement de l'œil pour expliquer la vision colorée.

Je dois être capable de

- prévoir la couleur de la lumière diffusée et absorbée par un objet selon sa couleur et la lumière qui l'éclaire ;
- créer une lumière colorée avec un écran.

Test

Choisis la ou les réponses possibles.

1. Un objet éclairé en lumière blanche apparaît noir s'il :
a. diffuse de la lumière noire.
b. ne diffuse aucune lumière du spectre de la lumière blanche.
c. absorbe toutes les lumières du spectre de la lumière blanche.

2. Un objet de couleur noire éclairé par une lumière colorée apparaît :
a. noir.
b. de la lumière de la couleur qui l'éclaire.
c. d'une autre couleur que la lumière qui l'éclaire.

3. Un objet de couleur blanche éclairé en lumière rouge apparaît :
a. blanc. **b.** noir. **c.** rouge.

4. Un objet de couleur bleue éclairé en lumière verte apparaît :
a. noir. **b.** bleu. **c.** vert.

5. Les cônes de la rétine sont sensibles à la couleur. Il y en a :
a. une seule sorte.
b. deux sortes différentes.
c. trois sortes différentes.

Corrections p. 222

1 Expliquer la couleur de la neige

1. Quelle est la couleur de la neige ?
2. Quelles sont les lumières colorées diffusées par la neige ? Quelles sont les lumières absorbées ?

2 Schématiser l'action d'un objet noir

Marie et Thomas ont représenté sur un schéma comment expliquer la couleur d'un objet noir éclairé en lumière blanche. Qui a raison ? Explique pourquoi.

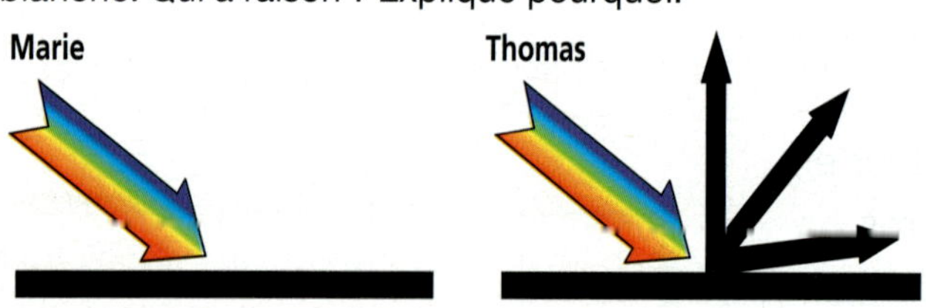

3 Schématiser l'action d'un objet rouge

Gaby, Anaïs et Lydiane ont représenté sur un schéma l'action d'un objet de couleur rouge sur la lumière bleue. Qui a raison ? Explique pourquoi.

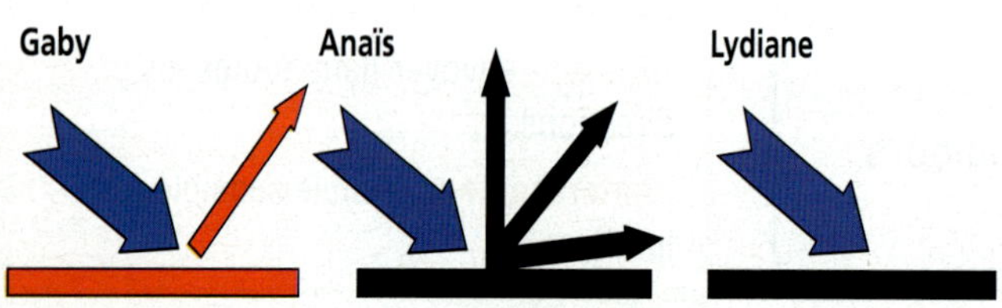

4 Choisir le bon mot

Recopie et complète les phrases en utilisant les mots *couleur – noir – absorbe – lumière blanche – spectre – diffuse.*

a. La couleur d'un objet est celle que l'on observe quand il est éclairé en ....

b. Un objet diffuse seulement la lumière de sa .... Il .... les autres lumières.

c. Un objet blanc peut diffuser toutes les couleurs du .... de la lumière blanche.

d. Un objet .... absorbe toutes les lumières colorées et n'en .... aucune.

5 Vrai ou faux

Les phrases suivantes sont-elles vraies ou fausses ? Justifie tes réponses.

a. Un objet blanc diffuse la lumière blanche.

b. Un objet noir diffuse la lumière noire.

c. Les salades apparaissent vertes à la lumière du jour car elles reçoivent entre autres de la lumière verte.

d. Les salades apparaissent vertes à la lumière du jour car elles diffusent de la lumière verte.

e. La couleur apparente d'un objet dépend de la lumière qui l'éclaire.

f. Si un objet apparaît rouge en lumière blanche, il apparaît toujours rouge.

6 Choisir la ou les bonnes réponses

Recopie les phrases ci-dessous en choisissant la bonne réponse.

1. Un objet vert éclairé en lumière blanche :
   a. diffuse la lumière blanche et absorbe la lumière verte.
   b. diffuse la lumière verte et absorbe toutes les autres lumières.
   c. diffuse les lumières bleue et rouge et absorbe la lumière verte.
2. Un objet rouge éclairé en lumière rouge :
   a. diffuse la lumière rouge et n'absorbe aucune lumière.
   b. absorbe la lumière rouge et ne diffuse aucune lumière.
   c. absorbe toutes les lumières.
3. Un objet bleu éclairé en lumière verte :
   a. absorbe la lumière bleue et diffuse la lumière verte.
   b. diffuse la lumière bleue et absorbe la lumière verte.
   c. absorbe la lumière verte et ne diffuse aucune lumière.

7 Prévoir la couleur d'un objet

1. En été, les feuilles des arbres sont vertes. Quelle est leur couleur apparente si on les éclaire en lumière bleue ?
2. Même question pour les feuilles à l'automne, de couleur jaune.

8 Identifier les éléments de l'œil

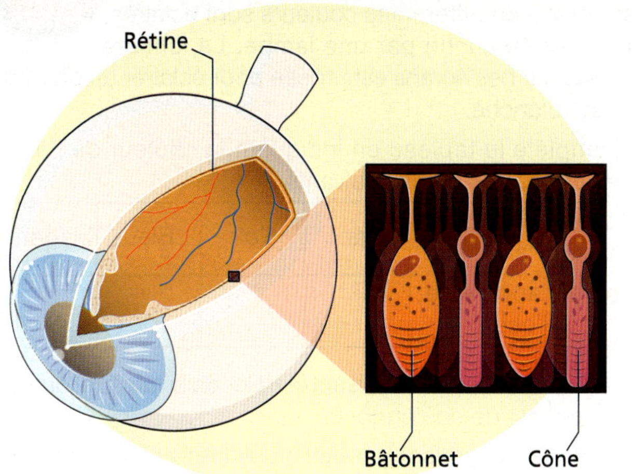

Que représente ce schéma ? Explique le rôle des éléments que l'on peut y voir.

9 Trouver le bon cône

Quels cônes sont stimulés :
- lorsque tu observes une voiture rouge ?
- lorsque tu observes un mur blanc ?
- lorsque tu observes un chapeau noir ?

J'applique...

10 Des écrans colorés — Exercice corrigé

→ Énoncé

Des écrans de différentes couleurs sont éclairés en lumière blanche par une lampe. La lumière diffusée par ces écrans est utilisée pour éclairer un objet de couleur blanche.

1. Recopie et complète le tableau en indiquant la couleur apparente de l'objet éclairé par les écrans suivants :

Couleur de l'écran diffusant la lumière	Blanc	Noir	Vert	Jaune
Couleur apparente de l'objet				

2. Fais un schéma en précisant le trajet de la lumière lorsque l'écran est de couleur blanche.
3. Explique ton raisonnement pour l'écran vert et pour l'écran jaune.

→ Correction

1.

Couleur de l'écran diffusant la lumière	Blanc	Noir	Vert	Jaune
Couleur apparente de l'objet	Blanc	Noir	Vert	Jaune

2.

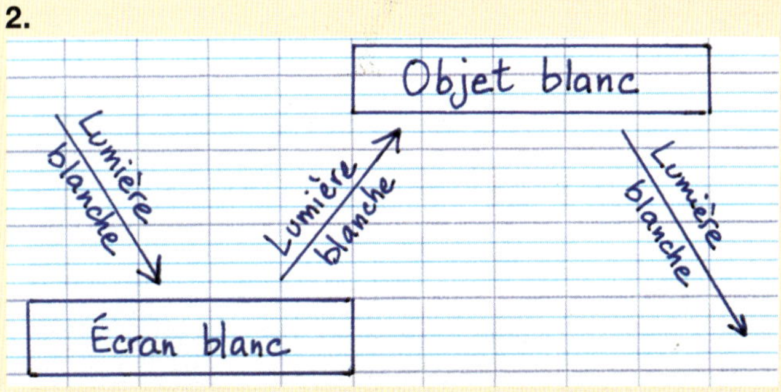

3. Tous les écrans reçoivent de la lumière blanche, dont le spectre est composé d'une infinité de lumières.
   – L'écran vert diffuse la lumière verte vers l'objet et absorbe toutes les autres lumières colorées. L'objet blanc diffuse toutes les lumières qu'il reçoit, ici uniquement de la lumière verte. Il apparaît donc vert.
   – L'écran jaune diffuse vers l'objet la lumière jaune, mais aussi les lumières rouge et verte (car jaune = rouge + vert). Il absorbe toutes les autres lumières colorées. L'objet blanc reçoit et donc diffuse les lumières jaune, rouge et verte, et apparaît jaune.

EXERCICES

11 D'autres écrans colorés

Voir exercice 10 p. 187

Des écrans de différentes couleurs sont éclairés en lumière blanche par une lampe. La lumière diffusée par ces écrans est utilisée pour éclairer un objet de couleur blanche.

1. Complète le tableau en indiquant la couleur de l'objet éclairé par les écrans suivants :

Couleur de l'écran diffusant la lumière	Blanc	Noir	Bleu	Magenta
Couleur apparente de l'objet				

2. Fais un schéma en précisant le trajet de la lumière lorsque l'écran est de couleur blanche.

3. Explique ton raisonnement pour l'écran bleu et pour l'écran magenta.

12 Quelle lumière colorée vas-tu voir ?

Schématise le trajet de la lumière pour un objet vert :

a. éclairé en lumière blanche ;

b. éclairé en lumière rouge.

13 Trouver la couleur d'un objet

Quelle peut être la couleur de cet objet ? Explique.

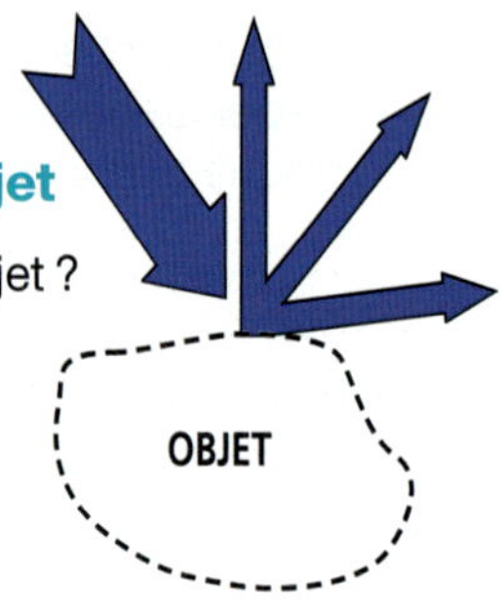

14 Une fraise rouge ou noire ?

1. Quand on parle de la couleur rouge d'une fraise, qu'oublie-t-on de préciser ?

2. Une fraise peut-elle apparaître noire même en étant éclairée ? Justifie ta réponse.

15 Vision de nuit

D'où vient l'expression : « La nuit, tous les chats sont gris » ? Donne une explication en utilisant les photorécepteurs.

Français

16 Une couleur mystère

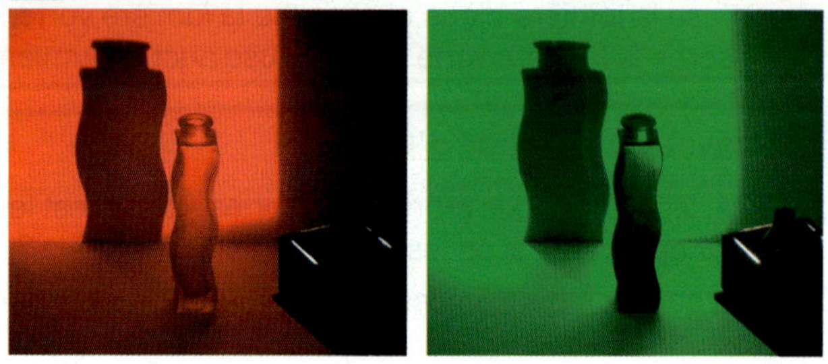

Karim affirme que le vase est rouge. Audrey pense plutôt que le vase est blanc.
Qui a raison ? Explique bien tes arguments : pour cela, utilise des liens logiques (**si** ... **alors** ..., **donc**, **car**, **or** ...).

J'approfondis...

17 De jolies friandises...

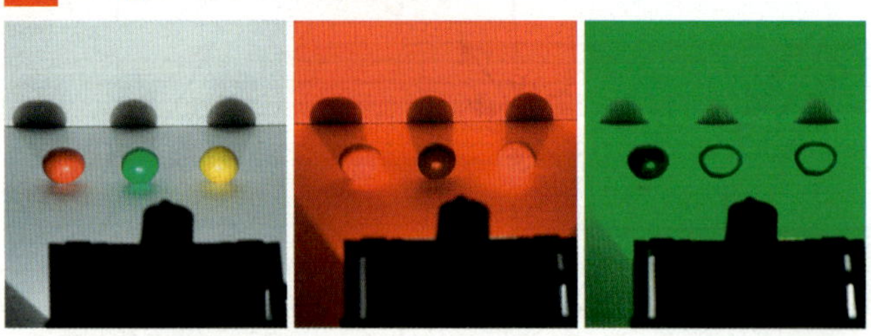

1. Par quelle lumière sont éclairées les trois friandises sur chaque photographie ?

2. De quelle couleur apparaît le bonbon rouge (à gauche) sur chaque photographie ? Explique pourquoi.

3. De quelle couleur apparaît le bonbon jaune (à droite) sur chaque photographie ? Explique pourquoi.

18 Un peu d'anglais...

1. Traduis et explique l'expression anglaise : *colour blind*.

2. Trouve le mot équivalent en français.

19 Ne pas confondre les drapeaux !

1. Si on éclaire les drapeaux en lumière rouge, quels sont ceux qui apparaîtront alors identiques ?

2. Quels drapeaux apparaîtront totalement noirs lorsqu'ils sont éclairés en lumière bleue ?

3. Si on éclaire les drapeaux en lumière jaune, quels sont ceux qui apparaîtront comme en lumière blanche ?

EXERCICES

INVESTIGATION •••••••••••••••••••••• MÈNE L'ENQUÊTE !!

20 Tout rouge

Quel protocole expérimental proposerais-tu pour vérifier l'hypothèse de Laurent ?

Ta démarche
Ta réponse devra comporter :
- une liste du matériel que tu proposes d'utiliser ;
- un schéma du ou des montages à réaliser ;
- des explications sur ce que tu penses observer.

21 La couleur mystère

→ **Quelle est la seule couleur que tu ne pourras jamais voir en lumière colorée ?**

22 Une feuille qui rougit

Tu possèdes une feuille blanche, une feuille rouge et une source de lumière blanche.

Comment pourrais-tu colorer la feuille blanche en rouge ?

Ta démarche
1. Fais un schéma du montage à réaliser.
2. Explique comment procéder.

23 Des fruits et des légumes

Guillaume tient un magasin de fruits et légumes. Pour attirer la clientèle, il se dit qu'il va remplacer les néons blancs par des néons bleus.

→ **Pourquoi n'est-ce pas une bonne idée ? Argumente.**

Une expérience simple et amusante

UNE
GROSSE
ARAIGNÉE
GRIMPE SUR
NOTRE
ÉTAGÈRE

Écris des messages codés

Pour cette expérience, il te faut un verre transparent incolore, un sirop coloré.
- Verse un peu de sirop de menthe dans le verre.
- Pose le verre de sirop de menthe sur la phrase ci-contre et déchiffre le message.

1. Quelle est la lumière colorée qui arrive dans tes yeux ?
2. De quelles couleurs peuvent être les lettres du message à décoder ?
3. Invente un autre message que tu peux lire à travers un verre de grenadine et recommence l'expérience pour voir si tu as compris.

La diffusion des lumiè

Certaines couleurs sont spectaculaires. Nous pouvons en observer dans la nature (les fleurs, les animaux, le ciel...), mais nous pouvons aussi les créer. À chaque effet son explication, sa technique...

Vie quotidienne — *Les couleurs du ciel*

La majorité des molécules composant l'atmosphère sont constituées de deux atomes. Dans ces molécules, la distance entre les deux atomes peut varier et la molécule peut ainsi vibrer. En 1871, le physicien britannique lord Rayleigh découvre que cette vibration permet aux molécules de diffuser de la lumière. Il donne ainsi une première explication des couleurs du ciel.

La lumière du Soleil est constituée d'une infinité de couleurs. Lorsque cette lumière traverse l'atmosphère et rencontre les molécules qui la constituent, elle est diffusée dans toutes les directions, mais la lumière bleue est plus diffusée que la lumière jaune et beaucoup plus que la lumière rouge.

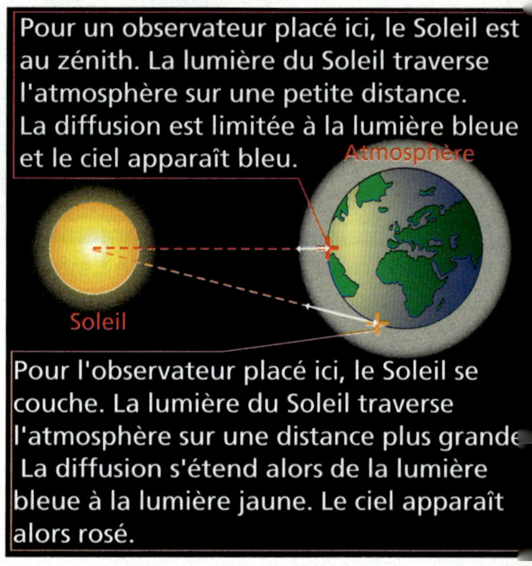

Selon sa position dans le ciel, la lumière du Soleil traverse une couche plus ou moins épaisse de l'atmosphère jusqu'à notre œil, et la diffusion n'est pas la même. C'est pourquoi les lumières du ciel sont si différentes lors des coucher et lever de Soleil.

Questions

1. Quelle est l'origine de la couleur du ciel ?
2. Explique pourquoi un cosmonaute sur la Lune observe toujours un ciel noir.
3. Recherche d'autres phénomènes qui colorent le ciel et détermine si la diffusion en est toujours responsable.

Technique — *La lumière noire*

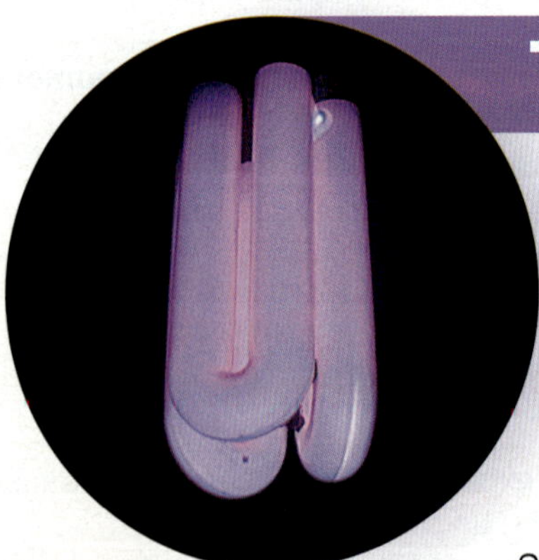

Dans certaines fêtes, on utilise parfois des lampes émettant ce qu'on appelle la « lumière noire ». Cette lumière est composée d'un peu de lumière violette (visible) mais surtout de lumière ultraviolette (invisible pour l'œil humain). Les objets blancs ont la propriété d'absorber cette lumière ultraviolette et de la réémettre sous forme de lumière blanche. Ces objets paraissent alors très lumineux quand tout le reste est plongé dans l'obscurité.

Si cette lumière permet de créer une ambiance lumineuse spectaculaire, il ne faut pas en abuser car elle peut devenir dangereuse pour nos yeux.

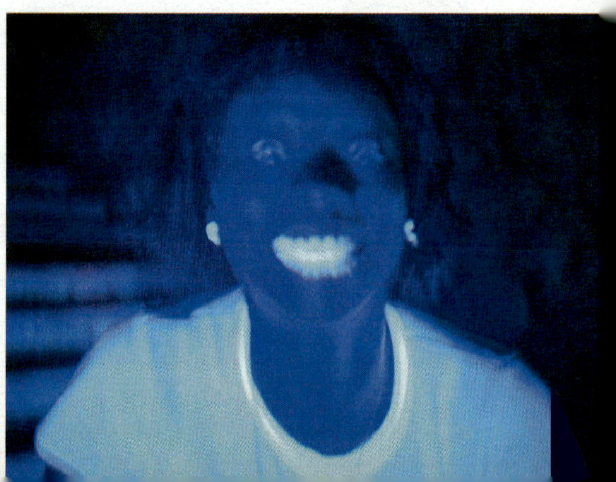

Questions

1. Connais-tu d'autres lumières invisibles pour l'œil humain ?
2. Fais un schéma de la lumière émise par ces lampes lorsqu'elle éclaire un objet blanc.
3. Cette « lumière noire » a d'autres applications. Documente-toi pour en trouver quelques-unes.

Arts — Comment les artistes colorent leurs œuvres

En mélangeant des peintures jaune et cyan, tu observes une couleur verte. Pourquoi ? Les peintures ne se mélangent pas par synthèse additive comme les lumières colorées. Il s'agit de matières, appelé pigments, et leur mélange s'appelle la synthèse soustractive. Un pigment, lorsqu'on l'éclaire en lumière blanche, absorbe (c'est-à-dire « soustrait ») certaines lumières colorées et diffuse les autres : celles qu'il diffuse lui donnent sa couleur. Par exemple, un pigment jaune absorbe la lumière bleue (et diffuse la rouge et la verte), et un pigment cyan absorbe la lumière rouge. Le mélange des deux absorbe donc les lumières bleue et rouge, et ne peut alors diffuser que la lumière verte.

Pour les pigments, les trois couleurs primaires généralement utilisées sont le cyan, le jaune et le magenta. Plus le mélange est complexe en pigments, plus il absorbe de lumières colorées et plus il devient sombre. Ce principe est utilisé en peinture, en photographie couleur et dans les imprimantes.

Questions

1. Explique l'expression « synthèse soustractive » par opposition à « synthèse additive ».
2. Explique la couleur du pigment magenta, puis des mélanges de peintures magenta / cyan et magenta / cyan / jaune.
3. Cherche sur Internet la différence entre l'impression trichromique et l'impression quadrichromique. Détermine quelle technique d'impression utilise ton imprimante.

MÉTIER Régisseur lumière

Laïs (28 ans)
- Indépendante
- Théâtre national de Strasbourg
- École supérieure d'art dramatique

POUR UNE MISE EN SCÈNE DE LA LUMIÈRE

« Si j'ai choisi de devenir régisseur lumière, c'est pour répondre à une passion pour le théâtre et les arts visuels. Le régisseur lumière met en œuvre tous les moyens techniques pour restituer la création de l'éclairagiste. Ainsi, quel que soit le lieu de la représentation et en fonction des contraintes techniques, il adapte la lumière du spectacle. La formation que j'ai suivie était à la fois artistique et technique c'est-à-dire que j'ai autant appris à faire des choix esthétiques qu'à maîtriser les lois physiques de la lumière (mesure d'intensité et de la température de couleur…). Pour moi, le travail pour différentes compagnies, les voyages, les nouveaux projets sont les plaisirs de cette profession. »

“ Le travail pour différentes compagnies, les voyages, les nouveaux projets sont les plaisirs de cette profession. ”

Propos recueillis par Jonathan R. ■

Les lentilles et la

Certains dispositifs, comme cette goutte d'eau, déforment notre vision de la réalité. Intéressons-nous à un de ces dispositifs.

Dans ce chapitre tu vas...

- **découvrir** les lentilles et leurs propriétés ;
- **apprendre** à former une image sur un écran ;
- **comprendre** comment les images se forment dans l'œil.

formation des images

Dans *Le Temple du Soleil*, un prêtre inca essaie d'allumer avec une loupe le bûcher où se trouve Tintin.

Quel est l'effet d'une loupe sur la lumière qui la traverse ?

La lentille d'un projecteur permet d'obtenir, sur un écran, une image agrandie.

Connais-tu d'autres appareils qui fonctionnent avec des lentilles ?

L'œil est un système optique complexe qui forme des images de ce que nous observons.

À ton avis, comment les images se forment-elles dans notre œil ?

ACTIVITÉ 1 Découvrir les propriétés des

! Faire du feu avec une lentille

Pour faire un feu de camp, on peut utiliser une lentille*.
Mais attention, cela ne fonctionne pas avec toutes les lentilles...
car elles ont des propriétés différentes.

INVESTIGATION A Classer les lentilles en deux catégories

Il existe deux catégories de lentilles : les lentilles convergentes et les lentilles divergentes. Les loupes* font partie de la première catégorie.

? En étudiant la forme et les effets de quelques lentilles, comment peux-tu trouver à quelle catégorie elles appartiennent ?

Ta démarche

- **Propose une hypothèse :** Décris la méthode que tu penses utiliser.
- **Réalise une expérience :** Utilise ta méthode avec les lentilles fournies.
- **Conclus :** Quelles sont les deux manières de reconnaître une lentille convergente ou une lentille divergente ?

EXPÉRIENCE B Faire converger* la lumière avec une lentille

Objectif : Une lentille convergente dévie les rayons de lumière qui la traversent. Tu vas déterminer comment ces rayons sont déviés.

Je réalise une expérience

- Place l'écran et la lentille vers l'extrémité du banc d'optique, puis la lampe et le diaphragme* au milieu du banc.
- Déplace l'écran de façon à obtenir une tache lumineuse la plus petite possible. Mesure la distance d entre la lentille et l'écran.
- Éloigne un peu la lampe et le diaphragme de la lentille, puis recommence l'expérience.
- Répète cette opération jusqu'à ce que la lampe soit très éloignée (photographie **b**).
- Mesure la température à l'endroit où se trouve la tache lumineuse.

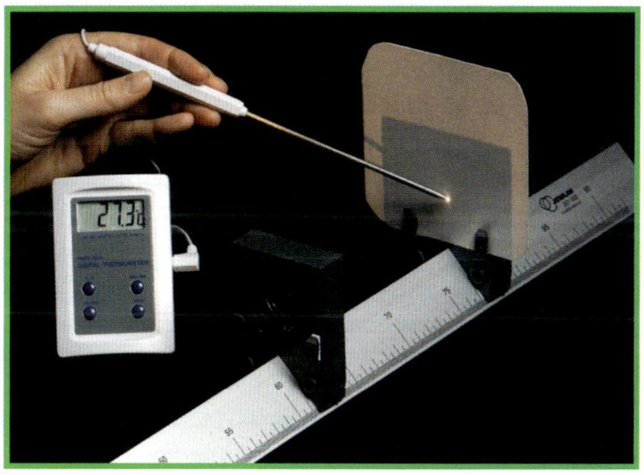

▲ **a. Mesure de la température au niveau de la tâche lumineuse.**

▲ **b. Situation à la fin de l'expérience.**

J'exploite les résultats

Observe
1. Avec quelle position de la lampe as-tu obtenu la plus petite distance d ? Quelle est sa valeur ?
2. Quelle température as-tu trouvée sur la tache lumineuse ?

Interprète
3. La distance entre la lentille et son foyer* s'appelle *distance focale* : quelle est sa valeur pour ta lentille ?

Conclus
4. Pourquoi la température augmente-t-elle au foyer lorsque la source est éloignée ?

Mini-dico

Lentille : objet transparent qui dévie la lumière et dont l'une des faces au moins est courbe.

Loupe : lentille convergente utilisée pour voir les objets agrandis.

Diaphragme : ouverture ne laissant passer qu'une partie de la lumière.

Converger : se diriger vers le même point.

Foyer : point vers lequel convergent les rayons de lumières lorsque la source est éloignée.

Vers le bilan... Quelles sont les trois propriétés des lentilles convergentes ?

ACTIVITÉ 2 Étudier des systèmes permet

INVESTIGATION A Obtenir l'image nette d'un objet sur un écran

Garance dispose d'un banc d'optique avec une lampe, une lentille convergente et un écran. Elle souhaite obtenir l'image* nette d'une diapositive sur un écran.

? Comment doit-elle faire pour obtenir l'image nette d'une diapositive sur l'écran grâce à la lentille convergente ?

Ta démarche

- **Propose une hypothèse :** Fais un schéma du montage que tu proposes.
- **Réalise une expérience :** Essaie d'obtenir une image nette et observe le sens de l'image.
- **Conclus :** Représente tes observations sur un schéma. Essaie de tracer le chemin de deux rayons, d'un point de l'objet jusqu'à un point de l'image.

! Ne regarde jamais une source de lumière intense à travers une lentille convergente, tu pourrais t'abîmer les yeux.

INVESTIGATION B Changer la taille de l'image

Les projecteurs de diapositives ou de cinéma donnent des images très grandes sur un écran. Au contraire, un appareil photo forme une image beaucoup plus petite que la réalité.

? Comment obtenir la taille de l'image que tu souhaites ?

Ta démarche

- **Propose une hypothèse :** Indique comment tu penses faire varier la taille de l'image.
- **Réalise une expérience :** Vérifie ton hypothèse et essaie d'obtenir une image plus grande ou plus petite que l'objet.
- **Conclus :** Explique de quoi dépend la taille de l'image sur l'écran. Y a-t-il des distances minimales pour qu'on observe une image nette ?

DOCUMENT C L'œil : un dispositif qui forme des images

Objectif : Dans l'œil, on retrouve des éléments qui jouent le rôle de lentille convergente* et d'écran. Tu vas voir quels sont ces éléments.

J'étudie un document

L'œil reçoit de la lumière des objets qu'il regarde, et en forme des images.
Cette information est ensuite transmise au cerveau.

La cornée, couche externe de l'œil, transparente et solide, le protège des agressions extérieures.
L'iris est un muscle en forme d'anneau coloré (qui donne sa couleur à l'œil).
L'ouverture en son centre est la pupille : son diamètre peut varier, pour laisser entrer la quantité de lumière suffisante.

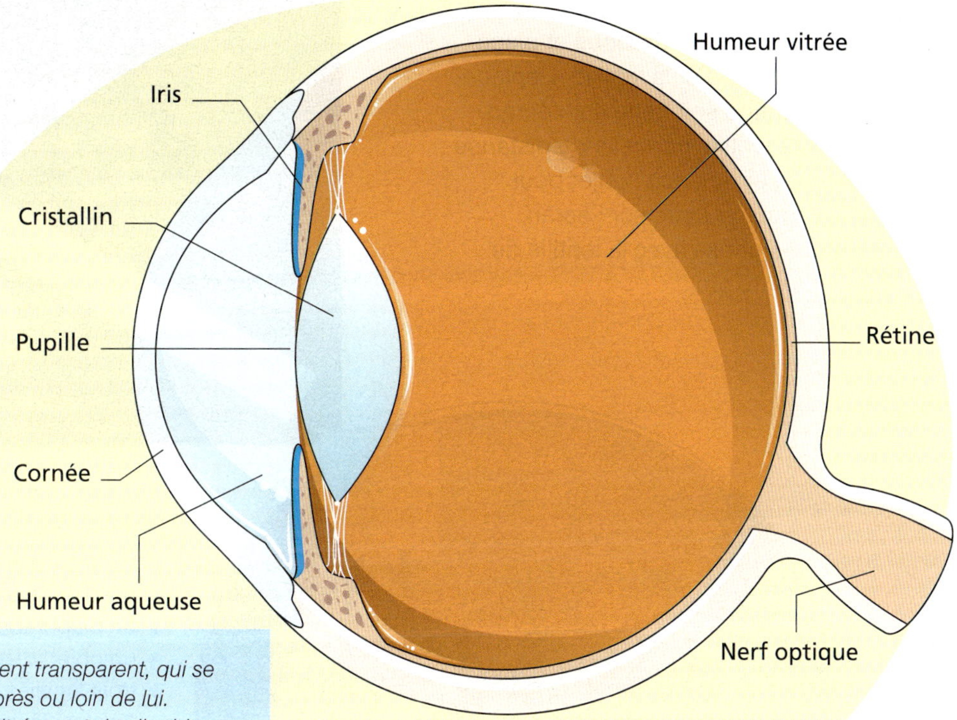

Le cristallin est un élément transparent, qui se déforme selon que l'œil regarde près ou loin de lui.
L'humeur aqueuse et l'humeur vitrée sont des liquides transparents.*
La rétine est la paroi du fond de l'œil, sur laquelle les images doivent se former.
Le nerf optique, relié à la rétine, transmet les informations lumineuses au cerveau.

J'exploite le document

Analyse

1. Cite, dans l'ordre, les parties de l'œil que rencontre la lumière.
2. Quelle partie de l'œil protège d'un excès de lumière, ou au contraire laisse pénétrer la lumière quand il y en a peu ?
3. À quel endroit se forment les images des objets regardés ?

Interprète et conclus

4. Quel est le rôle des parties transparentes de l'œil ?
5. Quel est le rôle de la rétine ?

Mini-dico

Image : reproduction d'un objet sur un support (écran).
Lentille convergente : objet transparent qui peut faire converger la lumière en un point.
Humeur : ancien mot pour désigner un liquide du corps humain.

Vers le bilan... Quels éléments doit comporter un dispositif qui forme des images ?

ACTIVITÉ 3 Étudier la formation des ima

EXPÉRIENCE A Réaliser une maquette de l'œil

Objectif : L'œil peut être modélisé par l'association d'une lentille convergente (cornée, cristallin et humeurs) et d'un écran (rétine). Tu vas réaliser et étudier une maquette simplifiée de l'œil.

Je réalise une expérience

- Place le diaphragme, l'objet, l'écran et la lentille de distance focale 25 cm sur les supports.
- Réalise le montage ci-dessous et place l'objet entre la lampe et la lentille. Déplace-le pour que l'image soit nette sur l'écran.
- Remplace la lentille par celle de distance focale 12,5 cm, et déplace l'objet pour retrouver son image nette sur l'écran. Refais la même chose avec la lentille de distance focale 10 cm.

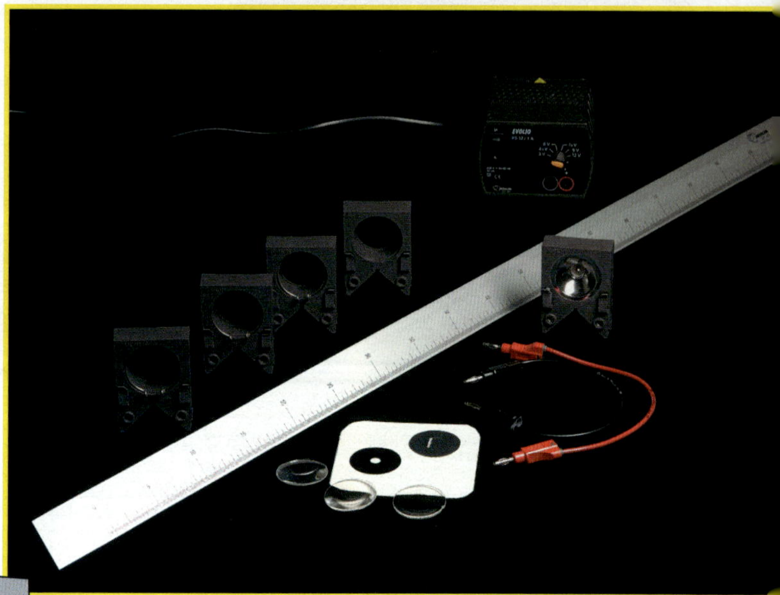

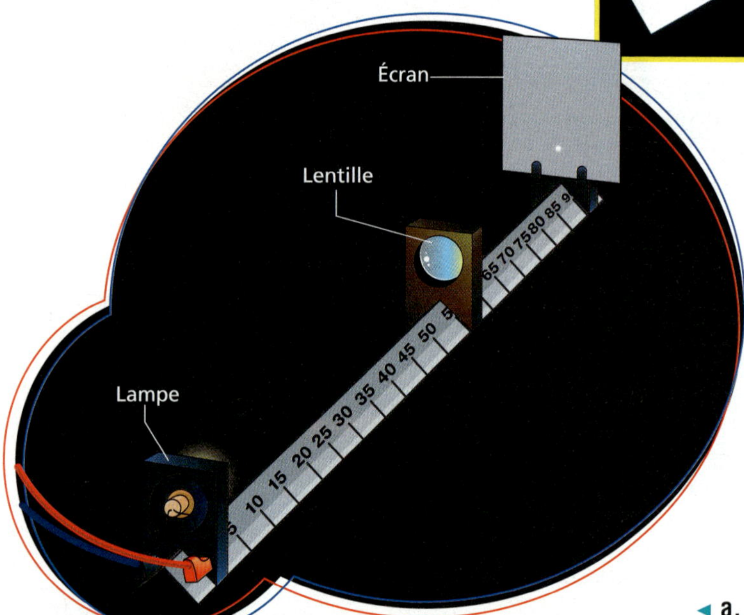

Matériel
- un banc d'optique
- une lampe avec son générateur
- un diaphragme
- un objet (diapositive...)
- trois lentilles convergentes de distances focales 25 cm, 12,5 cm et 10 cm
- quatre supports

◂ **a. Montage avant d'introduire l'objet.**

J'exploite les résultats

Observe
1. L'image formée sur l'écran est-elle toujours dans le même sens ?
2. Lorsque tu as changé de lentille, la distance focale a diminué. Dans quel sens as-tu déplacé l'objet ?

Interprète
3. Le changement de lentille correspond à l'accommodation* du cristallin. À quoi sert l'accommodation ?

Conclus
4. Explique comment l'œil observe des objets plus ou moins éloignés.

ges dans l'œil

DOCUMENT B L'œil et ses défauts

Objectif : Nous avons parfois besoin de porter des lunettes. Tu vas comprendre pourquoi.

J'étudie un document

Lorsque l'œil fonctionne normalement, les images nettes des objets se forment sur la rétine. Mais l'œil présente parfois des défauts.

Vision de loin

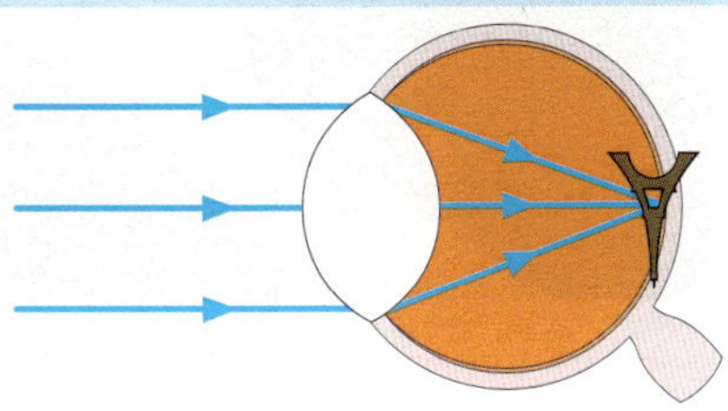

Œil normal : les rayons convergent sur la rétine, ce qui donne une image nette.

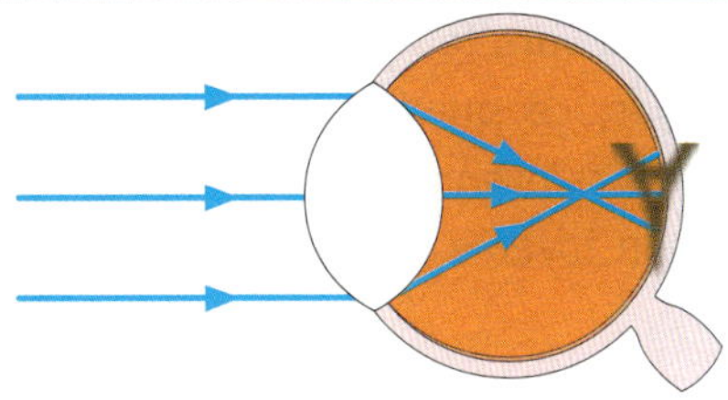

Œil myope : il est trop convergent, les rayons convergent avant la rétine. L'image sur la rétine est floue.

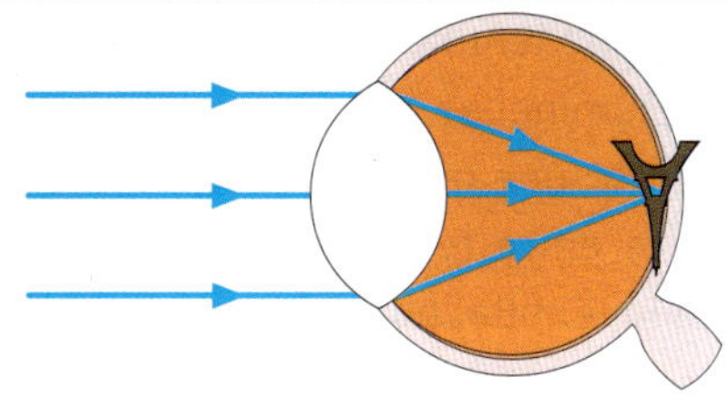

Œil hypermétrope : en accommodant, il peut former une image nette sur la rétine.

Vision de près

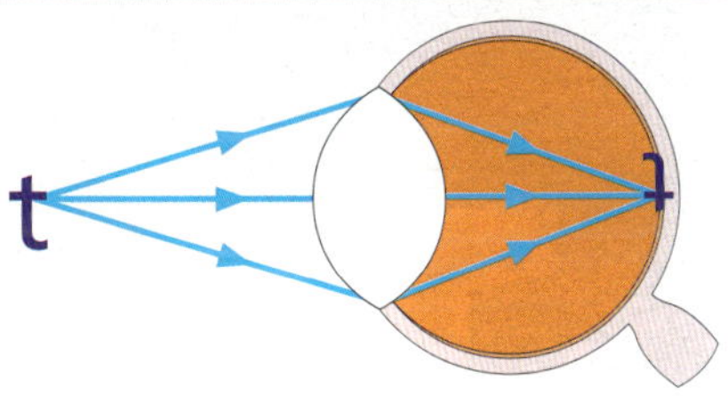

Œil normal : en accommodant, il peut former une image nette sur la rétine.

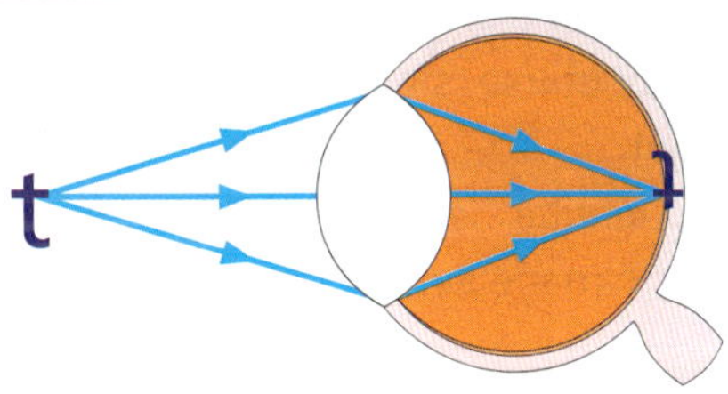

Œil myope : en accommodant, il peut former une image nette sur la rétine.

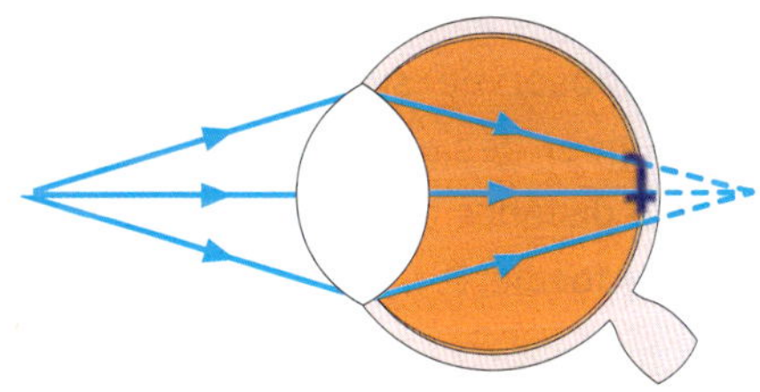

Œil hypermétrope : il n'est pas assez convergent, les rayons convergeraient derrière la rétine. L'image sur la rétine est floue.

Correction des défauts de l'œil
Pour que l'image soit toujours nette, on ajoute devant l'œil :
- une lentille divergente pour corriger la myopie*;
- une lentille convergente pour corriger l'hypermétropie*.

J'exploite le document

Analyse
1. À quelle condition l'œil peut-il voir nettement un objet ?
2. Quelle est la différence entre un œil normal, myope ou hypermétrope ?

Interprète
3. À quelle partie de l'œil sont dus les défauts de myopie et d'hypermétropie ?
4. Quelle est la conséquence de ces défauts ?

Conclus
5. Explique les deux défauts de l'œil et la manière de les corriger.

Mini-dico

Accommodation : déformation du cristallin en fonction de la distance de l'objet observé pour obtenir une image nette.

Myopie : défaut de l'œil qui empêche de voir de très loin.

Hypermétropie : défaut de l'œil qui empêche de voir de très près.

Vers le bilan... L'association lunettes/œil doit être convergente : pourquoi ?

BILAN

1 Propriétés des lentilles

● Il existe deux sortes de lentilles.
– Les **lentilles convergentes** ont des bords minces (c'est-à-dire plus minces que leur centre). Quand on observe un objet de près à travers une lentille convergente, il apparaît plus grand.
– Les lentilles divergentes ont des bords épais. Quand on observe un objet à travers une lentille divergente, il apparaît toujours plus petit. 1A p. 194

● Lorsque des rayons de lumière parallèles (venant d'un objet lointain) traversent une lentille convergente, ils se dirigent vers le **foyer** de la lentille. L'énergie lumineuse se concentre sur ce foyer, ce qui fait augmenter la température : une feuille placée au foyer peut alors prendre feu.
La distance entre le centre de la lentille et son foyer s'appelle la **distance focale** de la lentille, notée f. 1B p. 195

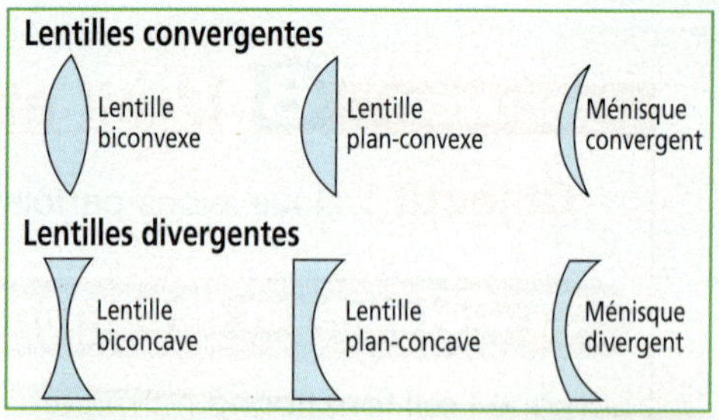

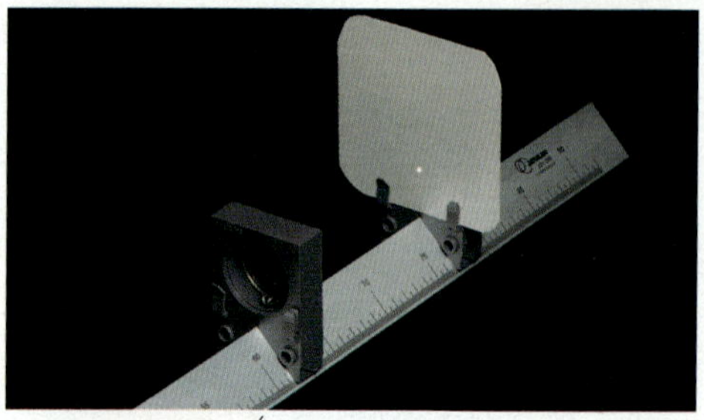
Écran placé au foyer de la lentille.

2 Formation d'une image

● Lorsqu'un objet lumineux est à une distance supérieure à la distance focale f, la lentille forme son image, renversée, à une certaine distance ; cette image peut être observée sur un écran. Souvent, on utilise simplement le mot « image » pour désigner l'image nette d'un objet.
Lorsque la distance objet - lentille ou la distance lentille - écran est inférieure à la distance focale, il n'est pas possible d'obtenir l'image sur l'écran. 2A p. 196

● Si on éloigne l'objet de la lentille, la taille de l'image diminue et l'image se rapproche de la lentille. Quand l'objet est très éloigné, son image se forme à la distance f derrière la lentille. 2B p. 196

Formation d'une image sur un écran.

3 L'œil : fonctionnement et défauts

● L'œil est composé d'un ensemble de milieux transparents (cornée, humeur aqueuse, **cristallin** et humeur vitrée) se comportant comme une lentille convergente. La lumière provenant d'un objet doit converger sur la rétine, qui joue le rôle d'écran. L'image de l'objet se forme sur la rétine, puis cette information est transmise au cerveau. 2C p. 197

● Le cristallin peut se déformer et changer de distance focale en fonction de la distance de l'objet observé, pour que son image se forme sur la rétine : c'est l'**accommodation**. 3A p. 198

● Les défauts de vision de l'œil sont dus à une mauvaise forme du cristallin, qui empêche les rayons de converger sur la rétine. Ces défauts peuvent être corrigés par le port de lunettes ou de lentilles de contact : convergentes si les rayons convergent derrière la rétine (**hypermétropie**), divergentes si les rayons convergent avant la rétine (**myopie**). 3B p. 199

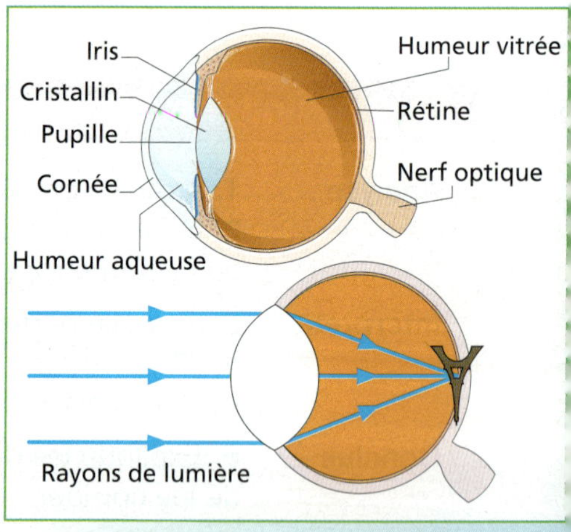

Structure de l'œil et formation d'images sur la rétine.

par l'image

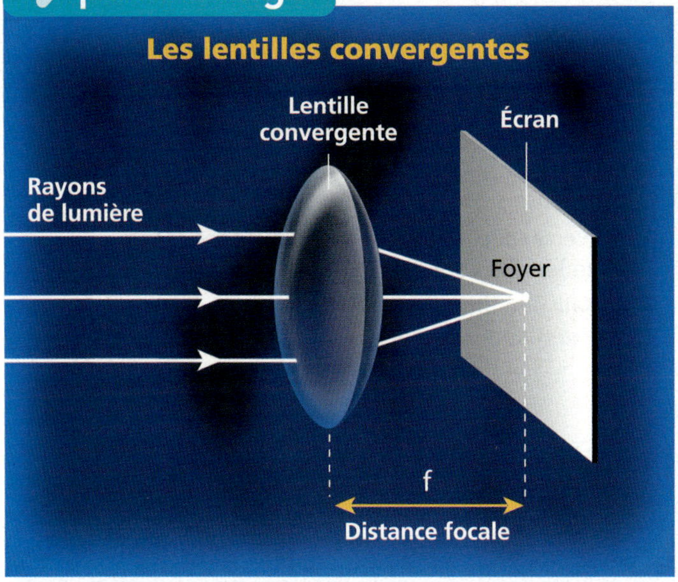

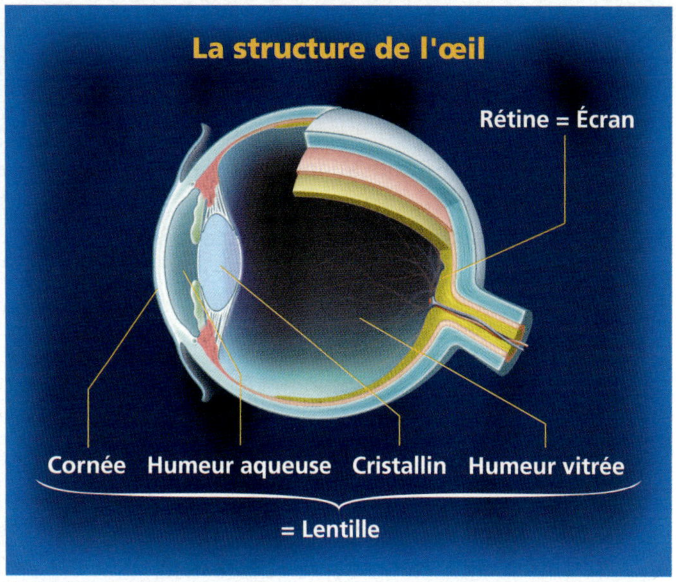

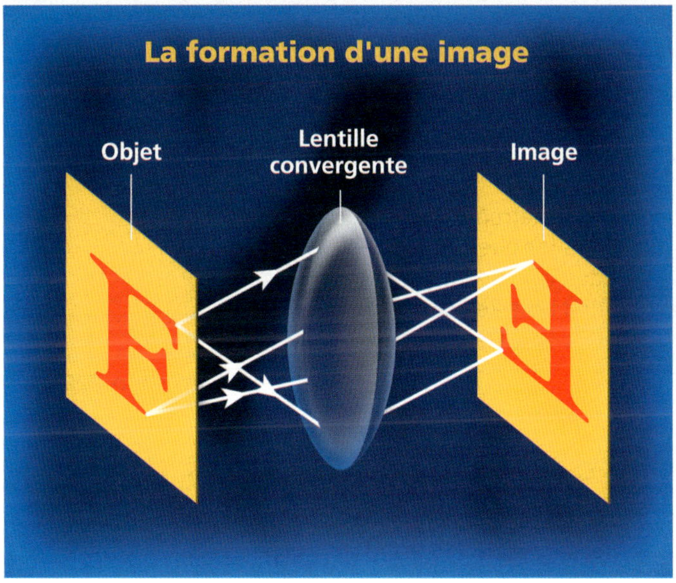

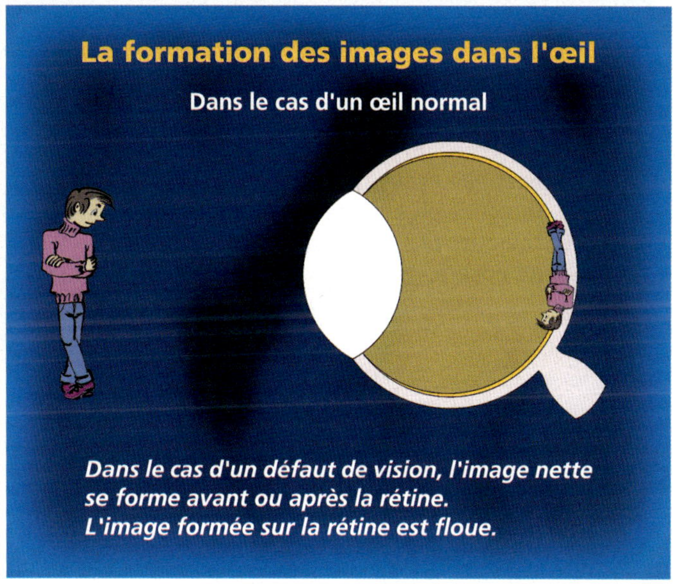

par le texte

- Une lentille convergente fait converger des rayons de lumière parallèles vers son foyer. Cela correspond à une concentration de l'énergie lumineuse.
- Une lentille convergente permet de former l'image d'un objet sur un écran. Cette image est à l'envers, et sa taille dépend des distances entre l'objet, la lentille et l'écran.
- Dans l'œil, le cristallin et les autres parties transparentes jouent le rôle de lentille convergente. La lumière doit converger sur la rétine pour qu'on voie des images nettes.

Mots nouveaux

Lentille convergente : objet transparent qui peut faire converger la lumière en un point.

Foyer : point vers lequel converge un faisceau de lumière parallèle, après avoir traversé une lentille convergente.

Distance focale : distance entre le centre d'une lentille et son foyer.

Cristallin : partie transparente de l'œil en forme de lentille convergente.

Accommodation : déformation du cristallin en fonction de la distance de l'objet observé.

EXERCICES

Je vérifie mes connaissances

Je dois connaître

- les différentes utilisations d'une lentille convergente ;
- le rôle des éléments de l'œil dans la vision ;
- les défauts de l'œil et leur correction.

Je dois être capable de

- distinguer une lentille convergente d'une lentille divergente ;
- trouver expérimentalement la distance focale d'une lentille convergente ;
- obtenir une image d'un objet sur un écran avec une lentille convergente.

Test

Choisis la ou les réponses possibles.

1. Une lentille convergente placée juste au-dessus d'un texte permet de le voir :
   a. plus gros.
   b. plus petit.
   c. à l'envers.
2. Si je forme l'image d'un objet sur un écran avec une lentille convergente, cette image est :
   a. toujours plus petite que l'objet.
   b. toujours plus grande que l'objet.
   c. à l'envers.
3. Le cristallin et la cornée se comportent comme :
   a. une lentille convergente.
   b. une lentille divergente.
   c. un écran.
4. Un œil myope est un œil :
   a. trop convergent.
   b. pas assez convergent.
   c. normal.
5. L'hypermétropie peut être corrigée avec :
   a. des lentilles de contact convergentes.
   b. des lentilles de contact divergentes.
   c. des lentilles convergentes.
   d. des lunettes divergentes.

Corrections p. 222

1 Distinguer les lentilles

1. Dans quel cas la lentille est-elle convergente ?
2. Dans quel cas la la lentille est-elle divergente ?
Justifie tes réponses.

2 Classer des lentilles

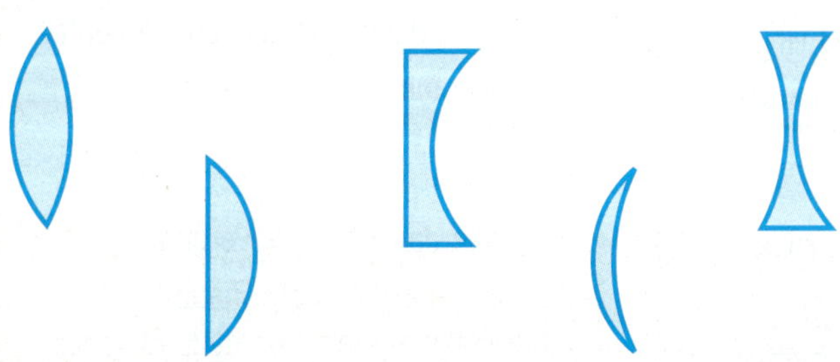

Parmi les lentilles ci-dessus (vues de profil), identifie les lentilles convergentes et les lentilles divergentes.

3 Connaître des définitions

1. Qu'est-ce qu'une lentille convergente ?
2. Qu'appelle-t-on le foyer d'une lentille convergente ?
3. Comment s'appelle la distance entre le centre d'une lentille et son foyer ?

4 Former une image sur un écran

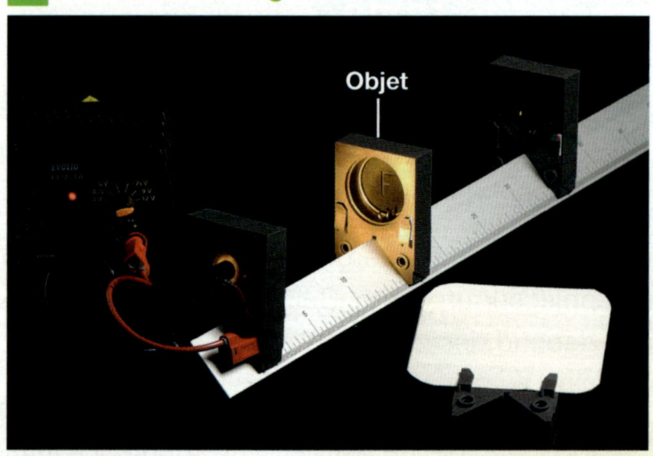

On souhaite former l'image nette de cet objet sur un écran. Où placer cet écran ? Y a-t-il plusieurs positions possibles de l'écran ?

5 Choisir le bon mot

Complète le texte suivant avec les termes : *foyer, distance focale, lentille, image, écran.*

Avec une .... convergente, je peux former une .... d'un objet sur un .... Si les rayons de lumière arrivent parallèlement sur la lentille, ils convergent ensuite vers le .... La distance entre ce point et le centre de la lentille s'appelle la ....

6 Décrire l'œil

Classe les constituants suivants de l'œil, dans l'ordre où la lumière les rencontre :
cristallin – pupille – rétine – cornée.

7 Faire un schéma légendé

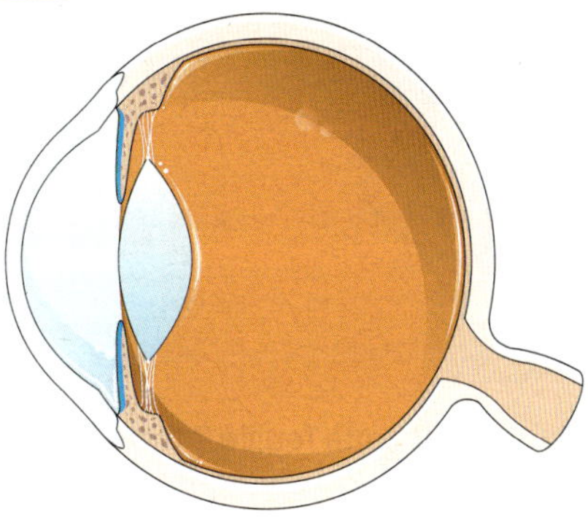

Reproduis le schéma de l'œil ci-contre puis légende-le en utilisant les termes suivants :
cornée, iris, cristallin, humeur vitrée, humeur aqueuse, rétine, nerf optique.

8 Expliquer le fonctionnement de l'œil

Explique comment un œil peut voir des objets proches ou éloignés toujours nets. Tu utiliseras les termes : *cristallin – accommoder – rétine.*

9 Schématiser les rayons dans l'œil

Le schéma ci-dessous représente un œil observant un objet lointain. Recopie-le deux fois et ajoute les rayons de lumière dans l'œil :
– si l'œil est normal ; – si l'œil est myope.

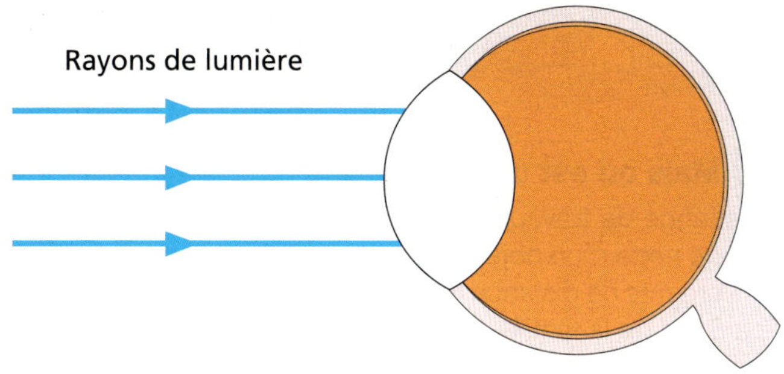

Français

10 À toi d'expliquer !

1. Fais le schéma légendé d'un œil hypermétrope, puis rédige en quelques lignes une explication en utilisant des liens logiques (**donc**, **car**, **or**, **si**, etc.).
2. Quel type de correction propose-t-on aux personnes hypermétropes ?

J'applique...

11 Formation d'une image avec une lentille

Exercice corrigé

Énoncé

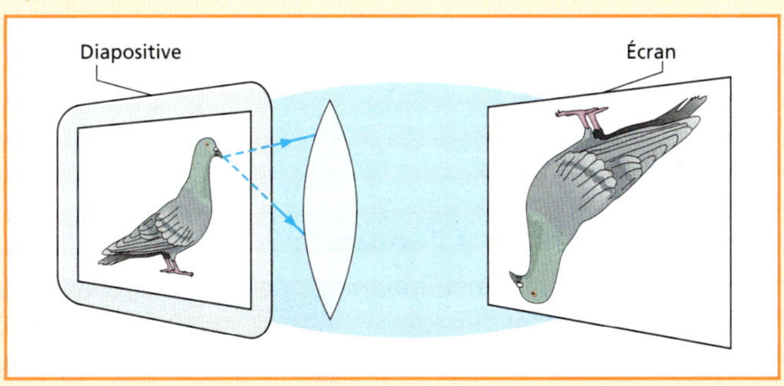

Sur le schéma ci-dessus, on observe l'image d'un objet au travers d'une lentille convergente.

1. Recopie le schéma et situe l'objet, l'image et la lentille convergente.
2. Quel est le trajet des rayons après avoir traversé la lentille convergente ?
3. Qu'observe-t-on en déplaçant seulement l'écran ?
4. Comment faire pour obtenir une image plus grande ?

Correction

1. Voir schéma ci-dessous. L'objet est situé à proximité de la source de lumière et l'image est sur l'écran.
2. Voir schéma ci-dessous. Les rayons qui partent du bec de l'oiseau, par exemple, convergent après la lentille en un point de l'écran, qui correspond à l'image de ce bec.

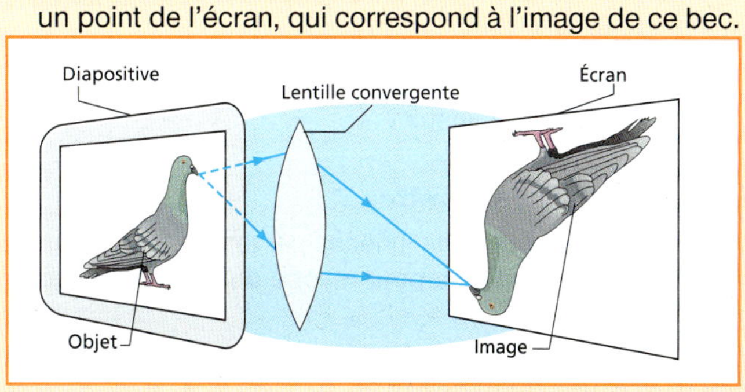

3. Lorsqu'on déplace l'écran, l'image devient floue.
4. Pour obtenir une image plus grande, il faut éloigner l'écran de la lentille, mais il ne faut pas oublier d'approcher aussi l'objet de la lentille pour retrouver une image nette.

EXERCICES

12 Chercher l'erreur

Cédric a schématisé la formation de l'image d'une statue formée par une lentille convergente sur un écran.
Vois-tu une erreur sur ce schéma ?

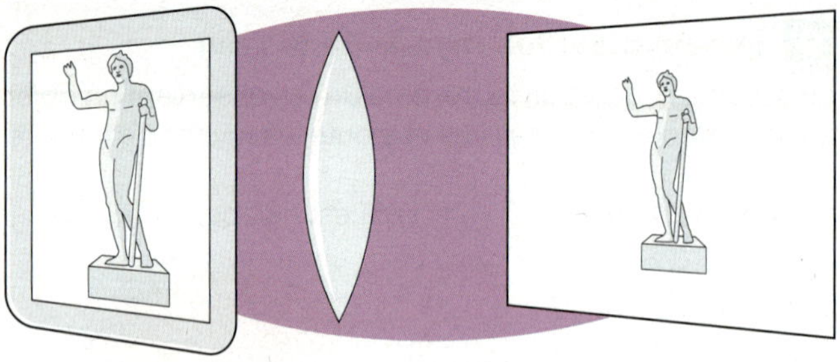

13 Mais où est cette image ?

En séance de travaux pratiques, Monia cherche à obtenir l'image nette d'un objet sur un écran. Elle utilise une lentille convergente de distance focale 10 cm, elle place l'objet éclairé à 5 cm de la lentille puis place son écran à plusieurs endroits mais n'obtient jamais d'image nette. Peux-tu l'aider ?

14 Quelle lentille ?

Dans les kits de matériel d'observation, on trouve des boîtes munies de lentilles permettant d'observer des insectes. À ton avis, quelle sorte de lentille utilise-t-on pour ce dispositif ? Justifie ta réponse.

15 Tracer des rayons

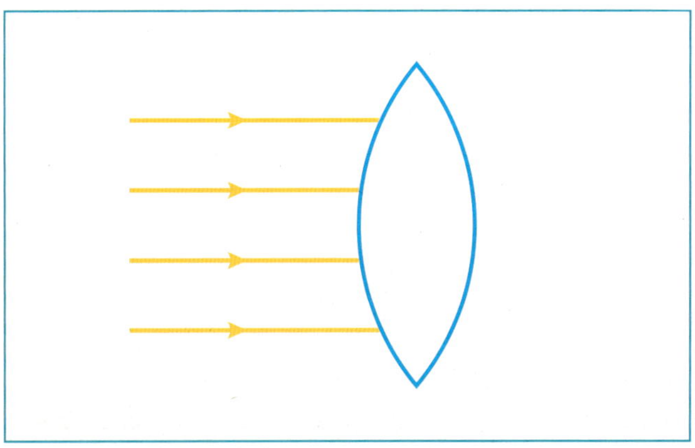

1. Reproduis le dessin ci-dessus puis trace les rayons après leur passage dans la lentille convergente.
2. Comment s'appelle le point particulier vers lequel se dirigent les rayons lumineux ?

16 À qui sont ces lunettes ?

Anatole trouve une paire de lunettes par terre et se demande si ce sont des lunettes pour myope ou hypermétrope. Peux-tu l'aider ?

17 Une loupe divergente ?

1. Une lentille divergente peut-elle servir de loupe ?
2. Explique précisément ce que tu oberves lorsque tu places une lentille divergente au-dessus d'une page de livre.

18 Les deux sortes de lentilles

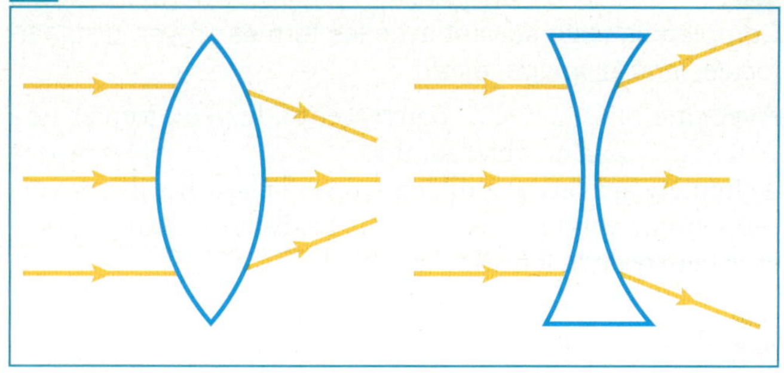

Quelle sorte de lentille est représentée sur chaque schéma ? Explique comment tu peux le savoir.

19 Une drôle de goutte d'eau

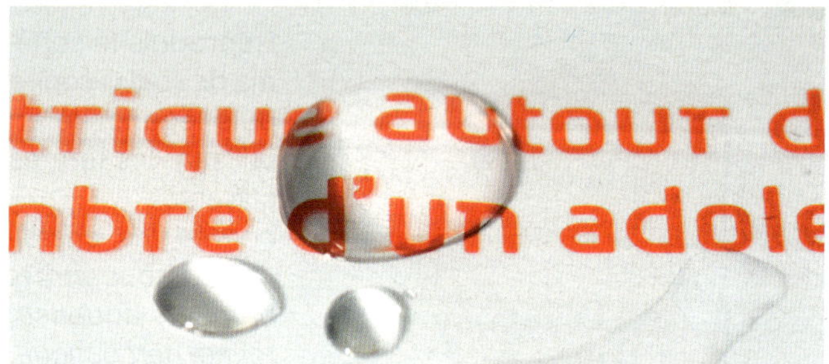

Quel rôle joue la goutte d'eau sur cette feuille ? Comment savoir si ce dispositif est convergent ou divergent ?

20 Lentilles de contact

1. Parmi les lentilles ci-dessous (vues en coupe), lesquelles pourraient corriger une hypermétropie ? Pourquoi ?
2. Quelles sont les lentilles dont la forme conviendrait pour fabriquer une lentille de contact ? Justifie ta réponse.

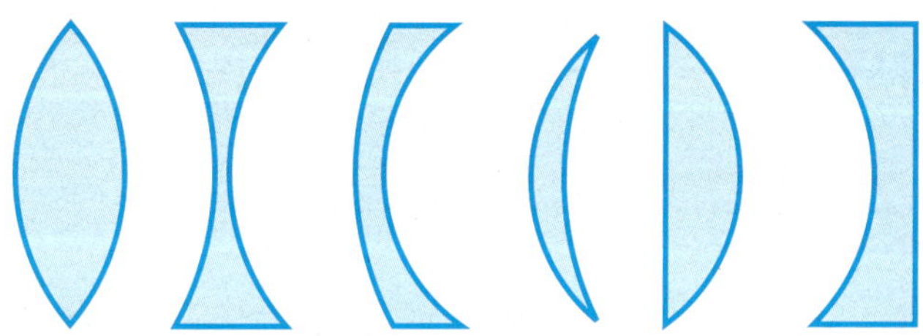

21 À l'envers ou à l'endroit ?

Théo observe cette inscription sur un écran. C'est l'image d'un mot au travers d'une lentille convergente.
Quel est le mot qui constitue l'objet ?

22 Est-ce bien une lentille ?

Lydiane pense que l'objet en verre dont elle dispose est une lentille convergente et Pascale pense que ce n'est qu'une simple vitre.
Comment savoir qui a raison ?

23 Des rayons déviés

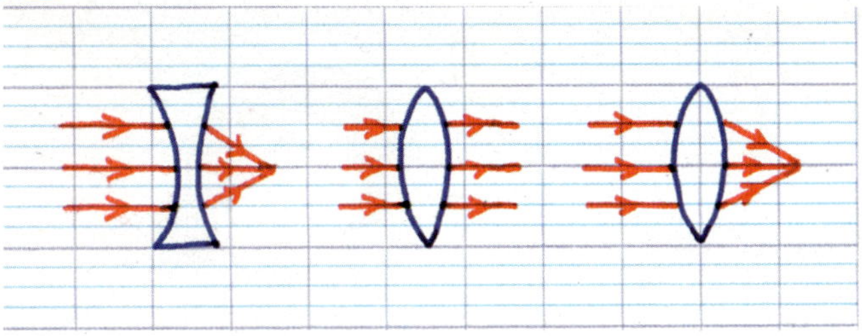

Parmi ces trois schémas, lequel est correct ?
Justifie ta réponse.

24 Myope comme...

1. À quel animal fait-on parfois référence pour qualifier la mauvaise vision de quelqu'un ?
2. Documente-toi pour savoir si cet animal possède vraiment ce défaut.

B2i

25 Défaut de l'œil

1. Fais une recherche pour trouver des défauts de vision autres que la myopie et l'hypermétropie.
2. Pour chacun de ces défauts, indique la partie de l'œil qui en est responsable.

26 Des diapositives

Dans un projecteur de diapositives, celles-ci sont placées à 20 cm d'une lentille convergente.

Comment doit-on choisir la distance focale de cette lentille pour projeter l'image d'une diapositive sur un écran ?

J'approfondis...

27 Une lentille dangereuse !

On peut voir dans cette publicité une voiture brûlée par les rayons du Soleil qui ont traversé une lentille.

1. La lentille est-elle convergente ou divergente ?
2. Pourquoi la voiture a-t-elle brûlé ?
3. À ton avis, à quelle utilisation est destinée cette lentille ?

28 À la loupe

1. En quoi ce que tu vois à travers cette loupe est-il différent des images que tu as formées sur un écran ?
2. À ton avis, quelle doit être la distance entre une lentille convergente et un objet pour qu'elle puisse servir de loupe ?

29 Une goutte d'eau

Cette goutte d'eau donne une image de l'église, et pourtant il n'y a pas d'écran...

1. Quel rôle joue la goutte d'eau sur cette photographie ?
2. Décris l'image obtenue (sens et taille par rapport à l'objet).
3. Essaie de faire un schéma représentant les positions de la goutte, de l'église, de son image et d'un œil qui la regarde.

EXERCICES

30 L'appareil photo

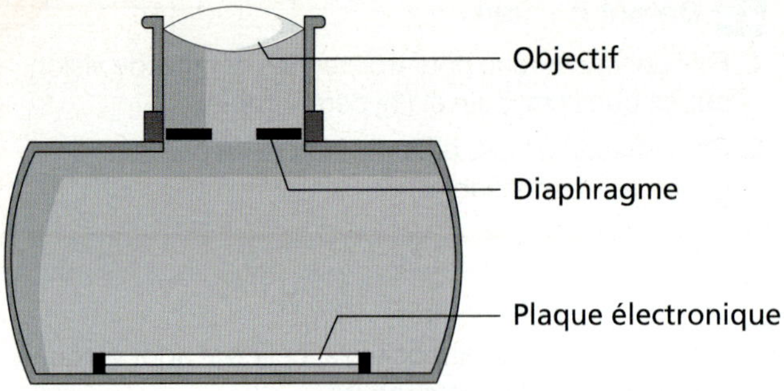

Un appareil photo numérique est composé d'une lentille convergente, l'objectif, et d'une plaque électronique sur laquelle vient se former l'image. Le diaphragme laisse plus ou moins entrer de la lumière en fonction de l'ensoleillement.

1. Dans quel sens est l'image sur la pellicule ?
2. À quel élément de l'œil peut-on assimiler la plaque électronique ? Et le diaphragme ?

31 Le microscope

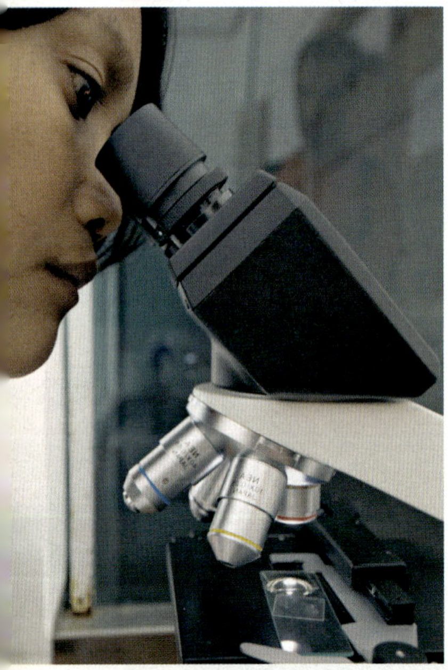

Dans un microscope, l'objectif (lentille proche de l'objet) est une lentille convergente et l'oculaire (lentille proche de l'œil) est aussi une lentille convergente.

1. Qu'observe-t-on habituellement avec un microscope ?
2. À ton avis, pourquoi n'utilise-t-on pas une seule lentille convergente ?

32 Une question de sécurité

THÈME DE CONVERGENCE

L'été, pourquoi doit-on veiller à ne pas laisser de bouteilles de verre vides, en forêt ?

33 Hypermétropie et correction

1. Dessine un montage modélisant un œil hypermétrope qui regarde un objet très proche. Trace sur ton dessin trois rayons de lumière, de l'objet jusqu'à l'écran.

COUP DE POUCE
Reporte-toi à l'activité 3 p. 198-199.

2. Dessine maintenant le montage modélisant un œil hypermétrope avec une lentille de correction et essaie de tracer à nouveau trois rayons de lumière.

34 Le triangle de feu

On réalise la combustion d'une feuille de papier avec une loupe orientée vers le Soleil.
En réutilisant les connaissances du chapitre *Chimie 3*, indique les trois éléments du triangle de feu dans cette combustion.

35 Des lentilles dangereuses ?

ALERTE À LA CONTREFAÇON

[…] Un seul fait de contrefaçon de dispositif médical a été relevé à ce jour en France. Il concernait, en février 2004, des lentilles de contact. L'alerte fut donnée par les autorités, alors que les plaintes émanant de porteurs de ces prothèses correctrices se multipliaient. Les lentilles contrefaites ne leur permettaient pas de voir correctement. Elles ne présentaient effectivement pas les caractéristiques optiques des lentilles des marques concernées, et il est apparu, en outre, qu'elles n'étaient pas stériles.

Matthieu Vandendriessche, *Le Quotidien du pharmacien* n° 2459

1. Qu'est-ce qu'une contrefaçon ?
2. Quelles sont les « caractéristiques optiques » dont parle la dernière phrase ?
3. Ces lentilles contrefaites peuvent-elles être dangereuses ?

INVESTIGATION ••••• MÈNE L'ENQUÊTE !!

36 Un drôle d'effet

➜ **À ton avis, qu'évoque l'effet représenté sur le mot « investigation » ci-dessus ?**

37 Montre-moi ton visage

➜ **Cette personne est-elle myope ou hypermétrope ? Justifie ta réponse.**

38 Attention à la sieste...

Un beau jour d'été, Sylvain fait une sieste dans l'herbe et pose ses lunettes à côté de lui. Soudain, il est réveillé par une odeur de brûlé : l'herbe prend feu derrière ses lunettes !

➜ **Mais alors... quel est le défaut de vision de Sylvain ?**

39 La meilleure loupe

Maxim possède deux loupes pour observer de petits insectes. Son amie Shaina lui a dit que celle qui a la plus petite distance focale lui permettra de voir plus gros.

Peux-tu vérifier expérimentalement que l'affirmation de Shaina est correcte ?

Ta démarche

1. Explique la méthode pour mesurer les distances focales des deux loupes.
2. Propose un protocole expérimental pour vérifier si Shaina a raison.

Une expérience simple et amusante

Fabrique une lentille de glace

– Fais bouillir de l'eau dans une casserole puis laisse le tout refroidir en mettant un couvercle.

– Verse l'eau refroidie dans un bol ou un saladier sur une hauteur de 2 ou 3 cm.

– Place le tout dans le congélateur pendant quelques heures. L'eau bouillie ne contient plus de gaz dissous et permet d'obtenir un glaçon parfaitement transparent.

– Démoule le glaçon et regarde à travers.

Tu viens de fabriquer une lentille convergente ! Tu peux essayer de concentrer les rayons du Soleil sur une feuille de papier noir, et faire du feu avec de la glace !

1. Quels gaz étaient dissous dans l'eau ?
2. Explique la marche à suivre pour faire brûler la feuille de papier.

Voir mieux, voir plus loin

La vue est un des cinq sens de l'être humain : c'est souvent grâce à elle que nous découvrons le monde qui nous entoure. Lorsqu'elle devient insuffisante, nous avons recours aux techniques de l'optique pour l'améliorer.

Histoire — *La lunette astronomique*

La lunette astronomique est un instrument d'optique qui permet d'observer des objets lointains en les faisant apparaître plus grands et plus lumineux. Elle est composée d'un objectif et d'un oculaire, qui sont des lentilles convergentes placées chacune à l'extrémité d'un long tube. L'oculaire est la lentille que l'on place du côté de l'œil, tandis que l'objectif est dirigé vers l'objet que l'on souhaite observer ; il est de plus grande dimension que l'oculaire.

La première lunette a sans doute été inventée par Hans Lippershey aux Pays-Bas en 1608, puis Galilée en fabrique une plus performante et a l'idée de la diriger vers le ciel : il découvre ainsi le relief de la Lune, les satellites de Jupiter et une multitude d'étoiles qui étaient jusqu'alors imperceptibles à l'œil nu. Après les travaux de Kepler puis de Huygens au XVIIe siècle, les lunettes astronomiques permettent d'obtenir de bien meilleures images mais leur longueur s'allonge démesurément (jusqu'à 46 m). Newton invente alors en 1672 le télescope, en remplaçant les lentilles par des miroirs : l'appareil, tout aussi performant, est moins encombrant qu'une lunette.

Questions

1. Quelle est l'utilité d'une lunette astronomique ?
2. Connais-tu d'autres instruments d'optique ?
3. Cherche sur Internet ou dans un dictionnaire qui étaient Kepler, Huygens et Newton.

Santé — *10 sur 10 !*

THÈME DE CONVERGENCE

Lorsqu'un ophtalmologiste examine ta vision, il commence par mesurer ton *acuité* visuelle, en te faisant lire avec chaque œil des lettres sur un tableau : si tu peux lire jusqu'à la ligne du bas, avec les plus petites lettres, cela correspond à une « note » de 10 sur 10.

Si ta vision n'est pas parfaite, d'autres tests permettent de déterminer s'il s'agit d'un défaut de myopie ou d'hypermétropie. L'ophtalmologiste te prescrira alors des lunettes ou des lentilles de contact en indiquant pour chaque œil la *vergence* de la lentille de correction, exprimée en dioptries. Elle est négative pour une lentille divergente, positive pour une convergente, et sa valeur est l'inverse de la distance focale exprimée en mètres : par exemple, une vergence de 4 dioptries correspond à une lentille convergente de distance focale 0,25 m, soit 25 cm.

Questions

1. L'ophtalmologiste est le médecin spécialiste des yeux. Cherche sur Internet, sur le site de l'ONISEP par exemple, d'autres métiers liés aux yeux et à la vision.
2. Si mes lunettes ont une vergence négative, suis-je myope ou hypermétrope ?
3. Certaines lunettes ou lentilles de contact sont appelées bifocales. Peux-tu trouver une explication ? (Aide-toi de l'étymologie du terme).

THÈME DE CONVERGENCE

Santé — *La chirurgie au secours de la vue*

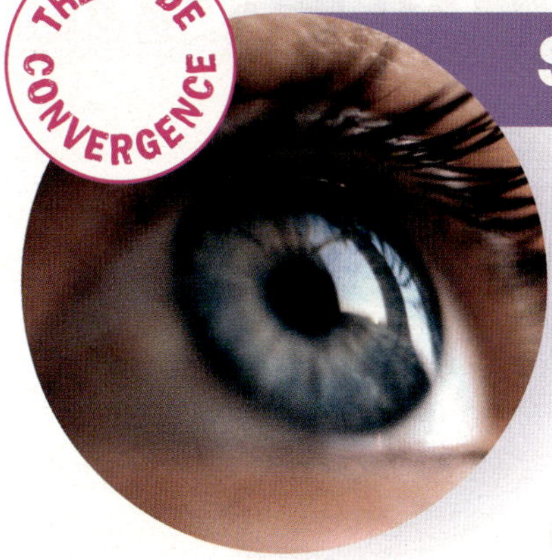

Plutôt que de compenser les défauts des yeux avec des lunettes, on peut aujourd'hui les réparer directement, grâce à la chirurgie oculaire. Elle utilise un faisceau laser pour faire des incisions dans la cornée et modifier sa forme : cela déforme aussi légèrement le cristallin, ce qui lui permet de faire converger correctement la lumière. On peut corriger ainsi tous les défauts de vision : myopie, hypermétropie, mais aussi *astigmatisme* ou *presbytie*.

Pour être opéré d'un défaut de la vision, il faut que l'œil ait terminé sa croissance et que son défaut soit devenu stable. C'est pourquoi on ne peut pas être opéré avant 18 ans, voire parfois 25 ou 30 ans. Les deux yeux peuvent être opérés le même jour et on peut retrouver dès le lendemain une vision quasi normale. L'opération dure une dizaine de minutes et on arrive à une vision parfaite au bout de quelques semaines.

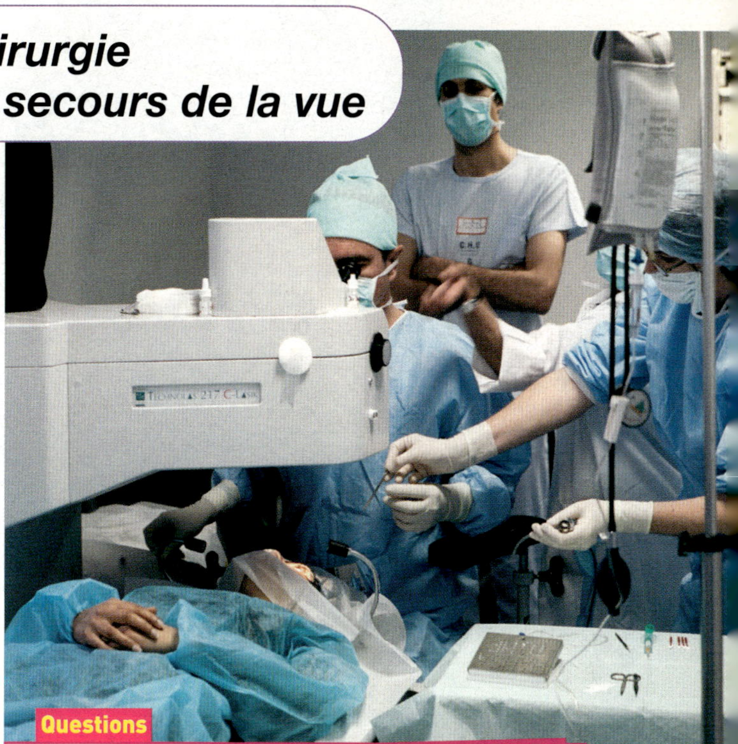

Questions

1. Pourquoi doit-on modifier la forme de la cornée et du cristallin pour soigner un défaut de vision ?
2. Comment un faisceau laser peut-il permettre de faire une incision ?
3. Cherche d'autres utilisations du laser dans le secteur médical.

MÉTIER Journaliste scientifique

Mathilde (31 ans)
- Journaliste indépendante
- Master communication scientifique (Strasbourg)

IL ÉTAIT UNE FOIS... LA SCIENCE

« L'envie de raconter la science, voilà ce qui m'a amenée vers le métier de journaliste scientifique. J'ai fait des études de physique, mais je trouvais cela trop restrictif. Je me suis alors dirigée vers la communication scientifique. Quand j'écris, je me dis : « Comment faire pour que mon sujet soit passionnant à lire ? » Il faut penser au lecteur car c'est pour lui que l'on écrit. Médiateur, catalyseur, c'est mon rôle. Faire ce que le lecteur n'a pas le temps de faire : fouiller, rencontrer des gens pour rassembler des informations, c'est la base de mon métier. »

> “ Comment faire pour que mon sujet soit passionnant à lire ? ”

Propos recueillis par Aurélie L. ■

À VOUS DE VOIR

Regardez ces roues : elles tournent… Fixez-en une, et ça s'arrête ! Vous venez de vous faire piéger par une illusion d'optique, baptisée « les serpents de Kitaoka ». Quand on regarde un objet du coin de l'œil (avec la vision périphérique), le cerveau n'arrive pas à bien percevoir l'image en couleurs et confond contrastes et mouvements. D'où l'enroulement des roues. Heureusement, dès qu'on fixe devant soi, la vision centrale vient à la rescousse. Et là, tout se fige.

PHOTO MYSTÈRE

QU'EST-CE QUE C'EST ?

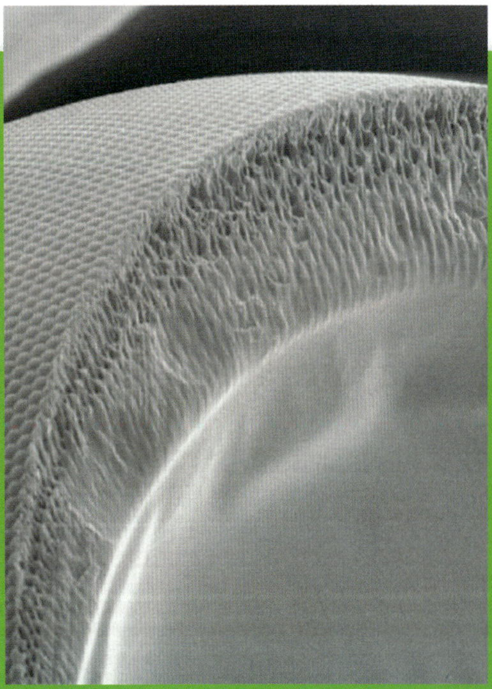

Une coupe de la Terre ? Non, cette surface est un œil électronique inventé par une équipe de chercheurs de l'université de Berkeley (États-Unis). L'originalité de cette mirette artificielle : elle mesure simplement 2,5 mm de diamètre mais est tapissée de… 8 700 lentilles (*voir p. 194*). Une vraie boule à facettes miniatures ! Pour la concevoir, les scientifiques ont imité les yeux des abeilles, qui ont la chance d'avoir une vision panoramique exceptionnelle. Un atout quand on sait que cet œil artificiel pourra un jour être incrusté sur des caméras pour aller zieuter à l'intérieur de notre corps, en cas d'opération chirurgicale.

UN TUYAU

Qu'est-ce qui est fin comme un cheveu et qui transmet des données à la vitesse de la lumière (*voir p. 166*), c'est-à-dire à environ 300 000 km/s ? C'est la fibre optique, pardi ! Le pouvoir magique de cet outil, c'est d'arriver à véhiculer un énorme paquet de messages (par exemple des appels téléphoniques) sous forme de lumière : quand le signal arrive dans une fibre, un laser le transforme illico presto en impulsions lumineuses et expédie le tout à l'intérieur. Après quelques zigzags dus aux réflexions lumineuses, les impulsions arrivent à l'autre extrémité où elles sont reconverties en signal. Et voilà comment un minuscule tuyau peut transporter plusieurs dizaines de millions de coups de fil en même temps, sur des kilomètres et des kilomètres…

>>>>>>>>EN BREF>>>>>>>>>>>>>>>EN BREF>>>>>>>>>>>>>>>EN BR

› **RECORD.** Chez les animaux, c'est l'aigle royal qui a la meilleure vue. Son acuité visuelle est huit fois supérieure à la nôtre.

› **SENS BÊTES.** D'où sortent les expressions « myope comme une taupe » ou « œil de lynx » ? De la vue de ces animaux ? À vrai dire, les taupes ne sont pas vraiment myopes

QUI A LA FIBRE !

ŒIL SOUS SURVEILLANCE

Mission impossible 3, vous connaissez ? Dans ce film, Tom Cruise reçoit une mission via un appareil photo qui a réussi à l'identifier... grâce à son œil. Aujourd'hui, la science-fiction devient réalité : la reconnaissance d'iris est utilisée dans certains aéroports pour identifier des individus suspects. Il faut dire que cette méthode dite biométrique est la plus rapide et la plus fiable de toutes : les dessins colorés de notre iris sont en effet uniques d'une personne à l'autre. Les fabricants de téléphones portables ont, eux aussi, compris l'intérêt de cette technique et commencent à la proposer... à la place du code PIN. Désormais, les voleurs n'ont plus qu'à bien se tenir !

LE CIEL FILTRÉ

Il n'y a pas qu'au cinéma qu'on utilise des trucages... En astronomie aussi ! En fait, certains détails sur les images spatiales s'avèrent complètement invisibles si on les regarde directement sous la lumière blanche. Heureusement, en trichant un peu, ça s'arrange : si on place des filtres de couleur sur un télescope, on observe que certaines lumières colorées passent très bien, tandis que d'autres sont absorbées (*voir p. 164*). Résultat ? D'un seul coup, des détails apparaissent avec plus de contraste : le tour est joué. Pour obtenir par exemple ce cliché très connu qui s'appelle les « Piliers de la création », le photographe a utilisé pendant 75 minutes un filtre rouge, 45 minutes un filtre vert et 90 minutes un filtre bleu. Un vrai travail de patience !

>>>>>EN BREF>>>>>>>>>>>>>>EN BREF>>>>>>>>>>>>>>EN BREF>>>>>>>>>>>>>>EN BREF>>>>>>>>>>>>>>EN BREF>>>>>>>>>>>>>>EN BREF>>>>>>>>>>>>>>EN BREF>>>>>>>>>>

mais quasiment aveugles. Quant au lynx, il ne s'agit pas du célèbre félin mais d'une référence à un personnage de la mythologie grecque qui avait une vue perçante ! › **AMOUR ÉCLAIRÉ.** Quand les araignées sont en pleine lumière, elles cherchent à se séduire. Dans l'ombre, elles deviennent complètement indifférentes ! Eh oui, l'amour chez ces bestioles dépend directement de la présence de rayons ultraviolets sur leur corps.

› **MALADIE DU TRAVAIL ?** Dans le monde, une personne sur quatre serait myope. Et dans certains pays d'Asie, la proportion atteindrait même 8 étudiants sur 10. À qui la faute ? Pour l'instant, l'origine de la myopie reste floue, mais le travail très intensif d'un élève, penché sur une feuille, pourrait contribuer à faire apparaître ce défaut de la vision. D'où ces ados tous lunetteux !

QUAND LE CINÉMA UTILISE L'OPTIQUE POUR FAIRE RÊVER...

DE L'OPTIQUE A

PAR PASCAL PINTEAU

La projection a commencé bien avant le cinéma, avec la lanterne magique. Une bougie placée dans une boîte de métal percée d'un trou rond, une plaque de verre sur laquelle était peinte un dessin et une lentille de verre poli permettaient de faire apparaître une image nette sur un mur blanc. La première caméra de cinéma inventée par les frères Lumière en 1895 était dotée d'un seul objectif, qui servait aussi de projecteur ! Par la suite, on installa sur les caméras plusieurs objectifs de différentes focales (*voir zoom*) placés sur un support que l'on faisait tourner selon que l'on voulait filmer des scènes au loin, ou de très près.

AU DÉBUT, LES TRUCAGES ÉTAIENT RÉALISÉS SUR LA CAMÉRA

Les cinéastes apprirent aussi à se servir de filtres – des petites plaques de verre fixées devant l'objectif – pour colorer l'image ou ajouter un dégradé au moyen d'un filtre sombre en haut et transparent en bas (*voir p. 164 et suivantes*). Dans les années 1920, les trucages étaient réalisés dans la caméra. On filmait les acteurs sur une partie de l'image, la pellicule était rembobinée, puis on filmait l'autre partie de l'image : une maquette de décor, un dinosaure animé ou une peinture de paysage. Au début des années 1930, on inventa la tireuse optique. Cette machine était composée d'une caméra placée en face d'un appareil capable de projeter des images une par une. On pouvait placer dans le projecteur différents « morceaux d'images », et les recopier les uns après les autres sur la pellicule vierge de la caméra. L'assemblage de ces images-puzzle était précis, comme on le voit dans cette scène du *King Kong* de 1933 (*photos ci-contre*) : les acteurs filmés en studio, sur un petit bout de décor, ont été placés dans une jungle immense, qui est une simple peinture !

Aujourd'hui, les images sur pellicule des acteurs sont scannées et transformées en images numériques que l'on retouche sur un ordinateur pour les modifier à volonté. ●

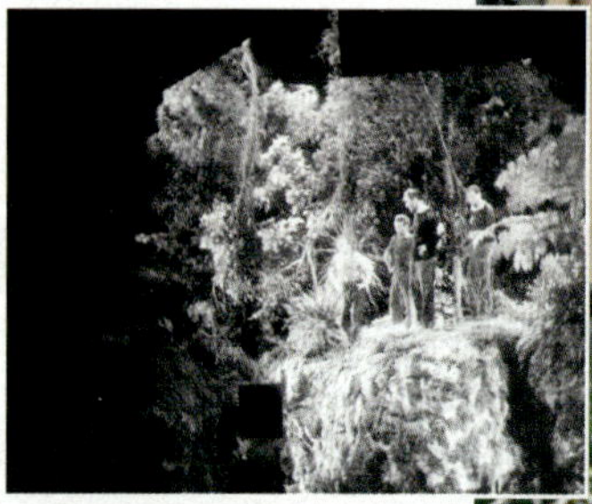

La tireuse optique permettait de recoller sur la pellicule vierge différents « morceaux d'images ».

L'OPTIQUE RECONSTITUÉE EN IMAGES DE SYNTHÈSE.

Les studios de trucages utilisent des logiciels 3D sophistiqués pour simuler le comportement de la lumière et le fonctionnement des appareils optiques. Dans leurs ordinateurs, ils disposent d'objectifs de caméra virtuels pour « filmer » la scène en 3D. Après avoir positionné des sources d'éclairage principales et secondaires autour de leurs personnages et de leurs décors de synthèse, les trajectoires des lumières, la diffusion atmosphérique qui estompe les bâtiments lointains et les formes des ombres projetées sont calculées automatiquement. Jugez du résultat : ce paysage de New York vu dans la nouvelle version de *King Kong* est entièrement créé en images de synthèse.

U NUMÉRIQUE

DES EFFETS NUMÉRIQUES POUR RETOUCHER LES IMAGES.

Quand on prépare les trucages d'un film comme *Terminator 3*, on filme avant chaque prise cette grosse boule chromée, sur laquelle se réfléchissent toutes les sources lumineuses qui entourent l'acteur. Les infographistes peuvent ensuite reconstituer la position de chaque projecteur, l'intensité et la couleur des lumières présentes sur le plateau, et recréer des éclairages sur les éléments 3D qui seront ajoutés ensuite sur la version virtuelle de *Terminator* !

UN TRUCAGE OPTIQUE POUR UN EFFET... SPATIAL !

Voici une autre application astucieuse des lois de l'optique. Ces techniciens placent un petit décor et une maquette de vaisseau spatial devant leur caméra, en alignement avec le paysage d'une carrière. En fermant le diaphragme de la caméra au maximum, ils augmentent la profondeur de champ, et peuvent obtenir une image nette de la maquette et du paysage qui se trouve loin derrière.

ZOOM

La **focale** est la mesure en millimètres de la distance qui sépare le foyer d'un objectif (son centre optique) de la surface de la pellicule, ou du capteur d'un appareil numérique. Plus une focale est longue, plus l'objectif permet de filmer une petite partie d'un paysage lointain. Plus une focale est courte, plus l'angle est large et permet de découvrir tout ce qui entoure l'appareil de prise de vue.

MÉTHODE

La sécurité dans le laboratoire de physique-chimie

Certaines expériences que tu peux réaliser dans le laboratoire de physique – chimie peuvent présenter un danger. Avant de manipuler, il faut donc bien connaître les règles qui garantissent ta sécurité.

Remarques générales

Quand tu fais de la chimie

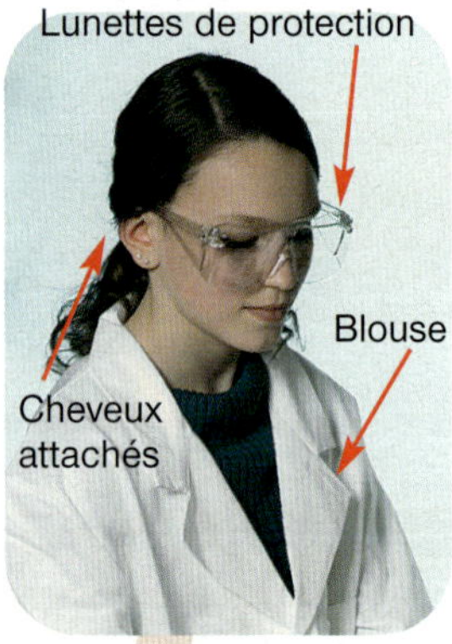

- Ne jamais manipuler assis.
- La paillasse doit être bien rangée.
- Pour manipuler un produit dangereux, utilise des gants et la hotte.
- Lors d'une expérience de combustion, ne jamais porter de gants en matière plastique.
- Ne jamais toucher, inhaler ou goûter une substance.

Quand tu fais de la physique

- Ne jamais utiliser la tension du secteur : utiliser des piles.
- Ne jamais introduire d'objet dans les prises de courant.
- Toujours débrancher le générateur avant de toucher un circuit.
- Respecter les règles de branchement du multimètre suivant la mesure à effectuer (tension, intensité, résistance).
- Ne jamais regarder directement une source de lumière intense (Soleil, laser, lampe à incandescence).

Des pictogrammes qui peuvent t'aider

En chimie

ÇA  TUE
T – Toxique

ÇA  IRRITE
Xn – Nocif

ÇA  RONGE
C – Corrosif

ÇA  PIQUE
Xi – Irritant

ÇA  FLAMBE
F – Inflammable

ÇA  FAIT FLAMBER
O – Comburant

ÇA  EXPLOSE
E – Explosif

ÇA  POLLUE
N – Dangereux pour l'environnement

En physique

DANGER : LASER 

RISQUE D'ÉLECTROCUTION  

MÉTHODE Qu'est-ce que mesurer ?

Tous les nombres utilisés en physique ou en chimie proviennent de **mesures**, faites avec différents **appareils de mesure** (règle graduée, multimètre, balance, éprouvette graduée...).
Lorsqu'on effectue une mesure, on commet toujours une approximation : incertitude de l'observation, irrégularité de l'objet ou précision de l'appareil de mesure sont autant de sources d'imprécisions.

L'unité de la mesure

– Repère l'unité associée à la grandeur mesurée par l'appareil.

Exemples

Photographie 1
Le multimètre indique une tension en volts (V).

Photographie 2
L'éprouvette indique un volume en millilitres (mL).

1

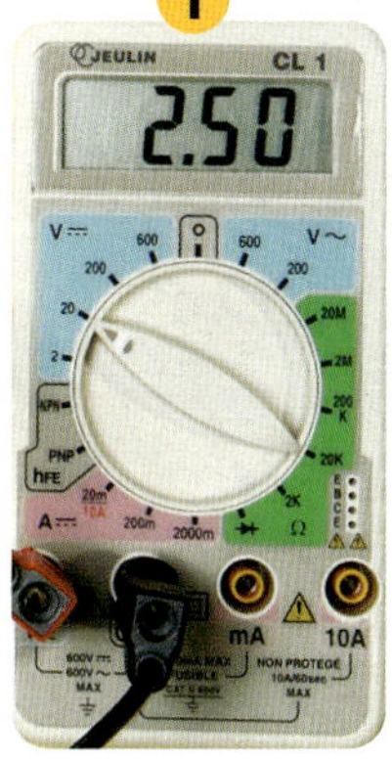

2

La précision de la mesure

– Si la valeur est lue sur des graduations, c'est la valeur des plus petites graduations qui donne la précision de la mesure.

Exemple 1

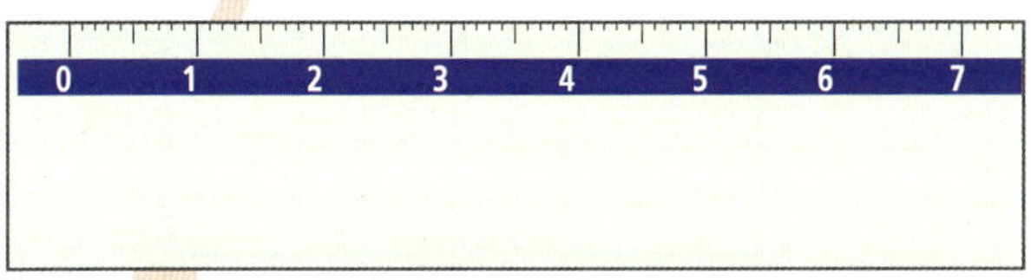

– Cette règle graduée indique des centimètres (cm), mais les plus petites graduations correspondent à des millimètres (mm).
– On peut donc mesurer par exemple 3,5 cm ou 1,2 cm. Dans chaque cas, la précision est de 0,1 cm (ou 1 mm). On dit aussi que les longueurs sont mesurées « à 0,1 cm près ».

– Si la valeur est lue sur un écran à affichage numérique, la précision correspond au dernier chiffre affiché.

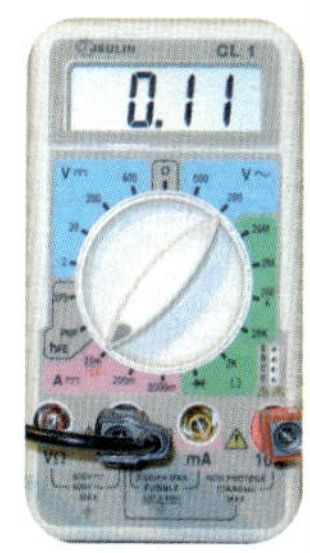

Exemple 2
On utilise un multimètre pour mesurer l'intensité d'un courant dans un circuit électrique.
– Sur la photographie ci-contre, on utilise la borne A : la précision est de 0,01 A (ou 10 mA).

– Si on utilise maintenant la borne mA et le calibre 200 mA, la précision est alors de 0,1 mA : cette deuxième mesure est plus précise. Il est donc important de choisir le calibre qui donne la meilleure précision possible.

Les erreurs de mesure

Si plusieurs personnes mesurent la même grandeur, elles peuvent trouver des résultats légèrement différents (dus à la précision de l'appareil de mesure, à une erreur de lecture...).
Exemple
Si tu mesures la longueur d'une image sur un écran, avec une règle graduée, il n'est pas toujours facile de bien voir les bords de l'image, puis de les faire coïncider avec des graduations.

Attention au sens physique de la mesure
Il faut toujours comparer la valeur mesurée à des ordres de grandeur connus.
Si tu trouves que la hauteur de la Tour Eiffel est de 3 m, pose-toi des questions !

MÉTHODE

La schématisation en électricité

Schématiser un circuit électrique permet d'en donner une représentation lisible et compréhensible par tous. Il faut cependant respecter quelques conventions.

1. Repérer les boucles d'un circuit

a. Circuit en boucle simple

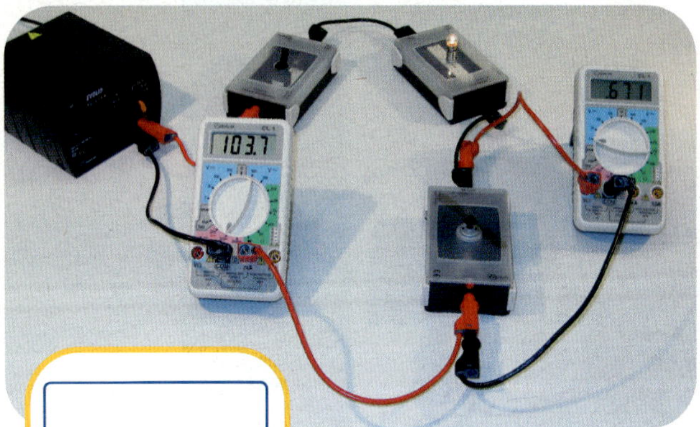

Trace au crayon un rectangle.

b. Circuit comportant des dérivations

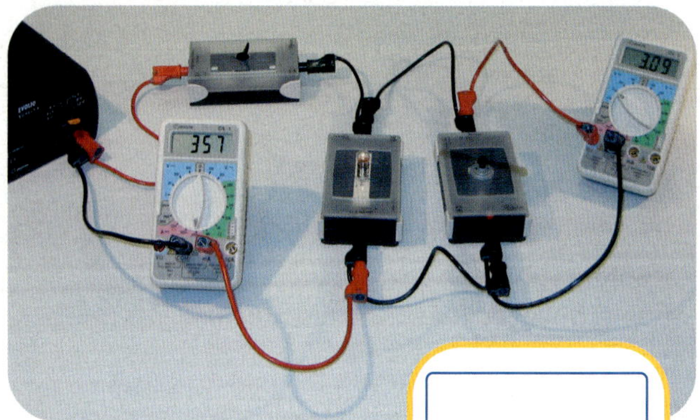

Trace au crayon les branches principale et les branches dérivées.

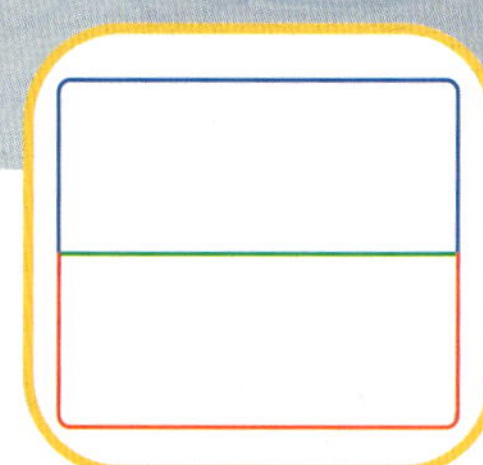

2. Placer les dipôles sur le schéma

Reporte sur ton schéma le symbole du dipôle générateur.... puis ceux des dipôles récepteurs.

Boucle simple

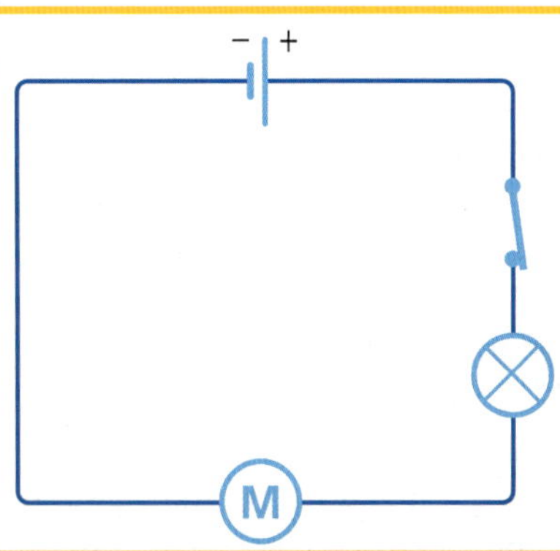

Avec dérivations

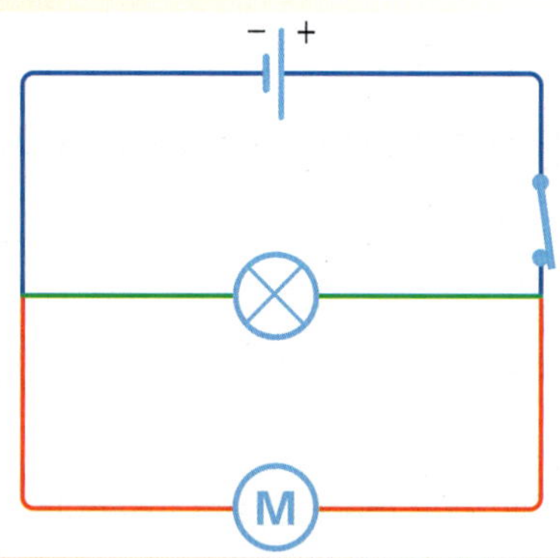

3. Placer les multimètres

Place les multimètres : le voltmètre en dérivation et l'ampèremètre en série.

Boucle simple

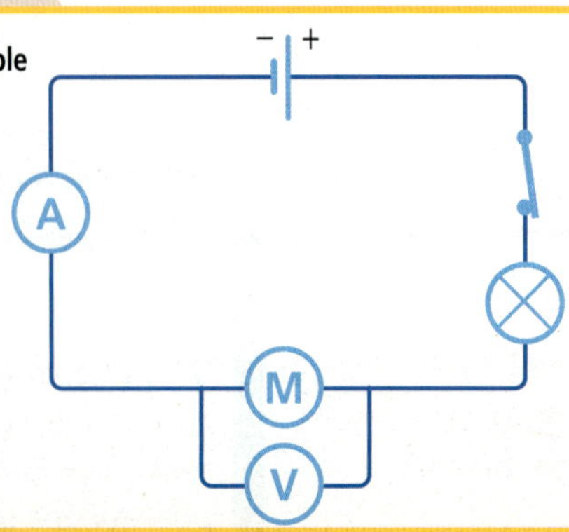

Avec dérivations

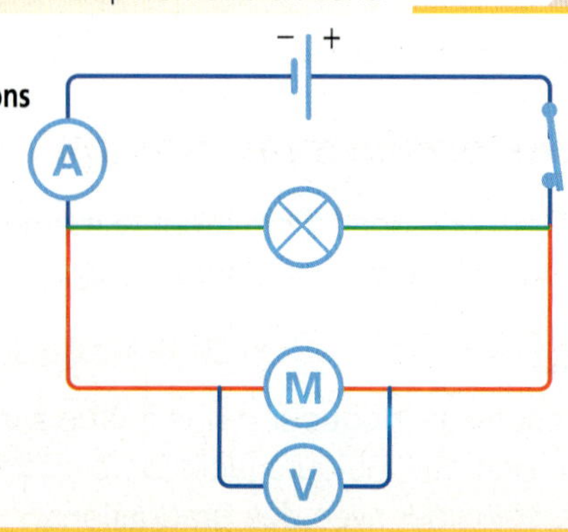

MÉTHODE

Écrire et ajuster une équation de réaction

Lors d'une transformation chimique, des substances mises en présence réagissent entre elles pour en former de nouvelles.
Une combustion est un exemple de transformation chimique.
On va modéliser cette transformation chimique en rendant compte de la conservation de la masse, qui se traduit par la conservation des atomes.

1. Trouver les réactifs et les produits

– Les réactifs sont les substances présentes au départ et qui réagissent.
– Les produits sont les substances formées par réarrangements des atomes des réactifs.

Exemple : La combustion du méthane.

Réactifs	Produits
Méthane Dioxygène	Dioxyde de carbone Eau

2. Écrire l'équation de réaction

a. Écrire les formules chimiques

– Remplacer le nom de chaque réactif et de chaque produit par sa formule chimique et les replacer de chaque côté de la flèche.

$$CH_4 + O_2 \rightarrow CO_2 + H_2O$$

Méthane (CH_4), Dioxygène (O_2), Dioxyde de carbone (CO_2), Eau (H_2O)

Il faut s'assurer que la conservation de la masse est vérifiée et donc que le nombre d'atomes de chaque type est le même parmi les réactifs et parmi les produits.

b. Ajuster l'équation de réaction

– Compter le nombre d'atomes de chaque type parmi les réactifs et parmi les produits.

Atomes	Réactifs	Produits	À ajuster
C	1	1	non
H	4	2	oui
O	2	3	oui

La masse n'est pas conservée : seuls les atomes de carbone sont en même nombre parmi les réactifs et les produits.

– Ajuster le nombre d'atomes de chaque type en plaçant des coefficients devant les molécules.

Dans cet exemple, pour trouver le même nombre d'atomes d'hydrogène parmi les réactifs et parmi les produits, on met un 2 devant H_2O :

$$CH_4 + O_2 \rightarrow CO_2 + 2\,H_2O$$

4 atomes d'hydrogène (CH_4) ; 2 × 2 = 4 atomes d'hydrogène ($2\,H_2O$)

Pour ajuster les atomes de dioxygène de la même manière, on met un 2 devant O_2 :

$$CH_4 + 2\,O_2 \rightarrow CO_2 + 2\,H_2O$$

2 × 2 = 4 atomes d'oxygène ($2\,O_2$) ; 2 + 2 = 4 atomes d'oxygène ($CO_2 + 2\,H_2O$)

Bien vérifier le nombre d'atomes de chaque type parmi les réactifs et les produits pour être sûr des coefficients trouvés.

MÉTHODE Comment tracer la caractéristique d'un dipôle

On obtient souvent en sciences physiques de nombreuses données que l'on demande d'exploiter. L'exploitation de ces résultats est rendue plus facile en traçant un graphique. Grâce à ce graphique, on peut parfois trouver une relation entre deux grandeurs x et y.

1. Tracer le graphe de y en fonction de x

a. Tracer les axes et choisir une échelle adaptée

– Sur une feuille de papier millimétré, tracer deux axes orthogonaux en indiquant la grandeur y en ordonnées et la grandeur x en abscisses.
– Choisir une échelle adaptée encadrant ces valeurs maximales et minimales pour x et y.
– Ne pas oublier les unités de chaque grandeur sur les axes.

Exemple

y	0	18	35	54	71
x	0	1	2	3	4

– Valeur minimale : 0 pour x et y.
– Valeurs maximales : 4 pour x et 71 pour y.
– Échelle : 2 cm pour une unité en abscisses pour x ;
1 cm pour 10 unités en ordonnées pour y.

b. Placer les points

– Placer, sur le graphe, une croix en couleur correspondant à chaque couple (x, y) du tableau.

– Donner un titre au graphique « Représentation de la grandeur y en fonction de la grandeur x ».

Si les croix ne sont parfaitement alignées, ne pas les relier entre elles.

Représentation de la grandeur y en fonction de la grandeur x

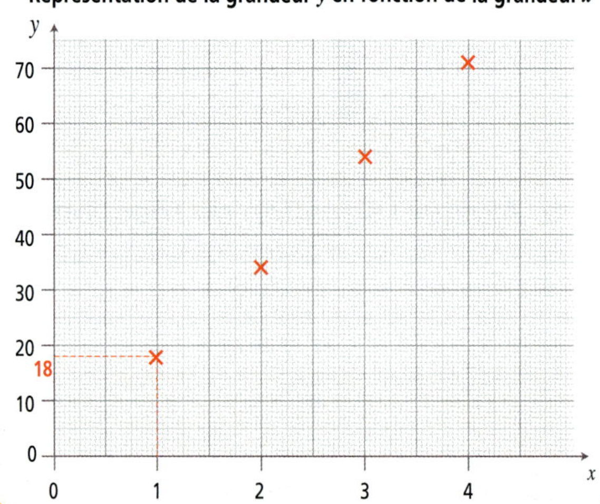

2. Recherche d'une relation entre x et y

Représentation de la grandeur y en fonction de la grandeur x

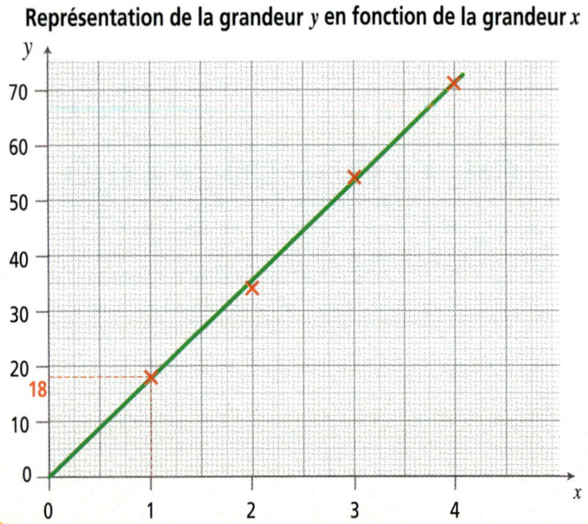

– Trace en couleur la droite qui passe par le maximum de croix.
– Si la courbe obtenue est une droite passant par l'origine, il y a une relation de proportionnalité entre les deux grandeurs. On peut donc écrire : $y = a \times x$.
– Pour déterminer la valeur du coefficient a, choisir un couple de valeurs (non nulles) du tableau et calculer le rapport $\frac{y}{x}$.

Remarque :
Une façon plus précise de calculer le coefficient a consiste à prendre deux couples de valeurs (x_1, y_1) et (x_2, y_2) espacés sur la droite et à appliquer la formule :

$$a = \frac{y_2 - y_1}{x_2 - x_1}$$

MÉTHODE

Utiliser un tableur pour tracer la caractéristique d'un dipôle

Les tableurs grapheurs permettent de réaliser facilement, à partir d'une série de valeurs, différentes sortes de graphiques : courbes, histogrammes, diagrammes circulaires... Certains de ces logiciels peuvent aussi aider à trouver une relation entre deux grandeurs.

1. Saisir les données et les sélectionner

– Saisir les données du tableau dans la feuille de calcul du tableur (ici Excel, version 2003).
Attention : La 1ère colonne correspond à l'abscisse (x en maths), la 2e colonne correspond à l'ordonnée (y en math).
– Cliquer en maintenant enfoncé le bouton gauche de la souris, et déplacer le pointeur de façon à sélectionner toutes les valeurs présentes dans les colonnes.

	A	B
1	Abscisses	Ordonnées
2	Grandeur x	Grandeur y
3	0	10
4	1	18
5	2	35
6	3	54
7	4	71
8		

2. Visualiser le graphe

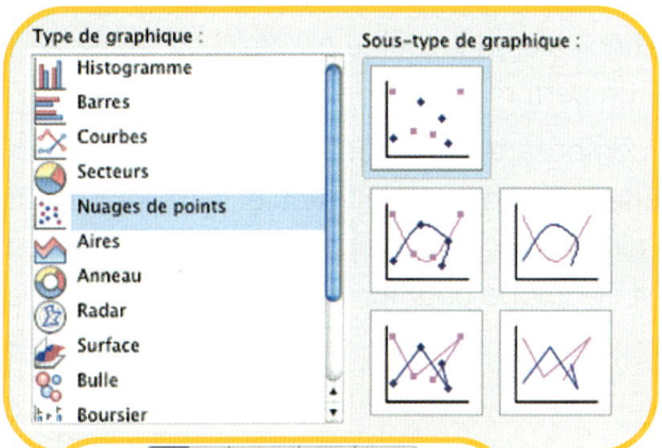

– Cliquer sur l'icône « Assistant graphique », ou cliquer sur « Insertion » puis « Graphique ».
– Choisir « Nuages de points » puis « Suivant ».

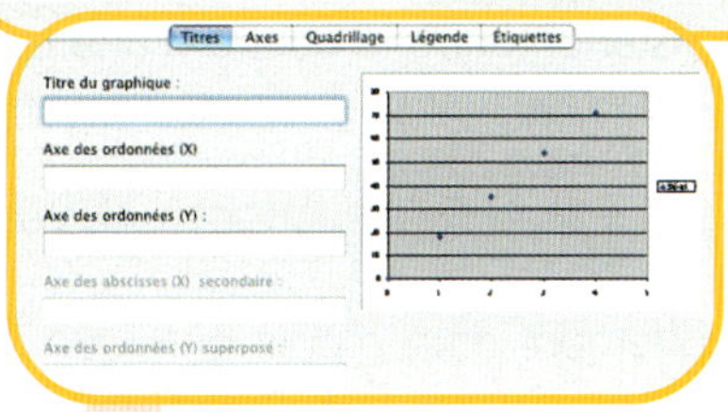

– La fenêtre qui s'ouvre permet de visualiser le graphe. Cliquer sur « Suivant ».
– La fenêtre qui s'ouvre permet de compléter le graphe : nom des grandeurs en abscisses et en ordonnées, titre... Le tableur choisit une échelle par défaut, mais on peut la modifier.
– Cliquer sur « Suivant » puis « Terminer ».

3. Trouver une relation entre deux grandeurs

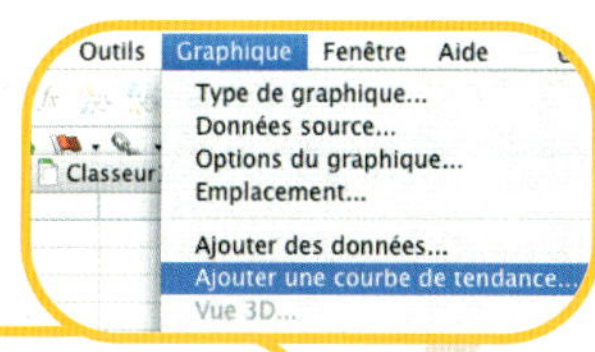

– Cliquer une fois sur le graphique.
– Dans le menu « Graphique », cliquer sur « Ajouter une courbe de tendance ».
– Si les points semblent être alignés (comme dans cet exemple), choisir « Linéaire ». Dans l'onglet « Options », cocher « Afficher l'équation sur le graphique ».
– Cliquer sur « OK ».
– Sur le graphe maintenant tracé apparaît l'équation mathématique de la courbe.
Ici, on obtient une droite qui passe par l'origine et qui traduit une relation de proportionnalité entre x et y.
Le coefficient de proportionnalité peut être déterminé grâce à l'équation affichée.

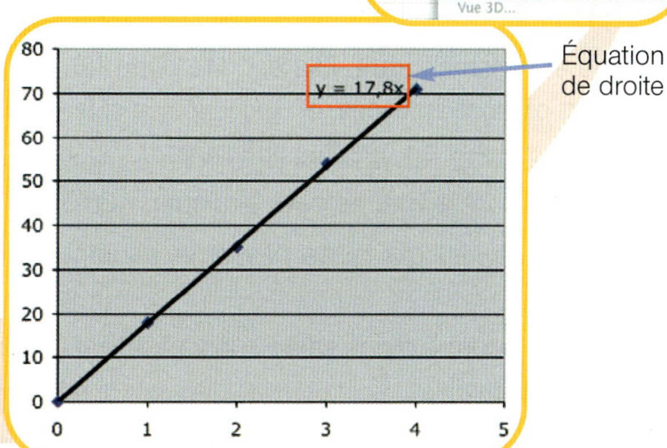

LEXIQUE DES NOTIONS

Les chiffres entre parenthèses renvoient aux pages du manuel dans lesquelles tu trouveras les mots et les expressions définis dans le lexique.

A

Accommodation (de l'œil) : déformation du cristallin en fonction de la distance de l'objet observé. (198-199, 201)

Air : mélange de gaz qui constitue l'atmosphère. (14-15, 21)

Analogie : comparaison entre deux situations différentes mais ayant des caractéristiques communes. (18, 90-91, 138-139)

Atome : petite particule invisible à l'œil nu qui constitue la matière. (50-51, 55)

B

Branche : en électricité, portion de circuit située entre deux noeuds. Elle est dite **principale** lorsqu'elle contient le générateur, et **dérivée** lorsqu'elle comporte un ou plusieurs dipôles récepteurs. (122-123, 125)

Branchement en dérivation : branchement créant une nouvelle boucle dans le circuit électrique. (92-93)

Branchement en série : branchement ne créant pas une nouvelle boucle dans le circuit électrique. (94-95)

C

Calibre : position du curseur d'un appareil de mesure (voltmètre, ampèremètre, ohmmètre), indiquant une valeur maximale à mesurer. (92-95, 139)

Caractéristique d'un dipôle : graphique représentant la tension aux bornes d'un dipôle en fonction de l'intensité qui le traverse (ou l'inverse). (141, 143)

Comburant : substance qui permet de faire brûler le combustible. C'est généralement le dioxygène. (49, 55)

Combustible : substance qui peut brûler. (49, 55)

Combustion : transformation chimique mettant en jeu un combustible et un comburant. Elle est dite **complète** si le dioxygène est présent en excès, ou **incomplète** si le dioxygène n'est pas présent en quantité suffisante. (55, 67, 71)

Compressible : dont le volume peut diminuer. (30-31, 37)

Conducteur : matériau qui laisse passer le courant électrique. (136-137)

Corps pur : corps formé d'une seule substance, par opposition à **mélange**. (14-15)

Couleur apparente : couleur perçue par l'œil, elle peut être différente de la couleur de l'objet. (181, 185)

Couleur d'un objet : couleur observée lorsque cet objet est éclairé en lumière blanche. (185)

Cristallin : partie transparente de l'œil en forme de lentille convergente. (197, 201)

D

Déplacement d'eau : remplacement de l'eau contenue dans une bouteille par les bulles de gaz chassées d'un autre récipient. (35)

Diffuser : envoyer dans toutes les directions. Un objet peut diffuser la lumière qu'il reçoit. (180, 185)

Diffusion : en chimie, phénomène par lequel une substance, principalement liquide ou gazeuse, se répand. Par exemple, un parfum diffuse dans une pièce. (16-17, 21)

Dipôle : composant électrique comportant deux bornes. Il est dit **générateur** lorsqu'il fait circuler le courant électrique dans un circuit (ex. : une pile) et **récepteur** lorsqu'il utilise le courant électrique pour fonctionner (ex. : une lampe). (90-91, 108-109)

Dipôle ohmique : dipôle qui obéit à la loi d'Ohm. (143)

Distance focale : distance entre le centre d'une lentille et son foyer. (195, 201)

E

Effet Joule : échauffement d'un dipôle ohmique au passage d'un courant. (137, 143)

Équation de réaction : écriture décrivant une réaction en langage chimique, notamment avec des formules chimiques. On peut l'**ajuster** en plaçant des coefficients pour que la conservation de la masse soit vérifiée. (53, 55, 69, 71)

Expansible : dont le volume peut augmenter. (30-31, 37)

F

Filtre coloré : objet transparent coloré qui permet de sélectionner certaines lumières colorées (à partir d'une lumière). (163, 169)

Foyer : point vers lequel convergent les rayons de lumière lorsque la source est éloignée. (195, 201)

G-I

Générateur équivalent : générateur par lequel on pourrait remplacer une association de piles. (109, 111)

LEXIQUE DES NOTIONS

Grandeur : propriété qui peut être mesurée. Cette mesure est exprimée dans une unité (par exemple, une longueur est exprimée en mètres, une masse en kilogrammes). (33, 35, 90-91, 138, fin de manuel)

Intensité du courant électrique : grandeur électrique mesurée en un point d'un circuit et exprimée en ampères (A). (90-91, 97)

L

Lampe témoin : lampe qui renseigne sur les changements intervenus dans le circuit. (95)

Lentille : en optique, objet transparent qui dévie la lumière et dont l'une des faces au moins est courbe. (194-195)

Lentille convergente : objet transparent qui peut faire converger la lumière en un point. (201)

Liquéfaction : opération au cours de laquelle on transforme un gaz en liquide. (15)

Loi : en physique, relation mathématique établie entre différentes grandeurs, exprimées dans des unités déterminées. (125, 140-141)

Lumières primaires : lumières rouge, verte et bleue. (164-165)

M

Masse : propriété physique qui mesure la quantité de matière d'une substance. L'unité associée à cette grandeur est le kilogramme (kg). (34-35, 37, 68-69)

Microscopique : infiniment petit et invisible à l'œil nu par opposition à **macroscopique**. (21)

Molécule : particule infiniment petite, invisible à l'œil nu, qui compose la matière. (16-17, 21)

Monoxyde de carbone : gaz toxique (mortel), inodore et incolore, formé lors des combustions incomplètes. (66-67, 71)

Multimètre : appareil de mesure qui permet de mesurer des tensions et des intensités. (97)

N

Nœud : point du circuit électrique, où arrivent au moins trois fils de connexion. (125)

Normalisé : qui obéit à la norme, c'est-à-dire à une règle officielle. (106-107, 136)

O-P

Ohmmètre : multimètre utilisé pour mesurer une résistance. On utilise pour cela les bornes Ω et COM. (139, 143)

Photorécepteur : cellule sensible à la lumière. (182-183, 185)

Pression : force exercée par un gaz sur tout ce qui l'entoure. L'unité légale de la pression est le pascal (Pa). (32-33, 37)

Produits : substances formées au cours d'une transformation chimique. (52-53, 55)

R

Réactifs : substances consommées au cours d'une transformation chimique. (52-53, 55)

Réaction : modélisation de la transformation chimique faisant uniquement apparaître les réactifs et les produits. (52-53, 55)

Représentation microscopique : manière de représenter ce qui se passe à l'échelle microscopique. (19)

Résistance électrique : grandeur électrique associée à un dipôle ohmique et exprimée en ohms (Ω). 143

S

Simulation : reproduction artificielle d'un phénomène. (33)

Sous-tension : un dipôle est en sous-tension si la tension à ses bornes est inférieure à sa tension nominale. (108, 111)

Spectre : ensemble de lumières colorées obtenues par décomposition d'une lumière. (162, 169)

Surtension : un dipôle est en surtension si la tension à ses bornes est supérieure à sa tension nominale. (108, 111)

Symbole : représentation très simplifiée d'un dipôle électrique, facile à tracer. (106-107, 136)

Synthèse additive : superposition de deux ou trois lumières primaires, pour obtenir une autre lumière colorée. (164, 169)

T-V

Tension électrique : grandeur électrique mesurée entre deux points d'un circuit (en particulier aux bornes d'un dipôle) et exprimée en volts (V). (97)

Tension nominale (d'un dipôle récepteur) **:** tension aux bornes du dipôle pour qu'il fonctionne correctement. (108, 111)

Transformation chimique : mise en présence de différentes substances, les **réactifs**, qui réagissent entre elles pour en former d'autres, les **produits**. (55)

Vitesse de la lumière : vitesse à laquelle la lumière se propage pour aller d'un point à un autre. Dans le vide, sa valeur est approximativement 300 000 km/s. (166-167, 169)

LEXIQUE DES SCIENTIFIQUES

Ampère (André Marie) : physicien et mathématicien français (1775-1836). Il se rendit célèbre, après l'expérience d'Oersted, par ses découvertes dans le domaine de l'électromagnétisme et par l'invention de plusieurs appareils (télégraphe, électroaimant avec Arago). L'unité de l'intensité du courant électrique porte son nom. (116)

Dalton (John) : physicien et chimiste britannique (1766-1844). Il élabora la théorie atomique moderne au début du XIXe siècle. Il étudia également sur lui-même les troubles de la perception des couleurs. (50-51, 58)

Fizeau (Hippolyte) : physicien français (1819-1896). Il étudia la lumière, et mit au point la première méthode physique pour mesurer la vitesse de la lumière (méthode de la roue dentée, 1849). (166)

Galilée (Galileo Galilei, dit) : mathématicien, physicien et astronome italien (1564-1642). Inventeur d'un des premiers microscopes, il construisit la lunette qui porte son nom (1609), grâce à laquelle il observa notamment les satellites de Jupiter, les taches du Soleil et le relief de la Lune. Il réalisa également des expériences sur les mouvements des corps. (166, 174, 208)

Joule (James Prescott) : physicien britannique (1818-1889). Il énonça, en 1841, les lois sur le dégagement de chaleur produit par le passage d'un courant électrique dans un conducteur (*effet Joule*), puis développa la notion d'énergie. (150)

Kirchhoff (Gustav Robert) : physicien allemand (1824-1887). Il étudia les spectres lumineux, et énonça les *lois de Kirchhoff :* unicité de l'intensité et additivité des tensions dans un circuit en boucle simple, unicité de la tension et additivité des intensités dans un circuit avec dérivations. (132)

Lavoisier (Antoine Laurent de) : chimiste français (1743-1794). Créateur de la chimie moderne, il est connu entre autres pour ses travaux sur la conservation de la masse et sur la distinction des constituants de l'air. *Principe de Lavoisier :* lors d'une transformation chimique, au niveau macroscopique, la masse se conserve et, au niveau microscopique, les atomes présents dans les réactifs sont les mêmes que ceux présents dans les produits. (14, 51, 68, 76, 77, 78)

Mendeleïev (Dimitri Ivanovitch) : chimiste russe (1834-1907). Il classa les atomes selon leur masse et leurs propriétés (*Classification périodique des éléments,* 1869). (60)

Newton (sir Isaac) : mathématicien, physicien, astronome et penseur anglais (1642-1727). Il développa des méthodes de calcul, étudia les principes du mouvement des corps, et publia en 1675 une théorie de la lumière et des couleurs. (176)

Oersted (Christian) : physicien danois (1777-1815). Il découvrit l'existence du champ magnétique créé par les courants électriques. (116)

Ohm (Georg Simon) : physicien allemand (1789-1854). En 1827, il publia la loi fondamentale des courants électriques, définissant ainsi la résistance électrique. L'unité de la résistance électrique porte son nom. *Loi d'Ohm :* la tension aux bornes d'un dipôle ohmique est égale à l'intensité du courant qui le traverse multiplié par la résistance électrique de ce dipôle. (142, 150)

Rayleigh (John William Strutt, lord) : physicien britannique (1842-1919). Ses travaux sur la diffusion de la lumière lui permirent d'expliquer le bleu du ciel (1871). (190)

Torricelli (Evangelista) : physicien italien (1608-1647). Disciple direct de Galilée, il mit en évidence l'existence de la pression atmosphérique par l'expérience dont dérive le baromètre à mercure. (44)

Volta (Alessandro, comte) : physicien italien (1745-1827). Suite aux découvertes de Galvani, ses travaux aboutirent à l'invention de la pile électrique. L'unité de la tension électrique porte son nom. (102)

Corrigé des tests

Chimie 1. 1. b. ; 2. b. ; 3. b. ; 4. c. ; 5. c. ; 6. c. – **Chimie 2.** 1. b. ; 2. a. ; 3. a. et d. ; 4. b. ; 5. b. ; 6. c. – **Chimie 3.** 1. b. ; 2. c. ; 3. c. ; 4. b. ; 5. b. ; 6. c. – **Chimie 4.** 1. a. ; 2. b. ; 3. b. ; 4. c. ; 5. b. ; 6. a. – **Électricité 1.** 1. c. ; 2. b. ; 3. b. ; 4. a. et c. ; 5. a. et b. ; 6. a. – **Électricité 2.** 1. c. ; 2. b. ; 3. b. ; 4. a. ; 5. c. – **Électricité 3.** 1. a. ; 2. b. ; 3. b. ; 4. a. – **Électricité 4.** 1. c. ; 2. a. ; 3. b. ; 4. a. ; 5. c. ; 6. c. – **Optique 1.** 1. c. ; 2. b. ; 3. c. ; 4. a. et d. ; 5. a. et c. – **Optique 2.** 1. b. et c. ; 2. a. ; 3. c. ; 4. a. ; 5. c. ; – **Optique 3.** 1. a. ; 2. c. ; 3. a. ; 4. a. ; 5. a. et c.

INDEX

Crédits photographiques

p. 8-9 : © NASA/Ciel et Espace – p. 10 : © J. Tripelon/Top ; © L. Aznal ; © M. Gaillard/Réa – p. 11 : © O. Maire/Sipa Press – p. 12 : © NASA/Ciel et Espace – p. 13 : © D. Maxwell/R. Harding World Imagery/Corbis ; © K. Nomachi/Corbis – p. 14 : © D. Delfino/Sunset – p. 16 : © D. Saulnier/Sunset – p. 18 : © C. Petit/Regards du Sport ; © C. Petit/Regards du Sport ; © G. Vandystadt/Regards du Sport – p. 24 : © Mauritius/Photononstop – p. 25 : © NASA/Ciel et Espace – p. 26 : © B. McKie/SPL/Cosmos ; © source Airparif ; © Superbild/Sunset ; © N. Jorgensen/Rex/Sipa Press – p. 27 : © M. F. Chillmaid/SPL/Cosmos – p. 28 : © F. J. Gutierrez/Hoa-Qui/Eyedea – p. 29 : © E. Alexandre/Sunset ; Mauritius/Photononstop – p. 33 : © C. Duprez, enseignante USTL, Lille 1/SEMM/USTL, Lille 1 – p. 36 : © G. Rolle/Réa – p. 41 : © E. Alexandre/Sunset – p. 42 : © Mauritius/Photononstop ; © A. Kearney/Getty Images ; © F. J. Gutierrez/Hoa-Qui/Eyedea – p. 43 : © G. Neden/Ecoscene/BSIP ; © Mauritius/Photononstop ; © F. Hanoteau – p. 44 : © S. Ogden/SPL/Cosmos ; © S. Terry/SPL/Cosmos ; © G. Rolle/Réa – p. 46 : © S. Nutt/AAP/Abaca– p. 47 : © R. Damoret/Réa ; © Image Bank/Getty Image ; © Verpoorten/Reporters-Réa – p. 48 : © Animals-Animals/Sunset – p. 50 : © AKG Images ; © The Granger Collection/Rue des Archives – p. 51 : © AKG Images – p. 59 : © A. Lambert/SPL/Cosmos ; © C. Ruoso/Bios ; © Ciel et Espace – p. 60 : © Mermet/Photononstop ; © MP/Leemage ; © M. Fourmy/Réa – p. 62 : © T. Baker/Getty Images ; © I. Hanning/Réa – p. 63 : © AFP – p. 64 : © Tips/Photononstop – p. 65 : © M. Gaillard/Réa ; © B. Decout/Réa – p. 68 : © AKG Images – p. 74 : © Mychele Danyau/AFP Photo ; © P. Allard/Réa – p. 76 : © P. Allard/Réa ; © C. Pedrazzini/SPL/Cosmos – p. 78 : © Jeff Hunter/Photographer's choice/Getty images ; © Selva/Leemage ; © Jeff Hunter/Photographer's choice/Getty images ; © Jeff Hunter/Photographer's choice/Getty images – p. 79 : © Jeff Hunter/Photographer's choice/Getty images ; © Didier Pallages/AFP Photo – p. 80 : © CRI Nancy Lorraine/Kraft/Hoa-Qui/Eyedea ; © Centre de Glaciologie de Grenoble/CNRS – p. 81 : © 2004-Jorn C. Olsen ; © Runne Petter ness/Sintef Media – p. 82 : © TH Foto/BSIP ; © SPL/Cosmos ; © Jardins du Monde – p. 83 : © C. Lepetit ; © Jardins du Monde – p. 84-85 : © Y. ellie – p. 86 : © Image Source/Photononstop – p. 87 : © Jeulin – p . 88 : © D. Klein/Laif/Réa – p . 89 : © Fluke France – p. 103 : © D. Klein/Laif/Réa – p. 102 : © AKG Images ; © AKG Images ; © Imane/BSIP ; © Saurer/Docstock/BSIP – p. 103 : © D. Klein/Laif/Réa – p. 104 : © J. C. et D. Pratt/Photononstop – p. 105 : © J. Tisne/Getty Images – p. 106 : © TMG Construction – p. 114 : © Procter & Gamble – p. 116 : © AKG Images ; © Musée EDF/Electropolis ; © V. Leblic/Photononstop ; © Govin-Sorel/Photononstop – p. 117 : © Kunkel/Phototake/BSIP– p. 118 : © L. Philippe – p. 119 : © M. Gaillard/Réa – p. 128 : © M. Fourmy/Réa ; © Mauritius/Photononstop – p. 129 : © Musée Rambolitrain – p. 130 : © M. Gaillard/Réa – p. 132 : © AKG Images : © Photothèque EDF – p. 133 : © E. Saillet/Photononstop – p. 134 : © G. Faint/Getty Images – p. 135 : © G. Marx Photography/Corbis ; © R. Gaillarde/GAMMA ; © T. Shelle/SPL/Cosmos – p. 147 : © D. M. Zimmerman/Corbis ; © H. Tahvanainen/Getty Images – p. 148 : © PhotoPQR/Le Républicain Lorrain/MAXPPP ; © G. Faint/Getty Images – p. 150 : © AKG Images ; © AKG Images – p. 151 : © M. Iwafuji/Eurelios/Look at Science ; © Réa – p. 152 : © R. Montoya – p. 153 : © M. Chen/Corbis ; © F. Vairani/MIT/Smart Cities ; © K. Kent/SPL/Cosmos – p. 154 : © NHPA/Sunset ; © J. Ruiz/NPL/Jacana/Eyedea – p. 155 : © Juniors Bildarchivs/Sunset ; © N. Wu/Minden Pictures/J. H. Editorial ; © J. M. Labat/Bios – p. 156-157 : © M. Funk/Getty Images – p. 158 : © F. Hanoteau – p. 159 : © IT Stock/Photononstop ; © Tek Image/SPL/Cosmos ; © Getty Images ; © AFP – p. 160 : © F. Raiser/Bios – p. 161 : © L. Moreau/Abacapress.com ; © V. Leblic/Photononstop ; © V. Flemming/SPL/Cosmos – p. 166 : © T. and D. Hallas/SPL/Cosmos – p. 172 : © BSIP – p. 173 : © Anglo-Australian Observatory/D. Malin Images/Novapix ; © Anglo-Australian Observatory/D. Malin Images/Novapix – p. 174 : V. Flemming /SPL/Cosmos ; © G. Bassignac/Gamma ; © NASA/ESA/Hubble heritage team/Novapix – p. 176 : © D. Parker/SPL/Cosmos ; © SPL/Cosmos ; © S. Brunier/Novapix ; © S. Zanier/CESIRE/UJF Grenoble – p. 177 : © Corbis ; Mauritius/Photononstop – p. 178 : © Klein et Hubert/Bios – p. 179 : © T. Gant/Dorling Kindersley – p. 181 : © D. Nigel J./Bios – p. 188 : © P. Giraud/Bios – p. 190 : © S. Pitamitz/Corbis ; © Casper B. Henriksen ; © Mauritius/Photononstop – p. 191 : © A. Veer/Photonica/Getty Images ; © A. Vitale/Getty Images – p. 192 : © SPL/Cosmos – p. 193 : © Moulinsart ; © Beatworlks/Photononstop ; © Tcherevkoff/TIB/Getty Images ; © Gustoimages/SPL/COSMOS – p. 205 : AGF ; © Virgo Productios/Zefa/Corbis ; © Dr john Brackenbury/SPL/COSMOS – p. 206 : © J. C. et D. Pratt/Photononstop ; © Chassenet/BSIP – p. 208 : © E. Graeff/Novapix ; © Archivo Iconografico/Corbis ; © Deloche/BSIP – p. 209 : © Burger/PHANIE ; © L. Oligny/BSIP – p. 210 : © Akiyoshi Kitaoka/Kanzen ; © L. Lee-Courtesy of Science – p. 211 : © G. Dielbold/Getty Images ; © Jay Gabany ; © Paramount/DR/Prod. DB – p. 212-213 : © P. Pinteau

Photographies d'expériences : Philippe Guignard

Infographies : Christelle Forzale (38, 39, 40, 41, 43, 62, 73, 74, 76, 109, 113, 130, 163, 164, 172, 180, 187, 190, 197, 199, 200, 203, 204, 206), Sylvie Dessert (21, 31, 36, 37, 48, 50-51, 55, 71, 90-91, 97, 111, 117, 125, 138, 143, 166-167, 169, 182-183, 185, 201), Laurent Rullier (133)
Dessins d'animation : Geoffroy Rudowski, Rémi Malingrëy (81, 152)

Conception de la couverture : Noir et Blanc
Illustration de la couverture : Stéphane Kiehl
Conception de la maquette intérieure : Noir et Blanc
Réalisation : Barbara Tamadonpour et Béatrice Gallo
Cartographie : Christel Parolini et Valérie Goncalves
Iconographie : Virginie Dauvet et Cécile Depot
Relecture : Michèle Aguignier
Photogravure : APS Chromostyle
Édition et coordination : Marie Coulaud

Pour les rubriques Sciences Mag :
Direction artistique : Cécile Vernier
Textes (lorsque non indiqué) : Muriel Valin

Les auteurs et les éditions Magnard remercient, pour la réalisation des photographies d'expériences :
- le lycée Janson de Sailly, le centre scolaire « Aux Lazaristes », et en particulier son directeur Frédéric Bodin, ainsi que l'ECAM pour leur accueil ;
- l'entreprise Jeulin pour le prêt du matériel ;
- les élèves de collège, Ophélie, Tiphaine, Lucie, Garance, Adélaïde, Zoé, Élise, Nicolas et Simon.

L'éditeur tient à remercier Jean Lopez et Éric Heilmann pour leur bienveillance et leur efficacité.

Toutes les interviews de professionnels ont été réalisées par les étudiants du Master en Communication scientifique de l'Université Louis Pasteur de Strasbourg.

IMPRIM'VERT®

Dépôt légal : avril 2007 – N° Éditeur : 2011/744
Achevé d'imprimer en août 2011 par Clerc (France)

"Cet ouvrage est imprimé sur des papiers certifiés provenant de forêts durablement gérées par un imprimeur certifié Imprim'Vert"

Utiliser la notation scientifique

Nombre	1 000 000 000	1 000 000	1 000	100	10	1	0,1	0,01	0,001	0,000 001	0,000 000 001
Puissance de 10	10^9	10^6	10^3	10^2	10^1	10^0	10^{-1}	10^{-2}	10^{-3}	10^{-6}	10^{-9}
Préfixe	giga (G)	méga (M)	kilo (k)	hecto (h)	déca (da)	unité	déci (d)	centi (c)	milli (m)	micro (µ)	nano (n)

Exemples : 1 Go = $1{\cdot}10^9$ octets ; 1 nm = $1{\cdot}10^{-9}$ m ; 1 hPa = $1{\cdot}10^2$ Pa

Grandeurs, unités et ordres de grandeur

Grandeur	Symbole	Unité et symbole	Ordres de grandeur (Puissance de dix proche de la valeur réelle)	Exemple(s) d'appareil(s) de mesure
Masse	m	Kilogramme (kg)	Masse d'un atome : 10^{-27} kg Masse d'un ballon gonflé : 10^{-1} kg Masse de la Terre : 10^{24} kg	Balance
Longueur	L	Mètre (m)	Taille d'un atome : 10^{-10} m Hauteur d'un immeuble : 10 m Distance Terre - Soleil : 10^{11} m	Règle
Volume	V	Mètre cube (m^3)	Volume d'une cellule du corps : 10^{-17} m^3 Volume d'air des poumons : 10^{-2} m^3 Volume des océans : 10^{18} m^3	Récipient gradué
Pression	P	Pascal (Pa)	Pression dans une ampoule : 10 Pa Pression atmosphérique : 10^5 Pa Pression dans le Soleil : 10^{16} Pa	Manomètre, baromètre
Température	T ou Θ (thêta)	Degré Celsius (°C)	Température de l'air liquide : -10^2 °C Température d'une flamme : 10^3 °C Température dans le Soleil : 10^7 °C	Thermomètre
Temps	t	Seconde (s)	Durée d'un message nerveux : 10^{-5} s Durée de vie d'une ampoule : 10^6 s Âge de la Terre : 10^{17} s	Horloge
Vitesse	v	Mètre par seconde (m/s)	Vitesse de dérive des continents : 10^{-8} m/s Vitesse du vent : 10 m/s Vitesse de la lumière (dans le vide) : 10^8 m/s	Tachymètre
Tension électrique	U	Volt (V)	Tension dans les nerfs : 10^{-3} V Tension du secteur : 10^2 V Tension entre un nuage d'orage et le sol : 10^8 V	Voltmètre
Intensité du courant électrique	I	Ampère (A)	Intensité dans le cerveau : 10^{-7} A Intensité dans un circuit électronique : 10^{-2} A Intensité de la foudre : 10^4 A	Ampèremètre
Résistance électrique	R	Ohm (Ω)	Résistance d'une ampoule de lampe : 1 Ω Résistance du corps humain : 10^3 Ω Résistance d'une semelle en caoutchouc : 10^{13} Ω	Ohmmètre